【호남문화연구총서 ⑧】

구림연구

마을공동체의 구조와 변동

정근식, 홍성흡, 김병인, 박명희
전형택, 표인주, 추명희, 김 준 공저

景仁文化社

이 책은 2001년도 한국학술진흥재단의 지원에 의하여 연구되었음
(krf-2000-005-y00250)

책 | 머 | 리 | 에

오늘날 한국의 농촌이 겪는 어려움은 새삼 다시 강조할 필요가 없을 정도로 심각하다. 우리 사회를 구성하는 기본 단위의 하나였던 마을들은 산업화시기에 지속적으로 이농을 겪으면서 공동체성을 상실해 갔고, 시장개방의 시기에 이르러 마을성원의 재생산은 커녕 마을자체가 해체될 상황에 이르렀다. 지난 수십 년간 농촌근대화라는 이름이 무색하게 농촌마을이나 지역사회에 대한 연구도 사뭇 침체상황을 벗어나지 못했다. 그러나 1990년대 중반부터 실시된 지방자치제는 이러한 경향에 제동을 거는 반전의 계기로 작용하고 있다. 지방자치제의 실시에 따라 각 지방자치단체들은 지역정체성을 재정립하고 독자적인 발전방안들을 모색하지 않을 수 없었다. 이 과정에서 그 동안 잊혀져 온 지역사회의 문화적 자원이 다시 주목되고 전통이 재해석되는 현상이 두드러지고 있다. 새롭게 창출되고 있는 전통의 '진정성'은 오랫동안 우리 농촌사회를 설명해 온 신분, 계급, 그리고 공동체라는 변수들과 함께 새로운 학문적 화두로 떠오르고 있는 것이다.

이 책은 한국학술진흥재단의 중점연구소 지원프로그램에 의해 전남대학교 호남문화연구소가 중장기적 연구과제로 수행하고 있는

4 · 구림연구

"호남문화의 기층 구조에 대한 총체적 접근"의 1단계 연구결과의 일부이다. 이 연구는 총 4개 과제로 구성되었으며, 본 연구팀의 과제는 마을공동체의 기본구조와 역사적 변동을 해명하는 것이었다. 본 연구팀은 이 과제를 수행하기 위하여 전남에서 비교적 널리 알려진 '반촌'들을 예비조사하고, 2000년 12월부터 2002년 8월까지의 기간에 연구할 대상으로 전남 영암군 군서면의 구림과 인근 마을을 선정하였다. 이 곳을 선정한 이유는, 이 지역이 오랫동안에 걸쳐 극적인 생태학적 변동을 겪었고, 공동체적 전통이 많이 남아 있으며, 또한 최근에 전통의 재생을 통한 문화적 이벤트가 뚜렷하게 발전하고 있는 사례였기 때문이다. 즉, 이 연구는 도선국사와 대동계, 왕인축제로 유명한 구림에서 '전통'이 어떻게 형성되고 근대에 이르러 변화되었는가, 그리고 근래의 여러 문화적 이벤트를 통해 그 전통이 어떻게 '재구성'되거나 '재활성화'되어 가는가를 탐구하려는 것이다.

이 책은 크게 4부로 구성된다. 1부는 대동계의 성립 이후 현재까지의 약 400년간에 걸친 이 마을의 역사를 장기구조사의 시각에서 살펴보고 이를 위한 연구방법에서 문중문헌과 기념비의 자료적 활용가능성을 모색하는 것이다. 2부는 대동계 성립기의 사족의 재산형성과정이나 내동계를 창립을 주도한 세력, 그리고 조선중기의 시문학 속에서 구림의 전통이 형성되는 과정을 살펴보는 것이다. 3부는 식민지시기로부터 한국전쟁을 거쳐 농촌근대화가 진전되는 과정에서 구림주민의 겪은 사회적 경험, 그리고 마을내의 사회조직과 공간구조의 변동을 분석하는 것이다. 마지막 제4부는 전통의 지속과 재구성을 축제를 통해 분석한다. 이 과정을 통해 '대동계의 구림'으로부터 '왕인의 구림'이나 '문화마을로서의 구림'으로 변화되어 가는 모습을 살펴볼 수 있다.

전통과 전통의 현대적 변용을 마을사적 수준에서 해명하기 위해서는 다양한 분야의 연구자들의 공동연구를 필요로 한다. 이에 따라 사회학, 인류학, 지리학, 역사학, 국문학 등 5개 분야의 연구자가 공동으로 현지조사를 수행하였고, 연구과정에서 수시로 조사결과를 발표하고 토론하였다. 조사과정에서는 전남대학교 대학원의 박세인·김경례·박경섭·김수정·백미영 등이 연구보조원으로 참여하였다.

본 연구팀은 책의 완성도를 높이기 위하여 본 연구팀이 수행한 연구결과 이외에 전남대학교의 전형택, 표인주 교수와 목포대학교의 김준 연구교수의 글을 포함하였다. 이들은 여러 가지 제한요인으로 인하여 본 연구팀에 공식적으로 합류하지 못했지만, 본 연구가 진행되는 기간에 문제의식을 공유하고 실질적으로 공동연구에 참여하였으며, 기꺼이 연구결과를 이 책에 포함시킬 것을 동의하였다.

마지막으로 이 자리를 빌어 현지조사에 협조하여 주신 구림의 최준기 선생님과 여러 문중대표, 전남대학교 명예교수 최재율 선생님, 영암문화원 김희규 원장님, 그리고 영암군청과 군서면의 관계자 여러분께 감사를 드린다.

2003년 2월 10일

공동연구자를 대표하여 정 근 식 씀

차 | 례

□ 책머리에 / 3

제1부 장기사의 구상과 자료

제1장 구림권의 장기구조사의 구상 / 13
　Ⅰ. 문제의 제기 / 13
　Ⅱ. 방법론적 모색 / 16
　Ⅲ. 생태지리의 역사 / 30
　Ⅳ. 신분적 지배의 역사 / 44
　Ⅴ. 지역정체성의 역사 / 65
　Ⅵ. 맺음말 / 73

제2장 문중문헌의 분석과 활용 / 77
　Ⅰ. 구림의 주요 성씨와 문헌 / 77
　Ⅱ. 구림과 오한공파 / 78
　Ⅲ. 문헌의 기록 범위 / 88
　Ⅳ. 문헌자료의 활용 가능성과 과제 / 101

제3장 기념비와 마을사 / 109
　Ⅰ. 기념비가 말해주는 것 / 109
　Ⅱ. 자료의 활용실태와 새로운 모색 / 111
　Ⅲ. 구림마을과 기념비 / 116

제2부 전통의 형성

제4장 조선전기 재지사족의 재산형성과 분재 / 135
　Ⅰ. 난포박씨의 분재기 / 135
　Ⅱ. 가문과 자료 / 137
　Ⅲ. 분재기의 내용 검토 / 144
　Ⅳ. 박성건가의 재산 형성 과정 / 154
　Ⅴ. 맺음말 / 160

제5장 대동계의 형성과 변화 /163
    Ⅰ. 창립과 중수 / 164
    Ⅱ. 성격과 변화 추이 / 170
    Ⅲ. 과제 / 182

제6장 김수항의 구림생활과 시문학 /185
    Ⅰ. 문곡의 구림 생활 / 186
    Ⅱ. 향촌 인사와의 교유와 시문제작 / 198
    Ⅲ. 시문 교유의 지속과 의미 / 209

제3부 근현대의 경험과 생활

제7장 한국전쟁 경험과 공동체적 기억 /217
    Ⅰ. 공식적 기억과 침묵 / 217
    Ⅱ. 역사적 유산 / 224
    Ⅲ. 전쟁 경험과 기억 / 231
    Ⅳ. 전쟁 후 주민들의 대응 / 249
    Ⅴ. 맺음말 / 257

제8장 사회조직과 마을공간구조의 변동 /263
    Ⅰ. 마을공간 구조와 사회조직 / 263
    Ⅱ. 조직의 분화와 이념체계 / 272
    Ⅲ. 생활공간의 지배와 변동 / 292
    Ⅳ. '경관'을 넘어서 / 304

제9장 의례와 민속놀이 /307
    Ⅰ. 의례와 놀이의 형성조건 / 307
    Ⅱ. 죽음의례의 실상과 의미 / 309
    Ⅲ. 의례조직의 통합과 단절 / 318
    Ⅳ. 죽음의례와 의례조직의 변화양상 / 324
    Ⅴ. 화전놀이의 의미와 변화 / 328
    Ⅵ. 대보름 줄다리기의 구성과 전승 / 337
    Ⅶ. 의례와 민속놀이의 변화 요인 / 344

제4부 전통의 재구성과 축제

제10장 정체성과 지역정치 / 349
Ⅰ. 지역의 정체성 / 349
Ⅱ. 대동계에서 왕인축제로 / 352
Ⅲ. 지역정체성의 구현과정 / 356
Ⅳ. 지역경관 만들기 / 360
Ⅴ. 역사마을 만들기와 지역정체성의 재구성 / 362

제11장 왕인의 지역 영웅화 / 365
Ⅰ. 전통의 '창출' / 365
Ⅱ. 왕인에 관한 기록의 시원 / 368
Ⅲ. 왕인의 '영암 출생설' 등장 / 375
Ⅳ. 왕인의 '지역 영웅화'와 유적지 조성 / 380
Ⅴ. '지역 영웅화'의 시기적 특징과 전망 / 392

제12장 왕인문화축제와 이벤트관광 / 395
Ⅰ. 지역전통의 축제화 / 395
Ⅱ. 지역전통의 축제화 배경과 관광지적 특징 / 399
Ⅲ. 왕인문화축제의 성장과정 / 407
Ⅳ. 왕인문화축제의 문제점과 전망 / 417

제13장 문화마을 만들기, 현실과 전망 / 423
Ⅰ. 구림의 문화마을화 / 423
Ⅱ. 도기문화와 구림 / 427
Ⅲ. 문화마을 만들기 전략 / 448
Ⅳ. 문화전략의 한계와 쟁점 / 453
Ⅴ. 맺음말 / 462

□ 참고문헌 / 465

□ 찾아보기 / 479

第1部

장기사의 구상과 자료

제1장
구림권의 장기구조사의 구상

제2장
문중문헌의 분석과 활용

제3장
기념비와 마을사

제1장
구림권의 장기구조사의 구상

I. 문제의 제기

　브로델은 지중해 연안을 연구하면서 장기지속, 중기지속, 단기지속이라는 세가지 시간지속을 나누고 각각의 시간지속에 상응한 역사를 구조사, 국면사, 사건사로 개념화하였다. 그의 사고는 오랫동안 사회사를 이끌어 온 중심에 있었다(신용하 편, 1982). 장기적으로 지속되는 구조는 비교적 넓은 영역에 걸쳐 있지만, 장기사가 반드시 넓은 단위의 연구이어야 하는 것은 아니다. 사회를 구성하는 '작은 단위'에 관한 연구는 보다 넓고 큰 단위에 관한 연구과정의 일부이기도 하지만, 동시에 작은 단위를 통하여 전체를 조망하려는 전략의 산물이기도 하며, 이것은 심층구조를 밝혀 내는 유효한 방법이기도 하다. 근래에 대두한 신문화사적 흐름(Hunt, 1987)은 이런 맥락에 놓여 있다.

　만약 우리가 보다 작은 규모의 지역사회를 단위로 한 장기 구조사를 구상한다면, 어떻게 해야 할 것인가. 일상생활의 구조변동을 포함하는 전체사는 단지 주민생활의 물질적 생활조건만을 다루지 않고 지배를 중심으로 이루어지는 제도나 지역사회의 실체성을 담보하는 주민들의 정체성까지도 포함하는 것이어야 하며, 이 때문에 장기적 전체사의 구성은 여러 수준에서 다양한 측면을 통일적으로 포착할 수 있는 방법의 모색을 필요로 한다.

이 글은 한국의 농촌사회의 장기적 변동을 오늘의 관점에서 탐구할 경우, 어떤 요소들이 설명 틀에 우선적으로 포함되어야 하고, 어떤 자료를 통해 이에 접근할 것인가를 검토하려는 것이다. 이를 위하여 어느 지역보다도 풍부한 자료와 상상력을 동원할 수 있는 영암 구림을 준거로 하여 논의를 전개할 것이다. 구림은 전남 영암군 군서면에 속한 '반촌'으로 400여 년간 지속되어 온 대동계로 유명한 마을이다. 구림은 하나의 마을이 아니라 이른바 '구림 열두 동네'로 일컬어지듯이 광역의 마을이다. 이 곳은 400년 전에 간척을 해서 조성된 농지를 매개로 비교적 잘 통합된 생활권을 형성하였다. 여기에서는 이 광역의 구림을 구림권이라고 부른다.

이 글은 장기구조사를 첫째, 역사지리적 관점에서 농지확대의 역사, 둘째, 신분제에 기초한 지배의 변동의 역사, 셋째, 지역전통의 변동과 창출의 역사를 포함하는 것으로 보고, 이들이 각각 어떻게 전개되고 또한 서로 얽혀 있는가를 해명하기 위한 기초연구이자, 종합적 구림연구의 서론에 해당하는 것이다.

구림은 전남 영암군 군서면에 속해 있으며, 월출산의 서쪽 사면을 따라 발전한 해안평지에 위치해 있다. 구림은 고대에 서해로 연결되는 중국·일본 교류의 거점이자, '왕인과 도선의 출생지'였으며, 최근에는 '왕인문화축제'의 중심지로 알려진 곳이다. 구림은 16세기에 대규모 간척사업으로 농지를 확보하였고, 20세기 중반기에 또 한차례의 대규모 간척사업으로 항구 기능을 상실하였으며, 1980~90년대 영산강 하구언 사업으로 확실한 내륙 마을이 되었다. 구림은

9개의 마을과 3개의 행정리로 구성되어 있다.[1] 흔히 부르는 구림은 동구림과 서구림을 말하며, 구림권은 도갑리와 지남들로 불리는 평야를 둘러싸고 발달한 마을들을 포함한다. 구림권의 중심인 서구림은 전형적인 전통문화의 집적지이고, 동구림은 상가와 공공시설 등이 집중해 있다. 모정과 양장리, 동호리는 대동계의 범주 밖에 존재하는 농민마을로 구림권의 주변부에 해당하는데, 이들은 중심부라고 할 수 있는 구림과 대칭적 긴장 관계에 놓여져 있었다.

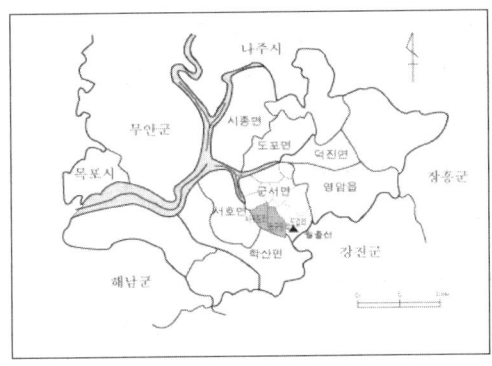

<그림 1> 조사지역 개관도

구림은 1565년 성립하여 많은 부침을 겪으면서도 오늘날까지 지속되고 있는 사족중심의 대동계가 현재까지 지속되는 마을이다. 구림대동계는 최재율(1973)에 의해 그 윤곽이 파악되어 있는 바, 지남

---

1) 『호구총수』(1789년)에 기록된 구림의 마을은 쌍취정, 동계리, 북송정, 동송정, 고산리, 취정, 동정자, 남정자, 남송정, 죽정, 구림, 국사암, 상서호정, 하서호정, 학암 등이다. 이들은 1914년 동구림과 서구림으로 통폐합되었다. 현재는 동구림 1구 학암, 2구 동계, 3구 고산, 서구림은 1구 서호정, 2구 남송정과 배척골, 3구 신흥동과 백암동으로 구분되었다. 넓은 의미의 구림촌은 도갑리 중정의 양지촌과 음지촌을 포함해서 쌍취정, 학암, 알뫼, 동계, 고산, 동정자, 북송정, 국사암, 남송정, 신흥동 등 12동네이다.

들 간척조성 후, 사족들이 가족적 연결망을 통해 이주해 오면서, 유교적 향약의 원리를 실천하기 위해 결성한 것이다. 그 성원들은 많은 변화가 있었으나 4성씨(함양박씨, 창녕조씨, 낭주최씨, 해주최씨)가 중심이다. 구림에는 대동계와 관련된 건물과 공간이 있고, 또 각 문중들의 사우나 정자 등이 많이 존재한다. 또한 구림주변에는 지남들 경작을 위해 농민마을들이 형성되었다. 따라서 구림권은 생태학적 변동 외에 국가권력과 사족중심적 마을의 관계, 사족중심 반촌과 농민중심 민촌의 관계, 마을간 그리고 마을내 신분적 지배와 갈등 등을 검토하기에 적합한 지역이다.

구림은 이런 특성 외에 또 한가지 중요한 연구주제를 제공한다. 구림은 왕인과 도선의 출생지로 알려져 있으며, 가까운 거리에 도갑사가 있고, 최근에는 왕인 사당이 건립되면서, 왕인축제가 거행된다. 구림은 급속하게 '대동계의 구림'이나 '도선의 구림'으로부터 '왕인의 구림'으로 변화하고 있다. 이 과정은 과거의 문화요소들이 어떻게 전통이라는 이름으로 끌어당겨지고, 전용되어 가는가를 검토할 수 있는 자료를 제공한다. 구림은 유불교대라고 하는 조선초기 이후의 사회적 변동, 식민지화에 따른 몰락양반들의 대응, 현대의 지역사회 발전전략에서 전통의 활용 등을 잘 볼 수 있는 사례이다.

II. 방법론적 모색

1. 연구단위

지역사회의 구조나 변동에 관한 연구에서 그 출발은 연구단위를 확정하는 일이다. 지역사회에서의 연구단위는 단지 그것을 연구자의 편의에 따른 분석단위로 보느냐, 아니면 역사적 실체로써, 일상생활을 영위하는 주체들의 상호작용의 범위로 보느냐에 따라 달라질 것이다. 그것은 넓게 국민국가의 범위를 넘어서는 것일 수도 있고, 또 국민국가 내에서의 광역 단위가 될 수 있으며, 그보다 적은 군 단위나 면 단위가 될 수도 있다. 또한 미시적으로는 하나의 마을이나 몇 개의 마을이 모여 이루는 "마을군"이 될 수도 있다. 사실 적절한 지역단위는 연구자의 문제의식에 따라 결정되는 것이지만, 한가지 간과할 수 없는 것은 주민들의 일상생활의 범위가 시기에 따라 변화한다는 것, 그리고 국가권력의 지역에 대한 파악의 방식이 중요하다는 점이다. 현대로 올수록 주민들의 생산, 생활, 그리고 정체성에 영향을 미치는 의미 있는 범위는 점차 광역화되지만, 마을은 지역사회의 가장 기초를 이루는 것이다. 이것은 생산의 장을 공유하면서 사회적 상호작용과 역사적 경험, 기억을 공유하는 단위로, 그리고 실재하는 역사적 경험의 전승공동체라고 할 수 있다.

 이들이 가진 공동체적 실체로서의 의미는 한편으로는 국가권력과의 관계에서 다른 한편으로는 다른 공동체와의 관계에 의해 달라진다. 우리는 마을을 흔히 공동체로 표상하는데 익숙해져 있는데, 사실 공동체로서의 지역사회의 상은 지역내 계급관계나 사회적 지배관계를 대체하거나 희석시키는 효과를 갖는 것이다. 따라서 공동체적 요소와 내부의 지배관계를 적절하게 포착할 수 있는 단위가 설정되는 것이 지역사회 연구에서 중요하다.

 지금까지 이루어진 대부분의 미시적 지역사회연구는 마을을 기본단위로 해 왔다. 특히 장기사적 변동에 관심을 갖는 연구자들은 자료가 상대적으로 많이 남아 있는 반촌을 연구대상으로 해왔다. 호남지방 반촌마을의 사례연구(이해준, 1995)는 이런 측면을 잘 보여준다. 주지하다시피 조선사회에서 농촌의 마을은 주민들의 신분에 따라, 또는 성씨별 구성유형에 따라 다르게 분류된다. 양반 신분이 많은 반촌과 상민들로 이루어지는 민촌, 그리고 같은 성씨로 이루어지는 동족촌과 여러 성씨로 이루어지는 혼성촌으로 구별된다. 그러나 마을내 주민구성의 경우, 대부분은 각각의 요소들이 섞여 있어서 특정 유형에 속하는 순수한 이념형적 마을은 찾기 힘들다. 최근 소규모 지역사회 연구나 지방사연구에 관한 성과들이 많이 축적되고 있다. 이런 변화는 세계화에 따른 지방화의 진전, 또는 지방자치제 실시에 따른 관심의 변화가 반영된 것이며, 지역사회 변동에 관한 사회사적 관심의 증대의 결과이기도 하다. 마을단위 장기변동의 연구의 최근 성과로 김일철 외(1998)과 지승종 외(2000)를 꼽을 수 있다. 김일철 외의 연구(1998)는 충남 당진군 대호지면의 종족마을의 장기사적 변동을 다룬 것으로, 이 연구는 종족마을의 형성으로부터 20세기의 마을내 사회관계의 변화, 그리고 근래의 경제활동, 마을조직, 가족생활, 생활문화, 종족조직과 근래의 지역사회의 변동에 대한 대응 등을 연구대상으로 하고 있다. 이 연구에서 특기할 만한 것은 첫째, 흔히 지금까지 동족마을이라고 불려 온 마을의 명칭에 관한 이론적 논의, 둘째, 오늘날의 마을의 존재형태로, 과거부터 내려온 남아 있는 마을과 마을을 떠나 고향을 그리며, 고향을 생각하는 사람들이 모여 만든 제2의 마을론이다. 첫째 문제와 관련하여 이들은 동족마을이라는 용어는 일본적 기원을 가진 것으로 보고, 한국에서는 일본과는 달리 혈연관계가 중심이 된 것이므로 동족보다는 종족이라는 용어가 더 적절하다고 주장하였다(김일철 외, 1998, pp.33~39). 둘째 문제와 관련하여 마을공동체를 생활공동체와 종족공동체로 구별하고, 또 전통적 종족마을공동체가 쇠퇴하고 없어진 것이 아니라 현대사회의 규율과 규범 속에서 다른 형식으로 살아 있다(김일철 외, 1998, p.17)고 보았다. 이 연구는 한 개 성씨로 구성된 종족마을을 대상으로 하고 있기 때문에 마을단위연구의 장점과 단점을 잘 드러낸다. 마을 내부의 분석이 매우 치밀한 반면, 연구자들이 마을을 개방적 공동체로 상정하고 있음에도 불구하고 상대적으로 다른 문중집단이나 다른 마을과의 관계가 소홀하게 취급되고 있다. 연구의 진전을 위해서는 사회적 경쟁과 갈등의 관계가 더 잘 드러나는 범위로 연구단위를 설정할 필요가 있다.

지금까지 마을단위 연구들은 주로 양반 동족마을을 중심으로 이루어졌고, 민촌에 관한 연구는 별로 없다. 이런 현상이 발생하는 이유를 역사적 요인, 정치사회적 요인, 문화적 요인과 자료적 요인으로 설명할 수 있을 것이다. 역사적 요인이란, 연구대상의 선정에서 해체와 단절보다는 지속성의 요인이 더 크게 작용한다는 것이다. 해체되어 과거의 상을 재구성하기 어려운 곳보다 비교적 지속성을 갖는 사례일수록 연구자가 선호하기 쉽다. 이러한 사례는 공간적 흔적을 많이 남기고 있는 반촌에 많다. 정치사회적 요인이란 지명도가 높거나 연구의 직간접적 후원이 용이한 지역을 선호하는 것을 의미한다. 셋째 문화적 요인은 정치사회적 요인과 밀접하게 연결된 것으로, 현재적 관점에서 과거의 자원을 활용하여 발전을 위한 전통활용의 경향이 큰 지역일수록 연구대상이 되기 쉽다. 즉 현재의 문제를 통해 과거를 바라보기가 쉽다. 넷째, 자료적 요인이란 과거의 자료가 많이 남아 있는 지역을 우선한다는 것을 의미한다. 양반사족들이 주로 문헌 자료를 많이 남긴다는 점을 감안한다면, 역사사회학적 연구는 자연스럽게 자료가 많은 사례를 향하기 쉽다. 이것은 과거의 유산이 양반적 시각을 통해 현대로 이어질 가능성이 큼을 의미한다.

지역연구에서 채택하는 미시적 연구단위는 보통 마을이거나 면 지역사회이다. 마을단위 연구는 심층적 분석에 유리한 반면, 마을을 하나의 폐쇄된 소우주로 간주할 위험을 가진다. 마을단위와 면단위 중간에 리단위 또는 확대된 마을단위, 즉 마을군이 존재한다. 한국 농촌의 경우 면리제 하에서 반촌마을 인근에는 대체로 민촌이 배치된 경우가 많았다. 이들은 지배관계나 일상적 생활세계에서 중심과 주변을 형성했고, 중요한 변혁기에는 긴장과 갈등의 관계를 만들어내는 경향이 있었다. 이 때문에 신분제하의 주민관계나 마을간 관계, 또는 역동적 사회변동을 보기 위해서는 마을군 연구가 유리하다.

국가권력과 지역공동체의 관계를 주된 연구주제로 삼는 경우, 군단위 지역사회가 연구단위로 적합하다. 군은 전통 사회에서 수령이 파견되는 기본 단위이므로 읍치에서의 수령이나 향리의 동향을 파악할 수 있다. 조선시대에 지방 사족들은 일반적으로 읍치에서 떨어진 풍수지리적 길지에 자리를 잡았으므로, 사족 대 수령-향리의 관계는 하위지역간 관계로 나타나고 그 관계의 성격은 갈등적이었다. 마을군을 연구단위로 한다면, 비록 국가와 지역공동체의 관계는 부분적이기는 하지만, 읍을 겨냥하여 이루어지는 반촌의 동향에 반영되어 있을 가능성이 있다.

역사적 지배의 주체나 생산력 증대의 주체의 측면에서 보면, 지역단위의 역사는 히나라기보다는 둘 이상의 복수의 역사이다. 구림권의 경우, 중심마을과 주변마을은 지역사를 바라보는 시각이 상이하다. 즉 구림권의 역사를 사족적인 구림마을 중심으로 보는가, 아니면 농민적인 모정이나 양장마을 중심으로 보는가에 따라 그 내용이 사뭇 달라진다. 전자의 경우 국가와 공동체, 신분적 지배관계, 동계 등이 주로 문제가 된다면 후자의 경우 농업생산력과 생산관계가 더 중요하게 다루어지게 된다. 그러나 이들은 상호 독립적인 두 개의 마을이 아니라 서로 상호 작용해 온 연관된 마을이다. 마을 연구가 아닌 마을권 연구는 소홀하기 쉬운 마을간 관계를 민감하게 파악할 수 있도록 한다는 점에서 중요하다. 또한 전통사회에서 지배관계는 한편으로는 국가와 지역공동체, 다른 한편으로는 지역공동체 내부 성원간 관계의 복합으로 이루어진다는 점을 고려할 필요가 있다. 이를 보다 구체적으로 구별한다면, 첫째, 구림 사족 대 영암읍 향리, 둘째, 구림권 내의 마을간 관계로서 구림 대 농민마을, 셋째, 구림마을 내 양반사족과 타성씨(산성), 그리고 대동계를 구성하는 문중간 관계 등이다. 이런 관계는 역사적 맥락에 따라 다르게 부각되며, 역사적 급변기, 특히 식민지하에서의 민족운동이나 한국전쟁기에 갈등이 발생할 수 있는 균열은 공동체적 관리가 미칠 수 있는 범위와 연관되어 있다.

2. 시각과 분석틀

근래에 소규모 단위 지역사회연구의 진전과 함께 지역사 또는 지방사 연구방법에 관한 논의가 많이 진전되었다. 그 중에서도 한국사연구회 편(2000)이나 한국역사연구회 조선시기 사회사 연구반(2000)의 연구가 두드러진다. 지역사 연구에서 오랜 쟁점의 하나는 '지역사'와 '지방사'라는 용어의 선택의 문제이다. 보다 적극적으로 지방사 개념을 채택하는 경우(고석규, 1988)가 있는가 하면, '지방사'를 부정적인 것으로 보고 '지역사'를 채택해야 한다고 주장(이훈상, 2000)하기도 한다. 사실 이보다 더 중요한 것은 지역사회의 기초 단위인 마을이나 마을군을 바라보는 이론적 시각의 문제이다. 농촌사회에 관한 연구에서 과거 식민지 시대의 일본의 사회인류학자들에 의해 발전된 이론이 동족단이론과 자연촌이론이다. 오랫동안 이런 패러다임이 존속되어 왔는데, 김일철 외(1998)에서 동족단이론을 한국에 적용할 때 생기는 문제점을 잘 지적하였다. 여기에서는 '동족' 대신 '종족'을 대안으로 제시하였다. 그러나 아직까지 자연촌 이론은 충분히 검토되지 않았다. 어떤 마을도 '자연'적으로 형성된 것은 없으며 특정 역사적 맥락에서 형성되었다. 즉 우리에게는 마을 형성의 이론이 필요하다.

지역사를 구상하는데 있어서 주목해야 할 것은 '다수의 지역사'가 존재할 수 있다는 사실이다. 동일한 지역사회라 하더라도 그것을 구성하는 하위 구성요소들에 따라 지역의 역사는 달라지게 된다. 또한 지역사회의 지배구조의 다차원성을 주목할 필요가 있다. 구림권을 염두에 둔다면, 이런 지역사회의 지배구조의 다차원성은, 국가권력이 자리한 읍치와 양반사족의 근거지, 그리고 구림권 내의 중심과 주변마을, 마을 내에서의 대동계의 주축을 이루는 문중들과 타성씨 간의 관계로 나타난다. 각각의 층위에 따라 지배와 저항이 발생할 수 있고, 때때로 지역사회의 지배적 헤게모니를 두고 지배 문중간에 경쟁과 갈등이 발생한다.

지역사회의 장기구조에서 일차적으로 고려해야 할 것은 생태학적 변동이다. 특정 지역의 생태학적 특징은 지형과 지모, 농경지, 하천과 바다 등을 포함한 자연과 인간의 상호관계를 주목하는 역사지리학적 접근을 통해 잘 부각될 것이다. 지역의 생태학적 특성은 생활문화의 기본 양식을 결정한다. 산촌, 평야지 농촌, 해안선을 낀 농어촌, 섬, 어느 곳인가에 따라 인간생활의 기본 양식들이 달라진다. 한국의 경우 서해안지역의 해안선과 도서는 특히 생태학적 변동이 심하다. 여기에서는 장기간에 걸쳐 토사가 쌓이면서 해안선 및 항구의 기능이 바뀌어 왔고, 해안과 하안의 간척으로 생태구조의 변동을 겪었다. 이런 생태학적 구조의 변화는 마을이나 마을내 주거지의 위치의 변동을 가져왔다. 해안과 하안의 마을들은 산지에 가까운 곳에 위치하다가 점차 농지조성과 더불어 해안쪽으로 내려오는 과정을 밟았다.

둘째, 마을단위의 지역의 장기적 변동을 파악하는 핵심 변수의 하나는 농지나 땔감 조달처의 변동과 함께, 타 지역과의 교통로이다. 생태학적 변동요인은 교통로와 교통수단에 큰 영향을 미쳤다. 전통사회에서 연안해운과 하운은 육상교통이 발전하지 않은 시기에 훨씬 편리하고 속도가 빠른 교통로였다. 오늘날 도서를 흔히 "외딴" 곳으로 상정하지만 이것은 역사적 국면에 따라 달라지는 것이다. 오히려 해운과 하운이 발달한 조건에서 도서나 하운이 닿는 내륙포구는 육지, 특히 산지에 비해 훨씬 개방되어 있는 지역이었다. 이들 지역들은 개화의 흐름, 근대의 흐름을 빨리 수용할 수 있는 조건을 갖추었다. 이에 비해 내륙평야는 신작로라는 이름의 도로개설이나 철도 개통이 이루어진 이후에야 외부와 쉽게 연결이 되었다. 과거의 역참로와 근대적 도로망의 비교는 장기사 연구에서 반드시 고려해야 할 사항이다.

셋째, 전체사회의 지배문화의 변동을 생각해야 한다. 한국의 경우 왕조의 교체와 더불어 종교를 비롯한 지배문화가 바뀌었다. 통일신라 이후 지배종교가 불교가 되었고, 불교관련 집단이 득세했으나 조선왕조가 성립하면서 불교는 피지배계급의 종교로 전락했다. 16세기에 지역사회에서 성립한 사족지배체제는 이후 농민적 성장에 의해 위기를 겪었다. 신분제는 갑오농민전쟁에 의해 결정적 타격을 받아 갑오개혁에서 법제적으로 폐지되었다. 20세기 한국사회의 식민지로의 전락은 이전의 지배계급이던 양반들의 정치적 헤게모니에 또 한번의 타격을 입혔다. 지배문화의 헤게모니 상실과 신분제의 사회적 약화는 19세기 후반부터 20세기 초반까지 진행된 근대적 변화에 민감하게 대응한 신흥 집단과 이에 저항적일 수밖에 없는 구 지배집단간의 역사적 운명의 차이와 연관되어 있다. 이런 전체적 변동은 지역사회에서 유교적 세력이 있는 반촌지역에서 잘 파악된다. 이와 함께 기독교문화의 유입과 그 경로 또한 지역사회의 문화적 변동에서 매우 중요한 요인이다. 기독교가 일찍 정착한 곳은 전통문화의 퇴조와 함께 근대교육이나 의료에 대한 태도, 그리고 정치적 선택에서 비교적 뚜렷한 특징을 보이며, 사회적 격변기에 인근 지역과의 갈등을 빚어내기가 쉽다.

양반문화의 해체나 잔존양상에 관한 지승종 외(2000)의 연구는 경남 산청의 단성 등 내륙지방의 양반마을에 관한 사례연구, 그리고 한국전쟁기의 마을단위의 신분적 갈등에 관한 진양군 사례연구를 포함하고 있는데, 20세기의 마을의 장기사적 연구에 주요한 시사를 주고 있다. 이 연구에서는 지배계급으로서의 양반문화는 사라졌으나 가문문화로서의 양반문화와 일상생활양식으로서의 양반문화는 가문의식과 의례 등의 면에서 아직 잔영이 남아 있음을 보여주고 있다. 신분제적 유제는 1950년 한국전쟁기와 1960년대 대규모 이농기에 최종적으로 소멸되었다. 따라서 지역의 장기사가 1950~60년대를 포괄한다면, 신분제 유산의 소멸과정은 중요한 연구항목으로 설정될 수 있다.

넷째, 장기사적 변동에서 신분적 지배와 밀접하게 관련되어 있는 것이 토지소유의 제도와 구조이다. 조선후기의 사족지배체제는 대체로 16세기에 성립했는데, 이는 이 시기의 생산력의 상승, 새로운 농경지의 창출에 기반하고 있는 경우가 많다. 이는 마을의 이동이나 새로운 마을의 창출의 핵심요인이다. 또한 19세기 후반의 토지소유가 20세기 전반기의 식민지 지주제로, 그리고 식민지 지주제로부터 농지개혁으로 이어지는 과정은 근대지역사회의 갈등의 기반을 이룬다.

다섯째, 지역의 장기사적 연구에서 고려해야 할 또 하나의 변수는 국가권력의 지방지배의 거점에 관한 것이다. 이것은 지방수령 및 사족지배문제와 연관이 있지만, 전통적 지방편제가 식민지적 편제로 전환되는 과정은 매우 흥미로운 주제이다. 군단위 지역사회에서 보면 사족의 근거지인 농촌과 국가권력의 거점인 군 소재지는 항상 긴장관계를 가져왔다. 이것은 근대화 및 식민지화에 대한 상이한 반응과 연결되면서 20세기의 계급갈등의 한 축을 담당했다. 군단위 뿐 아니라 면단위 지역사회도 마찬가지이다. 면단위에서 유력한 마을들은 근대화의 시기에 면사무소나 그 밖의 국가기구의 유치를 둘러싼 경쟁과 갈등을 겪었다. 면단위 권력은 1940년 전후한 식민지 말기에 민중생활에 큰 영향을 미쳤고, 1950년 한국전쟁기에 좌우를 나누는 요인으로 작용했다. 이런 점에서 지역의 장기사는 농지형성과 사족지배라는 두 축을 매개로 국가권력의 작동통로라는 변수를 고려하여 구성해야 한다.

여섯째, 도서해안지역의 경우를 포함하여 한국 지역사회의 장기사, 특히 마을의 생애사를 상정해볼 필요가 있다. 이 경우 15~16세기의 생산력 증대기(이태진, 1983)와 20세기 후반의 산업화, 도시화를 매개로 한 대규모 이농기가 하나의 장기순환을 이룰 수 있다고 본다. 이 시기 새로운 마을의 대규모 형성은 종족마을에서의 입향조나 도서지역에서의 입도조 전설과 관련을 맺는다. 이 시기는 간척, 농경지 확장, 인구 증가 등의 측면에서 이전 시대와 단절성이 강하며, 이후 면리제의 확립을 거쳐 지속적으로 마을의 인구가 확장되었다. 그러나 1960~1980년대의 대규모 이농은 농촌마을의 쇠퇴를 나타내는 중요한 변동계기이다.

일곱째, 장기사적 연구에서 고려해야 할 방법은 사회공간학적 접근과 구술사적 접근이다. 전자가 보다 장기적인 추세를 파악하기에 유리하다면, 후자는 100년 이내의 역사경험, 특히 심층적 생활세계를 파악하기에 유리하다. 사회공간 구조는 마을의 경계에 관한 주관적 의식, 생산과 소비, 의례 공간의 구분과 중첩, 교대 등으로 표현되며, 건축학이나 언어학, 민속학적 접근을 통해 잘 드러난다. 또한 마을내 주거지나 주택의 배치는 공동체적 질서, 또는 소집단내 서열질서를 표현하는 경우가 많다.

여덟째, 역사가 현재의 삶을 매개로 또는 미래적 전망 속에서 재구성되는 것이라면, 과거의 신분적, 공동체적 전통이 어떻게 현재의 지평에서 호명되어 활용되는가를 주목해야 한다. 이런 전통은 마을단위를 넘어서서 보다 넓은 지역사회에 적용될 가능성이 크다. 특히 지역영웅설화나 지배신분의 고급문화 뿐 아니라 하층민중의 생활양식이 문화자원으로 규정될 수 있다. 또한 그 전통 불러오기는 지역주민이 주체가 되기도 하고, 외부, 특히 국가기구가 주체가 되기도 한다. 이것은 주민들의 정체성 확립을 위한 노력이 어떤 맥락에 놓이는가에 따라 달라진다. 전통의 소환은 역사적 사실에 근거하기도 하지만, 지명과 지역 영웅설화, 전설, 고고학적 흔적 등의 "말하지 않는 증거"를 통해 이루어지기도 한다. 이런 전통의 소환은 현재적 이해와 역사적 사실이 경합하는 장이기도 하다. 지속적 재구성과정을 통하여 전통은 주민들의 현재적 삶에 영향을 미치고 있기 때문이다.

3. 자 료

조선시기 사회사 연구방법과 자료에 관한 종합적 검토는 이해준-김인걸 외(1993)에 의해 이루어졌다. 여기에서는 이 시기의 사회사 연구동향, 자료수집과 정리, 국가의 지방통치, 사족의 향촌지배, 촌락 연구와 자료에 관한 연구사와 방법론적 문제들을 논의하고 있다. 국가의 지방통치자료는 통치기구, 부세와 재정운영, 대민지배와 민의 동향, 행정실무계층 등으로 분류하였고, 사족의 민 지배자료는 향안과 향규, 향약과 동약, 서원-향교 기타 교육기관, 문중조직, 지주경영 및 노비 관련 자료로 분류하였다. 민의 조직과 생활자료로는 촌계-동제-두레, 각종 계, 생활사자료로 분류하였고, 기타 자료로 지리지, 지도류, 사찰자료, 개인관련자료로 분류하였다.

장기사를 구성할 경우 가장 기본이 되는 문헌자료는 조선후기 지방사나 마을사 연구에서 공통으로 활용되는 여지승람, 여지도서, 호구총수 등이다. 이와 함께 마을내 자료, 또는 문중자료 등이 활용된다. 마을내 자료로는 계문서나 문집, 문중이 가진 사우지나 족보 등이 여기에 속한다. 때때로 정자의 현판도 자료로 이용된다. 구림의 경우 대동계 문서가 잘 보관되어 있으며, 각 문중의 자료들이 풍부하다.

장기사의 구상에서 일단 지침이 되는 것은 기존에 발간된 향토지이다. 이것은 대부분 군단위로 작성되어 있다. 문자자료 이외에 실제 지역의 장기변동을 연구하는 데에는 금석문자료나 고고학적, 민속학적 자료들이 첨가되어야 한다. 이를 위해서는 연구지역을 대상으로 한 발굴보고서나 지표조사보고서들을 살펴보아야 한다. 구림의 경우 가마터 발굴이나 왕인유적지 조사 보고서들이 있다.

지역주민의 정체성과 관련하여 지역사회에는 기념비가 존재하는 경우가 많다. 이 기념비는 수령의 공덕을 칭송하거나 문중의 위세를 드러내기 위한 것이 많지만, 때때로 대규모 공사나 역사적 사건을 기념하기 위해 건설된다. 주민들의 집단적 경험을 기념하는 기념비도 있을 수 있다. 기념비의 건립이나 파괴는 현재적 지평에서 이루어진다. 현재적 지평은 이데올로기적, 정치적 맥락과 경제적 맥락을 포함한다. 이에 따라 과거에 세워진 기념비는 현재까지 그대로 존속하기도 하고 파괴되어 없어지기도 한다. 기념비는 아주 드문 일이지만, 주민의 교체와 이에 따른 관심의 소멸에 의한 것이거나 주민들의 현재적 이해의 충돌에 의해 파괴되기도 한다.

구림의 기념비는 과거에 세워져 지금까지 존속하는 것, 새롭게 세워졌거나 파괴된 것으로 구분할 수 있다. 신라 원성왕대의 기념비와 함께, 19세기의 전라도 관찰사 송덕비(1857), 영암군수 송덕비(1884), 그리고 한국전쟁 순절비(1976)와 순교비(2000) 등이 전자에 속한다면, 지남들의 건설자 임구령 송덕비는 후자에 속하는데, 이것은 19세기 후반기에 농민들에 의해 파괴되었다. 순절비나 순교비는 모두 분단체제 내에서 이데올로기적으로 '적합'한 것들이다. 이보다 주민의 더 많은 다수와 관련되었고, 희생의 강도도 더 큰 사건은 기념비로 세워지지 못했다. 이런 점에서 "세워질 만 하나 세워지지 못한 것"을 상상하는 것이 의미 있는 일이다.

생태적 역사지리 연구에서 기초가 되는 것은 지도와 향토지이다. 연대별 지도의 비교분석은 생태학적 구조를 밝히는 기본자료이다. 근래에는 발전한 지리정보체계에 의해 비교적 정밀한 연대기적 지도를 만들어낼 수 있다. 주요 지명이나 건물명은 고지도를 통해 파악가능하다. 이들은 읍지나 관찬지도에 표시된다. 구림 관련 읍지로는 1750년대 영조대 『여지도서』를 작성할 때 만든 『영암읍지』, 정조대 읍지를 저본으로 한 1871년 『호남읍지』가 있다. 1895년 『영암읍지』는 정조대 읍지를 전사했는데, 인물조만 첨가되었고, 지도는 없다.

실제 지형도 못지 않게 문화연구에서 중요한 것이 인지지도이다. 이 인지지도는 마을의 영역, 즉 마을간 경계에서 중요하게 부각된다. 인지지도상의 영역은 행적구역에 일치하는 경우가 많지만, 도서나 어촌의 경우 마을간 경계가 서로 다를 수 있다. 지선어장의 경계

짓기는 때때로 마을간 분쟁의 대상이 되기도 한다. 어촌에 비해 농촌은 상대적으로 마을간 경계가 뚜렷하다. 마을간 경계의식은 일상생활에서도 작용하지만, 이주나 농지 유동에서 중요한 기준으로 작용한다. 마을간 경계는 자연물이나 표지석 등이, 마을에 부속된 농지의 경우 관개수로나 농로 등이 경계 구실을 한다.

한편 지역 장기사를 현재까지를 포함하여 구상하는 경우 여기에서 언급된 자료 외에 중요한 것이 주민들의 구술사이다. 조선시대에는 대체로 일반민중들이 문자를 갖지 않았으므로 문자자료상의 계급적, 신분적 비대칭성이 발생하나 근대 교육이 보급된 식민지시기 이후에도 정치권력의 억압성으로 인해 자료상의 비대칭성이 유지된다. 식민지체제에 대한 저항이나 분단체제에 대한 비판의 목소리는 따라서 비문자자료, 특히 구술과 증언을 통해 보충되어야 한다. 구술은 한편으로는 드러나지 않은 사실의 발견이라는 맥락, 다른 한편으로는 구술주체의 인생경험을 드러내고, 그의 관점에 입각한 지역사회의 역사를 보여준다는 맥락에서 중요한 자료가 된다.

지역전통의 창출이라는 시각에서 주목해야 할 방법은 문헌자료와 구술의 비교이다. 일반적으로 지역전통의 재생 또는 창출은 명칭의 변화를 수반한다. 그러나 그것은 전통창출의 주체들에게만 회람될 뿐, 노인층은 과거의 기억과 명칭을 그대로 사용할 가능성이 있다. 지역사가 새롭게 써지고 특히 지역영웅이 교체될 때 현재의 명칭이 개정되거나, 별로 의미가 없던 새로운 장소가 부각되고 새로운 명칭으로 불려진다. 따라서 현재 문화적 전통의 재생에서 중요하게 활용되는 장소나 기념물의 명칭들을 노인층의 구술과 대조할 필요가 있다. 전반적으로 보면 구림의 경우에도 민간신앙이나 불교와 관련되는 것이 왕인의 부상에 따라 왕인화되거나 유교화된다. 때로는 역사적으로 훨씬 후대에 만들어진 것이 유교적인 계열로 분류되어 동일시되면서 시대를 뛰어넘어 왕인 시대의 유교적인 것으로 비약·치환되기도 한다.

Ⅲ. 생태지리의 역사

1. 농지확대의 역사지리학

특정 지역의 장기적 변동을 다룰 때 가장 기초가 되는 것은 공간과 사회구조간의 관계이다. 그것은 구체적으로 "인간이 환경에 적응하면서 환경을 개조하는 능력이 신장됨에 따라 일어나는 지역내의 변동"이 된다. 이러한 역사지리적 변동은 흔히 인구기초이론, 기술기초이론, 시장기초이론 등에 의해 설명된다(류제헌, 1994, pp.29~36). 보스럽(1965)으로 대표되는 인구기초이론은 인구성장이 농업의 집약화에 미치는 영향을 강조한다면, 기술기초이론은 맬더스적 사고에 기초하여 인구성장의 한계는 기술력의 수준에 의해 결정된다고 본다. 시장기초이론은 시장접근성이 토지이용의 집약도나 인구밀도에 결정적인 영향을 준다고 본다. 류제헌(1994)은 이런 이론들이 모두 단일 요소이론이어서 설명에 한계가 있으므로, 이들 요인들을 동시에 고려하는 문화생태학적 방법론을 제시하였다. 그는 역사적 국면에 따라 인구, 기술, 시장 등의 요인들이 작용하는 방식은 다르고, 이것은 제도적 여건에 의해 매개된다고 보았다(pp.37~38). 그는 호남평야를 대상으로 역사지리학적 장기사를 구상하면서, 인구, 농업, 시장, 제도 등을 고려하였다. 여기서 제도적 요인은 주로 소작제도와 시장제도, 그리고 양반집성촌이었다.

그는 호남지역의 인간생태계의 변화를 18세기 후반부터의 수전농업의 비중 증대로 특징지우고, 이에 대한 문화적 적응의 유형으로 인구조절과 농업의 집약화, 상업화라는 자원기회의 확대로 규정했다. 그는 호남평야의 변동을 인구변천단계를 기준으로 전산업시기(1789~1910), 준산업시기(1910~1962), 산업시기(1962~1982)로 구분하였다. 시기구분은 신뢰 할 만한 인구통계자료의 연도를 기준으로 하였는데 분석의 시기를 1789년으로 시작한 이유는 이 때 발간된 호구총수 때문이었다. 그는 전산업시기의 특징을 고지대와 저지대[2]에서의 인구성장률의 차이, 즉, 고지대가 저지대보다 인구가 더 많이 증가한 것으로 규정했다. 이런 현상은 고지대의 양반보다 저지대의 농민들에게 제도적 요인들이 불리하게 작용했기 때문이라고 보았다(p.189). 준산업시기에는 저지대 중심의 인구증가가 이루어지는데 이는 일본인 지주와 상인들의 쌀 정책의 결과라고 보았다.

한국의 남서부는 서남해안쪽으로 갈수록 해발고도와 기복이 점차 감소하는 지형을 가지며, 산지사면, 침식하곡, 충적하곡, 해안평지 순서로 전개되고 있다. 호남평야나 나주평야 모두 강 유역으로 발달해 있고, 계절적 수량의 차이가 심하다. 뿐만 아니라 해마다 상당한 양의 토사를 운반하여 하구와 해안에 퇴적시킨다. 이런 자연적 요인은 해안지역의 생태계를 변화시키는 근본적 요인이지만, 또 한가지의 핵심적 요인은 끊임없이 지속된 농지확장의 요구였다. 이런 농지확장은 산지나 강유역의 황무지 개간과 함께, 넓게 펼쳐진 갯벌을 간척하는 방식으로 전개되었다. 간척의 규모는 간척기술의 발전정도, 그리고 동원할 수 있는 노동력의 규모에 따라 달라진다. 간척의 주체는 조선의 경우 주로 양반관료들이었고, 일제하에서는 국가적 후원을 얻을 수 있는 지주들이었다. 1945년 이후 간척은 대체로 국가적 사업으로, 그리고 대규모로 진행되었다.

---

2) 고지대와 저지대의 구분 기준은 해발 50m였다.

농지이용의 방식은 한편으로는 경지확대를 위한 노력, 다른 한편으로는 집약화를 향한 노력으로 구분되는데, 역사적 시기에 따라 강조되는 측면이 다르다. 지역사회의 변동은 지역사회의 형성까지를 포함해야 한다. 새로운 지역사회의 형성은 기존의 인구집단에 의한 경지확대의 산물이거나 국가정책의 산물일 가능성이 크다.

대규모의 인구집단이 끊임없이 농경지를 확대해 가려고 하지만, 역으로 적절한 농경지가 있음에도 불구하고 지역사회가 형성되지 않는 경우도 있다. 이는 대부분 국가 지배집단의 정치적이거나 안보적 고려의 산물이었다. 서남해 도서나 해안지역의 경우 전통적으로 해상세력의 근거지였으므로, 중앙 집권세력은 이를 견제하기 위해서,[3] 또는 외적의 침략에 대비하기 위한 국방상의 이유로 공도화 정책을 취했다. 이런 경우 도서해안의 주민들은 국가권력의 통제가 느슨해지면, 언제라도 농경지를 찾아 이주하여 새로운 지역사회를 만들었다.[4]

2. 구림권의 형성과 변화

조선사회에서 마을이나 마을군의 형성, 편제, 운영에 관한 전반적 연구성과는 이해준·김인걸 외(1993, pp.178~199)를 참조할 수 있다. 마을의 형성에 관한 연구에서 전제되어 있는 개념이 '자연촌'이다. 사실 자연촌 이론은 일본의 식민지기 연구의 산물로 비역사적인 것이어서 재고되어야 한다. 구림의 경우 고대에 마을이 어떻게 존재했

---

[3] 이의 대표적인 사례는 통일신라 말기 청해진 주민의 김제 사민정책, 원 지배하 고려의 진도주변 공도화정책 등이다.
[4] 서남해안 도서의 경우 입도조가 대체로 조선중기에 집중되는 현상은 이를 잘 말해 준다. 이에 관해서는 김경옥(p.199)을 볼 것.

는가는 불분명하지만, 포구를 가진 마을이었고, 명백히 근대 이후에는 마을들이 농지형성과 연관하여 형성되거나 변동했다. 기존의 마을은 점차 낮은 저지의 농지를 따라 내려오거나, 간척을 통해 새로 대규모의 농지가 조성되는 경우 마을이 새롭게 형성되었다.

조선중기에 이르면, 농업생산력, 특히 간척과 제언구축을 통한 생산력의 증대가 이루어진다(이태진, 1983). 구림의 경우에도 마찬가지이다. 구림의 생태학적 변동은 인근 갯벌의 간척을 통한 농지확대의 역사이다. 16세기의 지남들, 20세기 중반의 학파들, 20세기 말의 영산강 간척사업으로 인한 농지가 그것이다. 지남들과 학파들은 양반관료와 민간이 주도, 영산강 간척사업은 국가가 주도하는 대단위 간척사업이었다. 지남들이 간척되기 이전에는 모정리, 구림리의 인근 일부지역에 육답과 소규모의 제언에 의해서 형성된 농지를 이용한 농사와 어업이 이루어졌다.

1) 지남들 간척

1540년 경 나주목사를 지낸 임구령(1501~1562)이 지남제를 건설하여 구림농지를 대규모로 확장했다. 지남제는 해발 5~10m의 구릉성 둑으로 이 제방을 축으로 천여 두락의 농토가 새롭게 생겨났는데 이를 '지남들'이라고 부른다. 지남들의 형성은 구림대동계의 물적 기초가 되었으며 열두 동네의 형성계기가 되었다. 사족적 배경에 기반을 둔 중심 촌락들은 신분과 경제적으로 보다 하위에 있던 주변촌(村, 谷, 亭, 坪)들을 자연적인 생활과 경제공동체로서 공존하며 통할하고 있었다. 당시의 대부분의 사족들의 마을지배는 제언과 보의 축조를 통한 농지 확대를 경제적 기반으로 하고 있었다(이해준, 1996, pp.288~290). 구림지역에서 지남제가 만들어지기 전에 비교적 큰 규모로 농사를 지었을 것으로 추측되는 곳은 왕인박사 유적지 인근 아천포 부근과 구림마을의 돌정고개에서 상대포에 이르는 육답이다.

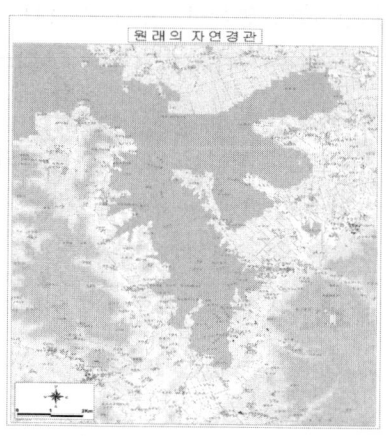

<지도 1>

<지도 2>

<지도 3>

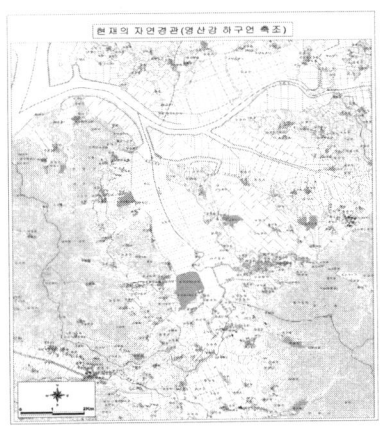

<지도 4>

 위의 지도들은 지남들이 간척되기 이전(<지도 1>)과 지남들 간척 후 20세기 중반 학파농장 형성이전의 약 400년간(<지도 2>), 학파농장 간척 이후 1990년 영산강 하구언 사업이 종료되기 까지의

기간(<지도 3>), 그리고 현재(<지도 4>)의 구림권의 생태지리를 잘 보여준다5).

지남들 간척기의 생태지리적 변동은 <지도 1>과 <지도 2>의 비교에서 드러나듯이 해안의 소규모 간척이 지속적으로 이루어지고, 또한 농지 조성 이후 관개시설이 비교적 큰 규모로 마련되는 과정이다. 지남들 간척 이후 구림의 마을 이동과 관개에 관한 내용을 다음에서 엿볼 수 있다.

> 신라시대의 명촌으로 널리 알려져 전성기에는 … 호수가 천오백호에 달하였다. 그 후 촌기가 점차 농사짓기에 편리한 서호강변으로 옮아 오늘의 위치로 정착했다 … 옛날에는 간죽정까지 적은 배가 상행했다는 기록이 있다. 지소(池沼)는 군서수리조합 제1, 제2 저수지와 모정방죽이 있다. 모정방죽은 지금부터 300여 년 전 박병사가 파낸 것이며, 주위 천 m에 달한다(군서학생동지회, 1953, 13).

형성기의 구림권의 인구는 분명하지 않으나 18세기의 자료에 견주어 보면 비교적 적은 규모였을 것이다. 조선후기에 구림권은 영암군 서종면에 속했다. 조선후기의 지방실정을 알려주는 자료는 여지도서나 호구총수이다.6) 호구총수에 따르면 당시 전국의 군현은 332개, 면은 3,951개, 리는 39,465개였고, 1개 군현은 평균 11.8개,

---

5) 이 지도는 목포대학교 도서문화연구소 문병채 교수의 도움으로 작성되었다.
6) 중앙정부의 지방지배의 강화는 삼남양전(1716~1720)이나 면리편제, 인구에 대한 현실적 파악으로 구체화되었고, 이의 결과가 여지도서나 호구총수 등의 간행이었다. 1765년 영조는 기존 읍지를 국가가 재정리하여 여지도서를 편찬하였다. 여지도서는 지도, 방리, 도로, 제언, 교량 등 등 사회경제적 내용을 풍부하게 수록하였다(이에 관한 자세한 내용은 한국역사연구회, pp.255~258). 정조도 또한 1788년 해동읍지를 편찬하기 시작하였다. 호구총수는 1789년에 간행된 조선시대 최고의 인구통계이자 지방상황을 알 수 있는 기초자료이다. 이는 왕권의 강화와 함께 중앙과 지방의 통합의 진전을 표현하는 것이다.

104.6리였다. 군현당 평균 면리수는 전라도가 군현당 13.8면, 210.1리로 가장 많았다. 그러나 면리에 거주하는 평균 인구수는 서북지방이 가장 많았다. 리당 호수는 황해도가 91.5호인데 비해 전라도가 27.1호로 가장 적었고, 리당 인구는 함경도가 381.5구인데 비해 전라도는 103.7구로 가장 적었다(한국역사연구회, p.271). 이런 차이는 조선초기의 행정구역 설정과 조선후기의 인구변동의 괴리를 의미하는 것이다.

『여지도서』에 따르면 영암군은 18개면 2도, 합계 8,455호, 남자 11,396명, 여자 12,117명이었다. 오늘날의 군서면은 서시면과 서종면으로, 서시면소는 주암마을에, 서종면소는 서구림리에 위치했다. 서종면에 모정이나 구림 등의 마을이 속했다. 서종면은 105호 남자 416명, 여자 488명 합계 904명이 살고 있었다. 1789년의 호구총수에는 영암군에 총 548개 리가 존재했다. 서종면에는 247호, 112명, 이중 남자가 549명, 여자가 563명이었다. 이 기간에 서시면은 인구가 줄고 서종면은 인구가 급증한 것으로 나타난다. 전출입자료는 없으나 서시면에서 서종면으로의 인구이동의 가능성을 생각해 볼 수 있다. 읍치와 구림의 인구규모는 상당한 차이가 있었다.

이후 자료는 없고 일제 초기에 근대적 방식의 통계에 호구와 인구가 잡혀 있다. 19세기 말, 20세기 초에 서시면과 서종면이 합쳐져 군서면이 되었다. 생태학적 지형의 변화를 역사적으로 보여주는 표지들은 제언과 기념비, 그리고 여타의 흔적들이다. 지남제와 지남제 끝 지점의 비, 그리고 지남마을의 당나무 앞에 남아 있는 입석도 마을의 생태학적 변화를 말해 준다. 이 입석들은 간척 이전에는 배를 매어두던 돌들이었다. 그것은 간척 이후 새로운 농지가 시작되는 지점을 나타내는 표지석의 구실을 하고 있는 셈이다. 새로 조성된 농지는 일반적으로 직선도로와 경계를 갖는다. 19세기까지 구림권

주변의 농지는 오늘날의 모습과 매우 다른 형태였다. 모정제 바로
아래 공간과 현재의 지남들의 중간 부분은 농지가 아니라 수로였
고, 양장, 모정, 구림, 평리, 탑동, 동평 등의 마을 주변에서 농사가
이루어졌다. 나머지 공간은 갯벌상태로 남아 있었다.

<표 1> 18세기 구림 일대의 인구

구 분 『여』/『호』	편 호(원호)			인구합계(『여』/『호』)		증 감	
	『여』 1756	『호』 1789	증 감	남(『여』/『호』)	여(『여』/『호』)		
坊里郡內面/郡始面	953	809	-144	2,199/3,347		+1,148	
				1,008/1,551	1,191/1,796	+543	+605
東郡內面/終面	312	301	-11	719/1,121		+402	
				389/536	330/585	+147	+255
西西始面/西始面	322	270	-52	910/1,173		+263	
				438/517	472/656	+79	+184
西終面/終面	105	247	+142	904/1,112		+208	
				416/549	488/563	+133	+75
영암전체	8,455(기) 8,470(실)	8,214	·	23,513/29,288		·	·
				11,396/13,985	12,117/15,303	·	·

* 『여』=『여지도서』, 『호』=『호구총서』

지남평야는 모정제를 제외하면, 천수답이 대부분이었다. 군서수
리조합은 지남평야 407여 정보를 몽리답으로 만든 성양리 저수지를
1941년 축조하면서 만들어졌다. 이것은 태평양전쟁시 조선총독부가
63만원의 사업비를 들여 2년 공사 끝에 완성했다. 못 면적이 1,2저
수지를 합하여 25정보이다. 이 저수지 수축을 통해 지남평야의 벼
수확고는 6,000여 석에서 14,200석으로 두 배 이상 증가하였다.

2) 학파농장 간척

지남들이 대동계 중심의 구림권 형성과 지속의 물적 기초를 마련

했다면, 학파농장의 간척은 구림권 생태지리의 두 번째 큰 변동계기였고, 지역사회구조를 변화시키는 중요한 역할을 하였다. 학파농장 간척이 이루어지기 전에 구림 서부는 서호강을 끼고 있는 광대한 갯벌이 발달했다. 뱃길이 서호강을 따라 나 있었고, 모정 검주리가 작은 항구로 여기에서 주로 쌀을 실어 갔다. 1939년 현준호[7]가 이 갯벌을 막아 농지를 만드는 간척사업를 일제로부터 허가받아 추진하였다. 그는 1934년 인근 미암면 춘동리 간척[8]을 성공적으로 준공한 기술을 바탕으로, 서호강 유역의 무른 지반과 빠른 유속에도 불구하고 간척을 감행하였다. 그는 1943년 신탁은행과 동척의 융자를 받아[9] 공사를 시작하였으며, 1944년 1.2km의 제방을 완공하였다. 이 학파농장은 총면적이 1,000여 정보, 2500호의 농가가 생활근거를 마련할 것으로 기대되고 있었다. 이 시기에는 관행 어업권 개념이 인정되지 않아서 간척이 상대적으로 용이했다. 또한 주로 그의 소작농들을 간척공사에 동원했다.

> 현진사가 '권력'으로 막았지. 누가 '말 한자리' 못했어. 보상을 받기는 커녕 오히려 지남 들에 있는 현진사집 땅 버는 사람들이 울력을 했

---

7) 1889년 영암 학산면에서 출생하여 일본메이지 대학교를 거처 1920년에는 호남은행을 설립하였으며, 전남도평의회 의원, 중추원참의, 시국대책위원, 동아일보 취체역, 조선임전보국단 의원을 역임하였고, 1943년부터는 서호간척사업(학파농장)을 추진하였다. 해방 후 1949년 전남지역 반민특위 1호로 지목되어 조사를 받았으며 1950년 한국전쟁시 호남도 자택에서 인민군에 체포되어 9·28수복시 광주형무소 농장에서 처형당했다.
8) 춘동간척지 100정보는 농지개혁시 모두 분배되었지만 학파농장은 미완성농지로 갯벌상태이기 때문에 분배대상에서 제외되었다. 하지만 경작자들은 농지개혁 이전부터 소작료를 납부하며 농사를 짓던 소작농지였는데 농지개혁시 분배되지 않았다며 토지무상양도요구를 1994년 유상매입이 결정되기 전까지 계속하였다.
9) 본 간척공사의 공사비는 160만원으로 자신의 소유농지 7,000여 두락을 저당하여 자금을 얻었다.

고. 논 한마지기에 세 사람씩 동원되었다. 농민들에게는 작답이 되면 20년간 소작료를 납부한 후 소유권을 이전한다는 약속이 있었지.

1944년부터는 간척지에서 부분적으로 농사를 짓기 시작했으며 1951년에는 북한에서 피난 온 30여 세대가 정착하기도 하였다. 학파농장10)이 형성되면서 농장 주위에는 학파동, 무송동, 죽림동, 서호동, 백암동, 신기동 등의 마을들이 형성되었는데 이들 이름 중 상당수는 현씨 일가의 호를 빌어서 붙여진 이름이다. 간척된 농지는 1950년 전후한 시기의 농지개혁문제로 작답이 차일피일 미루어졌고, 부분적으로 소 방목지로도 이용되었다. 1950년대 초반 이 중 경작가능한 농지가 200여 정보였지만, 이후 작답이 꾸준히 진행되었다. 학파농장은 현준호의 3남 현영원에 의해 본격화되고 1959년 제1호 저수지가 완공되면서 군서면에 신기동, 검주리, 백암동, 신흥동, 그리고 서호면에 무송동, 남하동, 학파동, 서호동, 중림동 등 9개의 마을에 5,000여 명의 거주하였다.11) 아래 <표 2>는 1949년과 1952년의 학파농장의 소작료 수납부를 토대로 경작현황을 재구성해 본 것이다.

학파농장은 현영원 소유의 합명회사로 농경지 666ha 중 서호면에 340ha, 군서면에 326ha가 있었으며, 소작농민은 950세대(서호 409, 군서 541)였다. 1989년 학파농장 경작농가는 총 721세대로 호당 평

---

10) '학파(鶴坡)'는 현준호의 부친 현기봉(玄基奉)의 호를 따서 지은 이름으로 현씨 집안은 천안에서 거주하다 현준호의 증조부 때 영암으로 옮겨와 터를 잡았으며 1908년 의병운동을 피해 목포로 옮기기도 하였으며 현기봉은 영암군 향약소 도약장과 구림학교 교장을 지냈으며 7,000여 섬의 지주로 알려져 있다. 현기봉은 광주농공은행, 제조업, 창고업 등 사업과 메이지 신궁 봉독회 조선지부 위원, 전라남도 참사, 전남도평의회 의원, 중추원 중임참의 등을 역임하였다.
11) 1917년의 영암군지도와 영암군 마을유래지(1988)를 비교하면서 새로 형성된 마을을 확인하였다. 박석두(1989)도 그의 보고서에서 간척지 주변에 9개의 마을이 신설되었다고 기록하고 있다.

균 2,755평의 간척답을 임차하고 있었다. 관개시설로는 102정보의 1호 저수지, 30정보의 2호 저수지, 양수장 4개소가 있었다.[12]

　1959년 간척농지 이용권을 둘러싸고 경작자들의 농지불하 요구가 표면화되었다. 원래의 약속과는 달리 농지는 농민에게 불하되지 않고 계속 연기되자, 1988년부터는 격렬한 토지분쟁이 발생하였다. 1980년대에 접어들어 고양된 주민운동과 사회의 전반적인 민주화 경향이 농민들의 집단행동을 자극하였다. 결국 주민들의 강력한 농지불하운동을 거치면서 1990년대 초반에 평당 6,000원씩의 불하가격으로 학파농장과 경작농민들의 협상이 타결되었고, 농업진흥공사에서 20년 상환을 조건으로 대부를 받아 불하되었다.

<표 2> 농지개혁 전후 학파농장 소작료 수납부

마을명		1949년			1952년		
		경작자수	면 적 (두락)	소작료 (섬)	경작자수	면 적 (두락)	소작료 (섬)
서호면	무송동	36	311.8	100.75	29	90.5	30.3
	신소정	-	-	-	3	16.5	6.6
	남하동	47	252.5	100.20	36	148.6	53.10
	월평리	39	222.1	74.10	46	139.7	22.0
	학파동	51	524.3	135.6	65	297.5	39.5
	성재리	66	374.7	146.90	68	190.5	61.3
	송산리	75	408.3	166.70	76	201.8	45.5

12) 관리사무소는 관리인으로 소장·부소장 각 1인 직원 3명이 농장 관리업무를 담당하였다. 그리고 42,800평(14.3정보)의 직영답을 설치하여 책임자 1인과 상용인부 4인이 이양기 4대, 콤바인 2대, 트랙터 1대 등 대농구를 구비하여 경작하면서 신품종 적응시험 및 종자·기술 등을 보급하기도 하며, 임차료 산정시 수확량 기준으로 활용하기도 한다. 관리사무소에서는 저수지 등 시설의 관리, 임차료 수납과 판매 등의 업무를 관장하고, 수납 임차료는 주로 정부수매하며, 시장판매시에도 조곡 상태로 판매하여 대금을 서울 본사에 송금하고 농장 운영비는 매월 본사로부터 받는다(박석두, 1989, p.87).

마을명		1949년			1952년		
		경작자수	면적(두락)	소작료(섞)	경작자수	면적(두락)	소작료(섞)
제1지구 합계		314	2,093.7	724.25	323	1,085.1	268.4
서호면	엄길리	-	-	-	109	226.6	83.4
	홍호동	-	-	-	7	17.0	5.7
	아천리	-	-	-	45	143·1	55.9
	몽해리	-	-	-	33	54.4	12.8
	서호동	-	-	-	28	100.3	44.7
	장천리	-	-	-	23	46.5	14.1
제2지구 합계					245	587.9	216.6
군서면	고산리	-	-	-	37	108.2	43.9
	남송정	-	-	-	31	122.4	60.4
	서호정	-	-	-	65	160.0	60.7
	신흥동	-	-	-	24	72.0	32.5
	백암동	-	-	-	34	96.5	45.9
	모정리	-	-	-	30	40.8	2.6
	양장리	24	83.0	24.55	40	43.4	6.3
제2지구 합계		24	83.0	24.55	261	643.3	252.3
총 계		338	2,176.7	748.80	829	2,316.3	737.3

*자료 : 합명회사 학파농장, 각년도 소작료 수납부(박석두, p.160)

　학파농장 불하로 인해 구림의 해안쪽 마을인 서구림은 경지규모가 크게 확대되었다. 동구림은 호당 경지면적이 0.5ha인데 비해, 서구림은 2.1ha로 전남 지역 평균 1.38ha보다 넓다. 그러나 이러한 생산조건에도 불구하고 서구림은 인구가 감소하는 반면, 신흥 상가지역인 동구림은 열악한 농업조건에도 불구하고 상업과 교통조건의 유리한 조건으로 반대의 현상들이 나타나고 있다.
　학파농장의 형성, 그리고 뒤늦은 것이기는 하나 농지의 농민불하는 지남제 중심의 구림권의 사회구조를 다원화시켰다. 먼저 고기잡이와 소금생산, 채취어로가 중요한 생활자원이었던 양장마을의 경작면적은 매우 넓어졌으며, 모정과 새로 형성된 검주리, 신기동, 백암동 등도 구림의 서호정, 남송정과 비슷하거나 더 많은 면적을 확보하였다. 이들은 이 시기에 구림에 못지 않은 경제적 자원을 확보하게 되었다. 구림권이 가장 많은 인구가 살았던 시기는 한국의 농촌인구가 가장 많았던 1960년대와 일치한다. 모정의 경우, 가장 많은 가구가 살 때 규모는 160호였는데, 현재는 93호가 살고 있다.

3) 영산강 간척

구림마을에 영향을 준 세 번째 간척은 영산강 간척사업이다. 영산강 간척사업은 광주, 나주시, 장성, 담양, 함평, 영암군에 걸쳐서 추진된 1단계 사업과, 목포, 나주, 무안, 영암, 함평에 걸쳐서 추진된 2단계 사업, 영암, 해남, 강진에 걸쳐서 추진된 3단계 사업, 목포, 신안, 무안, 함평, 영광에 걸쳐 추진된 4단계 사업으로 구분된다. 구림에 큰 영향을 주었던 사업은 영산강 2지구 사업이었다. 영산강 간척은 1982년에 물막이 공사가 마무리되고 1984년부터 가경작이 시작되었으며, 1994년에 해당주민에게 호당 0.5ha, 배를 소유한 가구는 1ha씩 분배되었다. 하지만 농산물시장개방과 UR협상으로 토지가 갖는 자원으로서 의미는 매우 낮아졌고, 간척지 담수호의 수질악화, 간척의 비경제성, 갯벌의 가치 인식 등에 의해 영산강 4단계 사업은 1998년 철회되었다.

<표 3> 영산강지구 대규모 간척사업

지구별	시 기	국토확장(ha)	경지확장(ha)	미곡총수(M/년)
영산강1지구	1972~1977	-	1,243	65,000
영산강2지구	1976~1998	10,823	1,063	55,600
영산강3-1지구	1985~2003	12,816	6,800	38,486
영산강3-2지구	1989~2003	7,433	3,910	21,542

* 농업기반공사, 2000.8.7

1990년대 영산강 하구언 공사로 농지가 새롭게 조성되면서 관행 마을 어업권(해안에서 3km 이내 마을)을 가진 마을 주민들에게 농지 1200평씩 불하되었다. 4년 거치 7년 상환 조건이었다. 여기에 모정이나 양장, 동호마을 등이 해당되었고 구림은 제외되었다. 당시 실제로 관행어업에 종사하던 주민은 마을에서 약 10%정도였다. 이들에게 하구언 공사는 경제적으로 큰 손실이었으나 직접 어업에 종사하지 않았던 주민들은 별다른 손실없이 농지를 얻게 되었다.

Ⅳ. 신분적 지배의 역사

1. 신분제의 변화

구림에는 대동계라는 사족중심적 공동체가 400년간 지속되었다. 따라서 구림에 관한 연구는 신분제적 공동체와 신분적 차별의 역사를 포함해야 한다. 신분적 지배는 사회사적 맥락에서 중요한 특징을 이루는 것으로, 이는 양천과 반상의 이원적 대립구조를 근간으로 하는 것이다(지승종, 1995, p.196). 조선에서 법제상 양인인 양반은 15~16세기에 자신을 지배신분으로 하는 반상제를 확립하였고, 조선후기에 진행된 신분제의 동요를 겪으면서도 지배신분으로서의 위상을 유지하였다. 이런 사회신분제는 법제적 측면과 사회적 측면이 얽혀있는 것이어서 이의 형성과 소멸은 시차를 두고 전개되기 마련이다. 전근대사회로부터 근대사회로의 이행에서 하나의 변혁적 계기가 신분제 폐지라면(신용하, 1985, p.46), 이런 조치는 1894년, 동학농민군의 요구와 갑오개혁에서의 개화파정권에 의해 이루어졌다. 그러나 이 개혁조치는 법제적 측면에서의 신분제를 폐지한 것으로, 사회적으로 작용하는 신분구조 자체를 소멸시킨 것은 아니었다. 이런 측면에서 갑오개혁 이후 신분구조의 실질적 해체에 관한 최근의 연구(지승종 외, 2000)는 구림의 사족중심적 지역질서를 연구하는데 매우 흥미로운 시사점을 제공한다.

법제적 측면에서의 신분제의 폐지에 뒤따르는 신분구조의 실질적 폐지과정은 순탄하게 진행된 것이 아니었다. 반상제를 포함한 신분제의 폐지는 갑오개혁기 초기에 과감하게 진행되었지만, 이후 밑으로부터의 신분제 폐지의 주요 동력이었던 농민군의 패배와 양반들의 봉건적 반동, 개화파정권의 좌절 등으로 인하여 지지부진하였다. 결국 신분구조의 소멸은 식민지시기 형평운동과 1950년대 한국전쟁, 그리고 일부 하층집단의 이농을 거치면서 완성되어 가는 것으로 그 중요한 특징의 하나가 해체의 비대칭성이라고 할 수 있다. 즉 천민집단의 급속한 소멸, 양반집단의 끈질긴 잔존과 재생산이 그것이다. 양반집단은 식민지하에서, 그리고 해방 이후에도, 사회생활의 여러 영역, 즉 혼인, 언어, 예절 등의 영역에서 여전히 반상을 구별하고, 신분을 드러내는 가문의식을 유지하였다. 경제력은 있으나 양반으로 인정받지 못한 자들이 양반행세를 하기 위하여 동성동본 중에서 예전에 양반이었던 가문에 자신의 가계를 붙인 족보를 간행하거나[13] 애써 양반가문과 혼인을 하고, 문중의 위엄을 높이려는 여러 가지 공사를 시행하였다. 한편으로는 신분적 차별을 비판하면서도, 양반이 되고 싶어하는 사회적 풍조가 유지되었다.

신분제의 완전한 해체와 소멸은 신분제를 구성하는 여러 요소들의 소멸과 해체를 통해 이루어지는 것으로, 이들은 관직보유나 권력적 지위, 가계의 위신 또는 신분적 혈통, 토지나 노비 등의 신분

---

13) 동성동본이라 하더라도 하나의 신분집단이 아니라 여러 신분이 존재한다. 김영모(1982, pp.67~71)를 볼 것.

재, 신분직업, 신분적 생활양식이나 문화, 신분의식 등이다(지승종, 2000, pp.36~37). 이런 점에서 보면 실질적인 신분구조의 소멸은 신분제를 떠받치고 있는 경제적 기반인 지주제의 폐지를 비롯하여 신분적 문화를 머금고 있는 농촌공동체의 해체와 자본주의적 도시화를 전제로 하는 것이다(정진상, 1995). 이것은 해방과 한국전쟁, 그리고 농지개혁의 시기에 집중적으로 진행되었다. 특히 한국전쟁은 신분적, 계급적 시민전쟁의 양상으로 진행되었고, 이를 통해 신분적 차별의 문제는 크게 해소되었다.

그러나 문화적 양상은 이와 약간 다르다. 김준형과 정진상(지승종 외, 2000, p.219)은 양반문화의 해체와 잔존양상을 분석하기 위하여 그것을 지배계급적 문화, 가문문화, 일상생활문화라는 세차원으로 구별했다. 식민지시기 이후 진행된 자본주의화와 근대교육의 확산에 따라 유교와 한문을 중심으로 한 구학이 쇠퇴했는데, 이는 생활양식으로서의 양반문화의 쇠퇴를 의미한다. 또한 1934년의 의례준칙, 1970년대의 근대화정책과 가정의례준칙은 유교적 의례문화의 쇠퇴를 가져왔다. 지배문화로서의 양반문화는 이런 쇠퇴에도 불구하고 잔존 내지 재생산되는 경향이 있다. 양반문화가 가진 이데올로기적 성격은 많이 탈각되었지만, 전통적 학문이나 사상의 형태로, 가문문화는 집단의 단결이라는 기능 때문에, 그리고 일상생활문화는 의례적 심층성 때문에 잔존하는 경향이 있다(지승종 외, 2000, p.231).

양반문화의 3차원적 구분은 사회적 신분의 해체 뿐 아니라 오늘날 전개되는 전통의 재생을 파악하는데 유용하다. 오늘날 전통이라고 불려지는 것은 대체로 과거의 고급문화이거나 신분성이 탈각된 생활문화이다. 문화적 전통은 모두 계승되는 것이 아니라 현재의 지평에서 유의미한 것만 선택되어 "전통"으로 고정된다. 비록 신분이 낮은 집단에 의해 생산된 것이라 하더라도 상층신분이 소비한 것을 포함하여 상층문화라 규정한다면, 대체로 이런 범주의 상층문화가 전통으로 고정되어 오늘날의 지역발전, 특히 지역특성화전략에 의해 전통이라는 이름으로 재생하기 쉽다.

양반적 동족마을은 산업화시기에 마을성원의 다수 이농에 의해 해체의 위기를 맞았지만, 동시에 경제성장의 결과로 인해 문중조직의 활성화가 가능해지면서 많은 문화적 자원을 갖고 있는 마을은 문중단위로 건물이나 족보를 재단장하는 현상이 두드러지기 시작했다.

2. 대동계의 형성과 변화

조선시대 국가의 지방지배는 국가와 사족지배층, 민이라는 세 주체 세력 간의 상호관계를 중심으로 파악될 수 있다(한국역사연구회, p.118). 조선시대 사회사연구에 따르면, 국가와 지방의 관계의 가장 큰 특징은 국가권력의 절대적 우위가 관철되는 가운데, 16~17세기에 수령의 관치행정과는 일정한 거리를 두면서 사족지배체제가 성립한다는 것이다(한국역사연구회, pp.117~120). 이 시기는 국가지배력이 촌락내부까지 일원적으로 행사되지 못하고 재지사족이 자치적으로 처리하고 있었다. 즉 국가는 재지사족을 매개로 한 민에 대한 간접통치를 행하고 있었으며, 이를 관치와 자치의 병존이라고 할 수 있을 것이다. 이런 자치는 재판권과 형벌권이나 군현 제의를 통해 파악된다.

구림을 둘러싼 지역사회를 관통하는 장기적 지배구조를 결정한 것은 국가권력과 신분이었다. 영암 지역사회에서 대표적인 양반마을(반촌)은 신북면 모산(柳씨), 덕진면 영보(전주 崔씨,[14] 거창 愼씨),

---

[14] 15세기 초반 연촌 최덕지의 영보촌 입향, 그의 친족 거창 신씨의 가세로 호남 사족의 지배가 형성되기 시작했다.

그리고 군서면 구림이었다. 이 세 마을이 흔히 영암 3대 반촌으로 꼽히며, 조선후기 영암지역의 사족지배의 중심지였다(이해준, 1988). 사족지배체제는 동족적 기반 위에 자체 결속력을 다지는 형태였고 이것이 동계나 동약으로 나타난다. 이들의 성립 초기에는 타성씨에 대해서 상대적인 폐쇄성과 대립성을 가지고 있었다(이해준, 2000, p.250). 현존하는 영암의 대표적인 동약조직으로는 구림리의 서호동헌(西湖同憲)과 덕진리의 영보정동약(永保停洞約)이 있다.15)

구림대동계는 1565년에 함양박씨 박규정과 선산임씨 임호가 중심이 되어 창설한 향촌조직으로 1609~1613년과 1646년 두 차례의 중수를 거쳐 현재까지 존속되고 있다.16) 구림에는 대동계 창설 이전에 난포박씨 내·외손들의 유대와 결속을 다지는 동족계 혹은 사족계 성격의 리사(里社)와 같은 향촌조직이 존재했다. 이러한 향촌조직을 기반으로 조선후기 사림파의 향약보급운동 과정에서 사족적 기반과 동족적 기반을 배경으로 구림대동계가 창설되었다. 초기의 사족적, 동족적 기반을 매개로 친족공동체적 조직이었던 구림의 향촌조직은 지남제를 막아 물적 기반을 강화하고 당시 수전농법과 이앙법을 바탕으로 구림권에서 지배력을 행사하였다. 구림의 대동계의 명칭이 서호동헌(西湖同憲)이었던 것으로 보아 당시의 구림 사족층이 지배하는 중심촌은 서호정이었을 것이다. 서호정 중심의 구림 사족층은

---

15) 영암지역에 현존하는 동계는 구림리의 서호동헌(1565, 중수), 덕진리의 영보정동약(1589, 중수), 장암리의 장암정동약(1667), 망호리의 망호정동약(1634) 등이 있으며, 이외 자료로 확인할 수 있는 동계는 화수정동약(1655), 학산은곡대동계(1650) 등이 있다(이해준, 2000, p.230). 조선후기의 영암이 사족으로는 전주최씨(15세기 영보촌 입향, 입향조 최덕지), 거창신씨(영보촌 입향, 입향조 신후경), 함양박씨(구림리 입향,입향조 박성범), 남평문씨(영보촌 입향 후 장암정에 동족마을 형성, 입향조 문맹화), 김해김씨(서호면 일대, 김한성) 등이 있다.
16) 구림의 대동계와 관련된 연구는 최재율(1973), 이종휘(1984), 이해준(1988), 김경옥(1991) 등이 있다.

토지의 확대와 농업기술의 발달로 형성된 인근 마을에 대한 통제와 사족간의 유대와 결속을 위해 대동계는 절대 필요했던 것이다.

구림에서의 사족지배체제는 지남들의 형성에 기반하여 성립한 것이다. 기존에 거주하던 낭주최씨와 함양박씨 이외에 간척의 주도자인 임구령의 외손이던 해주최씨와 창녕조씨가 새로 이주하여 지배층의 일원으로 편입되었다. 영암의 입향조 기록에 의하면 가장 먼저 등장하는 성씨는 구림을 세거지로 고려 말엽부터 나타나는 낭주최씨이며, 15세기의 문화유씨(신북 모산), 16세기 전주최씨(덕진 영보), 17세기 함양박씨, 해주최씨, 창녕조씨 등 14~15개의 성씨들이 등장한다(김경옥, 1991).[17] 지금은 한 가구도 살고 있지 않지만 주목해야 할 성씨는 난포박씨[18]이다. 난포박씨는 함양박씨(박성건, 1418~1487)와 선산임씨(임구령, 1501~1562)의 처가이며, 창녕조씨(조기서, 1556~1591)는 선산임씨의 사위이고, 해주최씨(최석징, 1604~1698)는 선산임씨가의 외족이었다. 구림대동계를 중수한 임호는 서문에서 '외선조되시는 박빈께서 이곳에 정착하시었고, 뒤이어 박성건, 박지번, 박지창 등이 개토의 업을 이어받았다'라고 적고 있다. 대동계는 임호와 함양박씨 박규정 등이 1565년 결성하였다(최재율, 1973). 박규정은 면의 중심인물이었다. 친족조직이면서 마을지배조직인 대동계는 임진왜란과 병자호란을 거치면서 흐트러졌다가 1646년 재조직되어 현재에까지 이르고 있다.

조선후기 사족 지배체제에서 영암의 중심세력은 17세기에 이르러 향임층에 대한 규제와 관리를 강화했다. 1674년 중수된 영암향

---

17) 김경옥(1991)은 『지리지』를 통한 영암지방 인물 및 성씨에 관한 기록을 토대로 입향조·입향시기·연유 그리고 향촌활동에 대한 현지조사를 실시하였다.
18) 난포박씨 박빈(朴彬)은 세종때 세자빈객과 남원판관을 지낸 아버지 박인철(朴仁哲)의 활약에 힘입어 김해부사를 지낸던 사람으로 구림에서 경제적 기반이 대단했던 것으로 알려져 있다(구림, 1992).

약에 따르면 향임층에 대한 관리조항이 매우 많았다(이해준, 1988, pp.93~94). 영암읍내를 근거로 세거한 향리가문은 金,[19] 河, 曺씨였다. 반촌마을이 읍외 지역에 위치하고 있다면, 향리층은 읍내에 거주했다. 읍은 향리마을로 인식되었다. 이 두 집단은 장기사적 구조에서 경쟁적이고 대립적이었다. 영암읍 세력은 도갑사를 근거로 한 친 불교세력이었던 반면, 구림 세력은 유교세력으로 조선 중기 이후 지속적으로 견제하고 갈등하는 관계였다.

사족지배체제라고 불려지는 16~17세기의 지배가 명분과 교화를 축으로 하였다면, 18세기에는 사족의 경향분리가 뚜렷해지고, 수령권이 강화되면서 사족지배체제가 흔들리는 시기였다(한국사연구회, p.187). 이 시기는 수령과 리향을 축으로 하는 관의 주도력 확대의 시기라고 할 수 있다(한국사연구회, p.194). 이에 따라 사족들의 향촌권력기구인 향회가 약화되고 부세운영이나 면리임의 차출 등에서 수령이 전권을 행사하게 되었다(이것은 구림과 영암읍의 긴장과 갈등으로 나타날 것인 바, 이에 관한 구체적 기록은 없다). 각종 부세에서의 토지일원화현상과 함께, 총액제(공동납제)가 강화되었는데, 이는 농업생산력의 발달과 함께 촌락의 발전에 기인한 것이었다. 면리제나 이정법은 자연촌락의 발전에 따라 마련된 제도(한국역사연구회, p.198)였다. 이는 구림권의 경우 농민마을들의 상대적 성장을 의미한다.

또한 18세기에는 생산력의 발전, 상품화폐경제의 발달에 따라 사회신분제가 변동하였다. 농민들의 성장과 함께 사족의 계층분화, 이에 따른 향론 형성의 어려움을 겪었으며, 이는 사족의 향촌지배권을 약화시켰다. 사족의 위기는 양반내부의 계층적 분화 뿐 아니라 상속

---

[19] 20세기에 영암의 김씨 가문을 대표하는 사람이 정치인 김준연과 학자 김준보이다.

제의 변화에 기인한 것이기도 하다. 즉 자녀균분 상속제로부터 적장자중심 상속제로의 전환이 이루어진 것이다. 이런 거시적 변화를 염두에 두고 구림권 지배체제의 변동을 파악한다면, 대동계 성원구성의 변동, 대동계의 정치사회적 적응 메카니즘이 연구의 초점이 될 것이다. 구체적으로 몰락하는 가문과 새로 편입된 가문은 누구인가, 대동계 구성원의 정치적 성향은 무엇인가 등의 질문이 제기될 수 있다. 이 기간에 지남들의 간척을 주도한 선산임씨가 몰락해 갔으며, 대동계를 구성하는 유력 성씨의 구성의 변동을 가져왔다.

국가는 18세기에 아래로부터의 사회경제변동에 따라 부세행정을 강화하기 위하여 면리제와 오가작통제를 도입하였다. 면리제에서 핵심은 면임과 이정 등 직임 선발을 제대로 할 수 있는가였다. 국가에서는 면임에 사족을 임명하고자 했으나 사족은 이를 맡지 않으려 했다. 이에 비해 부유한 양인들은 이를 적극적으로 맡으려 했다. 지방수령은 국가방침과는 달리 요호부민층을 면임에 임명하여 지방을 장악하려고 했다. 이런 점에서 수령과 사족은 입장을 달리했다. 사족들의 부세운영 참여는 18세기에서 19세기로 갈수록 약화되었다(한국역사연구회, p.312).

이런 변화에도 불구하고 구림대동계는 지속되었다. 대동계의 계원자격은 구림리에서 20리 이내에 거주하며[20] 가문이 좋고 품행이 단정하며 학식 있고 동헌의 약조(約條)를 지킬 수 있는 경우이며, 계원이 사망하거나, 외부거주자는 출계(出契)조치하고 과오의 경우에는 경중에 따라 일정기간 혹은 영구 출계한다. 그러나 계원자격은 상당정도로 문중중심적이었다. 1646년 이후 현재까지의 대동계

---

[20] 20리 제한규정은 대동계의 중수에 공이 많은 조행립이 인근 미암면 당리로 이사하면서 설정되었다. 현재 계원은 구림리(도갑리 포함) 거주자가 55명, 인근 마을 거주자 3명, 20리 이내 거주자 8명, 외부거주자 10명(서울 4명, 광주 5명, 군산 1명) 등이다.

성원의 성씨별 구성(구림대동계, 1999)을 보면, 총 1,049명 중 4성씨의 비중은 778명으로 74.2%였다.

<표 4>는 1646년 이후 현재까지를 100년을 한 국면으로 하여 4국면으로 구분한 후, 각 기간의 대동계원 구성비를 본 것이다. 이에 따르면, 함양박씨는 초기 국면에서 41.4%를 점할 정도로 큰 비중이었다가 점차 감소했지만, 전기간에 걸쳐 32.7%로 가장 큰 비중을 차지하고 있다. 창녕조씨와 함께 이른바 구림 4성씨에 속하는 낭주최씨는 II국면인 18세기 중반부터, 해주최씨는 III국면인 19세기 중반부터 그 비중을 크게 높였다. 결국 구림 4성씨 체제는 19세기 중반부터 확고히 된 셈이다. 이에 비해 초기에 비교적 큰 비중을 차지하고 있던 완산이씨와 선산임씨는 세 번째 국면 이후 매우 비중이 작아졌다. 대신 전주이씨는 18세기 중반 이후에 등장하고, 연주현씨는 19세기 중반부터 20세기 중반까지 나름대로의 비중을 차지했다.

<표 4> 대동계 성원의 성씨별 구성의 장기적 변화

주요 성씨	I(17C 중반~)	II(18C 중반~)	III(19C 중반~)	IV(20C 중반~)	합 계
함양 박	109	125	77	32	343(32.7)
창녕 조	30	81	53	27	191(18.2)
완산 이	23	20	7	1	51(4.9)
선산 임	18	8	2	2	30(2.9)
해주 최	15	19	46	24	104(9.9)
낭주 최	10	47	57	27	140(13.3)
연주 현	9	11	24	3	47(4.5)
전주 이	0	7	18	5	30(2.9)
기 타	47	26	28	9	110(10.5)
합 계	263	344	312	130	1049(100.0)

구림주민들이 지역사회를 바라보는 전통적 시각은 영암읍과의 대립관계 이외에, 구림권을 '자신들과 물아래 마을'로 구분하여 파악하는 것이었다. 물아래 마을은 '저들'을 의미하며, 이에 대하여

'우리'인 '윗마을'이 2차적으로 파생된다. 물위 마을은 구림, 월암 (월산), 호동, 주암 등이며 이들은 모두 동일한 구림마을로 인식된다. 이들이 대동계원이 살고 있는 마을이다.

　지남들의 형성이 사족집단의 유입과 조직화를 낳았다면, 다른 한편으로 확대된 농지에서 직접 생산을 담당한 대규모 집단이 유입되었고, 이들은 별도의 마을을 형성했다. 이것이 모정, 양장, 동호, 신흥동 등의 이른바 '물아래'마을이었다. 이들의 신분적 기원은 불확실하지만, 구림주민들에 의해 정치적, 신분적으로 차별을 받았다. 이들의 전입 이전에 진남향이 있었고,[21] 양장리는 일제시대까지만 해도 소금을 구웠던 곳으로 이름도 염장리라고 하기도 한다.[22] 물아래마을의 하나로 간주되는 모정은 바로 농지에서 농업 생산담당자들을 조직한 장소가 곧 마을명칭이 되었음을 의미한다.[23] 따라서

---

21) 『동국여지승람』에 따르면, 영암의 서쪽 20리에 진남향이 있었다. 지남의 원래 명칭은 진남일 가능성이 있다.
22) 규장각에서 제작한 조선후기의 지도에는 구림, 모정, 평리, 죽정리가, 1895년(명치 28년) 지도에는 구림, 모정, 양장, 동평, 탑동, 평리, 죽정가, 1918년(대정 7년) 지도에는 서구림리, 동구림리(학암리), 죽정리, 동호리(동변), 지남리, 양장, 평리, 선장리가 나타나 있다. 일제는 1914년 행정구역의 폐합에 따라 고산리, 동계리, 학암리, 쌍화리, 신근정리를 병합하여 구림의 동쪽에 있다고 해서 동구림리라 했다. 서구림리는 율정리, 서호정리, 남송정리, 북송정리, 국사암리, 신흥리를 병합하여 서구림리라 하였다. 도갑리는 서종면 지역인제 1914년 행정구역 폐합에 따라 선인리, 평리, 선장리, 죽정리의 일부지역과 서시면의 동구리 탑동 일부지역을 병합하여 도갑사의 이름을 따서 도갑리라하여 군서면에 편입되었다. 모정리는 영암군 시종면의 지역으로 송암이라 하다가 모정으로 고쳤는데 1914년 행정구역 폐합에 따라 비죽리를 병합하여 모정리 하였다. 양장리는 시종면의 지역으로 소금을 구웠으므로 염장 또는 양장이라 하였는데 1914년 양장리라 하여 군서면에 편입되다. 동호리는 1914년 행정구역 폐합에 따라 동변리와 서시면의 지남리의 탑동의 각 일부지역을 병합하여 동호리라 하여 군서면에 편입되었다.
23) 전라도 농촌의 생태학적 구조에서 가장 특징적인 것이 이 모정의 존재이다. 이에 관해서는 전남대학교 호남문화연구소가 행한 일련의 연구성

구림과 모정의 마을간 관계는 신분적 위계와 생산적 질서의 결합으로 특징 지워지는 직접적 지배-피지배관계였다. 이들은 농업생산 뿐 아니라 전통사회의 일상적 재생산에서 중요한 땔감의 공급에서도 구림에 의존하지 않을 수 없었다.

모정 마을의 명칭이나 유래에 대한 해석은 마을에 따라 다르다. 구림의 한 주민은 모정을 농막으로 해석하면서, 그것의 의미를 농사꾼 마을로 보았다. 구림주민은 물아래 마을들의 기원에 관하여 다음과 같이 말했다.

> 양장은 유, 양, 김씨, 모정은 김, 신씨, 동호는 최씨가 많은 마을이다. 확실치는 않지만, 농지조성 후 새로 이입된 주민들은 정치적 박해자나 신분적 문제가 있던 사람들(서얼), 또는 범죄자들일 가능성이 컸을 것이다. 모정(茅亭)은 지주가 일꾼들을 조직하는 장소라는 의미이다.

그러나 모정의 한 주민은 자신의 마을 명칭의 기원에 관하여 다음과 같이 말했다.

> 임목사가 지남원을 막고 방죽 만들고 정자를 지었다. 임목사가 5형제 중 넷째로 둘째 형과 사이가 좋아 정자를 지어 이름을 쌍취정(雙取亭)이라고 했다. 그런데 국가에서 호화주택이라고 하여 기와집에 띠를 얹어 위장했다. 이에 유래하여 마을 이름이 모정이 되었다. 이 쌍취정은 그 후 엄길마을 전씨네가 사서 건물을 뜯어다 이설하고 술해정이라고 이름 붙였다. 쌍취정이 있던 자리 옆으로 마을의 동계에서 1933년(갑술년) 원풍정(願豊亭)이라는 정자를 지었다. 이것이 현재의 우산각이다.

간척을 통한 새로운 농지의 조성은 마을을 새롭게 형성하기도 하지만, 기존의 마을의 규모를 크게 하고, 또 마을의 위치를 농지 가까운 곳으로 이동시킨다. 다음은 모정주민의 자신의 마을의 위치이

과를 참조할 것.

동에 관한 설명이다.

> 지남들은 임목사가 막아 조성된 천두락 규모의 농지이다. 원래 마을이 비죽이라고 곳에 있었는데 원을 막아 농토가 생기자 농토 옆으로 집들을 이전하여 마을이 이루어졌다. 비죽은 마을의 밭이 되었다. 지금도 밭 가운데에서 그 때의 기와들이 나온다. 처음에는 평산신씨가 입주했고, 1세대 뒤에 광산김씨들이 이주하였다.

 구림과 '물아래 마을' 주민의 지주 소작관계는 자료부족으로 뚜렷하게 밝힐 수 없다. 그러나 향약을 통한 산림자원의 통제를 대동계에서 행하고 있었으므로 평야지역의 마을주민들은 땔감 때문에 많은 생활상의 애로를 겪었다. 이것이 구림과 인근 농민마을 간의 긴장과 대립의 주요 원인을 제공했다.
 양반들은 신분적 위세를 신분내혼으로 유지하려는 경향이 있으며, 이의 사회적 표현이 통혼권이다. 통혼권은 관념적 차원과 사실적 차원으로 구분된다. '구림사람'들이 상정하고 있던 관념적 통혼권은 지역이라기보다는 특정 양반 성씨로 구분되는데, 이들은 장성의 김씨와 기씨, 해남윤씨, 장흥위씨 등을 포함하였다. 영암(읍)사람들은 이들의 통혼권에서 제외되었다. 물아래 마을 중에서는 양장마을의 유씨만이 구림양반의 통혼권에 포함된다. 흥미로운 것은 신분적 지위는 '표방된 지위'와 '현실적 지위'가 다르다는 것이다. 모정의 광산김씨나 동호의 탐진최씨는 표방된 양반 성씨임에도 불구하고 구림주민들은 이들을 신분이 낮은 사람으로 대접하였다. 이런 관념은 지금도 70~80대의 노인들에게 남아 있다.
 고석규는 19세기에 진행된 향촌질서의 변동은 사족중심의 성리학적 질서에서 수령-이향주도의 관치보조적 질서로의 전환이라고 보았다. 민란의 시기를 거친 1890년대에 이르면, 성리학적 지방지배로 나타나는 사족중심체제, 관치보조적 수령-리향 지배체제, 민권자치지향의 농민적 질서 등 세 가지 방향의 대립이 나타난다(한국역사연구회, 2000, p.338). 이것은 동학농민혁명과정에서 봉건 대 반봉건으로 표출되는데, 이 때 농민군을 탄압했던 반농민군은 양반토호층과 향리층으로 구성되는 것이다.

이런 농촌질서의 변화가 구림에서는 어떻게 나타나는가. 18세기 이후 전국적으로 진행된 수령권의 강화는 아마도 구림의 사족들과 영암의 향리층의 대립을 강화시켰을 것이지만, 구체적 증거는 확인되지 않는다. 그러나 농민층의 성장과 사족의 약화는 다른 자료를 통해 확인 할 수 있다. 구림에는 19세기 후반에 건립된 두 개의 비가 남아 있고, 한 개의 비가 없어졌다는 것이 구전으로 확인된다. 남아 있는 하나의 비는 1857년 정사년에 세워진 전라감사 김병교의 송덕비이고 다른 하나는 1884년에 세워진 영암군수 심의철 송덕비이다. 사라진 비는 지남들을 막은 임구령 송덕비로, 주민들의 증언에 따르면, 김병교의 비가 세워질 무렵, 선산임씨와 토지분쟁을 하던 농민들이 그 비를 철거하여 제언 밑으로 파묻어 버렸다. 구림권에서 농민들의 성장을 나타내는 단적인 증거는 모정마을의 모정저수지 앞에 서 있는 전라관찰사 김병교 송덕비이다. 철비의 비문은 다음과 같다.

    觀察使 金公炳喬 永世不忘碑
    沓橫灌水 明於訟□ 堰實屬衆 久而益頌

모정마을의 한 노인은 이 비에 얽힌 사연을 이렇게 말했다.

    지남들을 막은 선산임씨들이 19세기 초반 농지를 매도하고 이주하였다. 이 저수지(지남제)는 이 농지에서 농사를 짓는데 필수적인 것이었다. 나중에 임씨들이 이 저수지는 팔지 않았다고 둑을 잘라 논을 만들었다. 그래서 이 저수지의 소유권 분쟁이 임씨와 농지를 매수한 인근 농민들 특히 모정 및 양장 마을주민들 사이에 발생했다. 농민들은 저수지가 없어지면 농사를 지을 수 없기 때문에 반발했다. 그러나 소송비용 때문에 양장 주민들은 떨어져 나가고 모정주민들이 주로 소유권 분쟁을 수행했다. 1857년(丁巳年) 전라 관찰사 김병교가 개입하여 농민이 승소하여, 이 저수지는 마을소유가 되었다. 모정 주민들은 이 때문에 김병교 송덕비를 세웠고, 이 철비는 지금도 그대로 남아있다. 일정 때 모정 주민들은 수세가 많이 나오자 이 저수지를 국가에 기부해 버렸다.

전라도 관찰사 김병교의 철비는 선산임씨와 농민간의 토지분쟁에 관권이 개입하고, 또한 수령은 농민들의 입장을 옹호하였다는 것을 단적으로 보여준다. 지남들 간척을 주도했던 선산임씨는 1800년 전후한 시기에 5명이 대동계 성원자격을 획득했는데, 이후 거의 자취를 감추고, 1819년 1명, 1836년 1명이 신입 계원이 될 정도로 지역에서 근거를 상실하고 있었다.

구림권에서 농민들의 성장을 나타내는 두 번째의 증거는 1884년에 세워진 심군수 선정비이다. 군수 심의철은 1881년 영암군수로 부임하였다가 1883년 파직 당했는데, 그럼에도 불구하고 주민들이 선정비를 세웠다. 마모되어 분명하지 않지만, 비문은 다음과 같다.

郡守 沈侯宜哲 善政碑
郞府南鎭 役灌三里 □佔海濱 財□十畓
疏通□□ 林公報積 □□□□
□濟□□ □□□新

이에 따르면, 심군수는 지남 제언을 수리하여 바닷물이 농지로 넘쳐오는 것을 막아 농민들을 보호하였다. 수령이 직접 농민들의 농업경작을 위한 관개에 깊숙이 개입하고 있다는 증거이다. 노령의 노인들은 심군수에 관한 이야기를 기억하고 있었다.

동학농민혁명이 발발하기 직전 동학의 발흥에 대비하기 위하여 전라감사 김문현이 여러 군의 유생들에게 권유하여 향약을 통한 향촌질서를 다시 세우고자 하였고, 나주목사 민종렬도 1893년에 부임하여 향약을 개수하고 향촌질서를 확보하고자 하였다(한국역사연구회, p.340). 이런 대비작업이 유효했음인지 분명하지 않지만, 나주는 호남일대에서 농민군이 점령하지 못한 거의 유일한 군이었다. 구림의 경우 농민군 활동이 뚜렷하지 않은데, 이는 대동계를 중심으로 한 구림의 사족지배체제가 여전히 유지되고 있었음을 반증하는 것이다. 주민의 증언에 따르면, 구림의 경우 농민혁명이 실패한 이후 영학당을 믿는 주민이 구림마을과 백암동 사이의 주택에서 살고 있었다.

근대로의 전환기에 영암의 향리층과 사족들의 태도와 정치적 지향은 상당히 달랐다. 전통적 지배층이었던 전자는 개항기 이후 변화에 저항적이었다면, 후자는 중간지배층으로 근대적 변화에 적극적이었고, 일제하에서 지역사회의 지배집단으로 군림하였다. 그 한 예로 3·1운동의 주도세력을 들 수 있다. 영암의 3·1운동은 영암의 조씨 가문을 예외로 한다면, 구림이 중심지였다. 구림주민들은 4개 가문대표를 중심으로 독자적이고 활발한 운동을 전개했다. 두 집단 간의 갈등은 일제하에서 4월 초파일에는 거의 빠지지 않고 영암읍 세력과 구림세력이 충돌했다고 하는 증언에서 확인할 수 있다. 불교세력의 입장에서 볼 때 조선의 숭유억불정책은 치욕의 역사를 만들어 냈고 이의 멸망은 치욕을 벗어나는 계기로 인식했을 가능성이 있다. 영암읍의 향리가문은 일제하에서 빨리 근대화의 물결에 편승했고, 지방 실세로 군림하면서 하층관료집단을 충원했다.

이에 비해 유교세력은 일반적으로 일제의 침략에 저항적이었다. 그러나 구림의 대동계는 1907년 구림학교(교장 현기봉)[24]를 설립하

---

24) 구림초등학교는 1910년 4월 1일 사립 구림보통학교로 개교하였다. 구림대동계에서 경영하였으며 1917년 4년제 구림공립보통학교로 인가받았으며, 1923년에는 6년제로 전환되었다. 그 후 1949년 구림국민학교로

여 신교육을 주도적으로 받아들였다. 일제하인 1917년 이 학교는 공립 구림보통학교로 전환되었다. 이 때 학교 설립기금으로 계답 600두락, 임야 20정보, 현금 일만 8천원, 학교용지 3천여 평을 영암군 학교비에 '기증'하였다. 이는 대동계가 자발적으로 했다기보다는 일제의 압박이 있었다고 한다. 그러나 일제하에서도 식민지당국은 구림의 공동체성을 어느 정도 인정한 것으로 보인다.

> 주재소에서 잡범이라도 잡으면 마을에 와서 어떻게 할 것인지 상의할 정도로 강한 공동체였지.

대동계는 1940년 사단법인화 되었는데, 당시 계원은 63명이었으며, 논 106필지 99,189평, 대지 7필지 1215평과 계사, 연 278석의 소작료를 자산으로 보유하고 있었다.

해방 후 농지개혁법에 의해 대동계의 물적 기반은 위축되었다. 소유농지 4백여 두락이 환수되었으며, 한국전쟁시에는 계사를 포함한 부속건물과 회사정, 관련서류 등이 소실되었다. 1970년대 이후 대동계는 수해복구, 하천제방을 쌓는데 앞장섰다. 대동계원은 해방 전까지 계원은 70명이었으나 가입희망자가 늘고 성씨간 안배의 필요성에 의해 1984년 80명으로 확대하였다. 현재 계에 가입하기 위해서는 계원의 아들과 손자까지는 장자의 경우 벼 5석, 차남은 벼 10석, 그 외는 15석을 부담하여야 한다. 대동계 회원은 또한 회사정을 복원했다. 최근에는 3·1운동의 발원지인 회사정에 3·1운동기념탑을 조성하는데도 적극적으로 참여하였다. 대동계의 공동재산은 신규가입계원들의 가입금, 소작료, 기부금을 재원으로 하고 있다.

개칭되었으며, 1960년에 서구림에서 동구림으로 이교한 후 1996년에 다시 구림초등학교로 개칭되어 본교 6학급, 분교 3학급이 운영되고 있다. 구림초등학교는 영암에서 1908년 개교한 영암초등학교 다음으로 빨리 개교하였다.

계답이 많았을 경우에는 1,000두락 이상 보유하였지만 지금은 계청사, 논 2,600평, 밭 1,000평, 현물 벼 500여 석, 현금 1억 3천여 만원을 보유하고 있다. 2000년 현재 대동계 총원은 80명이 현재 75명이다. 2000년 4월 9일 정기총회에는 이들 중 33명이 참석하였다. 정기총회는 원래 10월에 하였는데, 왕인문화축제가 시작되면서 4월로 옮겨서 실시하고 있다.

3. 신분의 해체

해방 후 구림의 젊은 층 사이에서는 대동계가 보수적이라고 인식하는 비판적 입장이 우세했다. 이들은 구림에 대한 자기비판의 일환으로 "봉건적 유물을 부둥켜안고 버리지 않은 집단들이 있으니 구림 또한 이에 속하지 않는다고 누가 단언할 수 있겠는가"라거나 "오늘의 구림이 이러한 배타와 고집을 버리지 못한다면" 발전이 없다고 지적하고 있다(군서학생동지회, 1953, p.53). 특히 세대간 인식의 차이가 뚜렷했다. 대동계는 해방정국이나 한국전쟁의 격동기에 이념적 활동은 철저히 외면했고 정치적으로 중립을 취했다. 그런데 오히려 이것이 대동계가 장기 존속하는 요인일지도 모른다. 마을의 공동체적 생존의 문제가 대두하거나 국가권력과의 타협이 필요할 때 중재자의 역할이 가능하기 때문이다.

앞에서 언급했듯이 신분적 유제의 갈등은 한국전쟁에서 표출되었다. 구림에서 전쟁기간 중의 사회적 갈등은 마을간 갈등과 반상이라는 신분간 갈등이 복합적으로 얽힌 것이었다. 구림은 자신들의 표현에 따르면 전쟁 전에는 "경찰관도 없고, 군인에 간 사람도 없는 보수적인 양반 동네"였다. 그러나 한국전쟁은 이들의 자존심에 큰 상처를 남겼다. 구림에서 전쟁으로 인한 인명피해는 매우 컸다. 인명피해는 좌우익으로 구분된 집단들간의 학살이었다. 학살의 시작은 한국전쟁 이전인 여순사건 시기에 시작되었다. 1948년 말에 '반란군'에 의해 도갑사 주지가 피살되었다.

한국전쟁은 구림의 경우 1950년 7월 24일 경찰 및 행정기관 철수, 28일 인민군 진주로부터 시작되었다. 전쟁은 사회적 모순이 폭발하고 지배집단과 피지배집단의 갈등과 투쟁을 수반한다. 피지배집단는 마을내에 존재하거나 또는 구림밖의 마을주민들이었다. 구림의 양반지배층의 집단적 세거지로서의 구림은 동시에 각 문중의 유지를 위한 직접 노동자층을 필요로 했고 이들이 고직(庫直)이 집단이었다. 구림주민의 신분제적 위계구성은 고지기나 재지기등 문중재산의 관리에 종사하는 집단들의 존재에서 잘 드러난다. 이들의 동향은 어떠했는가. 이들은 한국전쟁기간에 주인들에게 '반란'을 일으킬 가능성이 있었지만, 안면관계를 중심으로 하는 도덕공동체의 질서 속에서 그 반란의식을 현실화하지 않았다.

> 고지기나 재지기는 그야말로 '충복'이 아니면 자리를 유지할 수 없었다. 마음으로는 벗어나고 싶지만, 생활문제로 벗어나지 못했다. 안면관계도 크게 작용했다. 그래서 조직에는 별로 가담하지 않았다.

구림에는 8고직이 있었는데, 한 때 이들은 40호 전후가 될 정도로 규모가 컸지만, 한국전쟁 이후, 특히 1960년대 이농의 시기에 이들도 이농하였고, 1997년 완전히 소멸되었다.

사실 구림에서 본격적인 인명피해는 인민군 후퇴기인 1950년 10월에 발생했다. 9월 28일 인민군의 공식적 후퇴 명령이 있었으나 광주나 영암읍이 수복된 것은 10월 초였다. 그러나 구림은 사정이 달랐다. 구림은 정확하게 9월 28일부터 12월 15일까지가 과도기였다. 이 기간은 다시 전반기와 후반기로 구분된다. 전반기는 구림의 외부세계는 경찰이 장악했으나 구림은 여전히 좌익이 지배하는 시기이고, 후반기는 낮에는 우익, 밤에는 좌익이 지배하는 기간이다.

구림에서 반란의 모습을 보여준 것은 구림마을내의 피지배집단이라기보다는 마을 외부의 주민들이었다. 이들은 개별적 안면관계보다 집단적 엄폐가 보다 수월했기 때문이다. 군서학생동지회가 1953년 발간한 "구림"(38)에 따르면 10월 3일 밤 10시, 회사정이 학교, 면사무소, 지서, 수리조합과 같이 소각되었다. 지금까지 어느 공식적 기록에도 이를 소각한 사람들이 누구인지 밝혀져 있지 않지만, 주민들의 증언에 따르면, '물아래' 주민들은 한국전쟁 기간 중 '반봉건투쟁'의 일환으로 구림대동계의 계사와 회사정을 방화했다. 이들이 전쟁에서 활성화된 이유에 관하여 구림의 한 제보자는 그들이 사상적 지도자는 없었지만, 잠재하고 있던 신분해방의식이 작동한 것이라고 말했다. 즉 수대에 걸쳐 누적된 신분적 차별에 대한 저항의 표시였다.

회사정의 방화는 구림과 주변마을의 이중적 관계를 잘 보여준다. 전쟁기에 농민마을주민들은 명백히 대동계에 대하여 적대적이었다. 가장 중요한 원인은 토지소유를 매개로 한 계급관계라기보다는 일반적인 신분적 차별과 함께 산림채취에 관한 엄격한 통제였다. 대동계는 산림보호를 위해 벌채를 금지시켰기 때문에 평야의 농민마을 주민들은 아주 멀리 나가서 땔감을 구해야 했다. 이들은 땔감을 가지고 돌아올 때마다 구림을 통과해야 했는데, 이 때마다 곤욕을 치르기 일쑤였다. 이 불만은 오랫동안 누적되었고, 이것이 대동계의 상징이었던 회사정 방화로 나타났다. 그러나 구림주민의 다수는 이들과 정치적 입장이 크게 다르지 않았으므로 주민간 충돌은 거의 없었다.

구림에 있는 교회당도 이 때 같이 소각되었는지, 아니면, 1976년 10월 건립된 순절비에 써 있듯이 10월 7일 소각되었는지 불확실하다. 사실 이 교회 방화의 배후에는 농민 개인들간의 토지분쟁이 있었다. 일본인 토지를 오랫동안 경작해 온 소작농과 이를 매입하려는 중농간의 갈등이었다. 공교롭게 그 소작농은 전쟁 이전에 우익청년 단체에서 활동하게 되었는데, 인민군 점령하에서 그 중농이 좌파에 가담하면서 비극이 발생했던 것이다. 이 사례는 한국전쟁에서의 주민간 갈등에 관한 도식적인 계급적 설명의 한계를 잘 보여준다.

구림과 인근 농민마을간 관계는 전쟁 후 확실히 거리를 두게 되었다. 군서면 면사무소 소재지 이설문제가 대두되었을 때 구림과 인근 마을간 긴장이 고조되었다. 1956년 구림 출신 최건이 면장선거에 입후보했을 때, 면사무소를 월곡리로 이전할 것을 공약하였다. 구림 주민은 이에 반대했으나 인근 마을 주민은 면사무소 갈 때마다 구림주민들에게 차별을 받는 것이 싫어서 이전을 찬성하였다. 지서, 농협, 우체국 등은 그대로 구림에 존속했지만, 군서면의 중심이었던 구림은 면사무소를 1957년 월곡리로 이전하면서 중심성이 약화되었다.

그러나 1950년 한국전쟁 이후에도 대동계가 마을 공동체를 이끌어간 측면이 있다. 대동계는 전쟁을 통해 피해를 입었지만 주민통합을 주도했고, 전쟁 직후 중등교육의 필요성을 인식하고, 대동계사에 가교사 및 운동장을 마련하여 고등 공민학교를 설립 운영했다.[25] 또한 이것은 분명히 유교문화가 가진 신분적 우월의식의 근간 위에서 진행된 체면문화의 재생산이기도 했다. 다음은 타향 출신으로 구림에 들어와 산지 50년이 넘은 한 주민의 구림사람들에 대한 평가이다.

---

25) 1951년 10월 20일 사립 군서고등공민학교로 인가되었고, 학교를 곧 동구림리 화암 부락회관으로 옮겼다. 1959년 3월 21일 도립 고등공민학교로 인가되었다.

구림사람들은 한편으로는 선비의식을 가지고 있어서 생산활동을 하는 것을 꺼려 하지만, 실제로는 궁핍하여 일을 하지 않을 수 없었다. 사상과 경제의 불일치라고나 할까. 다른 한편으로 이들은 지식이나 부의 측면에서 자신보다 낮은 사람들을 기꺼이 도와 주려고 하지만, 그 반대인 경우는 견디기 어려워한다. 이와는 대조적으로 고지기나 재지기 등 신분이 낮았던 사람들은 밖에 나가 열심히 일을 하여 잘 살게 되었다. 물아래 사람들도 상대적으로 넓은 농지를 배경으로 자녀교육에 열심이었으며, 이제는 구림사람들보다 경제적으로나 사회적으로 우위에 있는 경우가 많게 되었다. 이들은 '도약을 향한 강한 의지'를 가지고 있는 것으로 인식되고 있다. 이들의 자기평가 틀에서 중요하게 작용하는 것은 마을단위 사고이다. 개인적 평가보다는 마을단위 평가에 익숙하다.

구림사람들의 단점이 한가지 있어요. 선비의식 때문에 낮에는 일을 하지 않고 놀다가, 사람들 눈이 잘 안 띄는 저녁에는 먹고살기 위하여 이런 저런 일을 합니다. 4성씨들도 속으로 고생 많이 했지요.

1960년대 시장과 상가의 형성은 기존의 대동계 중심의 구림마을 질서와 체면문화에 변화를 가져왔다. 마을의 중심이 동구림으로 옮겨졌고, 상업에 종사하는 사람도 생겨났다.

구림에는 장사꾼이 없었어요. 4성씨 중에서 내가 처음으로 장사를 시작했지. 그 때가 1967년경일 겁니다. 그 때가 구림장이 처음 열렸은 때니까.

1960년대를 지나면서 구림권의 신분적 유제는 거의 소멸되었지만, 다른 한편으로는 경제성장의 수혜가 문중에도 작용하여, 문중의 위세를 세우려는 복고적 욕망을 현실화시켰다. 구림에는 군, 마을, 대동계, 문중, 개인 등이 소유한 고건축물들이 많이 존재한다. 문중과 관련된 건축은 문각, 사우, 정자로 구분되며 이외에 몇 가지 기념물이 있다. 이들의 일부는 오래된 것이지만, 일부는 근래에 재건된 것이다.

문중간 관계는 내부적 경쟁, 대외적 단결로 특징 지워진다. 문중간 경쟁은 자신의 문중의 위신에 대한 신뢰에 기초한다. 경쟁적으로 치산, 문각 신축과 보수, 족보간행을 행하고, 토지 매매를 문중 내부에서 행하려고 한다. 또한 대동계 공사원 지위나 향교 전교, 면장이나 농협조합장 등 주요 지위를 경쟁적으로 점유하려고 한다. 이런 문중 위신 세우기는 4성씨의 범위를 넘어서는 것이다.[26] 과거에 신분적으로 낮았던 사람들도 치산을 통해 자신의 상승 이동을 과시하기도 한다. 그러나 문중간 힘의 균형에 의해 결과적으로 교대나 균점으로 나타난다. 이런 현상은 대외적으로는 문중간 관계가 담합체제인 것으로 보이게 만든다. 최근 군에서 소유하고 관리하는 건물들과 마을에서 관리하는 건물들이 많이 신축되었는데, 이들도 과거의 전통에 따라 정자형식을 취하고 있다.

V. 지역정체성의 역사

1. 전통의 창출

지역정체성은 국가권력이나 사족들이 지배의 관점에서 위계성을 가지면서 규정되었지만, 근대에 이르면 지역사회의 성원들 스스로가 가족이나 문중의 틀을 넘어서서 자기가 속한 지역에 대한 정체성을 발전시킨다. 지역정체성은 주민들의 자기 정체성과 외부에 의해 규정되는 외부 정체성간의 관계에 의해 규정된다. 지역정체성은 한번 형성되면 그대로 굳어지는 것이 아니라 끊임없이 재해석되고 재구성된다. 지역의 자기정체성은 공동체적 측면을 부각시키며 또

---

26) 구림의 호화묘지 중 하나는 씻김 굿 기능을 보유한 한모씨가 조성했다. 그는 당골 아들로 굿으로 부를 축적했다.

한 그것은 지역 영웅을 매개로 하여 발현되기 쉽다. 여기에서 누가 지역을 대표하는 영웅이 되는가는 지역사회의 구성원, 특히 지배집단들간의 관계가 중요한 영향을 미친다. 동족마을의 경우 지역영웅은 지배 문중의 기원이나 이해와 밀접한 관계를 가진다. 일반적으로 입향조나 문중의 중시조의 설화와 이의 물질화(장소화)는 이런 지역정체성의 살아 있는 표현장소가 될 가능성이 크다.

구림의 경우 세가지 유형의 지역영웅, 즉 전설적 영웅, 지역공동체의 물질적 창건자, 문중의 시조들을 갖고 있다. 지역의 전설적 영웅은 왕인과 도선이고, 두 번째 유형의 지역영웅은 구림 지남들의 개척자와 대동계의 창시자들이다. 세 번째 지역영웅은 각 문중의 입향조들이다.

전설적 영웅의 가장 오래된 인물은 왕인이다. 그러나 왕인은 현재 지역사회를 구성하는 문중집단과 아무런 연관을 찾을 수 없다. 그는 구림에서 1970년대 초반까지 전설로 존재해 왔다(최재율, 1953). 왕인 숭상의 기운은 1940년 전시체제에 접어든 시기에 형성되었다. 일제는 내선일체의 상징을 창출하기 위하여 왕인박사현창비를 부산에 세웠고(『경성일보』, 1940.4.23), 또 부여신궁에 왕인비를 세웠지만(『경성일보』, 1940.8.8), 영암과는 무관했다.

또한 도선에 대한 특별한 의례나 제사도 없었다. 구림에서 근대적 의미의 지역정체성이 최초로 표현된 것은 군서학생동지회라는 이름의 구림 청년들이 1953년에 발행한 마을지라고 할 수 있는데, 이의 제호는 "시의 마을 구림"이었다.

왕인을 구림과 연결시키려는 최초의 시도는 1932년 영산포의 본원사 승려인 아오키(靑木惠昇)가 왕인동상 건립취지문을 낸 것이지만, 본격적인 시도는 1970년대 초반 유신체제하에서 이루어졌다. 국가주도적 민족주의가 강화되고 있는 시점에서 시작된 왕인의 역사

인물화 프로젝트에는 서울과 광주의 인사들이 중심이 되었는데, 이들은 1973년 왕인 현창회를 조직하였고, 이어 왕인박사 흔적찾기 작업을 수행하였다(이선근 외, 1974). 왕인 현창사업에 전라남도와 영암군이 참여하면서, 이 사업은 지역영웅화 프로젝트의 성격을 갖기 시작했다. 김창수(1975)는 일본의 왕인의 존재를 주목하고 이를 구림과 연결시키는 작업을 수행하였다. 왕인현창회는 서울의 조직과 영암의 조직으로 병존하다가 후자로 주도권이 넘어왔다. 영암의 인사들은 재지 인사와 출향 인사들로 구성되었다.[27] 왕인의 지역영웅화는 모호하게 존재하던 불교관련 유적이나 도선 관련 유적의 재호명(명칭변경)과 함께 공간적 근거지화로 나아갔다. 상당수의 유적은 명백히 도선과 연관이 있는 명칭을 갖고 있었지만, 왕인의 영웅화와 더불어 장소의 이름이 바뀌었다. 책굴, 문수재, 성기동, 성천, 돌조각상(석불) 등이 그것이다. 마을의 노인들에 따르면, 이 유적지들은 베틀굴, 문수암 등 보다 명백하게 불교적 유적지였거나 추상적으로 성인과 관련되는 명칭을 가지고 있었으나, 왕인의 부상과 더불어 명칭의 교체가 이루어진 곳이다. 이런 재호명은 1985년 왕인사당의 건립으로 구체화되었으며,[28] 한편으로 소설화(한일친선문화협회, 1986 ; 한승원, 1989), 다른 한편으로는 유적의 복원(왕인현창협회, 1986)을 병행하였다.

구림권에서 불교와 유교의 관계는 대립적일 가능성이 크다. 유불간 긴장이나 갈등은 조선건국기나 조선후기 유교 강화기에 표출되었을 것이다. 유불간 긴장이나 갈등은 지역간 갈등의 요소를 가진다. 영암 중심의 불교권과 구림 중심의 유교권의 대립은 주로 4월 초파일 행사에서 종종 주민간 대립으로 표출되었다. 최재율교수의 증언

---

[27] 여기에는 민준식, 최재율, 박광순, 신태호, 임광행, 박찬우, 최재우, 최승호, 김정호 등이 참여했다.
[28] 이와 함께 문산재 및 양사재의 복원이 이루어졌다.

에 따르면 1940년대만 하더라도 매년 4월 초파일이 되면 '영암사람들'과 '구림사람들'이 서로 충돌하곤 했다. 불교적 성향의 외부인들이 유교적 기반을 갖는 청년들의 공격대상이 되었다는 증거이다.

사족이 지역의 지배집단으로 자리잡은 이후 한번도 지역정체성의 중심에 자리잡지 못한 불교세력은 영암군을 동원하여 도선이 갖고 있던 신승, 술승이라는 이미지로부터 벗어나 선승으로 재정의하고, 1987년 도갑사에 국사전을 새로 건립하였다. 아울러 도선에 관한 학술회의를 개최하였으며, 이를 책으로 출판하였다(김지견 외, 1988). 이는 구림의 왕인화를 견제하는 의미를 가진 것이었지만, 왕인의 지역영웅화를 막지 못했다.

지역전통의 왕인화의 마지막 국면에 왕인축제가 있다. 구림의 축제는 1986년 '유림'에 의한 춘향대제에서 출발한다. 1993~1994년 기간의 군서청년회에 의한 벚꽃축제, 1995~96년 기간의 왕인벚꽃축제, 1997년부터의 축제 추진위원회에 의한 왕인문화축제로 바뀌어 왔다. 이곳의 축제 명칭에 '왕인'이라는 이름이 붙여지기 시작한 것은 1995년부터이다. 이것은 축제의 중요한 자원인 '벚꽃'[29]과 역사화 된 인물 '왕인'을 결합하여 축제를 조직한 것이다. 특히 일본의 아스카 문화를 일군 왕인과 일본을 상징하는 꽃의 결합은 일본 관광객을 대상으로 하는 문화상품의 절묘한 결합이었다. 군에서 행사를 주관하면서부터 축제의 내용은 구림의 유교적 전통성과 지역성을 결합시키는 프로그램으로 전환되었다. 1999년부터는 동서화합과 한일문화교류라는 현재의 요구를 기획행사로 결합시켜 자매 결연단체인 경남 산청군 장승 깎아 세우기와 경기도 광명농악이 시연되었다.[30] 2000년에는 일본 枚方市에서 축제에 참가하였으며, 한일

---

29) 구림의 벚나무는 1930년대 최현 면장 시절에 심어진 것이다.
30) 1999년 왕인문화축제는 4월 9일부터 12일까지 축원의 날, 화합의 날, 참여의 날, 문화의 날 등으로 구분하여 진행되었는데 주최측에서는 30여

종이교류전 등을 마련하였다. 특히 2000년은 축제의 준비를 보다 세분화하여 축제추진위원회를 직능단체장, 읍면대표 26명으로 구성하고, 후원회, 군서청년회, 기획팀 등이 축제의 진행을 분담하였다. 2001년 축제는 '아스카문화'의 발신지를 집중테마로 선정하여 '백제소리를 찾아서', '백제의상 패션쇼', '백제 춤사위' 등 프로그램에 새로 배치하였으며, 왕인박사 도일 고대항로 대탐사를 실시하여 역사적 사실을 확증하는 계기로 삼았다.

역사적 유적의 왕인화, 왕인사당의 창출, 지역축제의 왕인화 등의 과정은 세가지 중요한 특징을 갖는다. 첫째, 왕인이 현재의 주민들과 직접적인 연관을 가질 수 없을 정도의 오래된 인물이라는 점 때문에 왕인의 지역영웅화는 지역내부로부터가 아니라 외부에 의해 추동되었다. 지방자치제의 실시는 군 단위 영웅과 이를 매개로 한, 지역축제화를 촉진시켰다. 둘째, 지역영웅 왕인은 새롭게 창출된 것이라기보다 기존의 지역영웅, 또는 성인이었던 도선을 대체하면서 진행된다. 따라서 대동계나 도선을 제치고 왕인적 요소로 지역전통을 재창출하고 지역사를 다시 쓰는 것에 대하여 이를 주도하는 군이나 외부단체와 지역주민간, 그리고 구림내 문중간 태도가 다를 수 있다. 불교세력과 함께 구림의 왕인화를 내심 탐탁치 않게 여긴 또 하나의 집단은 도선과 관련된 낭주최씨 문중이었다. 이들은 한편으로는 유교적 사족이었지만, 도선의 속성이 최씨였다는 점에서 이런 흐름에 냉소적이었다. 김정호는 1992년의 책에서 구림을 "왕인과 도선의 마을"로 명명했지만, 왕인의 지역영웅화는 1995년 왕인축제의 형성을 통해 더욱 부동의 구조를 형성해 갔다. 셋째 최근의 왕인축제는 시장지향성을 더욱 뚜렷하게 드러내고 있다는 점

만 명의 국·내외 관광객이 참여한 것으로 발표했다(『영암군 소식』, 1999 봄호).

이다. 왕인축제는 시간이 갈수록 일본시장을 지향하는 것을 의미하며, 이는 국가나 지방자치단체의 요구이기도 하다.31) 결국 전설적인 왕인을 지역과 구체적으로 연관지우려는 기획은 정치적 권위주의와 경제성장에 의해 추동되지만 이것은 지방자치제하의 군의 지역 활성화정책에 의해 새로운 단계로 접어들고 있는 것이다.

2. 문화마을화

구림의 왕인화와 병행하여, 또는 이에 잠재적으로 경쟁하면서 진행되고 있는 구림의 다른 얼굴 갖기의 흐름이 있다. 이것은 도기문화센터를 중심으로 하는 문화마을 만들기이다. 이런 흐름은 전통의 창출의 다양성과 복합성을 보여주는 것이다.

전통은 문화적 에피소드에 관련된 전설의 존재, 고고학적 발굴을 통한 근거확보, 발굴 이후의 재창출이라는 일련의 흐름 속에 놓여지게 된다. 전통의 창출은 보다 직접적으로 전설이나 역사적 사실에 기초한 에피소드를 상상력을 동원한 그림으로 재현하거나 문화적 이벤트를 통해 역사적 사실로 굳히는 전략이 사용된다. 이 전략은 의도적일 수도 있지만, 문화전략가들의 현재적 상상력의 실현이기도 하다.

이러한 전통의 창출과 활용은 왕인축제 외에 도기문화센터의 건립과 이를 통한 각종 문화이벤트에서 확인된다. 구림이 도기문화의

---

31) 1999년 이후 왕인문화축제는 전국의 대표적인 문화축제로 지정되었으며, 2001년 정부에서는 왕인문화축제를 집중육성 5대 축제로 선정하였다. 그 동안 축제가 공간적으로 구림일대의 왕인박사 탄생, 성장, 도일에 초점이 맞추어졌다면 이제 설화적 사실을 역사적 사실로 승인하고 구체적인 도일항로와 일본 속의 왕인까지 그 영역을 확대하기 시작하였다. 전남에서 일본시장을 겨냥하는 축제는 왕인축제와 진도 영등제이다.

마을로 성장하게 된 근거는 왕인의 문화전래품에 도기와 종이가 있었기 때문이고, 보다 구체적으로 말하면, 구림에서 도기 가마터가 발굴(1987/1995)되었기 때문이다. 이런 흐름이 구림중학교의 폐쇄를 계기로 이를 도기문화센터로 개조하는 프로젝트로 연결되었다. 즉 도기문화센터는 왕인의 일본행과 관련한 '도기'에 관련한 문화적 에피소드가 고고학적 증거를 매개로 발전한 것이다. 1999년 영암도기문화센터가 개원되면서 새로운 문화자원이 개발되어 축제의 공간을 더욱 활성화시켰다.32) 도기문화센터로의 개조 이후 실질적 내용의 확보를 위한 노력이, 2000년 1회 이벤트, 흙의 예술제, 2001년 2회 이벤트 등으로 나타났다.

도기와 관련된 또 하나의 문화적 요소는 종이였고, 이는 도기문화센터에서 이루어지는 문화전시에서 종이 관련 주제를 계발하도록 자극하였다. 도기문화마을 프로젝트는 비록 짧은 역사를 갖고 있지만, 매우 성공적인 문화만들기의 사례로 평가되고 있는데, 여기에는 전문가집단으로서의 대학교 박물관과 군의 협조가 중요한 요인으로 작용했다.

다른 한편으로 구림의 정체성 만들기에서 면면히 내려오는 흐름

---

32) 문화센터의 설립계획은 1986년 이화여자대학교 박물관에서 전국의 도기 가마터를 지표조사하는 과정에서 구림리의 길에 뒹구는 작은 도기 파편을 발견하면서부터 시작되었다. 그 후 1987년 영암군은 이화여자대학교 박물관에 의뢰하여 구림리 도기가마터 유적의 발굴조사를 실시하였고, 발굴결과 2km에 이르는 대규모의 가마터는 9세기 전반 장보고가 활동하던 시기에 운영되었음이 밝혀졌다. 특히 토기에 유약을 입히는 고려청자의 기술이 이곳으로부터 태동하였음이 드러났고, 이화여자대학교 박물관은 구림도기의 역사성과 예술성을 재정립하기 위해 영암도기문화센터 건립계획안을 영암군에 제출하였으며, 마침 구림중학교가 이전되어 기존 건물이 폐교되면서 1999년 문화센터가 건립되었다. 특히 주목할 것은 영암도기문화센터의 설립이 마을주민들의 인적, 물적 지원과 주민과 함께 하는 공간감을 살리기 위해 주변의 자연환경과 폐교를 그대로 이용하였다는 점이다(『영암군 소식』, 2000년 봄호).

의 하나가 민족운동이다. 구림은 1919년 3·1운동의 와중에서 농촌 마을의 자생적 봉기를 보여준 마을로 주민들은 이에 대한 긍지를 가지고 있다. 3·1운동에 관한 기념비는 1969년(단기 4302년) 영암향 중에서 건립한 「의사박공규상기적비(義士朴公奎相紀蹟碑)」가 있었는데, 구림청년계를 중심으로 새로운 기념탑 건립논의가 2000년 3·1절을 계기로 시작되었다. 이 기념비 건립운동에는 구림 송계의 2,500만원 지원 외에 각 문중, 대동계, 단체계모임, 구림학교 동창회, 주민 등이 참여하여 기초공사비용을 마련하였고, 국비 및 군비 등으로 1억 6천만원의 조형물 제작비를 충당했다. 조형물 제작은 이 마을 출신의 조각가인 전남대학교 최모 교수가 담당하였다. 이 3·1독립만세기념탑 제막식에서 사용된 취지문에는 이 때의 상황을 다음과 같이 적었다.

  왜놈한테 나라를 빼앗긴지 10년, 기미년 독립만세의 메아리가 전국에서 충천하고 있을 때 우리 구림에서도 남녀노소 할 것 없이 손에 손에 태극기를 들고 회사정으로 운집했으니 때는 1919년 4월 10일이었다. 당시 군서면사무소에 근무하던 최민섭은 영암의 조극환과 영암 독립만세에 대한 거사계획을 숙의 4월 10일 영암과 구림에서 동시에 결행키로 합의하고 최민섭은 정학순, 김재홍, 조병식, 박규상, 최기준 등과 구림 거사계획을 협의하고, 조극환한테서 넘겨받은 독립선언문, 태극기 문장, 독립신문, 독립운동가등을 등사하여 4월 9일 일모에 구림보통학교 학생들을 통해 유인물을 가정에 배포했다.
  4월 10일 오전 9시경 회사정에서 들려 오는 나팔소리를 신호로 손에 손에 태극기를 들고 회사정에 주민과 수업을 받다 뛰쳐나온 학생들 천여명을 모아놓고 박규상이 독립선언문을 낭독하고 천지가 진동하는 만세소리를 외치며, 신근정까지 가두시위를 감행 왜경과 대치하다 강제해산을 당하니 영암주민의 분노는 왜경들의 간담을 서늘케 했으며, 시위대는 다시 회사정으로 내려와 종일토록 독립만세를 절매했다. 이로 인하여 많은 주민들은 영암경찰서로 연행되어 말할 수 없는 고초를 당했으며, 그 중 최민섭, 정학순, 김재홍, 최기준, 정상조, 조희도, 박성집, 박근홍 등은 장흥지청으로 송치되어 5월 15일 형이 확정되어 옥고의 쓰라림을 당했으며, 특히 박규상은 대구에서 수형생활 중 익년 병보석으로 가석방되어 귀가 도중 서호강 선중에서 순절했다.
　광복 후 뜻있는 인사들은 선인들의 숭고한 독립정신을 계승발전시킬 수 있는 표상물을 건립하고 싶은 의지는 충만했으나 여건이 조성되지 못해 감내 해 오다.

　구림청년계의 구림에서 민족운동을 강조하는 흐름은 현재의 사회체제에서 이것이 국가적 가치로 받아들여지고 있음을 의미하는 것이지만, 이와 심층에서 연결되는 해방 직후의 공동체적 고난 경험의 재현문제가 남아 있다. 근래에 양민학살 논의가 이루어지는 것을 보면서 구림에서도 한국전쟁 당시의 희생자들의 명예회복 운동을 하자는 움직임이 있으나 아직 공공적 기억의 지평으로 올라오지 않았다.

Ⅵ. 맺음말

　지금까지 우리는 지역사회의 장기구조사를 첫째, 역사지리적 맥락에서의 농지형성과 마을이동의 역사, 둘째, 정치제도적 맥락에서의 신분적 지배와 저항의 역사, 셋째, 사회문화적 맥락에서 지역 정체성의 형성과 변동의 측면에서 구림권을 사례로 하여 개괄적으로 재구성해 보았다.
　생태지리적 관점에서 본다면, 구림권의 형성과 변동은, 첫째, 16세기 지남들의 간척과 대동계 체제의 성립, 그리고 19세기 후반기 농민적 소유의 성장, 일제하에서의 농지소유의 변동, 둘째, 20세기 중반기 학파농장의 간척과 농지개혁, 1960년대 이후의 전반적인 농촌경제의 몰락, 셋째, 1980~1890년대의 영산강 간척사업과 농지확대 등으로 요약될 수 있을 것이다. 구림은 이 장기기간에 월출산 산록이 바다로 흘러내리는 해안에 위치한 마을에서 산록과 평야의 중간에 위치한 내륙마을이 되었다. 이런 생태지리적 구조의 급격한 변동은 서해안 지역에서 발견될 수 있는 특징의 하나이다.

정치적 지배와 신분의 역사로 볼 때 구림권의 역사는 첫째, 국가권력의 거점인 읍치로서의 영암과 사족의 거점인 구림과의 관계, 둘째, 구림권 내부에서 반촌인 구림과 민촌인 농촌마을(모정이나 양장)의 상호작용의 역사로 구성된다. 여기에 부차적으로 구림마을 내부에서 대동계원을 구성하는 사족집단과 대동계 밖에 존재하거나 대동계 속에서 생산활동을 담당하는 하층신분의 관계가 존재한다. 특히 16세기에 간척을 통해 만들어진 지남들을 매개로, 구림에 근거한 양반사족 지배체제로서의 대동계와 지남들 경작을 위해 형성된 뜰 주변의 농민마을간의 관계가 중심이 된다. 여기에는 오랫동안의 신분적 지배와 여기에서 배태된 신분적 갈등이 토지소유와 결합되면서 1950년 한국전쟁을 계기로 표출되는 과정이 포함된다.

사실상 이 장기간의 역사에서 구림은 지남들과 대동계를 통하여 국가권력에 대해 자립적이고 자치적인 힘을 가졌으나 19세기 후반의 농민적 소유와의 갈등, 그리고 한국전쟁기의 이념투쟁을 거치면서 국가권력에 종속되었다. 구림이 인근 농민마을에 대해 행사하던 헤게모니는 확대된 농지의 마을간 불균등한 분배, 그리고 신분투쟁을 통해 크게 약화되었다.

지역정체성과 지역전통의 재창조의 측면에서 보면 구림은 오랫동안 대동계를 매개로 한 사족공동체로 존재하다가 1970년대 이후 왕인의 재발견에 따른 전통의 창출과 교대, 그리고 도기문화센터의 건립이나 민족운동의 전통을 가진 문화마을로 형성되는 모습을 보인다. 이 지역의 정체성은 역사적 사실의 발생계열로 보면 왕인, 도선, 대동계 등의 순서로 이어지지만, 오늘날의 지역정체성을 대변하는 것으로 보면 '왕인으로 포장된 구림'이다. 이전에는 주로 사족지 배연합인 대동계의 구림이었다. 도갑사를 근거로 한 '도선의 구림'은 항상 중심적 상징의 주변을 맴도는 위치에 있었다.

장기구조사 구상의 가장 큰 한계는 새로운 농지가 마련되는 과정에서의 물적 인적 자원의 조달과 이후의 소유권 또는 경작권의 확립을 이어주는 자료의 부재에서 온다. 16~17세기의 지남들의 소유 및 경작, 그리고 대동계 성원들의 계급적 지위에 관한 자료가 보완되면 좀더 완전한 구조사가 가능해질 것이다.

현재적 지평에서 진행되고 있는 구림만들기는 전통의 활성화를 통해서 지역발전을 꾀하는 것이며, 이것은 농지와 신분 중심의 대동계 체제의 와해를 의미하는 것이다. 구림마을에서 대동계가 16세기부터 20세기 중반까지 강력한 헤게모니를 장악할 수 있었던 것은 각 문중을 통합하는 유교적 이념과 물적 기반인 농지를 갖추고 있었기 때문이었다. 이를 바탕으로 각종 교육사업, 구휼사업, 마을개발사업 등을 추진하였다. 그러나 농지개혁과 대규모 간척에 따른 주민의 경제적 기반의 변화, 그리고 1970년대 이후의 농촌경제의 몰락과 성원의 이탈은 대동계 중심의 지역구조를 와해시키고 있다. 대동계는 지배의 실체로부터 관광의 대상으로 위상이 변화되고 있다.

1990년대 후반 형성된 왕인축제는 새로운 전통의 창출이 어떻게 이루어지며 그것의 의미가 무엇인지를 다시 생각하게 한다. 여기서 중요한 것은 '전통'이 갖는 다양성을 인식하는 것이다. 왕인은 유교적 인물이라는 점에서 구림의 양반적 이미지와 중첩되므로 구림의 지역활성화가 신전통주의에 기초하고 있다고 해석할 수 있지만, 사실 이보다 더 중요한 것은 현재의 지역축제가 가진 시장지향적 성격이다. 왕인의 에피소드가 국내적이라기보다는 일본과의 관계라는 맥락에 위치하며, 왕인의 지역영웅화, 축제화는 구림(영암)과 일본의 관광시장을 통한 교류가능성의 확대를 배경으로 한다. 결국 이 사례에서 전통의 창출은 문화유산의 재호명, 고고학적 자료확보, 문자자료의 생산, 역사화와 소설화, 공간적 근거의 창출, 축제화 등의 요소를 수반했다. 이런 흐름은 초기에는 국가주의적 요소가, 후기에는 지역발전의 시장지향주의가 작용하고 있다. 그러나 구림의 왕인화는 역사적 진정성(authenticity)과 '왕인산업'의 경제적 효과의 측면에서 불확실하기 때문에 당분간 불안정성에 시달릴 가능성이 있다. 이 때문에 비록 부차적인 것이기는 하지만, 최근에 형성되는 지역정체성의 또 다른 가능성, 즉 도기문화마을이나 민족운동전통프로젝트도 소홀히 할 수 없다. 이들은 서로 중첩되어 있으며, 또한 다양한 주체와 사회적 관계에 의해 다시 쓰여질 수 있을 것이다.

(정근식)

제2장
문중문헌의 분석과 활용
- 함양박씨 오한공파 문헌을 중심으로 -

I. 구림의 주요 성씨와 문헌

보통 구림을 이끈 주요 성씨로 함양박씨(咸陽朴氏)·낭주최씨(朗州崔氏)·해주최씨(海州崔氏)·창녕조씨(昌寧曺氏) 등의 4대 문중을 든다.1) 이 장은 이들 중 함양박씨 오한공파(五恨公派)의 문중 문헌2)의 기록범위를 설정하고, 그 문헌이 지방사와 지방문화 연구의 자료로 활용될 수 있는 가능성이 있는지 모색해 보자는 데에 목적을 두었다. 어느 한 지역에 대한 연구가 앞으로 넓고 깊이 있게 다루어지기 위해서 지역에 남아 있는 문헌의 세세한 검토가 있어야 함을

---

1) 현재 구림의 4대 성씨에 포함되진 않으나 선산임씨(善山林氏)와 연주현씨(延州玄氏)도 구림을 이끈 주요 성씨이다.
2) 현재 문중이라는 말은 통용되고 있지만, 그 개념이 확립되었다고는 볼 수 없다. 최재석의 경우, 문중을 '부계 혈연자의 집단 내지 조직'이라고 개념 정의하였다(최재석, 1983, p.32). 본 논고의 '문중문헌(門中文獻)'이라는 말은 듣기에 따라 다소 생소할 줄로 안다. 또한 그 한계도 분명치 않은 듯한데, 필자는 어느 한 문중이 남긴 그들의 이야기를 담은 내용의 문헌을 문중 문헌으로 잠정 정의 내린다.

인정한다면, 문헌 자료의 활용 가능성을 모색해 보는 것도 의의있는 일이라고 생각한다.

현재 구림에 전하는 주요 문헌으로는 대동계 문헌 총 9책과 4성씨를 중심으로 한 문중문헌 두 부류의 것이 있다. 대동계 문헌은 구림 뿐 아니라 조선후기 영암지방 향촌 모습을 밝힐 수 있는 자료로 인정되어 현재 문화재 자료로 지정받은(제198호, 1997.7.15) 상황이다. 한편 구림 문중문헌을 조사한 결과, 문중간 문헌의 보관 실태나 양질이 일정치 않았다. 가령, 문중 주요 인물의 개인문집만이 남아 있는가 하면, 역대 문중 인물 중 몇 사람을 엮어 만든 가승(家乘) 형식을 띠고 있는 경우도 있었다. 이중 본 논고에서 다루게 될 오한공파 문중문헌은 개인문집으로 온전히 남아 있는 책자는 없고, 가승 형식을 갖추어 전한다는 특징을 보인다.

이 글은 단순히 어느 한 문중을 드러내고자 함이 아니다. 오한공파 문중 문헌에 대한 연구를 시작으로 다른 문중 문헌의 활용 가능성을 모색코자 함이 필자의 궁극적 목적임을 미리 언급하는 바이다. 그런데 기록범위의 전개에 앞서 먼저 논의되어야 할 부분은 오한공파가 어떻게 구림에 터를 잡게 되었는가 하는 점이다. 이는 결국 문헌이 기록되어 가는 과정을 통해서 찾아야 할 것이다.

Ⅱ. 구림과 오한공파

오한은 박성건(朴成乾, 1418~1487)의 자호이다.[3] 그의 본관은 함

---

3) 박성건이 '다섯 가지 한'이라는 의미를 지닌 '오한(五恨)'을 자호로 삼은 것에 대해서는 자세한 설명이 없어 그 이유를 알 수는 없으나, 다섯 가지 사물이 지닌 특징이 바로 한스럽다는 뜻으로 해석된다. 한으로 삼은

양(咸陽)이요, 자는 양종(陽宗)으로 전한다. 중시조는 고려 때 예부상서를 지낸 박선(朴善)으로 박성건은 그의 10대 후손인 것이다. 박성건의 조상은 대대로 과거에 급제하여 나라의 녹을 받으며 살았던 것으로 전하는데, 벼슬이 좌천된 부친이 금성(錦城, 지금의 전남 나주)에 이거하면서부터 호남과 인연을 맺었던 것으로 나타난다.

> 아버지 언(彦)도 문과에 급제하여 벼슬이 공조판서에 이르렀으나 어떤 사건에 연좌되어 만호(萬戶)로 좌천되었다. 이 때문에 처음으로 금성에서 살게 되었으며, 그 뒤에 영암 구림리로 이사하여 살았다.[4]

위 기록에서는 왜 금성에서 영암으로 옮기게 되었는지에 대한 자세한 설명이 나와 있지 않아 그 이유를 알 수는 없다. 그러나 박성건이 당시 영암에 살고 있던 반남박씨(蘭浦朴氏라고도 함) 진명(進明)의 딸과 혼인한 것을 통해 한가지 추측을 해 볼 수는 있다.[5] 즉,

---

그 다섯 가지는 金橘多酸・海棠無香・薄荣性冷・鰣魚多骨・淵明之子不能詩 등이다. 『五恨先生遺稿』 참조.
4) 박성건이 금성에서 영암 구림으로 이거하게 된 내용은 오한공파 문중문헌의 기록에서 어렵지 않게 발견할 수 있다. 그 중 가장 대표적인 글이 농암(農巖) 김창협(金昌協)과 삼주(三洲) 이재(李縡)가 각각 지은 <五恨先生三世行錄>이다. 그러나 이 둘은 기록에서 약간의 차이를 보인다. 먼저 김창협은 '考彦 文科工曹判書 坐事萬戶 始居錦城 後徙靈巖之鳩林'이라고 기록하였고, 이재는 '考彦 文科工曹判書 坐事萬戶 早世'라고 하여 김창협의 것보다 조금 소략하게 적었다. 한편, 김창협의 문집인 『農巖集』別集 卷1 行錄에 이와 관련된 내용이 수록되어 있는데, <오한선생삼세행록>과 또 다른 차이를 보이고 있다. 제목부터 <오한선생삼세행록>이 아니라 <朴氏三世行錄>이고, 문장도 '考彦 萬戶 始居錦城 後徙靈巖之鳩林里'라고 하여 박성건의 부친이 문과에 급제하여 공조판서를 지냈다는 내용이 들어가 있지 않다. 본문에 실린 내용은 오한공파 문중문헌 중 하나인 『咸陽朴氏五恨公派遺蹟』에 실린 <오한선생삼세행록>의 것임을 밝힌다.
5) 현재 구림의 주요 4성씨가 정착하기 전까지 중요한 역할을 했던 성씨로 蘭浦朴氏를 빼놓을 수는 없다. 선산임씨 임호(林浩, 1522~1562)가 쓴

박성건도 당시 혼인한 남자는 처가의 세거지에서 살았던 풍습을 그대로 따랐던 것으로 보인다. 그래서 결국 난포박씨 진명의 딸 사이에 권(權)·율(栗)·조(條)·계(桂)·정(楨)의 5남과 1녀를 두게 되었다. 그런데 이중 네 번째 아들인 계는 빨리 세상을 뜨고 남은 네 명의 아들이 박성건의 뒤를 이어 점차 구림의 주요 성씨로서 터를 잡아가게 되었다. 그런 내력을 도표로 그리면 다음과 같다.

함양박씨 오한공파 세계

```
朴善(고려 때 예부상서) … 之彬—季元—思敬—彦—成乾┬난포박씨 進明의 딸
   ┌權(사간원 정언)—斗精(좌통례 증직)—大器(옥천현감)—承源—省吾
   ├栗(참봉)—箕精 / 文精(참봉)
   │                └安世(생원)
   ├條(경상도 우수사)—奎精(생원)
   ├桂(早死)
   └楨(수군절도사)—星精(만호) … 濬(장사랑) / 洽(병조참판 증직)
```

위 도표에 보이는 인물들 중 오한공파가 영암 구림에서 막강한 힘을 얻을 수 있도록 공헌한 사람은 바로 박규정(朴奎精, 1493~1580)이다. 그는 당시 동장 신분으로 구림대동계를 창설한 주역이기도 한데, 이런 활약으로 결국 오한공파 문중은 구림에서 더욱 더 큰

<大同契重修序文>을 보면, '외선조되시는 박빈(朴彬)께서 이곳에 처음 정착하시었고, 뒤이어 박성건·박지번(난포박씨)·박지창(난포박씨) 등이 개토의 업을 이어 받았다'(外先祖朴公彬 始卜居于此回地之靈 有傑之作曰 昭格令朴公諱成乾 曰珍原縣監諱地蕃 曰淸安縣監諱地昌 用開業焉繼)라고 하였는데, 난포박씨인 빈이 정착하고 그 후손들의 사위들이 점차 구림에 터를 잡게 되었다고 판단된다. 하지만, 현재 구림에는 난포박씨가 거의 살지 않는다. 이러한 난포박씨와 그 외족의 계보에 대한 개략적 설명은 사단법인 향토문화진흥원(1992, p.120~123) 참조.

힘을 발휘할 수 있었던 것이다. 또한 박규정 이후 임란을 거치는 동안 대기(大器)·승원(承源)·경인(敬仁)·흡(洽)·근기(謹己) 등이 김천일(金千鎰)이나 고경명(高敬命)의 막하에 들어가 의병에 적극 가담 나라에 충성하는 모습을 보이면서 구림에서의 그들의 입지는 더욱 굳어져만 갔다.

이러한 구체적 사항은 오한공파 문중의 자체 문헌 정리 작업을 통해 읽어 낼 수 있다. 문헌을 정리한다 함은 그 동안 여기저기 흩어져 있던 문헌을 수집한다는 의미와 함께 구두 전승되던 것을 기록화시킨다는 뜻이 담겨져 있다. 마찬가지로 오한공파 문중의 문헌도 이런 과정을 거쳐 정리되었을 것으로 생각된다. 다음은 오한공파 문중이 남긴 주요 문헌이다.

□ 파보(派譜)

(1) 己酉譜 － 정조 13년(1789), 2책
(2) 辛卯譜 － 순조 31년(1831), 3책
(3) 乙未譜 － 고종 32년(1895), 5책
(4) 甲戌譜 － 1934년, 12책
(5) 庚子譜 － 1960년, 7책
(6) 甲子譜 － 1984년, 2책

□ 행적을 담은 문헌

(1) 五恨公遺事
(2) 五恨先生·孤狂先生·雪坡先生 遺蹟竝日記
(3) 咸陽朴氏家史
(4) 咸陽朴氏先祖文集(五恨·孤狂·雪坡·錄野·六友堂·兵使公)
(5) 咸陽朴氏五世行蹟(五恨公·孤狂公·錄野堂·雪坡公·朝陽軒)
(6) 咸陽朴氏五恨公派遺蹟

□ 서원지(書院誌)

竹亭書院誌

파보에 있어 먼저 눈여겨보아야 할 부분은 최초로 만들어진 시기이다. 연도에 의하면, 오한공파 파보가 처음 만들어진 시기는 1789년으로 되어 있는데, 그간 나오기까지의 과정이 순탄치 않았음은 후손 박찬욱(朴燦郁)이 1960년에 쓴 경자보서문(庚子譜序文)을 통해 읽어 낼 수 있다.

> 기유년(己亥年, 1959) 봄에 우리 씨족들이 간죽정(間竹亭)에서 모였다. 한 두명의 문중 사람이 나에게 말하기를 "자네는 기유년(1789)에 만들었던 우리 씨족 파보의 일을 알고 있는가? 바라노니 나를 위해서 그 점을 말해주게나"라고 하였다. 나는 옷깃을 여미고 대답하기를 "우리 씨족은 예전에는 족보가 없었습니다. 숙종 무술년(戊午年, 1678)에 처음으로 예천(醴泉)에서 대동보(大同譜)를 만들었는데 질서가 문란하여 다만 피차간에 옳고 그른 것만 따지다가 돌아와 버렸습니다. 그 뒤 17년 째인 갑술년(甲戌年, 1696)에도 그랬으며 또 80여 년 뒤의 무신년(戊申年, 1788) 또한 일을 주관하는 사람이 자세히 살피지 못했던 까닭으로 단(單)을 가지고 가서는 물러 나와 버렸습니다. 처음으로 오한공 이하의 파보가 이룩되었던 것은 바로 기유보(己酉譜)였습니다"라고 말하였다.6)

즉, 대동보나 파보를 만드는 궁극적인 목적은 같은 파족끼리 단합을 위함인데, 기유보가 나오기 전까지는 파보의 원래 목적이 달성되지 못했음을 저고 있다. 결국 기유보 제작을 시작으로 오한공파의 후손들은 함양박씨 한 파족으로서의 위치를 굳건히 세울 수 있었다고 하겠다. 기유보 이후로도 다섯 차례에 걸쳐 파보가 만들어지는데, 가장 최근의 것으로는 1984년에 나온 갑자보이다. 이 갑자보의 가장 큰 특징은 순한글로 이루어진 점이다. 그 서문에 의하면, 이는 그 동안의 파보가 순한문으로 되어 많은 사람이 읽을 수

---

6) 『咸陽朴氏五恨公派世譜』, 庚子譜序. "己亥春 吾族會於間竹亭 有一二宗人 謂余曰 子知己酉吾族派譜之事歟 請爲我言之 余斂衽對曰 吾族舊無譜 肅廟戊午 始創大譜於醴泉 以秩序之紊 祇就正其彼此可否而還 後十七年甲戌 亦然 又八十餘年戊申 亦以主事者有不察 故奉單而退 始成五恨公以下之派譜卽己酉譜是也"

없음을 안타깝게 여겨 나온 결과라고 적고 있다. 또한 파보 내용의 본격적인 전개 이전에 「함양박씨오한공파유적」의 전체 내용을 쉽게 해독해 놓았는데, 이는 한문으로 된 글을 한글로 풀어 오한공을 비롯 그 후손의 행적을 널리 알리고자 하는 문중 차원의 배려라고 생각한다.

『행적을 담은 문헌』들은 「함양박씨 가사」7)를 제외하고 거의 전해온 기록을 바탕으로 편집하고 내용을 첨삭하여 겹치는 부분이 많다(<표 1 참조>).

이런 사실로 미루어 「함양박씨오한공파유적」을 오한공파 문중을 대표하는 문헌으로 간주함이 마땅할 듯하다. 그렇게 보는 직접적 이유는 그 동안 오한공파를 대표하는 인물이나 누정·서원에 대한 가장 중요한 부분만을 발췌하여 싣고 있기 때문이다. 그래서 그 내용을 가장 최근에 만들어진 갑자보 앞에 순한글로 쉽게 풀어놓았을 것으로 생각한다.

<표 1> 함양박씨 오한공파 문헌

A. 五恨公遺事
B. 五恨·孤狂·雪坡遺蹟竝日記
C. 竹亭書院誌
D. 咸陽朴氏家史
E. 咸陽朴氏先祖文集
F. 咸陽朴氏五世行蹟
G. 咸陽朴氏五恨公派遺蹟

*지은이와 연도에서 빈칸은 未詳임을 말함.

---

7) 「咸陽朴氏家史」(全)는 書名에서도 알 수 있듯이 함양박씨 특히 오한공파를 중심으로 인물 중심의 간단한 역사적 사실을 담고 있다. 27항목으로 세분하여 적고 있는데, 그 항목명은 다음과 같다. 1. 新羅時代, 2. 八公子分封, 3. 封君, 4. 尙書, 5. 謚號, 6. 節義, 7. 功臣, 8. 太宗大王甲契, 9. 耆老社, 10. 湖堂, 11. 隱逸, 12. 文科, 13. 休退, 14. 儒林, 15. 淸白吏, 16. 生進, 17. 孝行, 18. 蔭仕, 19. 武科, 20. 仕宦, 21. 文行, 22. 高齡, 23. 烈孝, 24. 院祠, 25. 高樹, 26. 行狀, 27. 碑文.

번호	글의 제목	지은이	지은연도	수록문헌
1	家藏屛風序	金壽恒	1678	AEF
2	間松齋朴監察事實	申 愈		E
3	簡齋行狀	李丙瓚		D
4	間竹亭勸學稧序	朴良直	1830	A
5	間竹亭記	李 竃		ACEFG
6	間竹亭跋	朴 權		B
7	間竹亭上樑文	朴弼憲	1691	ACEG
8	間竹亭重修記	宋秉璿	1899	CG
9	間竹亭重修落成宴韻	박귀주 외 1인	1745	EG
10	間竹亭重修上樑文	박량직		EG
11	見孫兒壽壬書有感	박 권		B
12	耕隱朴公墓碣銘	金甯漢	1928	G
13	景宗元年辛丑儒籍 (죽정서원)			C
14	敬次間竹亭韻/又寄題	尹光天		CEG
15	敬次朴使相韻題會社亭	박 권		B
16	敎授月隱朴公墓碣銘	吳駿善	1928	G
17	歸樂堂李先生配享祭文	李 集		CG
18	歸樂堂李先生配享祝文/ 告由祭祝文	尹鳳朝		CG
19	錦城別曲	朴成乾		ABCEFG
20	錦城別曲次韻	羅世纘		C
21	錦峽八詠			G
22	寄尹是軒熙伯	朴承源		EG
23	羅州鄭氏孝烈碑銘	金宗漢		D
24	朗城間竹亭伏讀五恨先公 …			G
25	朗城會社亭奉和耆老諸賢 …			G
26	錄野堂行狀	曺行立		EG
27	農汕自敍			G
28	農汕精舍記	오준선		D
29	農汕亭上樑文	李承旭		D
30	棠山齋上樑文	尹忠夏	1936	G
31	大韓民國四十八年庚子復設通文 (죽정서원)			C
32	都是亭跋	朴履和	1778	G
33	挽溪堂敍	朴致麟	1862	D
34	萬苦堂行狀	曺丙圭	1858	G
35	挽竹庵生員公	高敬命		EG
36	晚翠亭記	朴鎔相		D
37	晚翠亭記	徐丙稷		D

번호	글의 제목	지은이	지은연도	수록문헌
38	望北堂行狀	李重泰		G
39	慕石堂原韻			D
40	聞金海仍留有歎	박권		B
41	聞萬曆天子凶訃	박승원		EG
42	聞勉菴崔先生擧義未捷 …			G
43	聞閔忠貞几筵堂上十竹 …			G
44	聞賊适授首	박승원	1624	CEG
45	朴進士行狀(存吾)	閔鼎重		G
46	別金君	박권		B
47	屛巖行狀	박용상		D
48	病中示諸子	박권		B
49	伏次間竹亭韻/又次錦城曲韻	박귀주		EG
50	鳳山公墓碣銘	徐命均	1644	G
51	赴擧	박승원		EG
52	扶成錄			C
53	謝魯汝雄送筆	박권		B
54	謝蒙灘主人(貴業鄭同知)	박권		B
55	謝李進士來訪	박권		B
56	想遊山作	朴權		BCEG
57	書雪坡行狀後	李縡		C
58	書院奉安祭文	李敏敍	1681	G
59	雪溪行狀	任憲晦	1864	DG
60	雪坡先生墓碣銘	朴燦郁		G
61	雪坡先生奉安祭文	玄溥行		C
62	雪坡先生年譜			B
63	雪坡先生祝文	朴憲瑋		G
64	雪坡行狀	이재 외 2인		EFG
65	壽翁朴先生墓碣銘	김영한	1950	G
66	淑人羅氏行狀	朴承源		BEG
67	肅宗二十三年癸酉儒籍(죽정서원)			C
68	肅宗七年辛酉創建時儒籍 (죽정서원)			C
69	愛竹軒自序	朴履寬		D
70	野隱堂原韻	朴載益		D
71	憶李進士(光載)	박권		B
72	延日鄭氏孝烈碑銘	李炳壽		D
73	永慕齋記	김영한	1915	G
74	永思齋記	朴燦宗	1959	G
75	永裕齋記	김영한		G

번호	글의 제목	지은이	지은연도	수록문헌
76	詠除夜	박 권		B
77	英祖元年乙巳儒籍(죽정서원)			C
78	五先生丁享祝文(죽정서원)			C
79	五恨·孤狂·壽翁先生祝文	申命圭		CG
80	五恨朴先生墓碣銘幷序	김영한	1942	G
81	五恨先生三世行錄(行狀)	김창협 이 재	1698/1721	CDEG
82	五恨先生行狀	조행립		AF
83	留別義生	박 권		B
84	六友堂重修記	김 담		EG
85	六友堂重修記	朴淳愚		EG
86	六友堂行狀	朴敬文		EG
87	殷巖齋原韻			D
88	自挽	박 권		B
89	自在窩行蹟	崔致憲		G
90	正祖二十年丙辰儒籍(죽정서원)			C
91	題間竹亭	崔命興		ABCEFG
92	題間竹亭 3首(間竹亭題詠)	박성건		EG
93	題壽翁壁上韻	고경명		G
94	題壽翁壁上韻	김수항		G
95	朝陽齋墓碣銘	박찬종	1960	G
96	朝陽齋影堂重修事蹟碑文	李道衡		C
97	朝陽齋行狀	李遇在		EG
98	朝陽軒公輓章	이경여 외 7인		EFG
99	朝陽軒記	李敏求	1643	EFG
100	竹庵公碑文	송병준	1903	G
101	竹庵上樑文	박량직		EG
102	竹亭書院復設上樑文	金奎泰		C
103	竹亭書院復設禮成時到記			C
104	竹亭書院復設後院任及祭官錄			C
105	竹亭書院復設後齋任錄			C
106	竹亭書院奉安祭文	李敏河		C
107	竹亭書院上樑文	金昌集		CEG
108	竹亭書院全況(位置/主享及配享 등)			C
109	竹亭書院重建事蹟碑文	金潤東		C
110	竹亭書院行蹟			F
111	竹亭夜和			G
112	贈赴擧人宣世徽	박 권		B

번호	글의 제목	지은이	지은연도	수록문헌
113	次錦城別曲	김 담		ACEFG
114	次兌湖曺百源韻	박승원		FG
115	次閑閑翁詠石假山韻	박 권		B
116	次間間亭韻/又次	박 권		B
117	天地歎	박 권		BF
118	樵隱朴公墓碣銘	宋在晟	1942	G
119	秋思	박 권		B
120	春日登間竹亭誦東臥竹亭 …	박량직		CEG
121	醉中作	박성건		CEFG
122	七哀詩	박 권		B
123	學生朴公墓表(廷煥)	宋炳華		D
124	憲宗元年乙未雪坡先生奉安時儒籍 (죽정서원)			C
125	笏記			C
126	孝行碑文(東鎭)			D

그리고 「함양박씨오한공파유적」의 내용 중 가장 관심있게 읽어야 할 부분은 바로 김창협·이재가 지은 <오한선생삼세행록>일 것으로 간주된다. 김창협이 먼저 글을 지었고, 이재가 뒤에 김창협의 것을 바탕으로 내용을 첨삭한 듯한데, 주로 오한공파를 대표 할 만한 초기의 사람인 박성건·박권·박규정의 행적을 적고 있다. 김창협과 이재는 당시 정치 뿐 아니라 문단을 대표 할 만한 영향력있는 인물들이다. 따라서 이들이 조상의 행록을 적어 주었다는 데에 대해 대단한 자부심을 가졌을 것인데, 이는 입장을 달리해 오한공파의 구림에서의 대외적 위치가 조선후기 숙종조를 기점으로 확고해졌음을 의미하는 부분이기도 하다.

Ⅲ. 문헌의 기록 범위

오한공파 문중과 관련된 문헌의 기록 범위는 인물과 유적으로 대별할 수 있다. 기록된 인물은 대개 충·효·열의 유가(儒家) 이념에 합당한 사람을 선별하여 작성하였는데, 이점은 문중 문헌이 지닐 수 있는 한계이기도 하다. 한편, 유적과 관련된 기록은 간죽정과 죽정서원(竹亭書院)에 대한 것을 대표로 손꼽을 수 있겠다. 따라서 유적의 기록과 관련된 부분에서는 주로 간죽정과 죽정서원에 대해서 살피게 될 것이다.

1. 인물에 대한 기록

오한공파 문중 문헌 중 인물에 대해 기록한 주요 글은 다음과 같다(괄호 안은 글을 지은이).

① 五恨朴先生墓碣銘幷序(金甯漢) ② 五恨先生三世行錄(金昌協/李縡) ③ 五恨·孤狂·壽翁先生祝文(申命圭) ④ 壽翁朴先生墓碣銘(金甯漢) ⑤ 家藏屛風序(金壽恒) ⑥ 題壽翁壁上韻(高敬命/金壽恒) ⑦ 綠野堂行狀(曹行立) ⑧ 雪坡先生年譜 ⑨ 雪坡先生祝文(李憲瑋) ⑩ 雪坡行狀(李縡 외 2인) ⑪ 雪坡先生墓碣銘(朴燦郁) ⑫ 書雪坡先生行狀後(李縡) ⑬ 雪坡先生奉安祭文(玄溥行) ⑭ 挽竹庵生員公(高敬命) ⑮ 竹庵公碑文(宋秉璿) ⑯ 六友堂行狀(朴敬文) ⑰ 六友堂朴公墓碣銘(정철환) ⑱ 朝陽齋行狀(李遇在) ⑲ 朝陽軒公輓章(이경여 7인) ⑳ 朝陽軒墓碣銘(朴燦宗)[8]

---

[8] 이외에도 인물에 대해 기록한 글은 더 있으나 당대에 대외적으로 활발한 활동을 하였던 인물에 대해 기록한 글을 주로 적었다.

①에서는 박성건의 묘소가 위치한 곳을 비롯하여 그에 대한 행적뿐 아니라 간단한 세계(世系)도 기록하였다. ②와 ③에서는 박성건과 그의 아들인 고광(孤狂) 박권(朴權), 그리고 손자인 수옹(壽翁) 박규정(朴奎精) 세 사람에 대한 간단한 행적을 적었고, ④~⑥은 박규정과 관련된 내용을 실었다. ⑦은 녹우당(錄野堂) 박대기(朴大器)의 행장이고, ⑧~⑬은 설파(雪坡) 박승원(朴承源)을 전반적으로 알 수 있는 내용으로 엮어져 있고, ⑭~⑮을 통해서는 죽암(竹庵) 박안세(朴安世)의 인물 행적을 읽어낼 수 있다. ⑯~⑰은 육우당(六友堂) 박흡(朴洽)의 행적과 묘갈명을, 그리고 ⑱~⑳을 통해서는 조양재(朝陽齋) 박성오(朴省吾)의 행적을 파악할 수 있다.

이상 인물들은 바로 오한공파가 정착되어 가는 단계의 대표로 지칭할 수 있는데, 기록에 남아 있는 그들의 면면을 구체적으로 살필 때 비로소 오한공파 문중 문헌의 실상을 엿보았다고 할 수 있을 것이다.

오한 박성건은 오한공파 시조로서 이미 언급되었다. 그는 35세에 진사 벼슬을 시작으로 장수현감(長水縣監)까지 역임하나 말년에 모든 관직을 청산하고 구림의 구림천 곁에 간죽정이라는 정자를 짓고 후진을 양성한 후 생을 마감한다. 다음은 그의 성품이나 행적, 그리고 문학적 재능 등을 읽어 낼 수 있는 기록이다.

> 평상시 가정 생활에서는 의를 행함이 돈독하고 지극하며 움직일 때마다 법도에 따랐으니 마을에서 모범으로 삼았다. 후진을 가르치는 일을 더욱 기쁘게 여겼으니 교수(教授)가 되었을 때는 문풍에 큰 변화를 일으켰으며, 일찍이 <금성곡> 6장을 지었는데 관현에 뽑힘을 당하여 지금까지도 전해지고 있다. 장수현감으로 재직할 때에는 유화(儒化)를 크게 일으켜 주자가 촉 지방을 다스리던 것과 같았다. 그러나 본래의 뜻을 깊은 산 계곡에 두었기에 세속을 따라 몸 굽신거리기를 좋아하지 않아 끝내 벼슬을 그만두고 돌아와 버렸다. 70 평생을 누리고 정미년(丁未年, 1487) 11월 18일에 세상을 마쳤다. 숙종 신유년(辛酉年, 1681)에

고을 사람들이「죽정사(竹亭祠)」에 모시고 제사를 지내게 되었다. 지어 낸 문자들은 병란에 잃어서 칠언절구 3장만이 아직도 전한다.[9]

평소 행함이 법도에 맞아 마을 사람들의 모범이 되었음을 적고 있고, 금성에서 교수가 되어 후진들을 양성할 때 <금성별곡> 6장을 지었다고 하였다. <금성별곡>은 경기체가 형태를 띠었는데, 그 병서에 따르면 제자들 중 한 해에 과거를 급제한 사람이 10명이 되어 그 기쁨을 감추지 못해 지었다[10]고 하여 작시 경위를 적고 있다. 뿐만 아니라 장수현감 시절에는 유학을 크게 부흥시켰다고 하며, 주자가 촉 땅에서 했던 것에 비유하였다. 그러나 세속에 얽매이기를 꺼려 결국 경치 좋은 산천을 찾아 은거 생활을 하게 되었다고 적고 있다. 그리고 그가 죽은 후 마을 사람들은 그를 기려 죽정사에 봉안했다고 하였다. 이러한 말을 통해 현존하는 죽정서원은 처음에는 사우만의 성격을 지녔던 것으로 추측해 볼 수도 있겠다. 마지막

---

9) <五恨朴先生墓碣銘幷序>. "居家行義篤至 動循矩度 鄉黨以爲則 尤喜誘拔後進 及爲敎授 文風丕變 嘗作錦城曲六章 被之管絃 至今相傳 在長水 大行儒化 如文翁之治蜀 而雅志丘壑 不肯隨俗俯仰 遂棄官而歸 距其生七十年 而終丁未十 ·月十八日也 肅宗辛酉鄉人 俎豆丁竹亭祠 所著文字 逸於兵燹 有七言絶句 三章尚傳焉"『湖南邑誌』(1832년) 靈巖郡 人物 儒賢條에도 박성건에 대한 기록이 있는데, 대개 위 묘갈명과 크게 다르지 않다. 참고로 적어 둔다. "朴成乾 咸陽人 進士文科 以長水縣監棄官南歸 行誼篤至 尤喜誘掖後進 文章道學爲世所推 號五恨 鄉人立祠竹亭" 또한『咸陽朴氏家史』에서는 박성건을 문과(文科)와 휴퇴(休退), 유림(儒林), 생진(生進) 등 다양한 항목에서 언급하여 다각도로 평가했음을 알 수 있다.

10)『五恨先生遺稿』, <錦城別曲> 幷序. "姑以錦城一州論之 志學之士 鼓舞於鳶魚之化 而藹藹孚于于乎不可勝數 然而每當試場 得參科目者 僅得其一二 而多不過三四耳 乃今庚子之試 十人共登蓮榜 皆州之大姓名儒也 又況牧伯仲胤 亦與焉 其爲慶事 諸道各官之所未有也 愚也 幸至於此 目擊盛事情不自已 發爲詩歌 以資後來之士 感激之一助云" 이러한 <금성별곡>에 대한 연구는 이상보(1975) 참조.

에 언급한 칠언절구 3장은 아마도 박성건의 유작인 <제간죽정(題間竹亭)> 세 수를 말하는 듯하다.11) 이러한 박성건에 대한 언급을 통해서 도학과 문장에 재능이 있었음을 알 수 있겠다.

고광 박권(1465~1506)은 박성건의 장남으로 자는 이경(而經)으로 전한다. 김창협은 <삼세행록>에서 '성품이 강직하고 의를 좋아하여 불의를 보면 참지 못했다. 때문에 사간원정언 벼슬에 있던 연산조에 왕의 음학(淫虐)을 보다못해 직언을 하다 결국 길주(吉州)로 귀양을 가게 되었으며 후에 해남(海南)으로 옮겨졌다가 방면되어 고향 영암 구림으로 돌아왔다'12)라고 하였다.『고광선생유고(孤狂先生遺稿)』에는 <상유산작(想遊山作)>을 포함하여 모두 4수의 시문이 남아 있다.

수옹 박규정의 자는 충중(春仲)이요, 집 앞에 네모난 연못을 파서 못 가운데에 돌을 쌓아 조그마한 섬을 세 개 만드니 '삼도수옹(三島壽翁)'이라는 호를 가지게 되었다13)고 한다. 이미 언급했듯이 박규

---

11) 『五恨先生遺稿』에는 박성건이 남긴 시문으로 경기체가인 <금성별곡> 6장을 비롯하여 <제간죽정> 3수, 그리고 <취중작(醉中作)> 2수가 있다. 따라서 본문 인용에서 칠언절구 3수만이 남아있다라고 하는 말은 오류인 듯하며, 그렇지 않다면 다른 사람의 작품이『오한선생유고』에 삽입되었을 수도 있다.

12) 金昌協, <五恨先生三世行錄>. "爲人剛直好義 少承庭訓操履端方 … 司諫院正言時 燕山主淫虐群奸 從謹網打士林 先生正色立朝 危言不避 戊午謫配吉州 後移海南 仍放還田里"『호남읍지』(1832년) 영암군 인물 유현조에도 박권의 행적에 대한 기록이 나와 있는데, 갑자명현(甲子名賢)에 속한다는 말과 함께 마을 사람들이 흠모하여 죽정사에 배향했다고 하였다. 그 원문은 다음과 같다. "朴權 成乾之子也 號孤狂 甲子名賢 生員文科 燕山朝 以正言抗辭直諫 初謫吉州 後配海南 中廟反正 放還田里 尋拜大司諫特召 未及承命而卒 鄕人慕其義 肅廟辛酉 配享竹亭"

13) 金甯漢, <壽翁朴先生墓碣銘>. "所居有海山之勝 宅前鑿方池 池中壘石 爲小島者三 三島壽翁之號 自此始焉" 金壽恒, <家藏屛風序>. "有孝友至行 爲鄕黨所敬服 所居有海山之勝 宅前闢方池 池中壘土爲小島者三 自號三島壽翁"

정은 또한 당시 동장 신분으로 대동계를 창설할 때 지대한 공을 세우기도 하였다. 그리고 당대 유명한 문인이었던 제봉(霽峯) 고경명(高敬命)과도 친분이 있었던 듯한데,14) 이런 사실은 고경명이 그를 위해서 지어준 <제수옹벽상운(題壽翁壁上韻)>이라는 작품을 통해서 읽어 낼 수 있다. 고경명의 <제수옹벽상운>은 칠언절구의 다섯 수로 되어 있다. 이중 첫 번째 작품을 들어보겠다.

忘機日狎海翁鷗　　세상 잊고 날마다 갈매기와 노는 늙은이
簸弄西湖八十秋　　西湖에 노닌 지 80년이네
井有丹砂君不信　　玉井에 丹砂있다는 말 그대 믿지 못하나
請看童頂綠毛抽　　어린이 이마에 푸른 머리 솟아남을 바라보게나15)

　이러한 고경명의 작품을 박규정이 죽은 후 그의 증손인 박세경(朴世卿)이 어느 날 우연히 발견하였던 모양이다. 그러한 일련의 사정을 다음 글은 전해 주고 있다.

　　공의 증손 세경이 우연히 남의 집에서 제봉 고경명이 공에 증정한 시 칠언절구 5수를 얻어냈다. 감개무량하여 사모의 정이 일어나고 또 그 분의 유촉(遺躅)을 오히려 증거 할 수 있음을 기뻐하였다. 그래서 화공에게 명하여 세 섬의 그림을 그리게 하고는 나에게 제봉의 시에 대한 글을 쓰고 아울러 그 운자에 화하여 아래에 부쳐주라고 부탁하였다. 그리하여 조그마한 병풍을 만들어 눈으로 보면서 사모의 정을 잊지 않으려는 일을 도모하였다.16)

---

14) 『호남읍지』 영암군 인물 유현조에도 박규정과 고경명의 문학적 교유에 대한 언급이 수록되어 있다. "朴奎精 成乾之孫也 誠孝出天 事親誠道 鄕人以孝行文學交薦 霽峯高敬命 作詩文以美之 成安公尙震 將薦于朝 力辭之 配享竹亭"
15) 高敬命, <題壽翁壁上韻>. 그런데 안타깝게도 고경명의 문집인 『霽峯集』에는 이 작품이 없었다.
16) 金壽恒, <家藏屛風序>. "公之曾孫世卿 適從人家 得霽峯高公所贈公詩七言絶句五首 慨然興慕 且喜其遺躅之尙可徵也 將命工爲三島之圖 屬余書霽峯詩幷和其韻 以附於下 謀作一小屛 以目擊而羹墻焉"

박세경은 당대 유명한 시인인 고경명이 자신의 조상과 서로 교유했다는 사실에 무한한 자부심을 느꼈을 것이다. 그래서 당시 영암에서 유배 생활을 하고 있던 문곡(文谷) 김수항(金壽恒)에게 가 그러한 사정을 이야기했던 것이다. 그리고 박세경은 마침 박규정의 호가 삼도수옹이므로 거기에 걸맞게 화공에게 시켜 병풍을 그리게 할 것이니 병풍의 서문과 아울러 고경명 시에 차운해 줄 것을 김수항에게 요청한 것이다. 김수항의 그 작품이 바로 <제수옹벽상운> 5수이다.[17] 다음은 그 중 첫 번째 작품으로 박규정이 세상을 떠 삼도의 처량함을 전해 주는 내용으로 되어 있다.

萬頃淸波沒白鷗　　만경의 푸른 물결에 백구 숨으니
壽翁遺跡幾回秋　　수옹의 남긴 자취에 그 몇 번의 세월 흘렀나
凄凉三島無人管　　처량한 삼도엔 관리하는 사람 없으니
瑤草年年綠自抽　　좋은 풀은 해마다 푸르름을 스스로 싹틔우네[18]

다음 죽암 박안세(1527~1564)의 자는 방로(邦老)로 당시 유명한 학자인 오음(梧陰) 윤두수(尹斗壽)와 함께 생원시에 오르기도 하였다. 하지만 벼슬에는 나아가지 않았는데, 다음은 그의 교유 인물을 알 수 있는 글 내용이다.

　　문장이 일찍 이루어졌으니 오음과 더불어 어깨를 나란히 하여 꽃다운 이름을 소과(小科) 명부에 나란히 올렸고, 제봉과 같은 지기(知己)가 있어서 실제의 덕을 만사(輓詞) 가운데에 실었다.[19]

---

17) 『文谷集』卷4에 <제수옹벽상운>의 작품이 실어져 있는데, <爲朴君世卿次高霽峯贈其曾祖朴壽翁韻>이라는 제목으로 되어 있다.
18) 『文谷集』卷4.
19) 朴良直, <竹庵上樑文>. "文章夙成 與梧陰而幷肩 香名聯蓮榜上 有霽峯知己 實德載薤歌中" 『霽峯集』卷2에 박안세를 위해 지은 오언율시 형태의 만사가 실어져 있다. 그런데, 『함양박씨오한공파유적』에는 <挽竹庵生員公(諱安世)>로 되어 있어 제목에서 다소 차이를 보일 뿐 본문 내

죽어서 만사를 지어 줄 정도였으니 고경명과의 친분 정도를 읽어 낼 수 있다. 박안세는 당시 향리에 묻혀 많은 이들에게 잘 알려지지는 않았지만, 교유 인물을 통해 그의 재능이 특별했음을 알게 한다.

육우당 박흡(?~1593)은 자가 여윤(汝潤)으로 조헌(趙憲)·고경명·김천일(金千鎰) 등과 도의교(道義交)를 맺을 정도로 절의를 지킨 인물이다. 박흡은 또한 형제간 우애도 남달랐다고 하는데, 그의 호를 '육우당'이라고 지은 사연도 이와 직접 관련된다.

> 일찍부터 아버지의 가르침을 받아 효우(孝友)에 독실하였으니 형제 여섯 사람이 한 집안에서 함께 살면서 집 곁에 당을 지어 놓고 거처하였다. 누우면 큰 베개와 큰 이불을 함께 덮었고, 식사를 하게 되면 쭉 이어 앉아 같은 식탁에서 하였다. 밤낮으로 잠깐 사이라도 떨어진 적이 없었다.20)

평소 절의를 지켰던 박흡은 임진란을 당함에 직접 의병 활동에 가담한다. 그는 뒤에서 언급하게 될 박대기 부자가 고경명과 행동을 함께 했던 것과는 달리 김천일과 운명을 함께 하는데, 다음 기록은 이러한 사실을 구체적으로 알려준다.

> 참의공 세 부자는 먼저 고제봉의 격문에 응하여 함께 금산으로 갔고, 공은 혼자서 의병을 일으키려고 이웃 마을에 격문을 보내려고 했는데, 건재 김공이 공에게 편지를 보내어 함께 일하면서 좌우의 도움이 되어 줄 것을 청하였다. 그래서 마침내 감격하여 허락하였다. 자신의 창고에서 300백 석의 곡식을 꺼내어 가동(家僮) 수 백 명을 인솔하고 가서 의병을 일으키는 일을 모의하고 병법에 대하여 협찬하였다.21)

용은 동일하다.
20) 朴敬文, <六友堂行狀>. "早襲庭訓 篤於孝友 兄弟六人 同居一室 室傍構堂 而處焉 臥則長枕大衾 食則連榻共床 日夜未嘗須臾離"
21) 朴敬文, <六友堂行狀>. "參議公三父子 先應高霽峯之檄 同赴錦山 公則以獨倡之義馳 檄於隣郡之際 健齋金公 貽書於公 請與同事 以爲左右翼 遂 慨然許之 傾私囷三百石 率家僮數百人 詢謀擧義協贊兵籌"

인용문 중 300석 정도의 곡식 지급과 수 백 명의 가동을 인솔했다고 하는 말은 진위에 있어 논란의 여지가 있지만, 당시 박흡의 경제적 생활 정도를 어느 정도 엿볼 수는 있을 것 같다. 결국 박흡은 지금의 경남 진주 촉석루(矗石樓)에서 김천일과 함께 남강(南江)에 몸을 던져 죽음을 맞이하게 된다.22)

녹야당 박대기(1537~1601)의 자는 중오(仲五)로 박성건의 증손이다. 조행립의 <녹야당행장>에 의하면, 임진란을 당하여 김천일 장군과 더불어 의병을 일으키려고 마을의 병사들을 모으고 있을 때 김천일이 먼저 싸움터로 떠나 버리니 고경명과 함께 의거하기로 했다 한다. 그런데 이번에는 고경명이 순절하니 함께 의거를 할 수 없어 대신 고경명의 아들인 고종후(高從厚)를 돕게 되었다는 내용이 태호당(兌湖堂) 조행립(曺行立)이 적은 그의 행장에 기록되어 있다.23) 이러한 그의 절의 정신은 뒤이은 아들 승원에게까지 전해진다.

설파 박승원(1573~1640)의 자는 계유(季悠)로 임진란과 정유재란 때 의병을 일으켰는가 하면, 1624년 이괄(李适)의 난 때도 의거한다.

> 임진왜란이 나던 해 선공감 참봉으로 의병을 인솔하고 진산(珍山)에

---

22) 朴敬文, <六友堂行狀>. "遂登矗石樓 與金健齋及諸義將 北向四拜 同投樓下南江而死 卽六月二十九日也" 『호남읍지』(1832) 인물 충신조에서도 박흡의 약력을 소개하였는데, 임진란 때 의병을 일으켜 결국 김천일과 같은 날에 전사하였다라고 적고 있다. "朴洽 咸陽人 成乾之玄孫也 壬辰與倡義 使金千鎰同日戰死"

23) 曺行立, <綠野堂行狀>. "當龍蛇之亂 與金公千鎰約同擧義兵 而招募鄕兵之際 金公已先發矣 乃與高霽峯敬命 同事謀擧義 爲從事官赴錦山營 奉檄往公州 未及還營 敬命已殉節 復同復讐將高從厚繼援" 『호남읍지』(1832) 영암군 인물 의사조(義士條)에도 박대기에 대한 약력이 실어져 있다. "朴大器 咸陽人 正言權之孫也 壬辰同霽峯高敬命倡義 與二子長源承源募兵 至珍山軍未至 長源道病死 大器奉檄往公州 未返 敬命殉節 又爲復讐將高從厚繼援 將未至晉州城 已陷 常以未能同死王事爲恨 蔭直長 贈參議"

이르렀는데, 제봉은 그때 이미 순절한 때였다. (때문에) 다시 복수장 고종후와 더불어 주선하면서 함께 일하였다. 정유재란에는 습정(習靜) 임권(林權), 족제(族弟) 근기(謹己)와 더불어 함께 의병을 규합하여 순천(順天)에 주둔하고 있던 왜병을 쳐부수었다. 승전이 알려지자 유독 임환만 부사에 임명되고 공은 벼슬이 내려지지 않았다. 갑자년 이괄의 난리에는 또 의병을 일으켰으며 난리가 평정되자 모아 놓은 곡식을 관청에 납부하였다.24)

이러한 행적으로 인해 그가 세상을 뜬 후 관작이 증직되고, 손자 수성(壽聖)은 금부도사(禁府都事)라는 벼슬을 제수받게 된다. 위 기록을 보면, 박승원의 평소 성격이 불의에 강하게 대항했던 것 같은데 같은 맥락에서 이야기되는 전해 오는 일화가 있다.

> 공은 광해군이 대비를 폐한 이후를 당해서는 문을 닫고 과거 보기를 폐하였다. 이웃 고을에서 젊은 시절에 함께 공부하였던 사람이 있었다. 폐모과(廢母科)에 합격하고 와서 만나보고 싶어하였다. 공은 문에서 물리치고 뒤에 시를 지어서 증정하였다.25)

그 시는 지금도 『설파선생유고』에 남아 있다. 이 시 이외에도 그의 유고에는 모두 5편의 시가 전해 오고 있는데, 특히 평소의 행적과 일치를 보여주는 작품으로 <문저관수수(聞賊适授首)>를 들 수 있겠다.26)

---

24) 朴燦郁, <雪坡先生墓碣銘>. "壬辰以繕工監參奉 領義軍赴珍山 霽峯時已殉節矣 復與復讐將高從厚 周旋同事 丁酉與林習靜懽族弟謹己 同糾義旅 破順川之屯倭 捷聞獨拜林懽府使 而不及公焉 甲子适變 又倡義 亂平以所聚穀納于官" 참고로 『호남읍지』(1832) 영암군편 인물 의사조의 기록을 일부 적어둔다. "朴承源 大器之次子也 壬辰父子倡義 赴珍山軍 丁酉與林懽 又倡義 旅破倭於順天之倭橋 後爲忠武公李舜臣繼授都有司 甲子适變 與道內士友倡義 募聚兵穀旋聞 亂已以所聚穀納于官 事載募義錄 光海朝杜門廢科 宣世徽 登廢母科 來訪不見 贈以詩曰 …"
25) 『雪坡先生遺稿』. "公 當光海廢大妃後 杜門廢科 有隣郡居少時同研人 參廢母科 而來欲見公 却門不見 追贈以詩曰"

마지막 인물로 언급할 조양재 박성오(1589~1651)는 박승원의 아들로 자는 자안(子安)이고, 인종반정 및 이괄의 난, 그리고 병자호란 때 임금을 호종하였다. 이런 인연으로 그가 죽자 임금을 비롯한 명망있는 당대인들이 슬퍼했다고 하는데, 이런 사실은 그를 위해 지은 만장(輓章)의 편수를 통해서 읽어 낼 수 있다. 『함양박씨오한공파유적』에는 그의 만장을 아홉 수 실어 놓았는데, 만장을 싣기 이전에 '만장이 무척 많으나 다 기록하지 못한다'[27]라는 소문(小文)을 병기하였다. 만장이 많았음을 보면 그만큼 그의 평소 행실이 남달랐던 것으로 풀이된다. 그 중 당시 영의정 벼슬에 있었던 백강(白江) 이경여(李敬輿)의 것을 들어본다.

年少能儒術	어린 시절 유술에 능하여
才多更執弓	재주 많아 다시 활을 붙잡았네
仗鉞東臨海	무기 들고 동쪽으로 바다에 임하였고
重營北壓戎	거듭 북쪽을 경영하며 오랑캐 진압했네
餘波沾涸轍	남은 물결 마른 수레 적시니
高義薄層空	높은 의리는 높은 공중에서 가볍게 나네
淚灑南雲外	남쪽 구름 밖으로 눈물 뿌리니
還慙結草翁	오히려 굳게 맺은 늙은이 부끄럽네

현재 죽정서원 내에 있는 조양재영당은 박성오를 기리기 위해서 지은 건물이고, 건물 안에는 1893년에 송용신(宋容信)이 그린 그의 영정이 남아 있다.

지금까지 오한공파 문중 문헌에 나타난 주요 인물을 개략적으로 살폈다. 여기서는 주로 객관화시킬 수 있는 사실만을 들어 이야기 하였다. 따라서 주관에 치우친 과장된 사항은 본 연구와 거리가 있

---

26) <聞賊适投首> 시의 원문은 다음과 같다. "忽聞元惡自投首 / 老氣衝冠喜欲狂 / 安得羽翰生兩腋 / 共隨鴉鷺賀明光"
27) <朝陽軒公輓章>, 輓章甚多 不能盡記.

어 언급하지 않았음을 밝힌다.

2. 유적에 대한 기록

오한공파와 관련된 주요 유적은 간죽정과 죽정서원이다. 이런 이유로 문중 문헌에서 주로 언급하고 있는 유적도 간죽정과 죽정서원이다. 뿐만 아니라 이 공간은 현재까지도 오한공파를 하나로 묶는 구심 역할을 하고 있기도 하다.

간죽정은 박성건이 장수현감을 끝으로 모든 벼슬을 청산하고 후학을 양성하기 위해 1479년에 지은 정자이다. 현재는 지형의 변화로 옛 모습을 찾을 수는 없으나 그 이름대로 주변엔 대나무가 무성하게 심어져 있었다고 한다. 이런 주변 승경을 이별(李鼈)의 <간죽정기(間竹亭記)>에서는 다음과 같이 적고 있다.

> 앞에는 덕진(德津)의 넘실대는 조수가 있고, 뒤에는 월출산의 기이한 봉우리들이 둘러 있으며, 중간에 한 시냇물이 흐르고 있네. 물의 근원은 도갑사의 골짜기에서 나오고 있네. 구슬처럼 뛰는 물결은 여울을 이루고, 괴이고 쌓이던 곳은 못이 되어 돌고 돌아 일백 구비나 꺾이어 길게 흘러 서쪽으로 가고 있네.28)

이런 승경이다 보니 많은 이들의 발길을 붙잡은 듯한데, 1899년 <간죽정중수기(間竹亭重修記)>를 지은 송병준(宋秉璿)은 간죽정을 들르고 난 뒤의 감회를 다음과 같이 적었다.

> 옛날에 내가 남쪽 지방에서 노닐면서 정자에 올라간 적이 있었는데, 술 기운이 돌자 어슴푸레 눈을 떠보니 안개와 놀이 푸른 듯 자욱하고, 풍광

---

28) 李鼈, <間竹亭記>. "前對德津壯潮 後帶月出奇峯 中有一溪 源出道岬 跳珠成灘 渟潴爲淵盤 旋百折逶迤而西"

과 운취가 단란하여 사람으로 하여금 문득 찌꺼기 낀 뱃속을 씻어 주는 듯하며 깨끗하고 상쾌하여 넌지시 정신을 잃고 돌아올 줄을 잊었다.29)

보통 누정은 주변 승경을 잘 고려해서 짓는다. 또한 평지보다 조금 높은 곳에 위치하여 대개 아래를 내려다볼 수 있도록 되어 있는 곳이 많다. 간죽정도 계단을 몇 개 두어 평지보다 조금 높이 지어진 것이 특징이다. 당시 이와 같은 아름다운 승경을 두고 <금성별곡>까지 지은 박성건이 그냥 지나칠 리는 없었을 것이다. 때문에 그는 칠언절구로 <제간죽정>이라는 세 수의 작품을 남겼는데, 그 중 첫 번째만 들어본다.

東臥竹亭西泛舟　　동쪽으로 죽정에 눕고 서쪽에 배를 띄어
南溪濯足北園遊　　남쪽 시내 발을 씻고 북쪽 동산에 노니네
平生浩蕩不羈志　　평생에 호탕하여 얽매이지 않은 뜻은
南北東西任去留　　동서남북에 자유롭게 다녔었네

시를 통해서 보더라도 처음 지었을 당시는 동서남북이 모두 아름다운 승지를 자랑하고 있었던 듯하다. 그런 승경은 결국 어느 한 곳에 얽매이기 싫어하는 박성건의 성격과 일치했을 것으로 생각한다.

간죽정의 창건 시기를 엿보면 대체로 역사가 깊다. 이는 우리나라에서 누정이 본격적으로 지어진 시기가 16세기라고 할 때 비교적 빠른 시기에 지어졌다는 데에 그 의의를 둘 수 있겠다.30)

죽정서원은 1681년(숙종 7)에 창건되어 대원군의 서원 철폐령 때 없어졌다가 1971년에 복설되었다. 현재 박성건을 비롯하여 박권·박규정·박승원·이만성(李晩成) 등 총 5인을 봉안(奉安)하고 있으

---

29) 宋秉璿, <間竹亭重修記>. "往汝南遊獲登 酒半憑目煙霞翠靄 風韻團欒 令人忽滌塵胃而灑爽 僩然喪其神 而忘返矣"
30) 참고로 전라남도 담양군 소재에 있는 주요 누정의 창건 시기를 적어둔다. 俛仰亭→1533년, 松江亭→1585년, 息影亭→1560년 등이다.

며, 구림을 대표 할 만한 서원 중 하나이다.31) 김창협이 지은 <오한 선생삼세행록>을 보면, 당시 서원이 어떤 경위를 거쳐 지어졌을 것인지에 대한 간단한 정보를 제공받을 수 있다.

> 선생은 아마 성화(成化, 중국 명 연호)말년 경에 돌아가신 듯하며, 그 후 200년 뒤에 마을 사람들이 월출산 서쪽 기슭에 사우를 세워 선생을 모시고 제사를 지냈다. 그리고 정언공(正言公)을 배향하였으니 신유년(辛酉年, 1681년) 4월 어느 날이다.32)

위 기록에 의하면, 죽정서원은 처음에는 사우의 성격이 강하다가 나중에 서원으로 바뀌었을 것으로 추정된다. 서원과 사우의 기능은 다르다. 서원이 원래 사문(斯文)의 진흥과 인재양성을 목적으로 하는 강학장소였다면, 사우는 사현(祀賢)과 풍화(風化)만을 목적으로 건립된 제향장소였기 때문이다(정승모, 1987, p.161). 따라서 이전의 사우가 서원으로 되거나 사우의 봉사대상(奉祀對象)이 바로 서원의 피봉사자(被奉祀者)로 택해진 예는 극히 드물었다(이태진, 1978, p.128). 그러나 서원의 역할이 사현위주(祀賢爲主)로 변하고 존봉인물(尊奉人物)에 대한 이와 같은 구별이 없어지거나 잘못 이해되어 사우가 서원으로 변하는 경우가 생기면서 17·8세기에 있어서 서원과 사우에 실제로는 명칭 이외에 별다른 구별이 나타나지 않았다(이만조, 1975, p.219). 죽정서원도 당대 이러한 분위기를 반영해 사우에서 서원으로 변화했을 것이라고 생각한다. 그리고 사우를 세운 주체가 누구냐고 했을 때 기록을 그대로 따르자면, 마을 사람들로 볼 수 있다. 마을 사람들에 의해 사당에 모셔졌다고 하는 것은 시사

---

31) 죽정서원에 대해서는 『호남읍지』(1832) 서원편에서도 기록하였다. "在邑西邊二十里 主享縣監朴成乾 配享其子正言權 其孫生員奎精 未賜額 掌議一人 色掌二人 額內院生十五人 額外院生無"
32) 金昌協, <五恨先生三世行錄>. "先生 盖卒於成化末年 其後二百餘年 鄕人立祠于月出山西麓 以祀先生 而正言公腏食實 辛酉四月日也"

하는 바가 자못 크다 하겠다.

한편, 봉안 인물 중 오한공파가 아닌 의외의 사람인 귀락당(歸樂堂) 이만성이 포함되어 있는 것을 눈여겨보아야 한다. 사실 이만성은 구림과 별 상관이 없는 인물이다. 그런데 만년에 잠깐 죽정서원 원장이 되어 서원 발전에 공을 세우게 되는데, 그런 인연으로 봉안하게 된 것이다. 이만성을 서원에 봉안했다고 함은 매우 의미있는 일로 받아들여진다. 그는 우암(尤菴) 송시열(宋時烈) 문인으로 당시 붕당 정치에서 노론에 속해 있었다. 그래서 당시 소론 최석정(崔錫鼎)이 『주자류편(朱子類編)』를 짓다 주자의 글귀를 고친 것을 논죄하다가 숙종의 노여움을 사 관작이 삭직된 일도 있었다. 오한공파가 이렇듯 중앙 정치에서 큰 세력을 가진 노론과 서로 연계되었다는 사실은 여러 가지 면에서 시사하는 바가 크다.

지금까지 유적에 대한 기록으로 간죽정과 죽정서원의 것을 살폈다. 한 가지 덧붙일 사항은 건물의 건축에 대한 문제는 본 논제와 거리가 있어 언급하지 않았다는 점을 밝힌다.

Ⅳ. 문헌자료의 활용 가능성과 과제

문중 문헌은 세 가지 면에서 활용 가능하다고 생각한다. 첫째, 문중의 입향과 성장·정착 과정을 알 수 있고, 둘째 문중 인사의 대내외적 활동의 의미와 그들의 위상을 정리해 볼 수 있으며, 셋째 교유한 이들의 면면을 살필 수 있다는 점이다. 특히, 셋째의 경우 교유한 이가 문중 사람들에게 다각도로 영향을 줄 수도 있어 가볍게 넘겨 버릴 수 없다고 본다. 오한공파 문중 문헌의 활용 가능성도 이러한 범위에서 살필 것이다.

박성건이 금성에서 구림으로 이거하여 살기 시작한 시기는 난포 박씨 진명(進明)의 딸과 혼인한 이후이다. 박진명은 장수현감까지 지냈던 인물로 조부는 세종 때 남원판관을 지낸 박인철(朴仁哲)이고, 아버지는 김해부사를 지냈던 박빈이다. 이러한 집안 내력을 통해서 볼 때 당시 난포박씨의 세력은 구림내에서 상당했을 것이며, 박성건은 이를 기반으로 지역에서의 위치를 확고히 다져갔을 것으로 생각된다. 이는 간죽정을 짓고, 그곳에서 후학을 지도했다는 사실 하나만 가지고도 추측이 가능하다. 15세기 중엽에 벌써 경치 좋은 곳을 골라 누정을 건립했음은 당시 지역의 유력한 사족이 아닌 이상 불가능했을 것이기 때문이다.

하지만, 이 같은 15세기 사림계 인물의 활동은 아직 지역적 결속력이나 향권 경쟁의 단계까지 이르지 못한 것으로 보여진다(이해준, 1988, p.88). 그러나 16세기 중엽 구림대동계 창설 이후 구림내 사족의 동향은 변하기 시작했다고 본다. 구림대동계는 박규정과 임호(林浩)가 주동이 되어 만든 것으로 원래 있던 계에 중국의 향약을 접목시켰다는 특징을 가진다. 창설 이후 28년 동안 계속되어 오다 임진란을 계기로 회합 장소의 소각과 문서의 분실로 일시 후퇴 양상을 보이나, 1609년 중수 과정을 거쳐 이전보다 더욱더 확고한 위치를 얻게된다(최재율, 1973·1991). 구림대동계의 창설은 결국 지역내 사족이 결속할 수 있는 여건이 만들어졌다는 증거이기도 하지만, 결속을 하는 가운데에서도 타성씨와는 견제와 경쟁 관계를 갖추어 지금의 구림을 형성했다고 하겠다.

오한공파도 구림의 이런 분위기 속에서 그들의 입지를 점점 더 넓혀 갔다. 특히 박규정은 당시 동장 신분으로 구림대동계를 창설하는 주역이 되는데, 그만큼 오한공파의 입지가 넓혀졌음을 알려주는 좋은 단서가 된다. 그러나 구림에서 오한공파의 입지가 이때부터 바로 확고해졌다고는 볼 수 없을 것 같다. 결정적 계기는 임진·병자와 같은 전쟁이었을 것으로 생각된다. 앞에서 이미 살펴보았듯이 오한공파 내에는 다른 문중에서는 보기 드물게 전쟁 중 의병에 참가한 이가 많다. 사실 사족 의식이 불분명한 상태에서는 의병에 참가하기가 힘들다. 따라서 이는 곧 오한공파가 대내외적으로 사족의 위치에 있음을 재확인하는 일이기도 하며, 향촌내에서의 위치를 확고히 다지는 계기가 되었다고 할 수 있다. 이러한 지역 내 사족으로서의 위치는 1681년 죽정서원 건립으로 더욱더 확실해져 지금에 이르게 되었다.

오한공파 인물 중 임진·병자 전쟁 당시 의병활동을 벌인 사람으로 박흡·박대기·박승원 등이 있음은 이미 언급한 바이다. 또한 오한공파의 지역에서의 위치도 이들의 의병활동 이후 더욱 다져졌을 것이라고도 하였다. 이는 박대기가 고경명 휘하 영암을 대표하는 의병지도자였다는 데에서도 알 수 있다.

주지하다시피 의병은 관군과 대칭되는 개념으로 조명(朝命)을 기다리지 않고 비관인층이 자발적으로 성군하여 자력으로 군사활동을 펴는 민병이다(조원래, 2001, p.3). 이들이 의병활동을 하게 된 배경으로 여러 가지를 이야기할 수 있지만, 보통 성리학의 기본 정신·향촌사회의 지도력·의병활동이 가능한 사회경제적 토대 등 세 가지를 든다(광주·전남 충의사현창회, 1993, p.50). 즉, 의병으로 활동하기 위해서는 강인한 선비정신과 아울러 향촌을 지켜내겠다는 책임의식, 여기에 덧붙여 물질적 기반이 있어야 한다는 말이다. 물론 이는 전체 의병활동을 하는 이들에게 요구되는 것은 아니고, 주로 의병장이 갖추어야 할 요건이라고 생각한다.

오한공파 문중문헌 내용을 보면, 당시 이러한 의병활동의 진행상황을 알 수 있는 실마리를 제공받을 수 있다. 박흡에 대한 기록 중

나오는 '참의공 세 부자는 먼저 고제봉의 격문에 응하여 함께 금산으로 갔고, 공은 혼자서 의병을 일으키려고 이웃 마을에 격문을 보내려고 했는데, 건재 김공이 공에게 편지를 보내어 함께 일하면서 좌우의 도움이 되어 줄 것을 청하였다. 그래서 마침내 감격하여 허락하였다. 자신의 창고에서 300백 석의 곡식을 꺼내어 가동 수 백 명을 인솔하고 가서 의병을 일으키는 일을 모의하고 병법에 대하여 협찬하였다'는 내용은 당시 호남의병의 특징을 단적으로 보여준다.

임진란 의병은 대개 근왕의병(勤王義兵)과 향보성(鄕保性) 의병으로 나눈다. 근왕의병은 아직 적의 침입을 받지 않은 지역에서 스스로 군사를 일으켜 지역을 이동하여 왕의 주변을 호위하거나 다른 군의 위급한 상황에 도와주는 것을 말하며, 향보성 의병은 자기가 살고 있는 지역을 주로 지키려고 일어난 경우를 지칭한다. 이중 호남에서 일어난 의병은 전자의 성격이 강하고, 다른 지역의 의병은 후자의 양상을 띰으로 연구를 통해 이미 입증된 바이다(조원래, 2001). 즉, 부산 앞 바다에 도착한 일본은 20여 일 만에 한양에 도착해 우리 강토를 유린하기 시작하였는데, 다행히 당시 호남은 그 권역에 들어가지 않았다. 이런 시간적 여유는 결국 근왕의병 할 수 있는 여긴이 되었다고 본다. 또한 이 기록을 보면, 김천일이 도움을 청하자 감격한 나머지 300석의 곡식을 내놓았을 뿐 아니라 가동 수 백 명을 인솔하고 의병을 모의했다는 내용이 나온다. 이는 결국 박흡의 위상을 단적으로 알 수 있는 기록이라고 하겠다. 의병장이 의병에 참여하도록 직접 유도한 것은 향촌 내 입지가 어느 정도 튼튼하지 않으면 불가능했을 것이기 때문이다.

또한 박승원에 대한 기록 중 '임진왜란이 나던 해 선공감 참봉으로 의병을 인솔하고 진산에 이르렀는데, 제봉은 그때 이미 순절한 때였다. … 정유재란에는 습정 임환, 족제 근기와 더불어 함께 의병을 규합하여 순천에 주둔하고 있던 왜병을 쳐부수었다'는 내용이 나온다. 박승원은 임진란과 정유란 모두 의병에 참가한 것으로 전하는데, 이 글은 정유란의 상황을 알 수 있는 약간의 실마리를 제공해 주고 있다.

임진란에 비해 정유란 때에는 호남 지방이 큰 피해를 입었다. 피해가 너무 커 의병을 일으킬 상황도 아니었으나 지역민들이 뜻을 규합하여 일본의 침략에 항거했다고 한다. 이때 전라도 전역은 일본군의 소굴이 되어 있어 현지에서 의병이 일어난다 해도 지난날과 같은 대규모의 성군(成軍)이 어려웠을 뿐 아니라 타지역 부원활동(赴援活動) 역시 불가능하였다. 그러므로 예외가 전혀 없었던 것은 아니지만, 정유란 중 전라도에서 일어난 의병은 대부분이 소규모의 병력으로 성군한 뒤 각자의 향리를 중심으로 침략군에게 대항하는 형태의 의병전쟁을 펼칠 수밖에 없었다(조원래, 2001, pp.298~299). 따라서 박승원도 임진란 때는 가까운 곳을 벗어나 진산까지 가서 의병활동을 벌였지만, 정유란 당시는 소규모로 성군하여 전라도 지역인 순천을 지키고자 했던 것이다.

이러한 오한공파 문중 인사의 활약상을 담은 세세한 기록은 지방사 뿐 아니라 더 나아가 전체 임진·병자란 연구의 자료로 남게될 것이다. 물론 인물의 행적에 대한 기록은 『호남읍지』와 같은 데에서도 쉽게 읽어 낼 수 있지만, 과정에 대한 설명은 문중문헌의 자세함을 이길 수 없으리라고 본다.

마지막 교유 인물의 면면을 통해서 문중의 성향까지도 읽어 낼 수 있을 것이다. 교유 정도는 남아 있는 글에서 알 수 있다. 보통 누구를 위해 글을 지어준다고 함은 직간접 연관이 없으면 불가능하다. 가령, 묘갈명이나 행장, 축문 등의 글은 사람과 직접 연관이 되든지 문중 전체와 관련이 되었을 경우에 지어주었다. 따라서 오한공파 문중 인사에게 글을 지어준 이를 통해서 교유 상황을 감지할 수도 있을 것이다.

오한공파 문중 인사에게 글을 지어준 사람으로는 김영한(金甯漢)·김창협·이재·김수항·고경명·조행립 등등이다. 이중 김영한·김창협·이재·김수항 등에 관심을 가질 필요가 있다. 이들은 모두 학연과 혈연으로 맺어져 있을 뿐 아니라 당시 노·소의 분당이 일었을 때 뜻을 함께 했다.

이들이 구림과 특별한 인연을 맺게 된 계기는 1675년 김수항의 영암 유배에서 시작한다. 김수항은 약 3년 정도 구림을 위주로 영암에 머무르며 주변의 유력한 사족들과 긴밀한 유대를 형성했던 것으로 나타난다.33) 김수항이 비록 분당의 와중에서 실각한 인물이기는 하였지만, 세력권에서 완전히 벗어난 것은 아니었기 때문에 지역의 사족들은 어떤 방법으로든지 관련을 맺으려고 하였다.34) 오한공파도 예외는 아니었을 것이다. 물론 문헌의 내용에서 정치 성향을 찾을 수는 없지만, 지향하는 바가 무엇이었을 것인지는 대강 알 수 있다. 따라서 죽정서원에 이만성을 추배한 것도 이런 사정과 서로 맞물려 있다고 보아야할 것이다.

지금까지 함양박씨 오한공파 문중문헌을 연구 대상으로 설정하고, 활용 가능성을 모색해 보았다. 오한공파 문중의 경우 개인 단독 문집이 거의 남아 있지 않다. 이는 전쟁에서의 유실, 문헌 보관의

---

33) 이러한 사정은 필자의 구림 문중문헌 실태 조사를 통해서도 알 수 있었다. 각 문중에 남아있는 문헌에 김수항의 글이 없는 경우가 드물었다. 또한 구림 회사정 앞뜰에는 문곡비가 서 있는데, 이는 구림의 한 상징물로 간주할 수 있을 것이다.
34) 현재 김수항과 김창협 부자는 영암에 소재한 녹동서원(鹿洞書院)에 봉안되어 있다. 녹동서원은 영암 유일의 사액서원으로 원래 연촌(烟村) 최덕지(崔德之)를 제향하기 위해서 건립한 전주최씨 가문의 것이다. 김수항 부자는 후에 추배되었는데, 순전히 최씨 가문과의 친분 때문이라고 해야 할 것이다. 이에 대한 연구는 김경옥(1991) 참조.

필요성에 대한 인식 부족, 문중 차원이 아닌 한 개인의 보관 등 여러 가지 문제에서 기인했다고 본다. 또 한가지 오한공파 문중 문헌의 한계점으로 이야기할 수 있는 것은 같은 내용이 여러 책에 실려 결국, 경제성을 상실했다는 점이다. 또한, 문중문헌의 한계인 자기 문중 드러내기식의 서술 태도는 여전히 간직하고 있어 객관성이 희박한 부분도 있다. 그럼에도 불구하고 오한공파 문중 문헌은 구림이라는 한 권역을 연구하는데 있어 자료적 가치가 있다고 생각한다. 그리고 지배계층인 문중 위주로 글이 서술되다 보니 당시의 피지배계층인 하층민에 대한 기술 내용이 없는 점이 아쉽다. 따라서 객관성 확보와 함께 부족한 자료는 다른데에서 보충해야 하는 과제를 안고 있다.

(박명희)

제3장
기념비와 마을사

Ⅰ. 기념비가 말해 주는 것

최근 들어 지방사에 대한 관심이 크게 증폭되고 있다.[1] 이는 지방자치시대를 맞아 각 지역의 역사와 문화를 체계적으로 정리하고, 이를 통해 지역 정체성을 확립하고자 하는 노력의 일환으로 이해된다. 아울러 지금까지 중앙 중심으로 연구되어 온 한국 역사학의 폭을 넓히고 질을 심화시키기 위한 시도이기도 하다.

지방사를 마을 단위에서 진행하는 경우 부딪치는 가장 큰 어려움은 접근방법과 문헌자료의 부족이라고 할 수 있다. 이에 지방사 연구에 있어서 새로운 방법론을 추구하고, 그 기초작업으로서 각종 문헌자료의 발굴과 활용 방안을 강구하는 작업이야말로 시급한 과제이다. 본 글에서 지방사 연구의 방법론과 자료 활용방안에 대한 새로운 모색을 도모해 보고자 하는 것도 바로 이 때문이다.

영암 구림마을은 일찍부터 마을사 연구의 주요한 대상지로 주목

---

1) 이에 관한 자세한 내용은 『한국지방사 연구의 현황과 과제』(한국사연구회편, 서울: 경인문화사, 2000)를 참조하기 바란다.

받아 왔다.2) 이는 구림마을이 호남의 3대 명촌 중 하나로서 왕인과 도선의 태생지로 알려졌으며, 유서 깊은 대동계가 현존한 까닭이다.

> 월출 서녘, 자드락에 고즈너기한 동네
> 고대 무역항, 옛 영암의 중심지
> 왕인박사, 도선국사의 태골
> 송죽림이 울창한 정자로 둘러쌓인 동네
> 도갑사 풍경소리와, 시 읊는 소리가 끊이지 않는 곳
> 대동계로 협동하는 미풍
> 지남평야, 학파농장 일군 개척의 동네
> 삼일독립운동 때 모두 일어선 애국의 땅
> 육이오동란 때 집단 학살당한 상처의 마을
> (향토문화진흥원, 1992, p.27).

『왕인과 도선의 마을 구림』의 소개 글에서 나열된 구림마을의 역사적 사건과 소재는 매우 풍부한 편이다. 더구나 그것들은 거의 모두 기념비를 통해 남아 있다. 이에 구림마을의 역사를 현존하는 기념비를 통해 장기사적으로 재구성해 보는 것도 의미있는 작업이라 여겨진다.3)

---

2) 『호구총수』(1789년)에 기록된 구림마을은 쌍취정·동계리·북송정·동송정·고산리·취정·동정자·남정자·남송정·죽정·구림·국사암·상서호정·하서호정·학암 등이었는데, 1914년 동구림과 서구림으로 통폐합되었다. 현재는 동구림 1구 학암·2구 동계·3구 고산, 서구림 1구 서호정·2구 남송정과 배척골·3구 신흥동과 백암동으로 구분되어 있다. 넓은 의미의 구림촌은 도갑리 중정의 양지촌과 음지촌을 포함해서 쌍취정·학암·알뫼·동계·고산·동정자·북송정·국사암·남송정·신흥동 등 12동네이다. 우리가 흔히 구림이라고 부르는 마을은 동구림과 서구림을 말한다. 구림마을의 역사는 향토문화진흥원에서 『왕인과 도선의 마을 구림』(1992)이라는 책자를 통해 정리한 바 있는데, 자연환경·왕인과 도선·씨족의 유래·대동계의 전통이라는 네가지 주제를 통해 접근하였다.
3) 기념비는 대체적으로 당대의 생생한 기록을 남기고 있기 때문에 지방사 연구에 있어서 중요한 자료로 활용하고 있다.

본 글은 구림마을의 역사를 기념비를 활용하여 장기사적으로 재구성하는 방향으로 진행될 것이다. 구림마을에는 멀리는 신라 원성왕 2년(786)에 세워진 석비에서부터 가깝게는 2001년에 세워진 3·1운동 기념탑에 이르기까지 대략 10여 개의 기념비가 있다. 한 마을에 1,500년을 연결시키는 기념비가 존재하는 경우는 흔치 않다. 이에 기존의 문헌자료와 기념비를 연결시켜서 구림의 역사를 재조명한다면, 보다 장기사적 관점에서 구림의 역사상을 새롭게 구성해 낼 수 있지 않을까 기대된다.[4]

Ⅱ. 자료의 활용실태와 새로운 모색

지방사 연구를 진행함에 있어서 가장 큰 어려움은 자료의 부족이다.[5] 우리의 역사에 있어서 왕조 중심의 서술체계로 인하여 지방사의 경우에는 거의 기록이 없거나 있더라도 단편적이기 때문이다. 이에 지방사 연구를 효과적으로 수행해 내는 관건은 얼마나 많은 자료를 확보하고, 아울러 이를 어떻게 활용하는가에 달려 있다.

지금까지 지방사 연구의 선행 작업은 주로 고고학 발굴보고서·지표조사·민속조사·문화재 조사 등의 형태로 진행되어 왔으며, 대체적으로 체계적이기보다는 산발적으로 행해져 왔다. 이에 사회

---

4) 정근식도 구림마을에 존재하는 기념비의 자료적 가치를 거론한 바 있는데, 주로 건설과 파괴라는 관점에서 기념비의 현재적 지평을 다루었다 (정근식, 2001, pp.34~35).

5) 지방사 연구에 있어서 특히 자료 부족에 따른 어려움은 어느 곳에서나 마찬가지이다(조성을, 2000, p.39 ; 최홍규, 2000, pp.73~74 ; 오영교, 2000, pp.100~102 ; 신영우·김의환, 2000, pp.146~147 ; 정진영, 2000, pp.169~170 ; 고석규, 2000, pp.202~208 ; 김동전, 2000, p.218).

변동 과정에 대한 전체적 조망을 위해 보다 구체적인 문헌 자료의 수집과 정리 작업이 요구되기에 이르렀다(조성을, p.39). 지방사 연구에 있어서 활용되는 기초적인 문헌자료는 『세종실록지리지』·『신증동국여지승람』·『동국여지』·『여지도서』·『호구총서』·『읍지』 등이다. 그러나 이들은 군 단위의 영역에 대한 대략적인 사실만 기록해 두었기 때문에 마을사를 구성하는 데에는 미흡한 부분이 많은 실정이다. 또한 그 내용의 상당 부분은 하나의 책을 모본으로 한 반복적인 서술에 머무르는 경우가 많다(오영교, p.98).

이러한 문제점을 극복하기 위해서 연구자들이 관심을 갖게 된 자료가 고문서이다. 고문서는 대체로 국가의 지방통치 자료(통치기구, 부세와 재정운영, 민의 동향, 행정실무 계층 등), 지방지배세력의 조직과 대민지배 자료(재지세력의 조직, 교육조직, 문중조직, 지주경영과 노비소유 실태 등), 기타 자료(지리지, 지도, 사찰자료 등) 등으로 분류할 수 있다. 지방사 연구에 있어서 고문서 자료가 주목을 끌게 된 이유는, 고문서가 특정의 목적과 특정인 혹은 특정기관 사이의 수수관계가 명백하게 기록되어 있으며, 문건의 작성 주체와 작성목적·작성과정 등을 분명히 알 수 있기 때문이다. 특히 편찬 기록류에 비해 주관적 판단의 가능성이 거의 배제되어 있다는 점에서 그 사료적 가치를 높이 평가받고 있다(오영교, p.100). 지금까지 축적된 향촌지배구조, 사족의 동향, 각 지방의 향약·동계의 운영, 지주제의 전개, 농민들의 생활상 등에 관한 연구의 대부분은 그 지방에 소장된 고문서를 통해 이루어진 성과라 해도 과언이 아니다(신영우·김의환, p.146).

그러나 현존하는 고문서는 대부분 그 작성시기가 조선 중기 이후의 것이라는 한계를 안고 있다. 또한 내용적인 면에 있어서도 특정 가문의 문제에 국한되어 있는 경우가 많다. 때문에 고문서에만 의

존하는 지방사 연구는 조선중·후기의 양반가문 중심의 제한된 사례 연구에 머무르게 될 가능성이 많다. 즉, 지방사가 일반적인 역사 혹은 전체사와 상호 관련성을 확보하지 못하고, 단편적이고 개별적인 사례의 총합에 그치게 될 우려가 있다는 것이다. 지방사 연구에 있어서 고문서 자료가 절대적으로 중요하면서도, 그것을 뛰어넘는 새로운 자료의 발굴과 활용방안을 추구해야 하는 까닭이 바로 여기에 있는 것이다(정진영, p.169).

이에 새로운 자료의 발굴과 활용 방안이란 무엇인지 고민하지 않을 수 없다. 이는 지방사 연구의 성공적 마무리를 위한 기본 전제이기도 하다. 이러한 문제점에 대해서 관심을 가진 대부분의 연구자들은 고문서·금석문·문집·일기·관찬자료·답사·현장조사·구술조사의 결과물을 망라해야 한다고 주장하고 있다.[6] 그러나 역사라는 것이 단순한 사료의 나열에 그치는 것이 아니므로, 분명 이들 자료에 대한 취사선택과 인과관계에 따른 유기적인 재구성 작업이 전제되어야 할 것이다. 때문에 지방사 연구에 있어서 자료의 활용방안에 대한 새로운 모색은 방법론의 변화와 다양한 자료활용법이라는 두 가지 측면에서 고려되어야 할 것이다.

먼저 지방사 연구에 있어서 방법론적인 변화에 관해서는, 첫째 개별 지역이나 마을의 역사를 구성함에 있어서 연구의 기본 틀을 가지고 있어야 한다는 점을 강조하고 싶다. 그 틀은 지역과 연구자에 따라 매번 다르게 나타날 수 있다. 다만 고정된 틀을 가지고 모든 지역의 역사를 단순 접목시키는 방식은 탈피해야 할 것이다. 지표조사나 민속조사의 경우에 흔히 발견되는 것처럼, 모든 지역에 똑같이 적용되는 물음과 답변에 대한 통계적 처리 방식은 지양되어

---

6) 『한국지방사 연구의 현황과 과제』에서 논의된 내용들 또한 이 범주 안에 들어 있다.

야 할 것이다. 이는 보다 심화된 지방사 연구를 위한 기초작업에 해당될 뿐이지, 그 자체가 지방사 연구일 수는 없기 때문이다.

 둘째, 제한된 시기와 특정한 주제를 뛰어넘는 장기지속적 접근 방식이 필요하다고 판단된다. 브로델은 지중해 연안을 연구하면서 장기지속·중기지속·단기지속이라는 세 가지 시간지속을 나누고, 각각의 시간지속에 상응한 역사를 구조사·국면사·사건사로 개념화한 바 있다(김호연, 2002, p.190). 여기에서 장기적으로 지속되는 구조는 비교적 넓은 영역에 걸쳐 있지만, 장기사가 반드시 넓은 단위의 연구이어야 한다는 것은 아니다. 사회를 구성하는 '작은 단위'에 관한 연구는 보다 넓고 큰 단위에 관한 연구과정의 일부이기도 하지만, 동시에 작은 단위를 통하여 전체를 조망하려는 전략의 산물이기도 하며, 이것은 심층구조를 밝혀 내는 유효한 방법이기도 하기 때문이다. 아울러 장기지속이라고 해서 완전한 부동(不動)을 의미하는 것은 아니다. 장기지속이란 곧 반복적인 움직임의 연속을 말한다. 그러나 거기에 많은 변형과 복귀, 쇠퇴와 정지, 정체 등을 동반한다. 이것이 사회학자들이 말하는 구조화·탈구조화·재구조화와 같은 것이다. 물론 때로는 흔치는 않지만 대규모의 단절이 개입되기도 한다(페르낭 브로델/주경철 옮김, 1997, pp.853~854). 물론 기존의 한국사학에 있어서 이러한 접근 방식은 생소할 수 있다. 그러나 하나의 지역이 2,000년을 존속해 왔음에도 불구하고, 겨우 500년 남짓한 제한된 역사로 재구성되고 있는 현실을 감안한다면, 장기지속적 관점에서 지방사를 바라보는 시각의 변화가 결코 무리한 작업은 아닐 것으로 여겨진다. 오히려 지방사가 특수한 역사가 아니라 전체사의 일부분임을 드러내는데에도 크게 도움될 것으로 기대된다.[7]

---

 7) 물론 이러한 작업은 이미 전통적인 한국사의 방법론을 뛰어넘은 것인 바, 이를 수용할 수 있는 주변 학문간의 협동연구가 절대적으로 필요하다고 판단된다.

다음으로 자료의 활용에 대한 새로운 접근 방식에 대해 논의해 보기로 하자. 필자는 지난 2년 동안 구림마을과 관련하여 기존문헌에 대한 검토, 연구성과 정리, 문중관계자와 지역사회 원로에 대한 면담조사, 현지 유물과 유적에 대한 조사, 생태지리학적인 접근, 전통에 대한 현재적 재구성에 대한 접근 등의 다양한 방법을 동원하여 조사·연구해 왔다. 그 결과 구림마을이 실제 존재해 온 1500여 년의 시간을 그대로 재현해 내고, 이를 장기지속적인 관점에서 재구성할 수 있는 방법으로서 기념비의 활용을 시도해 보았다.

지방사 연구에 있어서 기념비의 활용방안을 강구한 까닭은, 지방사 연구의 대상지로 선정된 마을의 경우 대부분 지역주민의 정체성과 관련된 기념비가 존재하는 경우가 많기 때문이다.[8] 대개 기념비는 수령의 공덕을 칭송하거나 문중의 위세를 드러내기 위한 것이 많은 편인데, 때때로 대규모 공사나 역사적 사건을 기념하기 위해 건설된 경우도 있다. 또한 주민들의 집단적 경험을 기념하는 기념비도 있을 수 있다. 물론 기념비의 건립이나 파괴는 당대적 지평에서 이루어지는 바, 이는 이데올로기적·정치적 맥락과 경제적 맥락을 포함한다. 때문에 과거에 세워진 기념비는 현재까지 그대로 존속하기도 하고 파괴되어 없어지기도 한다. 아울러 아주 드문 일이기는 하지만, 주민의 교체와 이에 따른 관심의 소멸에 의해서나 주민들의 현재적 이해의 충돌에 의해 파괴되기도 한다. 또 반대의 이유로 다시 혹은 새롭게 세워지기도 한다(정근식, pp.34~35). 이에 몇 개의 마을을 중심으로 하나의 권역을 설정하여 그곳에 산재하는 기념비를 유기적으로 연결시킨다면, 예전부터 존속되어 온 그 마을의 역사적 모습을 드러낼 수 있을 것으로 기대된다. 이를 통해 그

---

[8] 기념비에는 주로 사적비·기공비·송덕비·단비·묘비·사묘비·정려비·시비 등이 있다(표용수, 1996, p.291).

마을의 역사에 대한 장기지속적 추구가 가능해지며, 아울러 전체사와의 연결고리도 포착될 수 있을 것이다.

본고에서 다루고자 하는 구림마을의 경우 과거에 세워져 지금까지 존속하는 기념비, 현재에 새롭게 세워진 기념비, 세워졌으나 파괴된 기념비 등이 산재한다. 예를 들어 신라 원성왕 2년(786)의 기념비와 함께, 17세기 향촌사회의 모습을 알려주는 문중 기념비, 19세기의 전라도 관찰사 송덕비(1857), 영암군수 송덕비(1884), 그리고 한국전쟁 순절비(1976)와 순교비(2000), 지남들의 건설자 임구령 송덕비 등이 그것이다. 이에 각각의 기념비의 내용을 살펴보고, 이를 통해 구림마을의 역사상을 장기지속적인 관점에서 새롭게 구성해 보고자 한다.

Ⅲ. 구림마을과 기념비

1. 고대 수취체계에 대한 이해와 대중국 교류거점으로서 구림에 대한 단서

현재 전남 영암군 군서면 서구림리 485번지 최정호 정원에는 일명「정원이년명비(貞元二年銘碑)」가 세워져 있다. 이 비는 서구림리 해안 쪽에 위치해 있었는데, 곧잘 넘어지곤 해서 1965년경에 최정호가 자기 집의 정원으로 옮겨 세웠다고 한다. 이 비는 영암지역 향토사학자 박정웅에 의해,『광주일보』(1988년 3월 21일자)에 보도되었고, 성춘경 등에 의해 처음으로 판독되어 비의 전문이 소개되었다.[9]

비의 크기는 높이 128cm · 너비 28cm · 두께 27cm이다. 비는 자연

---

9) 이후 1990년 12월 5일 전라남도 문화재자료 제181호로 지정되었다.

석으로서, 전면과 후면을 약간 다듬은 다음, 전면에만 글자를 음각으로 새겨 놓았다. 글자체는 세로로 쓴 행서체이며, 총 4행으로 되어 있다. 글자수는 제①행 19자, 제②행 15자, 제③행 10자, 제④행 2자로 모두 46자이다. 현재 마모가 심하여 전체적으로 정확한 판독을 하기가 어려운 실정이지만, 몇몇 학자의 노력으로 대략이 파악되어 있다.10) 특히 최근에 이루어진 김창호의 판독과 해석은 이 비문의 내용과 사료적 가치를 확인하는 데에 크게 도움이 되었다. 그에 의하면 이 비는 원성왕 2년(786) 5월 10일에 국가에 공물을 바치는 곳으로 여겨지는 저평(猪坪, 현재 노갑리 2구에 해당하는 평리로 추정) 바깥 곡장(谷藏) 안의 불모지(不毛也)에 세워졌다고 한다. 또한 '저평'은 국가에 바치는 조(調)의 일환인 두건을 생산하는 특수한 지역 명칭으로 추정하였다. 아울러 그는 이 공물이 영암에서 해로로 울산까지 가서 다시 육상으로 경주로 운반된 것으로 파악하였다. 이 비를 통해 구림마을의 1300년 전의 실체를 파악하기는 불가능하다. 그러나 구림에 6~7세기의 것으로 추정되는 토기요지가 있으며, 이곳에서 출토된 토기와 9세기 장보고의 완도유적지에서 발견된 토기가 같은 종류라는 사실로 미루어 볼 때,11) 구림지역이 대중국 교류와 관련이 깊은 곳이라는 사실은 대략 짐작할 수 있을 것이다. 물론「정원이년명비(貞元二年銘碑)」자체로 구림마을 역사의 한 단면을 묘사해 낼 수는 없지만, 이 비와 관련된 보다 광범위한 연구를 바탕으로 고대 수취체계에 대한 이해와 대중국 교류거점으

---

10) 「정원이년명비」의 판독 유형은 성춘경(1988, pp.187~188). 송정현·김희수(1990, p.59). 전라남도(1990, p.205). 영암군지편찬위원회(1998, p.153). 전라남도(1998, p.300). 김창호(2001, pp.2~4)를 참조.
11) 구림의 토기요지에 대한 발굴조사는 이화여자대학교 박물관에 의해 두 번 실시되어서, 각각 『영암 구림리 토기요지발굴조사-1차발굴조사중간보고-』(1988)와 『영암구림리 토기요지 2차 발굴조사 보고서』(2001)가 나와 있다.

로서 구림에 대한 단서를 제공받을 수 있지 않을까 기대된다.

<비문 판독 제유형의 종합표>

구분		1	2	3	4	5	6	7	8	9	10	11	12	13	14	15	16	17	18	19
①행	성춘경	貞	元	二	年	丙	寅	五	月	十	日	儲	坪	行	藏		內		忘	
	송정현·김희수											偆		祀	吞	茂	▲	不	▲	
	전남금석문											▲		行	藏					
	영암군지											偆		行	香	藏	內		忘	
	문화재도록											猪		外	谷				毛	也
	김창호																			
②행	성춘경	立	處	有	州	夫	梵楚梵	歲	▲	合命	香	十	東							
	송정현·김희수							▲	含	禾	十	古	十							
	전남금석문							▲												
	영암군지							歲	▲	合	香	十	東							
	문화재도록		靈		卅		髡山	?	侍	巾	▲									
	김창호																			
③행	성춘경	入	▲	五	人	名	力	知	焉	生	右									
	송정현·김희수																			
	전남금석문																			
	영암군지																			
	문화재도록																			
	김창호		?	平																
④행	성춘경	仁	開閉開門																	
	송정현·김희수																			
	전남금석문																			
	영암군지																			
	문화재도록																			
	김창호																			

2. 지역 영웅의 생성과 변화, 그리고 전통의 재구성

지역의 자기정체성은 지역영웅을 매개로 발현되기 쉽다. 구림에서의 지역 영웅화 작업은 도선과 왕인, 구림 3·1독립만세운동 참여자, 4대 문중의 입향조를 중심으로 진행되어 왔다. 우선 도선과 구림의 관계는 '최씨원(崔氏園)' 유적으로 설명되고 있으며,[12] 이와 관

련된 기념비로는 도갑사에 있는 「도선수미비(道詵守眉碑)」와 「수미왕사비(守眉王師碑)」를 들 수 있다.13)

「도선수미비」(전라남도 유형문화재 38호)에는 전면 좌측 총 16행 714자, 전면 우측 총10행 512자가 새겨져 있다. 주요 내용은, ① 도선국사 모친의 성은 최씨이며, ② 국사는 진덕여왕 7년(653)에 성기벽촌에서 태어났으며, ③ 15세가 못되어 월남사에서 낙발(落髮)했고, ④ 그 후 입당하여 일행(一行)선사에게 법을 배운 후, ⑤ 귀국하여 많은 절과 탑을 세웠으며, ⑥ 원래 있던 비문이 너무 마멸되어 알아볼 수 없게 되자,14) 승 옥습(玉習)이 뜻을 세워 인조 14년(1636) 4월에 제작을 시작하여 그로부터 17년이 지난 효종 4년(1653)에 완성했다는 것이다. 그리고 비문의 후면 음기에는 비 제작에 동참했던 시주자들의 명단을 적어 두었다(성춘경, 1988, pp.386~391).

「수미왕사비」는 도갑사 대웅전 뒷편 좌측 빈터에 세워져 있는데, 인조 7년(1629)에 시작하여 인조 11년(1633)에 건립되었다. 수미왕사는 영암출신으로서 속성이 최씨(낭주)인데, 13세 도갑사에서 낙발하였다가 후에 도갑사 중창에 크게 기여한 인물이다. 비문에 의하면 도갑사 동쪽 산기슭에 부도탑을 세우고 행덕을 기록하여 비를 세웠으나, 글자가 마모되어 알아볼 수가 없게 되어 주지 청신화상(淸信和尙)이 다시 건립하였다고 한다(대한불교조계종 월출산 도갑사, 2001, pp.38~41).

두 비문의 내용에는 도선과 수미왕사가 구림 출생이라는 사실과 도선의 어머니와 수미왕사의 속성이 모두 낭주최씨인 점이 기록되

---

12) 『신증동국여지승람』 35권, 영암군 고적조.
13) 이에 관한 전반적인 내용은 영암군에서 펴낸 『선각국사 도선의 신연구』 (1988)가 참고된다.
14) 『신증동국여지승람』 35권, 영암군 불우조에 "도갑사에 비석이 있는데, 글자가 마멸되어 읽을 수가 없다"는 기록이 있다.

어 있다. 이는 도선이 낭주최씨와 관련하여 영웅화되었을 것을 짐 작케 하지만, 도선과 관련하여 물에 떠내려오는 오이를 따먹고 임신했다는 기록은 전형적인 영웅설화로 이해되기 때문에 구림 전체에 영향을 끼쳤을 것을 이해된다. 이로써 유교적 지배질서가 정착되기 전까지는 구림에서 도선이 추앙되었을 것으로 추측된다. 아울러 조선시대 어느 시점에서 도선을 대신하여 각 문중의 입향조가 선양되었을 것이다.

 주지하고 있듯이 구림에는 4대 문중, 즉 함양박씨·창녕조씨·낭주최씨·해주최씨 가문의 영향력이 오랫동안 유지되어 왔다. 물론 현재는 과거와 같은 신분적 지배질서는 소멸되었지만, 최근 들어 각 문중별로 가문을 선양하려는 움직임은 경쟁적으로 현실화되고 있다. 그 결과 구림에는 4대 문중과 관련된 사당과 기념비가 산재한다. 예를 들어 서구림리 남송정마을에 있는 총취정(叢翠亭)에는 최근에 세워진「첨지중추부사태호조공사적비(僉知中樞府事兌湖曺公事蹟碑)」가 있으며, 해주최씨 사당인 동계사(東溪祠)에는「동계사묘정비(東溪祠廟廷碑)」와 최경창(崔慶昌)의 「고죽시비(孤竹詩碑)」가 있다. 그리고 낭주최씨의 사당에는「고려대사민휴공최선생유적비(高麗大師敏休公崔先生遺蹟碑)」가 있다. 그리고 함양박씨의 간죽정 앞에는 「간죽정연혁비(間竹亭沿革碑)」·「오한공박성건문학비(五恨朴成乾文學碑)」(1992)·「오한공금성별곡문학비건립금헌성기비(五恨公錦城別曲文學碑建立金獻誠紀碑)」등이 세워져 있다. 이러한 문중 기념비는 4대 문중간의 경쟁으로 이해되며, 지역의 정체성과 자신의 입향조의 영웅화를 동일시하려는 움직임으로 받아들여진다. 특히 이들 가문은 대동계 공사원이나 면장이나 농협조합장과 같은 직책을 점유하는 데에도 관심을 갖고 있다. 그러나 전반적으로는 4성씨가 각 방면에서 균형을 이루어 공존함으로써, 그들 모두가 구림마을에서의 지배력을 유지해 나가는 방편을 꾀하고 있다.

　구림마을의 세 번째 영웅은 3·1독립만세운동의 주역을 통해서 형성되었다. 1919년 4월 10일 회사정(會社亭) 광장에서 박규정(朴奎相)의 독립선언서 낭독을 시작으로 만세운동이 전개되었다. 시위대는 도갑리까지 진출하였는데, 영암읍에서 출동한 무장경찰대에 의해 강제 해산되었다. 이 사건과 관련되어 수백 여명이 검거되었는데, 박규상(2년)·최민섭(1년 6개월)·조병식(1년)·최기준(1년)·정학순(1년)·김재홍(1년) 등이 실형을 선고받았다.

　구림마을에 3·1운동에 관한 기념비는 모두 3개가 세워져 있다. 제일 먼저 건립된 것은 1969년(단기 4302년) 영암향중에 의한 「의사박공규상기적비(義士朴公奎相紀蹟碑)」였다. 그리고 1999년 3월 구림청년계 강신일을 계기로 기념탑 건립에 관한 논의가 전개되어, 2001년 4월 10일 「구림삼일운동기념탑」이 건립되었다. 이 기념비의 건립 주체는 구림청년대동계인데, 이는 1919년 만세운동 이후 이 지역 청년들의 독립정신이 결집되어 1920년 12월 18일 구림청년계가 조직된데에 연유하고 있다. 이 기념비의 건립 비용은 군비(1억 2천만원)·구림송계(2,500만원)·구림초동학교 42회 및 43회 동창회·유술계·갑신계·군서이장단·구림삼일계 등의 협찬금에 의해 마련되었다. 마지막으로 금년 3월 1일에 「기념탑건립전말비」가 세워졌다. 여기에는 기념탑의 건립 내력과 성금을 낸 사람의 명단이 기록되어 있다. 이로써 구림에서 3·1운동의 전통은 1969년에 「의사박공규상기적비」로서 개인의 영웅화가 시도된 다음, 2001년 「구림삼일운동기념탑」으로 마을 전체가 '의향'으로 자리잡는 방향으로 발전해 나갔음을 알 수 있다. 그리고 2002년에 다시 「기념탑건립전말비」를 건립함으로써 전통의 재구성이 적극적이고 급속하게 진행되고 있음을 보여주고 있다.

구림마을에서 이처럼 3·1독립만세운동을 기념하고 있는 까닭은 일제치하에서 농촌마을의 자생적 봉기가 발생한 데에 대한 자긍심의 발로라 할 수 있다. 아울러 그 운동을 계기로 창립된 구림청년계의 전통을 현재적으로 강화하기 위한 방편으로도 이해된다. 이는 의향으로서의 역사적 자부심과 대동계와 왕인문화축제로 인한 주목받는 현재적 관심을 접목시킨 사업이라 할 수 있겠다. 또한 박규상의 후손들이 함양박씨 가문의 선양을 추구한 측면도 무시할 수는 없겠다.

한편 최근에는 구림을 비롯한 영암 전역에서 왕인을 '지역 영웅화'하는 작업이 계속되고 있다. 그 매개체는 벚꽃이며, 구체적 전개양상은 <왕인문화축제>로 나타났다. 그러나 왕인과 구림의 직접적 관련성은 최소한 문헌상으로는 확인되지 않고 있다. 그럼에도 현재 구림에 왕인유적지가 조성되어 있으며, 이를 통해 매년 <왕인문화축제>가 실시되고 있다. 이와 같은 일련의 과정을 담고 있는 기념비는 「백제왕인박사유허비」인데, 1976년 왕인박사현창협회의 주도하에 건립되었다. 이 비는 '왕인의 영암출생설'의 전제하에, 그를 숭모하기 위한 유적지 조성의 기초 작업으로 세워졌다. 비록 최근에 세워진 비이기는 하지만, 구림마을의 영웅이 어떻게 변모하고 있으며, 전통의 재구성이 어떠한 방향으로 전개되고 있는지 잘 드러내주는 기념비라 하겠다.[15]

아무튼 최근 들어 왕인의 '지역 영웅화'는 크게 부각된 반면, 도선은 위축되어 있는 것은 분명한 사실이다. 도선과 왕인은 시대적 상황에 따라 각각 영웅화의 단계를 밟으며, 지역 정체성과 맞물려 나갔다. 특히 조선중기 이후에는 도선이 불교적 기반을 갖고 있으

---

15) 필자는 최근 영암을 중심으로 한 여러 단체와 학자들이 왕인의 '영암출생설'과 '유적지 존재설'에 의거하여 왕인을 '지역 영웅화'한 배경과 과정에 대해 추적한 바 있다(김병인, 2001).

며, 이와 달리 4대 문중은 유교적 소양으로 무장되어 있었기 때문에, 구림에서 도선이 구체적으로 선양되기는 어려웠을 것이다. 그런데 최근들어 왕인이 지역 몇몇 인사와 국가권력 및 지자체의 도움으로 갑자기 추앙되면서, 구림마을의 잠재적 영웅이 순식간에 도선에서 왕인으로 뒤바뀌게 된 것으로 파악된다. 물론 구림마을 사람들은 한편으로 왕인의 영웅화에 대한 반발 심리를 갖고 있었지만, 최근 왕인문화축제가 외형적인 성공을 거두고, 영암군과 외부에서 입주한 상업세력이 이 축제를 주도해 나가면서 차츰 내적으로 수용되고 있는 실정이다. 여기에 4대 문중과 대동계 중심세력들도 춘향제를 통해 <왕인문화축제>의 한 축을 구성함으로써 외형적인 공존이 가능하게 되었다. 그러나 문제는 도갑사를 중심으로 도선의 역사적 위상을 높이려는 움직임이 계속적으로 시도되고 있으며, 이에 동조하는 구림마을 주민들이 상당수 있으므로, 도선을 매개로 하는 새로운 지역 정체성의 재구성이 전개될 가능성도 무시할 수는 없을 것 같다. 물론 이러한 과정에서 도선과 왕인이 적절하게 조화되면서 양자 모두 영웅화될 수 있는 측면도 있겠지만, 두 영웅에 대한 사실적 근거가 전혀 다르기 때문에 어떠한 모습을 취하게 될지 정확히 알 수 없다.

3. 사족층의 지배력 형성과 강화

구림에서 사족층의 지배력이 어떻게 형성되었고, 강화·유지되어 왔는가 하는 문제는 구림대동계의 발전양상을 추적해 보면 쉽게 찾을 수 있다. 대동계와 관련된 기념비로는 1972년에 건립된 「구림대동계사적비(鳩林大同稧史蹟碑)」를 들 수 있다. 이 비는 현재 서구림리에 있는 대동계사 앞마당에 세워져 있는데, 비문 뒷면에 「구림대동계 약사」가 기록되어 있어서 대동계의 역사를 개관하는 데에 도움된다. 구림대동계는 1565년에 난포박씨의 외손인 함양박씨 박규정과 선산임씨 임호가 중심이 되어 창설한 향촌조직으로서, 조선후기 사림파의 향약보급운동 과정에서 사족적 기반과 동족적 기반을 배경으로 하고 있다. 이후 구림마을의 사족지배체제는 지남들의 형성을 통해 한층 강화되었는데, 이 와중에 임구령의 외손이던 해주최씨와 창녕조씨가 새로 이주하여 지배층의 일원으로 편입되었다.

구림대동계는 500년 가까이 되는 역사적 유구성으로 인해 널리 알려져 왔다. 이 때문인지 구림대동계에 대한 학문적 연구도 적지 않게 진행된 편이다.[16] 그 결과 구림대동계의 전반적인 모습을 대략 포착할 수 있게 되었다.[17] 「구림대동계사적비」는 구림대동계에 관한 새로운 사실을 전해 주는 자료는 아니지만, 회사정과 함께 구림대동계와 관련된 상징적 기념물로 자리잡고 있다. 2002년 구림대동계에서는 군청으로 지원을 바탕으로 기존 계사 건물을 철거하고 새로운 계사를 신축하기로 결정했다. 이는 또 하나의 기념비가 건립된다는 사실을 의미한다. 아울러 구림마을에서 대동계의 전통이 새롭게 재구성되고 있음을 뜻한다. 이러한 변화 양상을 포착하는 것 또한 지방사 연구의 영역이라고 생각한다.

한편 구림마을에서 사족층들이 어떻게 자신들의 지위를 강화하고 중앙세력과 유대를 강화하여 왔는지 알 수 있는 기념비로는 「문곡선생영암적거유적지비(文谷先生靈巖謫居遺蹟之碑)」를 들 수 있다. 이 비는 1989년(단기 4322) 4월에 서구림리 서호정마을 회사정

---

16) 구림대동계에 관한 논문은, 최재율(1973·1991)·이종엽(1984)·김인걸(1984·1991)·이해준(1988)·김경옥(1991)을 참조할 것.
17) 특히 영암지방의 동계에 대한 검토를 통해 '과도기로서의 조선후기사'의 일단을 추구한 이해준의 논문은 이 방면의 연구에 큰 진전을 도모하였다.

옆에 세워졌다. 김수항은 당대 최고의 문벌가문인 안동김씨 17세손으로서, 17세의 나이에 반시(泮試)에 수석 합격한 이후 성균관전적을 시작으로 본격적인 관직 생활을 하게 된다. 그러나 그는 두 차례의 예송 문제와 경신대출척·기사환국·갑술환국 등의 붕당의 와중에서 부침을 거듭하였다. 김수항은 서인의 영수였던 우암 송시열(尤菴 宋時烈)의 동조자로서 존경과 배척을 함께 받았다. 1674년 2차 예송 즉, 갑인예송에서 서인이 패하고 남인이 이기자, 당시 영의정 벼슬에 있던 형 수흥(壽興)을 대신하여 김수항이 좌의정으로 임명된다. 그러나 숙종이 즉위한 1675년에 집권파 남인의 미움을 받아 영암으로 유배되고 만다. 이후 김수항은 47세 되던 7월부터 50세 9월까지 이곳에서 적거(謫居)의 세월을 보내었다. 유배 초창기에는 읍내에 거주하였는데, 약 두 달 후 지인의 도움으로 구림마을로 옮기어 만 3년 동안 거처하였다(박명희, 2001, pp.100~102).

김수항이 영암 구림에서 유배생활을 했다는 사실은, 이 지역 사족의 사상경향과 활동양상을 이해하는 데에 크게 도움된다. 예를 들어 영암읍 교동리에 있는 녹동서원(鹿洞書院)에서는 연촌 최덕지와 함께 김수항·김창협 부자를 배향하고 있다. 이는 당시 서인 노론계 영수로서 영암에 유배되어 온 김수항이 전주최씨가문의 향촌생활에 긴밀한 영향을 끼쳤음을 반영한다. 문곡부자와 전주최씨 가문의 연계는 존양사(存養祠, 녹동서원의 이전 명칭)의 사액 과정에서 잘 드러난다. 즉, 1680년 김수항의 아들 김창협이 영암 향유 유장옥(柳章玉)을 비롯한 85명의 유림과 함께 연촌 최덕지를 제향하고 있던 존양사의 사액을 요청하기 위한 연명상소문을 작성했던 것이다. 이후 10년 뒤인 1695년 김수항이 존양사에 추배되자, 문곡 문하생들까지 나서서 존양사 청액 상소를 올렸다. 이후에도 청액상소가 계속 된 끝에 1713년 마침내 녹동서원으로 사액을 받게 되었다.

이러한 사실로 미루어 볼 때, 김수항 부자의 구림 유배생활은 최씨 가문의 지위 향상에 크게 기여하였으며, 전라도 유생과 중앙의 연결고리 역할을 수행한 것으로 판단된다. 이는 녹동서원의 내부 조직에 있어서 영암과 무관한 중앙 고위관료가 원장으로 추대된 사실로 비추어 볼 때, 그 현실적 이해관계를 짐작할 수 있다. 즉, 녹동서원이 문곡부자를 매개로 하여 의도적으로 중앙권력과 긴밀한 관계를 유지했으며, 인근 지방관으로 대표되는 관권과의 협조체제를 효과적으로 유지함으로써 향촌사회에서 영향력 확대를 도모했던 것이다(김경옥, 1991, pp.36~51). 때문에 「문곡 김수항 시비」는 그 자체의 내용보다는 김수항의 구림 유배생활과 향촌 사족층의 동향을 이해하는 단서로 주목할 만 하다 하겠다.[18]

4. 지남들의 간척과 향촌사회의 변화

구림에는 지남들이라는 넓은 간척지가 있는데, 그 간척과 관련된 기념비가 2개 있다. 하나는 1857년에 세워진 전라감사 김병교(金炳喬)의 송덕비이고, 다른 하나는 1884년에 세워진 영암군수 심의철(沈宜哲)의 송덕비이다.[19] 「관찰사김공병교영세불망비(觀察使金公炳喬永世不忘碑)」는 흔치 않는 철비로서 모정마을 모정저수지 앞에 서 있는데,

---

[18] 이 비는 선산임씨 2명, 연주현씨 3명, 함양박씨 7명, 창녕조씨 5명, 해주최씨 6명, 낭주최씨 11명의 주도로 세워졌다. 이러한 인적 구성으로 볼 때, 구림마을에 있어서 사족지배층의 흔적이 여전히 남아 있음을 알 수 있다.

[19] 지남들의 석비와 철비에 관한 내용은 몇 차례의 <구림권> 조사를 통해 확인할 수 있었으며, 구체적인 내용은 정근식(2001, pp.58~64)에 정리되어 있다.

觀察使 金公炳喬 永世不忘碑
沓橫灌水 明於訟□ 堰實屬衆 久而益頌

라고 적혀 있다. 모정마을에서 전하는 이 비문의 내력을 요약하면 다음과 같다.

  지남들을 막은 선산임씨들이 19세기 초반 농지를 팔고 이주하였다. 지남들에 잇는 지남저수지는 이곳에서 농사를 짓는데 필수적인 것이었다. 나중에 임씨들이 논은 팔았지만, 저수지는 팔지 않았다고 둑을 잘라 논을 만들어 버렸다. 그래서 이 저수지의 소유권을 둘러싸고 임씨와 농지를 매수한 인근 농민들 특히 모정 및 양장 마을주민들 사이에 분쟁이 발생했다. 농민들은 저수지가 없으면 농사를 지을 수 없기 때문에 크게 반발한 것이다. 그러나 소송비용 때문에 양장 주민들은 점차 떨어져 나가고 모정주민들이 주로 소유권 분쟁을 수행했다. 이후 1857년 전라관찰사 김병교가 개입하여 농민이 승소하였고, 그 결과 이 저수지는 마을 소유가 되었다. 모정 주민들은 이에 감사하여 「김병교 송덕비」를 세운 것이다. 그런데 일제시대에 모정주민들은 수세가 많이 나오자, 이 저수지를 국가에 기부해 버렸다.

「김병교 송덕비」는 선산임씨와 농민간의 토지분쟁에 관권이 개입했으며, 여기에서 수령이 농민들의 입장을 옹호했다는 사실을 확인할 수 있다. 특히 구림마을 주민들이 이 비를 건립하면서, 지남들을 막은 데에 감사하여 세워 준 「임구령 송덕비」를 철거해 버렸다는 사실은 향촌사회에서 농민층의 성장을 단적으로 보여주고 있다. 즉, 「김병교 송덕비」는 그 내용이 소략함에도 불구하고 사족층과 농민들의 농지를 둘러싼 분쟁, 수령권의 강화와 사족과 향리층의 대립 양상, 농민의식의 성장 등을 이해하는 데에 좋은 자료가 된다고 할 수 있겠다.

다음으로 <구림권>에서 농토를 둘러싼 농민의 생활상을 파악하는데에 도움이 되는 기념비로서 1884년에 세워진 「군수 심의철의 선정비」를 들 수 있다.[20] 이 비는 현재 양장리 저수지 끝에 세워져 있는데, 마모가 심하여 내용을 모두 파악하기는 힘들지만 그 대략을 옮겨 적어 보면 다음과 같다.

    郡守 沈侯宜哲 善政碑
    郎府南鎭 役灌三里 □佔海濱 財□十畓
    疏通□□ 林公報積 □□□□
    □濟□□ □□□新

즉, 심군수는 지남 제언을 수리하여 바닷물이 농지로 넘쳐 오는 것을 막아 농민들로부터 그 공적을 인정받은 것으로 파악된다. 조선 후기에 들어서면 관청의 도움이나 농민 스스로의 힘으로 관개시설을 크게 확충하는데, 구림의 경우도 예외는 아니었던 것 같다. 이는 당시 이앙법의 보급과 맞물려 있는 문제이기도 하다. 심군수가 파직되었음에도 선정비를 세운 까닭은, 농업생산력을 높이려는 농민의 욕구와 수령의 고유한 임무인 관개시설 확충이 일치된 데에 따른 것으로 보인다.[21]

5. 근현대사의 질곡과 상처

어느 지역이나 마찬가지겠지만, 우리의 근현대사는 많은 모순과 상처를 안고 있다. 구림도 예외는 아니었다. 우선 구림마을은 6·25 전쟁 기간 중에 마을간 갈등과 반상(班常)의 신분적 갈등이 복합적으로 얽혀 몇 가지 중요한 사건을 기록하게 된다. 구림에서는 6·25

---

20) 군수 심의철은 1881년 영암군수로 부임하였다가 1883년 파직당했다. 정확한 파직 이유는 알 수 없으나, 주민들이 파직과 함께 송덕비를 세운 사실로 미루어 보아 부패한 지방관은 아니었을 것으로 추측된다.
21) 이 비에 대한 보다 정확한 판독이 가능해진다면 19세기 향촌사회의 일면을 이해하는 데에 도움되는 바가 많을 것으로 짐작된다.

전쟁 기간에 인명피해가 매우 컸는데, 대부분 좌·우익 갈등으로 인한 학살이었다. 학살의 시작은 1948년 말 소위 '반란군'에 의해 도갑사 주지가 피살되면서 시작되었다. 이후 1950년 9월 28일 인민군의 공식적 후퇴 명령이 내리진 뒤 10월 초에 영암읍이 수복되는 와중에 몇 가지 사건이 발행하였다. 특히 9월 28일부터 12월 15일까지는 구림의 안과 밖, 낮과 밤을 경찰과 좌익이 장악하고 있는 과도기적 기간이었다. 6·25 전쟁 기간 중에 구림에서 첫 번째로 반란의 모습을 보여준 것은 회사정 방화사건이었으나,22) 이와 관련된 아무런 기록이 없는 탓에 자세한 내용을 설명하기는 어렵다. 그러나 1950년 10월 7일 발생한 양민학살사건은 순절비가 세워져 있기 때문에 우리의 관심을 끈다. 순절비를 세운 주제와 배경에 관해서는 다음과 같은 비문 내용이 참조된다.

> 1950년 10월 7일 우리 경찰이 영암읍을 수복하자 궁지에 몰린 공산당은 애국지사에 대한청년단원, 교인 및 양민 등 28인을 군서면 구림리 신근정 민가에 가두고 불을 놓아 집단 학살하는 만행을 저질렀다. 처참

---

22) 1950년 10월 3일 밤 10시, 회사정이 학교·면사무소·지서·수리조합 등과 함께 소각되었다. 그러나 지금까지 이를 소각한 사람이 누구인지 밝혀지지 않았다. 다만 주민들의 증언에 따르면, 소위 '물아래' 주민들이 '반봉건투쟁'의 일환으로 구림대동계의 계사와 회사정을 방화했다고 하는데, 별다른 사상적 지도자는 없었지만 그때까지 잠재해 있던 신분해방의식이 작동한 것을 보았다. 즉, 여러 대에 걸쳐 누적된 신분적 차별에 대한 저항의 표시였던 것이다. 회사정의 방화는 구림과 주변마을의 이중적 관계를 잘 보여준다. 전쟁기에 농민마을주민들은 명백히 대동계에 대하여 적대적이었다. 가장 중요한 원인은 토지소유를 매개로 한 계급관계라기보다는 일반적인 신분적 차별과 함께 산림채취에 관한 엄격한 통제였다. 대동계는 산림보호를 위해 벌채를 금지시켰기 때문에 평야의 농민마을 주민들은 아주 멀리 나가서 땔감을 구해야 했다. 이들은 땔감을 가지고 돌아올 때마다 구림을 통과해야 했는데, 이 때마다 곤욕을 치르기 일쑤였다. 이 불만은 오랫동안 누적되었고, 이것이 대동계의 상징이었던 회사정 방화로 나타났다(정근식, 2001, pp.69~70).

히 최후를 마친 원통한 넋을 위로하고 그 희생을 헛되지 않게 하기 위하여 1950년 10월 10일 바로 그 자리에 합동묘를 만들었고 1951년 5월 20일 당시 군서지서장 주상섭의 배려로 면내 뜻있는 유지와 군서 고등 공민학생들의 봉사작업으로 순절묘로 성분하게 된 것이다. 그러나 해를 거듭 할수록 초라해짐에 따라 보는 사람의 마음을 아프게 하므로 뜻있는 인사들의 마음을 모아 이현호 군수님의 특별배려의 군비 보조로 27년만에 그 유지를 다시 기리며 넓은 자리로 옮기고 공산당의 잔인한 만행을 규탄하면서 여기 순절한 합동 순절분묘의 비를 세운다.

위의 비문대로라면 얼핏 좌우익의 갈등으로 보여지지만, 사실 이 사건의 이면에는 농민 개인들간의 토지분쟁이 자리잡고 있었다. 일본인 토지를 오랫동안 경작해 온 소작농과 이를 매입하려는 중농간의 갈등이었다. 공교롭게 그 소작농은 전쟁 이전에 우익청년단체에서 활동하게 되었는데, 인민군 점령하에서 그 중농이 좌파에 가담하면서 비극이 발생했던 것이다. 이 사례는 한국전쟁에서의 주민간 갈등에 관한 일반화된 계급투쟁적 설명의 한계를 잘 보여준다(정근식, p.71). 그러나 이 비를 한국반공연맹 영암군 지부에서 세웠다는 사실은 6·25전쟁에 관한 기념사업이 특정집단에 의해 주도된 한국의 전반적인 사례와 일치한다.

앞서 살핀 바와 같이 구림교회 학살사건에 대한 순절비가 세워져 있음에도 불구하고, 2000년 4월 3일 「순절비」 바로 밑에 또다른 「순교비」가 건립되었다. 이 비의 건립 배경은 확실치는 않지만,

> 역사적인 사실을 기억하게 하고 후세에 교인들의 귀감을 삼기 위하여 50년이 된 오늘에서야 비로소 여기에 순교비를 건립한다.

라는 비문 내용으로 볼 때, 1969년에 세워진 「순절비」와의 차별성을 두고자 한 데에 있지 않나 여겨진다. 왜냐하면 「순절비」가 있음에도 불구하고 '비로소 여기에 순교비를 건립한다'는 표현이 예사

롭지 않기 때문이다. 이는「순절비」건립의 주체와 성격에 대한 새로운 전통의 재구성으로 보여진다.

한편 구림에서는 1950년 10월 17일 경찰에 의한 또다른 양민학살 사건이 발생했다. 당시 경찰이 들어온다는 소식이 전해지자, 인공치하에서 적극적으로 활동했던 사람들은 모두 피신했다. 경찰은 구림을 포위하고 주민들에게 모두 밖으로 나오라고 명령했다. 죄지은 것이 없다고 생각한 사람들은 경찰의 지시대로 거리에 나왔는데, 갑자기 경찰들이 이들에게 발포하여 78명이 사망했다. 결국 좌익활동가는 별로 죽지 않고 중간적 입장의 사람들이 좌익으로 몰려 죽은 것이다. 최근 구림에서는 이 당시 희생된 사람들에 대한 추모비 건립이 논의되고 있다. 이는 과거 역사를 현재의 상황에 맞게 재정리하는 차원에서 건립될 또다른 기념비의 출현 양상을 예고하고 있다.

현대사에 있어서 농민의식의 성장과 갈등문제는 농촌사회를 이해하는 데에 중요한 문제이다. 이는 학파농장을 둘러싼 소작쟁의와 농지불화를 통해 규명할 수 있으며, 그 단서로서「영암무송현준호간전기적비(靈巖撫松玄俊鎬墾田紀蹟碑)」를 들 수 있다. 이 비는 옛 학파농장 관리사무소 바로 아래에 세워져 있다. 현준호는 1939년 갯벌을 막아 농지를 만드는 간척사업을 실시하여 학파농장을 만든 인물이다. 그는 1934년 인근 미암면 춘동리 간척을 성공적으로 준공한 기술을 바탕으로, 서호강 유역의 무른 지반과 빠른 유속에도 불구하고 간척을 감행하였다. 그는 1943년 신탁은행과 동척의 융자를 받아 공사를 시작하였으며, 1944년 1.2km의 제방을 완공하였다. 학파농장이 형성되면서 농장 주위에는 학파동·무송동·죽림동·서호동·백암동·신기동 등의 마을들이 형성되었다. 그런데 간척된 농지는 1950년 전후한 시기의 농지개혁문제로 작답이 차일피일 미루어졌고, 부분적으로 소 방목지로도 이용되었다. 1950년대 초반 이

중 경작가능한 농지가 200여 정보였지만, 이후 작답이 꾸준히 진행되었다. 학파농장은 현준호의 3남 현영원에 의해 본격화되고 1959년 제1호 저수지가 완공되면서 군서면에 신기동·검주리·백암동·신흥동, 그리고 서호면에 무송동·남하동·학파동·서호동·중림동 등 9개의 마을에 5,000여 명의 거주하기에 이르렀다.

그런데 학파농장은 1959년 간척농지 이용권을 둘러싸고 경작자들의 농지불하 요구가 표면화되었다. 원래의 약속과는 달리 농지는 농민에게 불하되지 않고 계속 연기되자, 1988년부터는 격렬한 토지분쟁이 발생하였다. 1980년대에 접어들어 고양된 주민운동과 사회의 전반적인 민주화경향이 농민들의 집단행동을 자극하였다. 결국 주민들의 강력한 농지불하운동을 거치면서 1990년대 초반에 평당 6,000원씩의 불하가격으로 학파농장과 경작농민들의 협상이 타결되었고, 농업진흥공사에서 20년 상환을 조건으로 대부를 받아 불하되었다. 이 과정에서 현준호의 비문은 수난을 당하였고, 아직도 비석을 둘러싸고 있는 테두리는 파손된 채로 남아 있다. 이 기적비는 일제시대 간척사, 그의 친일논쟁, 해방 이후 토지분배문제, 1980년대 소작쟁의 문제 등 우리 현대사의 수많은 질곡을 상징하고 있다. 아울러 학파농장의 형성 과정, 농지불하를 둘러싼 두생사, 지남제 중심의 <구림권> 사회구조의 변모 양상에 관한 문제를 포괄하고 있다. 물론 최근 지방자치제의 실현과 함께 <구림권>에서는 새로운 힘겨루기와 화해를 시도하고 있다. 지금까지 '물아래 마을'로 치부되어 하대받은 지역민들이 지역 대표를 뽑는 투표권의 행사를 통해 그 위상을 드러내고 있기 때문이다. 향후 구림마을의 역사상은 이런 측면에서도 새롭게 구성될 수도 있다는 사실을 여운으로 남겨 두고 싶다.

(김병인)

전통의 형성

제4장
조선전기 재지사족의 재산형성과 분재

제5장
대동계의 형성과 변화

제6장
김수항의 구림생활과 시문학

제4장
조선전기 재지사족의 재산형성과 분재
- 대동계 성립의 경제적 기초 -

I. 난포박씨의 분재기

　영암 구림은 이미 고려시대 이래 영암의 문화적 중심지로 도선과 같은 인물을 배출했을 뿐 아니라 조선 중기에 조직된 구림동계(鳩林洞契)의 존재로 일찍부터 학계의 주목을 받아 온 지역이다(최재율, 1973 ; 이종휘, 1984 ; 이해준, 1988 ; 최재율, 1991). 구림동계는 1565년(명종 30)에 박규정이 주동이 되어 창설하였다(최재율, 1973).
　여기에서는 구림동계를 창설한 박규정의 가계와 관련된 분재기를 분석하여 조선전기 재지사족의 재산형성과정과 분재관행을 살펴보고 이어서 이를 통하여 구림동계가 창설된 배경을 밝혀 보려한다. 이 분재기는 박규정의 조부 박성건의 처 난포박씨가 6자녀에게 재산을 나누어주면서 작성한 것으로 허여문기의 형식으로 되어 있다. 박성건은 영암 구림에 들어온 함양박씨의 입향조이기 때문에 이 분재기는 함양박씨가 영암에 들어온 당대에 작성된 것이다. 따라서 이 분재기는 영암의 함양박씨가 이곳에 정착하게 된 경제적 배경과 아울러 구림동계를 조직한 배경까지도 살펴볼 수 있는 중요한 자료인 것이다.

이 분재기는 난포박씨가 6남매에게 재산을 나누어주면서 작성한 분재기와 이를 근거로 영암관에 입안을 신청한 소지(所志) 및 입안을 발급 받는 과정에서 행해진 재주(財主), 증인(證人), 필집(筆執) 등 관련 당사자의 공함(公緘)과 초사(招辭), 그리고 영암관에서 발급한 입안이 연결되어 있는 점련문서(粘連文書)로 되어 있다. 문서의 크기는 세로 62㎝의 폭에 분재기 부분이 230㎝, 공함과 조목이 143㎝, 입안이 152㎝ 이상의 크기이다.[1] 분재기는 1509년(중종 4) 2월 16일에 작성되었으며, 공함과 조목은 같은 해 3월 초 3일에, 그리고 입안은 이틀 후인 같은 해 3월 초 5일에 발급되었다. 분재부터 입안의 발급까지 약 20일이 소요된 셈이다.

박성건의 자녀들은 분재 사실을 관으로부터 확인받기 위하여 입안을 신청하면서 이들 분재된 재산이 박성건 부부의 재산임을 입증하는 관련 문서를 영암관에 제출하였는데, 입안에는 그 내용이 실려 있다. 이들 문서는 분재기가 허여문서로 되어 있어 관으로부터 입안을 발급받기 위하여 영암관에 증거자료로 제출한 것이었다. 그 내용을 분석하면 박성건의 재산이 어떻게 증식되었나를 파악할 수 있다.

몇 건의 관련 문서가 제출되었었는지는 입안의 후반부가 잘려나가 확인할 길이 없으나, 현재의 분재기 상에서는 7건이 확인된다. 이들 문서의 상한은 1415년(태종 15)으로 박성건의 외할아버지가 박

---

[1] 입안의 후반부가 잘려 나가 정확한 길이는 알 수가 없다. 이 문서는 현재 전남 영암군 군서면 동구림리 97번지에 살고 있는 박찬우가 소장하고 있다. 이 문서를 열람하고 촬영을 허락한 박찬우에게 지면을 빌어서 감사의 마음을 전한다.

성건의 어머니에게 노비를 분재해 주면서 작성한 허여문기이고, 하한은 1469년(예종 1)에 박성건의 이성삼촌숙모(異姓三寸叔母) 박씨가 박성건에게 노비를 분재해 주면서 작성한 허여문기이다. 그 하한은 더 내려갈 것으로 보이나, 현재의 문서 상태에서 확인할 수 있는 것은 7건이 전부이다. 그렇다 하더라도 이를 통하여 박성건의 재산이 증식되어 가는 과정을 밝히는데는 큰 어려움이 없을 것이다.

본고에서는 이 자료를 바탕으로 함양박씨가 영암 구림에 들어온 과정과, 가문의 지위를 다져 가는 과정, 그리고 분재 내용을 살펴 조선 초기의 재지 사족의 존재 양태를 고찰하려고 한다.

Ⅱ. 가문과 자료

영암 구림에 세거하는 함양박씨는 오한공파로 불린다. 오한은 입향조인 박성건의 호이다.[2] 『함양박씨세보』[3]에 의하면, 그의 선조는 고려 때에 예부상서(禮部尙書)를 지낸 박선(朴善)으로, 박성건은 그의 10세손이 된다. 함양박씨 오한공파가 전라도에 거주하게 된 것은 박성건의 부친 박언(朴彦)이 금성에 이거하면서부터였다. 박언은 『함양박씨세보』에는 문과에 급제하여 공조판서와 승정원 도승지를 지냈는데, 어떤 사건에 연루되어 외직인 만호로 보임되면서 금성으

---

[2] 박성건이 오한이라고 자호한 것에 대하여 『五恨先生遺稿』에는 다음과 같이 기록되어 있다. "不得父母俱存爲一恨, 仰愧於天俯作於人爲二恨, 不得英材敎育爲三恨, 海棠無香爲四恨, 淵明之子不能詩爲五恨"

[3] 함양박씨 오한공파의 족보는 1789년(정조 13)에 발간된 기유보, 1831년(순조 31)에 발간된 신묘보, 1895년(고종 32)에 발간된 을미보, 1934년에 발간된 갑술보, 1960년에 발간된 경술보, 1984년에 발간된 갑자보 등 모두 6차례 발간되었다. 본고에서는 1934년에 간행된 갑술보를 주로 이용하고 1984년에 간행된 갑자보를 참고로 하였다.

로 이거한 것으로 기록되어 있다.[4] 그러나 분재기에는 '전만호(前萬戶)'라고 기록되어 있어 그가 만호를 지낸 것은 확실하다. 이 가문은 이후 박언의 아들인 박성건 대에 다시 영암 구림으로 이거하였다. 박성건이 영암 구림으로 이거한 것은 먼저 이곳에 들어와 정착한 난포박씨(蘭浦朴氏)와 혼인한 것이 계기가 되었던 것으로 보인다(박명희, 2001, p.135). 박성건의 처는 난포박씨로 박진명의 딸이었다.

난포박씨가 영암에 정착한 것은 박성건의 처조부인 박빈(朴彬) 때였던 것으로 보인다. 그것은 박성건의 아들 박권(朴權)의 친구인 이원(李黿)이 쓴 「간죽정기(間竹亭記)」에 "박후(朴侯, 박권-필자 주)가 '이 곳은 우리 외구(外舅) 박빈께서 처음으로 살기 시작한 곳으로 선군께서 이를 이었다'고 하였다"[5]고 한 말로 미루어 알 수 있다.

박빈이 구림에 정착한 것은 조선초기였을 것으로 보인다. 그것은 "난포현은 경상도 남해현에 속하였는데, 왜구의 침입으로 인물이

---

4) 『함양박씨세보』(갑술보). 그가 문과에 급제하여 도승지를 역임했다는 족보의 기록은 어디에도 믿을만한 자료가 없다. 『문과방목』에서도 그의 입격 사실은 확인되지 않는다. 또 중앙에서 도승지까지 지낸 인물이 외직으로 규직이 만호루 좌천되었다는 것은 있을 수 없는 일이다. 함양박씨 분재기에는 박언을 前萬戶로 표기하고 있어, 그가 만호를 지낸 것만은 분명하다. 한편 박언의 묘가 나주군 영산면 가야산 기동에 있는 것으로 기록되어 있는 것으로 보아 박언이 금성에 거주했던 것은 분명하다.
5) 『五恨公遺事』, 「間竹亭記」. "一日吾友朴侯 而經手簡抵余曰 吾先人弊廬 在靈岩治西二十里許 … 神僧道詵之舊址也 吾舅朴君彬始卜築于玆 先君繼之仍家焉" 한편 1565년에 林浩가 쓴 「鳩林洞中修契序」에도 "外先祖朴公彬 始卜居于此"하였다고 적고 있다. 임호는 선산임씨로 역시 난포박씨의 외손이었다(최재율, 「구림대동계의 창설과 역사」, 『한일농어촌의 사회학적이해』 참조). 『鳩林洞中修契序』. "外先祖朴公彬始卜居于此 因地之靈有傑之 作曰 昭格令朴公諱成乾 曰珍原縣監諱地蕃 曰淸安縣監諱地昌 用開業焉" 박빈은 박성건의 외조부이며, 박지번과 박지창은 박빈의 손자이며, 박성건의 처 난포박씨의 동생제이다. 또 이 글을 쓴 임호는 박지창의 손녀서인 임구령의 아들이다.

모두 흩어지고 단지 토지만 남았다"6)는 세종 때의 기록을 통하여 짐작할 수 있다. 난포박씨는 원래 경상도 남해현의 속현인 난포현에 살고 있다가 고려말 조선초기에 어떠한 사정으로 난포현이 폐현이 되면서7) 영암에 들어와 정착한 것이 아닌가 생각된다.

또 박성건의 어머니, 즉 박언의 처는 영암박씨였는데,8) 분재기의 기록에 따르면 그녀의 아버지는 호장정조(戶長正朝)를 지냈다.9) 호장정조는 조정에 나아가 임금을 배알한 사람으로 호장 중에서도 가장 상급의 호장이었다.10) 이로 미루어 보면 박언의 처부는 영암의 상급 향리였음을 알 수 있다.11) 이렇게 보면 함양박씨는 박언대에 영암의 토착 향리로 재지적 기반이 확고한 영암박씨와의 혼인관계를 통하여 이 지방과 처음 인연을 맺고 이어서 이 지방에 먼저 들어와 정착한 난포박씨와 혼인하면서 영암 구림에 정착하였던 것으로 보인다.

함양박씨는 이러한 혼인관계를 통하여 처가로부터 상당한 재산을 분배받아 경제적인 발판을 마련할 수 있었던 것으로 보인다. 분재기에는 박성건의 어머니가 친정아버지인 호장정조로부터 재산을 분배받은 것과 함께 박성건이 이성삼촌숙모와 동성삼촌숙모(同姓三寸叔母)로부터 상당한 재산을 물려받고 있는 것이 확인된다. 여

---

6) 『세종실록』 권150, 「지리지」 慶尙道 昆南縣. "蘭浦縣 本內浦縣 平山縣 本西平山 右二縣 皆海島 新羅改今名爲南海領縣 高麗因之 因倭人物俱亡 但有土地耳"
7) 난포현이 폐현이 된 사정은 왜구의 창궐이 아니었을까 한다. 여말선초에 특히 왜구가 남해안 연안에 창궐하였음은 주지는 사실이다.
8) 『함양박씨세보』 참조.
9) "永樂十三年乙未六月十日 財主(缺落)前戶長正朝朴 着名證筆具成置 (子) 息等亦中 奴婢許與內 長女子衿" 여기서 장녀자가 바로 박언의 처이다.
10) 허흥식, 『고려사회사연구』, p.242.
11) 영암박씨는 영암의 토성 가운데 하나였다. 『세종실록』 권151, 「지리지」 전라도 영암 토성 참조.

기서 이성삼촌숙모와 동성삼촌숙모는 각각 어머니의 자매와 아버지의 자매를 지칭한 것이다.12)

이와 같이 함양박씨는 영암박씨, 난포박씨와 혼인을 맺고 이들로부터 상당한 재산을 분배받아 이를 발판으로 이 지방으로 이거하여 정착한 것으로 보인다. 이로써 보면 적어도 박성건의 아버지인 박언대에 나주에, 다시 박성건 대에 영암에 정착했던 것으로 보인다.13)

난포박씨는 이 당시 영암 지역에서 확고한 기반을 확립하고 있었던 것으로 보인다. 그것은 앞에서 언급한 구림동계를 창설하는데 주동적 역할을 했던 성씨들이 모두 난포박씨와 혼인관계를 통하여 영암에 정착한 것으로 미루어 알 수 있다(최재율, 1973). 박성건의 부인인 난포박씨의 남자 형제들이 모두 상당한 실직(實職)에 있었던 것에서도 이 가문이 상당한 기반을 가지고 있었음을 짐작할 수 있다. 난포박씨에게는 남자 형제로 지번(地蕃)과 지창(地昌)이 있었는데, 분재기를 작성할 당시 모두 증보(證保)로 참여하였다. 그들의 관직은 각각 청산현감(靑山縣監)과 전연사(典涓司) 직장(直長)이었다. 이러한 가문을 배경으로 하여 난포박씨는 많은 재산을 소유하고 있었는데, 이 집안과 박성건이 통혼함으로써 함양박씨도 영암에

---

12) 동성삼촌숙모가 아버지의 자매인 것은 同姓三寸叔母夫라는 표현으로 미루어 알 수 있다. 이 말은 동성삼촌숙모의 남편을 가리키는데, 이를 합리적으로 해석하면 동성삼촌숙모는 결국 나와 성이 같은 숙모, 즉 고모가 된다. 또 이성삼촌숙모는 나와 성이 다른 삼촌숙모로 외삼촌의 부인과 이모가 이에 해당하며, 외삼촌이나 이모는 어머니와 성이 같아야 한다. 그런데 이 문서에 나오는 異姓三寸叔母故多慶浦萬戶李繼德妻朴氏에서는 이성삼촌숙모박씨가 어머니와 성이 같으므로 이성삼촌숙모는 어머니의 자매인 이모가 될 수밖에 없다. 노명호 교수에 의하면 조선 전기까지는 고모나 이모를 흔히 이렇게 불렀다고 한다.
13) 『함양박씨세보』에 의하면 박언의 묘소는 나주 영산포 가야산에 있고, 박성건부부의 묘소는 영암 삼호면에 있는 것으로 되어 있는데, 이것도 이들의 거주지와 무관하지 않을 것이다.

서 재지적인 기반을 확립할 수 있었을 것이다.

　함양박씨와 인척관계가 확인되는 인물로는 이밖에 다경포(多慶浦) 만호(萬戶)를 지낸 이계덕(李繼德)과 전도(全道)가 분재기에 등장한다. 이계덕은 분재기에 의하면 이성삼촌숙모 박씨 즉, 어머니의 자매와 결혼한 사이였다.14) 이계덕은 강진에서 가장 세력이 강한 토호 중의 한 사람으로, 도강현과 탐진현을 합하여 강진현을 설치하고 병영을 강진으로 옮긴 이후 읍의 치소를 옮기는 문제로 1451년(문종 1)에 강진현인 79명이 연명으로 장고(狀告)를 올릴 때 이를 주도한 인물이었다.15)

　전도는 분재기에 "동성삼촌모부(同姓三寸叔母夫)"로 되어 있어, 박성건의 고모부였음을 알 수 있다. 동성삼촌숙모가 아버지의 자매를 가리킨다함은 전술한 바 있다. 전도는 사료 상에서 그 이름을 확인할 수는 없었으나, 그 역시 영암 지역의 유력한 가문 출신이었을 것으로 보인다. 조선 초기까지도 영암에는 4개의 속현과 2개의 향, 4개의 소, 그리고 4개의 부곡이 있었는데, 『세종실록』「지리지」에는 이 가운데 4곳에서 전씨가 제일 먼저 기록되어 있다.16) 이로써 보면 전도는 이 당시 영암의 속현이나 부곡 등에서 상당한 재지적 기반을 갖고 있었던 것이 아닌가 생각된다.

　이상에서 살펴 분재기에 기재되어 있는 내용과 『함양박씨세보』를 중심으로 박성건의 가계와 통혼관계를 표시하면 다음 <표 1>과 같다.

---

14) 박씨 분재기에는 "異姓三寸叔母 故多慶浦 萬戶 李繼德妻 朴氏"로 기재되어 있다.
15) 『문종실록』권1, 문종 1년 11월 신유.
16) 『세종실록』권150, 「지리지」영암군 성씨 참조.

<표 1> 함양박씨의 가계와 통혼관계

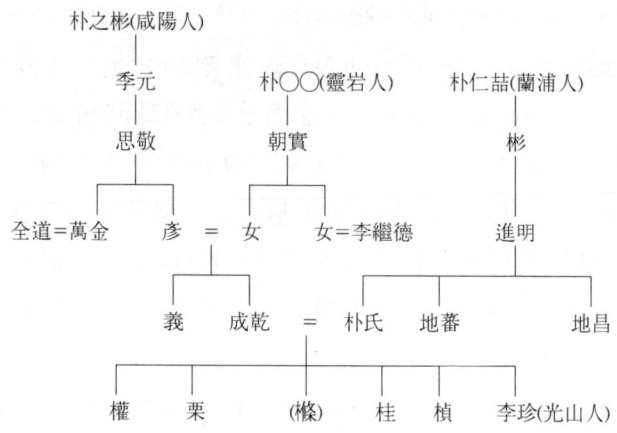

*고딕은 박성건에게 분재해 준 인물임

　박성건은 1453년(단종 1)에 진사시에 합격하여 낙안(樂安)과 무장(茂長) 훈도를 거쳐 1472년(성종 3)에 춘당대시 문과 병과 5등으로 급제하였다.17) 그는 장수현감을 마지막으로 관직에서 은퇴하여 영암 구림에서 여생을 보냈다.18) 금성교수를 지냈을 때 그가 지었다는 <금성별곡>은 국문학상에서 주목받고 있는 작품의 하나이다 (이상보, 1992).

　박성건은 5남 1녀를 두었는데, 큰아들 권이 1486년의 생원시에 합격하고 이어 1492년 식년 문과에 급제하였다. 그는 정언(正言)으로 재직 중 무오사화에 피화되어 함경도 길주(吉州)로 유배되었다가 갑자사화 때에는 해남으로 이배되었다. 이 가문에서는 박성건과 권 부자가 연속으로 문과에 합격한 이후 많은 자손들이 생원·진사시에 합격함으로써 가문의 문지를 굳혔다. 박성건의 손자 가운데서는 다음 <표 2>에 나타난 바와 같이 둘째 율의 아들 문정(文楨)과

---

17) 『국조방목』 참조.
18) 『함양박씨가장』, 「오한선생삼세행장」 참조.

세째(樑)의 아들 규정이 생원시에 합격하였으며, 문정의 아들 안세(安世)와 규정의 손자 이후(而厚)가 사마시에 합격하였다.19) 이와 같이 박성건의 집안에서는 그와 그 아들이 연달아 문과에 합격하였을 뿐 아니라, 사마시에도 4명을 합격시킴으로써 가문의 지위를 확고히 할 수 있었다. 이후에도 박성건의 자손 중에서 학문을 닦아 생원·진사시에 합격한 자가 많이 나왔으며, 임진왜란 때에는 많은 자손들이 의병에 가담하여 가문의 지위를 높였다. 이것이 바로 박성건의 후손들이 영암 지방에서 대표적인 재지양반으로서의 지위를 굳건하게 유지했던 배경이었다.

<표 2> 박성건 가문의 문과와 사마시 합격자

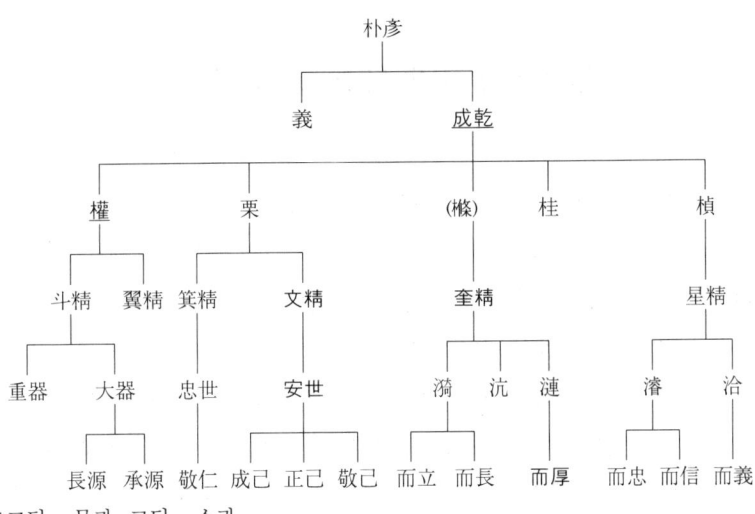

*고딕 : 문과, 고딕 : 소과

이러한 가문의 배경에서 박규정은 이미 1536년에 구림 동장으로써 인척 관계에 있던 선산임씨, 연주현씨 등 이 지방의 유력한 가문

---

19) 『사마방목』(cd롬) 참조.

과 함께 구림동계를 조직하여 향촌지배에 큰 관심을 갖고 있었다 (최재율, 1973).

함양박씨들은 이러한 가문을 배경으로 죽정서원을 건립하여 향촌사회의 주도권을 장악하여 갔다. 죽정서원은 박성건이 관직에서 은퇴한 후 향리에 건립한 간죽정을 바탕으로 박성건의 후손들이 주축이 되어 건립하였다. 죽정서원은 1681년(숙종 7)에 건립되었는데, 박성건과 권, 규정 3인과 이만성을 배향하였다.[20] 이와 같이 영암의 함양박씨들은 입향조인 박성건과 그의 아들과 손자를 모시는 죽정서원을 건립함으로써 영암에서 일류의 양반으로서의 지위를 인정받았으며, 이를 바탕으로 더욱 향촌사회 지배권을 확실히 장악하였다.

Ⅲ. 분재기의 내용 검토

분재기에는 화회문기, 별급문기, 허여문기 등이 있다. 이들 분재기는 일반적으로 서(序)와 본문(本文), 서명(署名)의 세 부분으로 되어 있다. 서에는 분재기가 작성된 날짜와 분재 사유, 부모의 유언, 자식들이 지켜야 할 도리, 분재의 원칙 등이 기재되어 있으며, 본문에는 구체적으로 각각의 상속인에게 주어지는 재산의 내역이 기록되어 있고, 서명은 문서의 끝 부분에 있는데, 재주와 분재에 참여한 당사자들이 이름을 적고 수결을 하였다. 서얼(庶孼)들은 일반적으로 서명에 참여하지 못하였다.

분재기에 따라서는 부모와 선조의 제사를 지내는데 필요한 경비를 조달하기 위한 재산을 따로 떼어 봉사조(奉祀條)를 설정하는 경우도 있다. 전답과 노비를 다른 분재기로 작성하는 경우도 있었는

---

20) 『典故大方』 권4, 「서원・사우」.

데, 함양박씨의 분재기는 전답과 노비가 한 분재기에 같이 작성되어 있다.

화회문기는 재주인 부모가 사망한 후 일반적으로 삼년상을 마치고 자녀를 비롯한 상속인이 모두 모여 재산을 나누면서 작성하는 분재기이다. 허여문기는 재주가 생존해 있으면서 자녀를 비롯한 상속인들에게 재산을 나누어줄 때에 작성하며, 깃급문기(衿給文記)라고도 한다. 화회문기와 허여문기는 동일한 내용의 문서가 상속인의 수만큼 작성되며 재주 및 분재에 참여한 상속인, 그리고 문서를 작성한 사람, 증인 등의 서명이 있다.

별급문기는 재주가 특별한 사유가 있을 때, 자손이나 가까운 친척에게 재산의 일부를 특별히 주면서 작성하는 문서이다. 서에는 재산을 특별히 주는 이유가 기록되고 피상속인, 상속인 외에 증인과 문서 작성자의 서명이 필요하다. 별급문기는 재산의 일부만을 보여주는 것이어서 재주의 재산 규모를 파악하는데는 크게 도움이 되지 못하므로 허여문기, 화회문기에 비하면 자료적 가치는 낮다.

일반적으로 분재기에 분재의 대상으로 기재되는 재산은 농지와 노비가 대부분이다. 때로는 여기에 가옥과 대지(垈地)가 추가 기재되어 있는 경우도 있다. 박성건 처 난포박씨의 분재기에는 노비와 농지가 같이 분재되고 있다. 농지는 모두 논이었으며, 같은 지역에 있는 논을 상속인들이 나누어 상속하는 경우 면적을 마지기로 표시하였으나, 한 지역에 있는 논을 한 사람이 상속받는 경우에는 그 논이 위치하는 장소나 경작하는 사람의 이름만 기록되어 있을 뿐 면적은 표시되어 있지 않다.

이 분재기에는 승중조(承重條)로 노비 3명과 논 약간을 따로 장자에게 분급하고 이어서 장자를 포함한 6남매에게 노비와 전답을 비교적 고르게 나누어주고 있다. 이들 각 자녀들에게 분재된 재산을 노비와 논으로 나누어 고찰해 보기로 하자.

먼저 노비를 살펴보면 <표 3>에 보이는 바와 같이, 자료의 훼손이 심하여 정확히 계산할 수는 없지만 확인된 수만으로도 192명 이상의 노비가 분재되고 있어서 지방 양반으로는 꽤 많은 수의 노비를 소유하고 있었던 셈이다. 문서의 훼손된 부분에도 상당한 수의 노비가 기재되어 있는데, 이들까지 감안한다면 대략 200명 이상의 노비를 소유하고 있었던 셈이다.

이들 노비 가운데 3명을 따로 승중조로 하여 장자에게 주고 나머지 노비를 6명의 자녀에게 비교적 고르게 나누어주고 있다. 문서의 결락이 심하여 정확히는 알 수 없으나, 현재 상태에서 확인할 수 있는 각 자녀에게 분재된 노비의 수는 장자가 37명으로 가장 많고 딸에게는 가장 적은 27명이 분재되고 있어 차이가 있다. 그러한 중에도 대체로 30명 내외의 노비가 비교적 고르게 분재되고 있어 이 당시의 관행이었던 평균 분재의 원칙이 비교적 잘 지켜지고 있었다 할 것이다.

<표 3> 자녀별 노비의 분재 내용(승중조 3명 별도)

노비\자녀	장자 권	2자 율	3자 조	4자 계	5 딸	6자 정	계
노	16	16	13	17	12	12	86
비	15	11	13	6	7	11	63
미상	6	6	7	6	8	7	40
계	37	33	33	29	27	30	189

노비의 기재는 각각의 노비에는 이름, 나이, 부모 등의 출생관계와 나이 및 생년 이 간지(干支)로 기록되어 있다. 매득노비에는 매득한 사실이 추가로 기재되어 있다. 부모는 어머니의 이름이 기록된 경우가 많으며, 아버지의 이름이 기록된 경우에는 그 어머니가

양녀인 경우 예외없이 병산(幷産)이 첨가되어 '노○양처○○병산(奴○○良妻○○幷産)'과 같은 형식으로 기재되어 있다. 조선 전기의 노비의 신분과 소유권이 종모법(從母法)과 일천즉천(一賤則賤)의 원칙에 의하여 결정되었기 때문이었다.

분재기에서 노비는 거주지에 따라 재주와 같은 군현에 살고 있는 재지노비와 다른 군현에 살고 있는 외방노비로 나누어 기재되는 것이 상례인데,21) 이 분재기에는 이러한 구분이 없이 거주지의 기재가 생략되어 있다. 모든 노비가 재지노비였기 때문이었을 것이다. 이들은 영암 그 중에서도 구림과 그 주변 지역에 거주하고 있었던 것으로 생각된다. 재지양반층은 외방노비를 많이 소유하고 있지 못한 것이 이 시기의 일반적인 현상이었음을 여기서도 확인할 수 있다.

이 분재기에는 매득노비 및 그 자녀들이 모두 8명 기재되어 있다. 다음은 분재기에서 매득노비와 그 소생을 발췌한 것이다.

① 崔潭處買得 奴禾三 年陸拾
　奴禾三貳所生婢紫桃年參拾捌壬辰
　奴禾三參所生婢銀今年參拾(缺落)
② 崔潭處買得 奴禾仇知良妻每邑德幷産 壹所生 婢(缺落)
　同奴良妻每邑德幷産貳所生奴訥同年參拾貳戊戌
　參所生婢禾今年參拾庚子
　肆所生奴禾干年貳拾柒
③ 崔潭處買得婢德只所生婢德今 年二 戊子生

이들은 모두 1467년(세조 13) 3월 15일 재주 학생(學生) 최담(崔潭)으로부터 박성건이 매득한 노비와 그 소생들로,22) ①은 노 화삼과

---

21) 이영훈, 「고문서를 통해본 조선전기 노비의 경제적 성격」, 『한국사학』9 참조.
22) "成化三年丁亥三月十五日 財主學生崔 着名署證筆具成置 前茂長訓導朴成乾 處明文內 母邊婢卜德矣第三所生奴禾三年卄三(缺)丑生 同婢矣第四所生奴禾仇知年十六壬申等乙放賣是如施行 成火三年四月初五日康津縣

그의 두 딸 ②는 노 화구지의 자녀들, 그리고 ③은 비 덕지의 소생으로 이들이 분재기 상에서 매득노비의 자녀로 기록되고 있는 것이다.

이와 같이 이 분재기에는 매입한 노비와 그 자녀들이 기재되어 있다. 이 가문에서 노비의 매득은 1467년에 박성건이 최담으로부터 매득한 것이 유일하여 재산 증식에 그리 큰 역할을 한 것으로 보이지는 않는다. 이와 같이 매득노비를 구분하여 표기한 것도 노비 소유권의 귀속을 명확하게 하기 위한 것이다.

난포박씨 분재기에 기재되어 있는 노비 가운데 매득노비를 제외한 노비는 모두 박성건이 부모나 처가 또는 가까운 친척으로부터 분재받은 노비와 그 자손이었다. 이들 노비는 누구에게서 분재받았는가에 따라 부변전래(父邊傳來), 모변전래(母邊傳來), 가옹부변전래(家翁父邊傳來), 가옹모변전래(家翁母邊傳來), 가옹변전래(家翁邊傳來), 가옹삼촌숙모박씨처전득(家翁三寸叔母朴氏妻傳), 삼촌숙모박씨처전득(三寸叔母朴氏妻傳得), 동성삼촌숙모부처전득(同姓三寸叔母夫妻傳得) 등으로 기재되어 있다. 이들을 분재유형별로 예시하면 다음과 같다.

① 父邊傳來 奴(缺落)仇知良妻公非幷産㭍所生婢(缺落)
② 母邊傳來 婢德今貳所生奴銀同年拾玖辛亥
③ 家翁父邊傳來 婢四節壹所生奴粉山良妻鶴非幷産參所生婢大德年貳拾捌(缺落)
④ 家翁母邊傳來 奴承(缺落)
⑤ 家翁邊傳來 奴孟山年陸(缺落)
⑥ 三寸叔母朴氏處 傳得婢孝養壹所生奴自蔡年貳拾壹己酉
⑦ 家翁三寸叔母朴氏處傳得奴召只壹所生婢閑非年參拾捌壬辰
⑧ 同姓三寸叔母夫全道 處傳得婢花非矣第四所生奴鄭仇知年五乙酉)
⑨ (缺落)傳來奴 指南年肆拾肆丙戌

斜出文記是齊"

①의 부변전래노비는 재주인 박성건 처의 아버지쪽에서 전래된 노비였으며, ②의 모변전래노비는 재주의 어머니 쪽에서 전래된 노비였다. 또 ③과 ④는 박성건이 그의 아버지와 어머니로부터 분재받은 것이었으며, ⑤ 역시 박성건이 상속받은 재산을 의미한다. ⑥ ⑦, ⑧은 박성건이 아버지의 자매나 어머니의 자매로부터 상속받은 재산을 의미한다. ⑨의 경우는 앞부분이 결락되어 누구로부터 전래되었는지 잘 알 수 없는 경우이다.

 누구로부터 전래 또는 전득되었다는 소종래(所從來)의 표기는 그 노비가 처음 기재될 때만 적용되었으며, 두 번째부터는 생략되었다. 예컨대 ⑤의 가옹변전래(家翁邊傳來) 노맹산의 경우 차자(次子) 계(桂)의 깃(衿)에 기재된 그의 딸은 '노맹산오소생비송금년이십이(奴孟山伍所生婢宋今年貳拾貳)'로만 기재되어 맹산이 가옹전래노인 사실이 생략되어 있다. 그러나 처음 기재되는 경우에는 누구로부터 전래되었는지를 반드시 밝히고 있다.

 위에 제시된 노비들이 구체적으로 언제 누구로부터 박성건에게 전래되었는지를 살펴보면 먼저 ②의 모변전래(母邊傳來) 비(婢) 덕금(德今, 奴 銀同의 어머니)은 1469년(예종 1)에 박성건의 처부가 그의 큰 딸인 박성건의 처에게 별급해 준 것으로 박성건의 처부의 처부로부터 전래된 것이었다.23) 바꿔 말하면 박성건 처의 외가로부터 전득된 것으로 어머니 쪽으로 전래된 것이었다. 또 ⑤의 가옹변전래노 노(奴) 맹산(孟山)은 1457년(세조 3)에 박언의 처 박씨 즉 박성건의 어머니가 낙안교도였던 박성건에게 허여한 노비 중의 하나였다.24) ⑥의 삼촌숙모박씨와 ⑦의 가옹삼촌숙모박씨는 동일인으로

---

23) "成化五年八月十一日 財主父前別侍衛朴着名署證筆具成置 長女子(衿) 茂長訓導朴成乾妻亦中文記內 孝道論功 妻父邊奴鄭金良妻欣非幷產奴 欣金年 三丁亥 崔潭處買得婢德只所生婢德今年二戊子生等 旣別給是如 施行 成化己丑八月"

보인다. 그것은 ⑥의 삼촌숙모박씨처(三寸叔母朴氏妻) 전득(傳得) 비(婢) 효양(孝養)과 ⑦의 가옹삼촌숙모박씨처(家翁三寸叔母朴氏妻) 전득노(傳得奴) 소지(召只)가 모두 1469년에 삼촌숙모(三寸叔母) 박씨가 재주로서 무장훈도 박성건에게 허여한 노비 중의 일부였기 때문이다.25) ⑨는 앞 부분이 결락되어 누구로부터 전래되었는지 명확하지 않으나, 이들도 누군가로부터 전래되었음은 분명하다.

지금까지 살펴본 바와 같이 박성건이 소유하고 있던 노비는 부모나 처가 또는 아버지와 어머니의 형제 등 가까운 친족으로부터 상속받은 노비와 매득한 노비 그리고 이들 노비의 소생으로 이루어져 있었다. 박성건이 소유한 노비 가운데 다수를 차지하는 것은 상속받은 노비와 노비의 자손으로 신분세습에 따라 노비가 된 자들이었다. 처음에는 상속받은 노비가 상대적으로 많았다면 시간이 지날수록 신분세습노비가 많아졌을 것으로 보인다.

박성건이 소유한 노비 중에서 상속받은 노비 가운데는 처가나 어머니의 친정 쪽에서 전래된 것이 많았다. 이는 박성건의 아버지를 비롯한 함양박씨들이 상대적으로 경제력이 우월한 집안과 통혼하였음을 말해 준다. 박성건 가문이 상대적으로 경제력이 우세한 집안과 통혼할 수 있었던 것은 문과 합격과 출사가 큰 영향을 끼쳤

---

24) "天順元年丁丑十二月初五日 財主母前萬戶朴彦妻朴氏 圖署證筆具成置 子樂安敎導朴成乾亦中 許(與)內 母邊婢佐伊三所生奴今音三年卄一丁巳 奴今音勿良妻小斤幷産四所生奴孟山年十三乙丑是如施行他奴婢幷付白文是齊"

25) "成化五年己丑三月初四日 財主異姓三寸叔母 故多慶浦萬戶李繼德妻朴氏 圖署證筆具成置 前茂長訓導朴成乾處成文內 孝道論功 同姓三寸叔母夫全道處傳得 婢花非矣第四所生奴鄭仇知年五乙酉 右全道妻萬金(處)傳得 婢孝道矣第三所生婢夫斤珠年七癸未等乙加給 婢梅花孝道孝養奴召只等段 墳廟都修僧齋室定体爲計爲旀 他處傳持爲計爲等如兩以難斷改詳量決定次以(節)?區處不冬爲去乎 乃終區處隅無去等 自亦並只後所生幷以執持使用亦施行 成火五年己丑四月日康津縣斜出文記是齊"

을 것이다. 앞에서도 언급한 바와 같이 박성건의 아버지는 만호를 지냈으며, 박성건은 문과에 합격한 후 장수현감을 지냈다.

박성건이 소유한 노비 중에는 노와 양녀 사이에서 출생한 노비가 다수 있었다. 이들은 앞에서 언급한 바와 같이 일반적으로 병산이라고 기재되어 있다. 이들은 전체 노비 192명 가운데 68명에 이르고 있어 약 35%를 점하고 있다. 그런데 이 분재기에는 노소생으로 어머니가 기재되어 있지 않은 자들이 29명이 있다. 예컨대 '노귀산육소생비원비년십육갑인(奴貴山陸所生婢元非年拾陸甲寅)'과 같이 기재되어 있는 자들이다. 이들에게는 어머니가 기재되어 있지 않기 때문에 병산이라는 표기도 되어 있지 않다. 이들은 아버지는 분명하지만 어머니의 신분이 명확하지 않았기 때문에 어머니를 기재하지 않았으며, 따라서 '양처○○병산(良妻○○幷產)'이란 표기 없이 '노○○소생(奴○○所生)'이라고만 표기한 것으로 생각된다. 따라서 이들까지 포함하면 아버지의 신분을 따라 노비가 된 자는 97명으로 노비 전체의 절반을 상회한다. 이와 같은 현상은 노비 소유주들이 노비를 효과적으로 증식하기 위하여 노와 양녀와의 결혼을 강요하였기 때문이었을 것이다. 이렇게 본다면 비 소생들의 대부분도 양인 남자와 결혼하도록 강요당했을 가능성이 아주 높다.

앞에서 살펴본 바와 같이 박성건이 소유한 노비의 수가 늘어난 가장 큰 요인이 노비의 소생, 즉 출산에 의한 것이었는데, 그 중에서도 노비와 양인 사이의 소생이 절대적으로 많았을 것으로 보인다. 이들 노비들은 그 대부분이 박성건의 농지에서 농사일에 종사하였던 것으로 생각된다.

다음에 분재기에서 노비와 함께 중요한 재산이었던 농지에 대해 살펴보자. 농지는 논 중심으로 소유하고 있었다. 밭은 분재기 상에는 전혀 나타나지 않는다. 아마 박성건이 거주하고 있던 구림지역이 영산강 지류인 구림천변에 위치하고 있어서 논이 많았던 것이 가장 큰 이유이겠으나, 양반들이 생산성이 높은 논을 선호했던 것도 그 이유 중의 하나가 아니었을까 생각된다. 분재기에는 모두 16곳의 논이 6남매에게 분재되고 있는데, 그 면적은 정확히 알 수가 없다. 다음 <표 4>은 이 분재기에 기재된 6남매에게 분재된 농지를 발췌한 것이다.

<표 4> 농지 분재상황

자녀	농지
1자 권	小星(缺落) (缺落)下邊捌斗落只 (承重條 小星上邊 欣同畓)
2자 율	姜春畓全數 卞德畓(缺落)(缺落)玖斗落只
3자 조	(缺落)畓全數 坪里畓全數 郡內虫介畓中玖斗落只 蘘本畓拾斗落只
4자 계	郡(缺落)敎畓拾斗落只 高岳山下邊畓柒斗落只
5 딸	石隅畓全數 得中畓全數 李化上畓全數 加亭子畓全數 郡內高岳山畓玖斗落只 長敖畓玖斗落只
6자 정	郡內高岳山中央畓陸斗落只 甘金畓伍斗落只 龍頭畓全數 都倉畓全數

<표 4>에 보이는 바와 같이 난포박씨 분재기에 기재된 농지는 ① 지명(장소)+답, ② 인명+답의 두가지 방식으로 기재되고 있다. 예컨대 군내고악산답 전수(郡內高岳山畓 全數), 평리답 전수(坪里畓 全數), 석우답 전수(石隅畓 全數), 가정자답 전수(加亭子畓 全數), 용두답 전수(龍頭畓 全數), 도창답 전수(都倉畓 全數) 등은 지명(장소)+답의 예이며, 변덕답(卞德畓), 흔동답(欣同畓), 강춘답 전수(姜春畓 全數), 군내충개답 중구두락지(郡內虫介畓中玖斗落只), 득중답 전수(得中畓 全數), 이화상답 전수(李化上畓 全數), 석우답 전수, 장오답 구두락지(長敖畓 玖斗落只), 감금답 오두락지(甘金畓 伍斗落只) 등은 인명+답의 예 이다. 소성답(小星畓), 독본답 십두락지(蘘本畓 拾斗落只) 등은 어느 쪽인지 분간하기 어렵다.

난포박씨가 자녀들에게 분재해 준 농지는 전부 논이었다. 면적은

마지기를 단위로 하고 있으나, 한 곳의 농지를 한 사람에게 통째로 주는 경우 전수(全數)로 표기한 것이 많아 총 소유 면적은 정확히 알 수가 없다. 그러나 마지기로 기재된 농지만도 82마지기에 달하고 있어 그의 소유 농지가 대단히 많았음을 알 수 있다. 마지기(斗落只)는 대체로 한 지역에 있는 농지를 몇 사람에게 나누어주는 경우에 표시되어 있다. 전수로 표기된 농지는 모두 12곳에 이르고 있다. 마지기로 표시된 농지의 경우 한 곳의 면적이 인명+답으로 표시된 것은 가장 작은 것이 5마지기, 넓은 것이 10마지기에 이르고 있는데, 대체로 9마지기 정도의 크기였다. 또 장소+답으로 표시된 것은 가장 작은 것이 10마지기, 넓은 것이 21마지기에 이르고 있다. 이러한 점을 감안하여 전수로 표시된 농지의 한 곳의 대략적인 면적을 10마지기 정도로만 계산하여도 박성건이 소유하고 있던 전체 농지의 규모는 적어도 200마지기를 밑돌지는 않았을 것이다.

 이들 농지도 노비와 마찬가지로 6남매에게 고르게 분재되었을 것이다. 장자에게는 본인의 분재 몫과는 별도로 승중조의 재산을 설정하여 주고 있다.

 농지가 위치한 지명(장소)을 확인하여 박성건이 소유하고 있던 농지의 분포상황을 살펴보면 박성건의 소유지는 영암 구림지역에 집중적으로 분포되어 있다. 지명은 마을이나 들이나 산 이름 등으로 기재되어 있는 경우가 많아 그 정확한 위치를 확인하기가 상당히 힘들지만 현지 조사와 조선후기에 간행된 『구총수』와 읍지류 등의 고문헌 자료를 통하여 어느 정도는 확인이 가능하다.

 농지의 분포가 영암 구림에 집중되어 있었던 것과 외방노비가 존재하지 않았던 것을 관련하여 생각해 보면 이들 농지의 경작 노동력의 일부가 바로 이들 노비였을 것으로 보인다. 박성건은 이들 농지를 일부는 노비 노동력을 이용하여 직영하고, 일부는 작인에게 병작시켰을 것이다. 그가 소유한 많은 노비들이 직영지 경영에 투입되었을 것이며, 노비 가운데 일부와 일반 양인 농민들이 병작 농민으로 그의 논을 경작하였을 것이다. 그의 분재기에 나타난 농지 가운데 지명(장소)+답의 형식으로 기재된 농지는 아마도 직영지였을 가능성이 크며, 인명+답의 형식으로 기재된 농지는 병작지였을 가능성이 크다. 인명+답의 형식으로 기재된 농지를 병작지로 보는 것은 여기에 기재되어 있는 인명이 그 농지의 작인으로 보이기 때문이다.26) 이렇게 본다면 박성건의 전체 농지 중에서 대략 절반 정도는 직영지이고, 나머지 절반 정도는 병작지였다고 생각된다. 이 직영지의 경작에 필요한 노동력은 그가 소유한 다수의 노비들이었을 것이다.

박성건과 같은 16세기 재지 양반층은 이렇게 하여 확립된 재지적 기반 위에서 농촌사회의 안정을 위한 방안을 강구하였을 것이다. 구림동계는 이러한 과정에서 그 방안의 하나로 설립되었던 것이다.

Ⅳ. 박성건가의 재산 형성 과정

박성건 처 난포박씨가 자녀들에게 분재해 준 재산이 어떻게 형성되었는가를 밝힐 자료는 앞에서 언급한 바와 같이 입안에 그 내용이 소개되어 있는 것 외에는 없다. 입안에 소개된 내용을 통하여 살펴보면 박성건 부처의 재산형성 요인으로는 상속이 가장 절대적인 비중을 차지하고 있었다. 박성건이 상속받은 재산이 얼마나 되는지는 정확히 알 수 없지만, 그는 아버지 박언과 어머니 영암박씨 그리고 동성삼촌숙모와 이성삼촌숙모로부터 많은 재산을 상속받았다.

---

26) 이영훈, 앞의 논문 참조.

상속받은 재산 외에 물론 박성건 자신이 사들인 재산도 있었다. 이 가운데 박성건 자신이 당대에 사 모은 재산은 몇 명의 노비 외에는 분재기 상에서는 확인할 길이 없으나, 상속받은 재산에 대해서는 이 분재기의 입안의 앞부분에 실려 있는 7건의 문서의 내용을 검토하면 어느 정도 확인이 가능하다. 이들 문서의 목록과 재주 및 피상속인, 그리고 분재 내용을 적기하면 다음의 <표 5>와 같다.

<표 5> 입안 문서의 내용

번호	연대	구분	재 주	상속인	분재재산	비 고
1	1415	허여	朴彦妻父	朴彦妻	노비 등	영암관 斜出
2	1457	허여	朴彦妻朴氏	朴成乾	노비 등	白文
3	1429	허여	朴彦	朴成乾	노비 등	長興都會 考準
4	1467	매매	崔潭	朴成乾	노비 등	영암관 斜出
5	1468	상송	元 朴成乾	隻同生兄朴義	노비 등	나주관 立案
6	1469	별급	숙모박씨	박성건	노비 등	강진관 斜出
7	1469	별급	박성건처부	박성건처	노비 등	후반부 缺落

위 <표 5>에 나타난 바와 같이 박성건 처 난포박씨 분재기의 입안을 발급받는 과정에서 관에 제출된 문서는 영암과 강진 그리고 나주관에서 발급한 문서였다. 이것은 이들 문서에 기재되어 있는 노비를 비롯한 재산이 이들 지역에 소재하고 있었음을 알려주는 것이다. 후반부가 훼손되어 사출 또는 입안 여부를 알 수 없는 7번 문서의 경우도 영암관 사출문서(斜出文書)였을 것으로 보인다. 박성건의 친가와 처가에서 작성한 문서이기 때문이다. 3번 문서를 장흥도회에서 고준(考準)한 것은 이 당시 장흥이 강진을 관할하는 계수관이었기 때문이다. 계수관은 인재의 천거, 군기의 제조, 군장의 점검, 도량형의 점검, 습업 생도의 천거, 군사의 조련, 노비 소송, 호구의 성급 등의 기능을 수행하였다(이존희, 1990). 이렇게 본다면 박성건

의 재산은 거주지인 영암과 그 이웃인 강진과 나주에 주로 분포되었을 것으로 보인다.

 이들 문서의 내용을 좀더 자세히 살펴보기로 하자. 1번 문서는 1415년(태종 15)에 재주인 전 호장정조 박모가 장녀 등에게 비(婢) 좌이(佐伊) 등을 허여한 것을 지영암군사(知靈岩郡事)가 확인해 준 문서이다.27) 이 문서에 나오는 재주는 박언의 장인이었고, 상속인은 박언의 처, 즉 박성건의 어머니였다. 위 글의 장녀자가 바로 그녀이다. 그것은 2번 문서에 기재된 바와 같이 비 좌이의 삼소생 노 금음삼(今音三)을 박언의 처 박씨가 모변전래비(母邊傳來婢)로 박성건에게 허여하고 있는 것에서 확인된다. 박언의 처가 친정에서 분재받은 재산을 모변전래재산으로 다시 아들에게 나누어주고 있는 것이다. 호장정조는 재지향리 가운데 최상층에 해당하여 이 시기에는 이족과 사족이 통혼을 통하여 연결되고 있음을 확인할 수 있다. 이 때 얼마나 많은 노비와 전답이 분재되었는지는 모르지만 함양박씨가 영암으로 들어오게 된 동기가 될 정도로 많은 재산이었을 것이다.

 2번 문서는 1457년(세조 3)에 재주 전만호 박언의 처 박씨가 자신이 친정에서 분재받은 비 좌이의 삼소생 노 금음삼과 노 금음물(今音勿)의 양처소생 노 맹산(孟山) 등을 당시 낙안 교도로 있던 박성건에게 허여하면서 작성한 허여문기이다28).

 3번 문서는 1429년(세종 11)에 전만호인 재주박씨가 아들 맹동(孟冬)에게 부변(父邊)으로 전래된 비 사절 등을 허여한 문서로 장흥도

---

27) "永樂十三年乙未六月十日財主(□)平前戶長正朝朴着名證筆具成置(子)息等亦中奴婢許與內 長女子衿 奴吾丁(결락)流頭幷產長所生婢佐伊年十四壬午是如 施行他衿他奴婢幷付永樂十三年乙未七月十八日 知靈岩郡事斜出文記是齊"

28) "天順元年丁丑十二月初五日財主母前萬戶朴彦妻朴氏圖署證筆具成置子樂安敎導朴成乾亦中許與內母邊佐伊三所生奴今音三年卄一丁巳奴今音勿良妻小斤幷產四所生奴孟山年十三乙丑是如施行他奴婢幷付白文是齊"

회에서 이를 증명재준 문서이다.29) 여기서 재주인 전만호 박씨는 박성건의 아버지 박언이었으며, 맹동은 박성건의 兒名이었을 것으로 보인다. 그것은 우선 이 때 재주의 관직이 전만호로 박언과 같으며, 맹동에게 분재된 비 사절이 박성건의 모 박씨의 분재 시에는 가옹변전래비 즉, 박성건의 아버지 쪽에서 전래되어 온 비로 기록되어 있고, 그 소생들이 박성건의 아들과 딸에게 다시 분재되고 있기 때문이다.30) 박성건이 그의 아버지로부터 분재 받았기 때문에 가옹변전래(家翁邊傳來)라고 기록하였던 것이다. 4번 문서는 1467년(세조 13)에 박성건이 강진에 살고 있는 학생 최모로부터 노 화삼(禾三)과 노 화구지(禾仇知) 등을 매득하면서 작성한 매매명문의 내용을 강진현에서 증명해준 것이다.31) 이 당시 박성건은 무장훈도(茂長訓導)로 있었다. 이 때부터 본격적으로 노비를 비롯한 재산을 매입을 통하여 증식하고 있었던 것으로 보인다.

5번 문서는 1468년(세조 14)에 박성건이 노비의 소유를 둘러싸고 벌어진 동생형 박의(朴義) 등과의 소송에서 승소하면서 나주관에서 발급받은 결송입안(決訟立案)이다.32) 이 때 취득한 노비는 노 눌금(訥金)이었다. 이때 박성건과 상송한 동생형 박의는 『함양박씨세보』

---

29) "宣德四年己酉七月初二日財主父前萬戶朴着名署證筆具成置子息等亦中奴婢許與內子孟冬衿父邊奴粱金後妻良女召史幷產婢四節年二戊申是如施行他衿他奴婢幷付長興都會考准白文是齊"
30) 박성건 처 박씨 분재기에서 婢 四節과 그 소생들의 기재와 분재상항은 다음과 같다.

```
婢 四節(家翁邊傳來) ┬ 奴 粉山(良妻 鶴非) ┬ (未詳) 36 女壻에게 분재
                │                   ├ 奴 銀石 33 女壻에게 분재
                │                   └ 婢 大德 29 栗에게 분재
                └ 奴 開同(良妻 父未里) ┬ 奴 未致 30 栗에게 분재
                                    └ 奴 挾勿 27 栗에게 분재
```

31) 주 38)과 같음.
32) "成化四年二月卄日朴成乾亦 隻同生兄朴義等果 羅州官相訟得決立案內 奴訥金年二十四是如 施行立案是齊"

에는 등재되어 있지 않다.33) 나주관에서 소송을 담당한 것으로 보아 아버지의 재산 가운데 소유가 불명확한 노비를 두고 형과의 사이에 분쟁이 있었던 것으로 보인다. 이 당시에는 형제 사이에 노비분쟁이 자주 일어나고 있었다.

6번 문서는 1469년(예종 1)에 이성삼촌숙모인 다경포만호(多慶浦萬戶) 이계덕(李繼德)의 처 박씨가 박성건에게 노 정구지(鄭仇知)와 비 부근주(夫斤珠) 등을 별급하면서 작성한 명문의 내용을 강진현에서 증명하면서 작성해 준 것이다.34) 이를 통하여 박성건은 부계 친척으로부터 뿐만이 아니라 모계의 친척으로부터도 재산을 상속받고 있었음을 확인할 수 있다.

7번 문서는 1469년(예종 1)에 처부(妻父)인 전(前) 별시위(別侍衛) 난포박씨가 장녀인 박성건의 처에게 처부변(妻父邊) 노 흔금(欣金)과 매득비 덕지(德只)의 소생 비 덕금(德今) 등 2명을 별급하면서 작성해준 문서이다.35) 이 문서는 처변 재산을 언급한 것으로 노비 2명만이 별급되고 있고 그 이상은 나타나지 않는다. 그러나 처변 재산

---

33) 최근에 발간된 족보에는 박성건의 형으로 朴成霖이 등재되어 있으나, 이전에 발간된 족보에는 기재되어 있지 않았다. 만약 박성림이 박의라고 한다면 그 사이 수차례 발간된 족보에는 아무런 기록이 없다가 1984년에 발간된 갑자보에서 갑자기 추가된 이유가 잘 납득이 되지 않는다.
34) "成化五年己丑三月初四日 財主異姓三寸叔母 故多慶浦萬戶李繼德妻朴氏 圖署證筆具成置 前茂長訓導朴成乾處成文內 孝道論功 同姓三寸叔母 夫全道處傳得 婢花非矣第四所生奴鄭仇知年五乙酉 右全道妻萬金(處)傳得 婢孝道矣第三所生婢夫斤珠年七癸未等乙加給 婢梅花孝道孝養奴召只等段 墳廟看修僧齋室定体爲計爲旀 他處傳持爲計爲等如 兩以難斷改詳量決定次以 節區處不冬爲去乎 乃終區處隅無去等 自亦並只後所生幷以 執持使用亦施行 成火五年己丑四月日康津縣斜出文記是齊"
35) "成化五年八月十一日財主父前別侍衛朴 着名署證筆具成置 長女子(前)茂長訓導朴成乾妻亦中文記內 孝道論功 妻父邊奴鄭金良妻欣非幷産 奴欣金年三丁亥 崔潭處買得婢德只所生婢德今年二戊子生等 旣別給是如 施行 成化己丑八月(以下 缺落)"

은 이밖에도 많이 있었을 것으로 보인다. 그것은 이 문서가 별급해준 재산만을 언급하고 있어, 이밖에 분재받은 재산은 따로 언급되고 있었을 것이기 때문이다. 아마도 처부나 처모로부터 처변으로 분재된 재산은 별도의 문서로 작성되어 있었을 터인데, 본 분재기 상에서는 7번 다음의 후반부에 기록되어 있을 관련 내용이 잘려나가 이를 확인할 수 없을 뿐인 것으로 생각된다. 이렇게 단언할 수 있는 것은 앞에 살펴 본 바와 같이 본 분재기 상의 분재 내용 중에 가옹부변전래와 가옹모변전래 재산과는 구별하여 부변전래와 모변전래로 표기된 재산이 따로 있기 때문이다.36) 가옹부변전래나 가옹모변전래 재산은 박성건의 아버지와 어머니쪽에서 박성건에게 전래된 재산을 말하며, 가옹의 표기 없이 부변전래와 모변전래로 표기된 재산은 이 분재기를 작성한 본인, 즉 박성건 처 난포박씨의 아버지와 어머지쪽에서 박성건 처에게 전래된 재산을 가리킨 것이 틀림없기 때문이다.

이상에서 살편 7건의 문서 외에 더 많은 문서가 제시되었을 것으로 보이나, 문서의 말미가 잘려나가 더 이상의 내용은 고찰할 길이 없다. 지금까지 살펴본 바와 같이 박성건의 재산은 매득을 통한 증식도 있었지만 대부분이 상속받은 것이었다.

이 가문에서 노비의 매득은 1467년에 박성건이 최담으로부터 매득한 것이 유일하여 재산 증식에 그리 큰 역할을 한 것으로 보이지는 않는다. 이와 같이 매득노비를 구분하여 표기한 것도 노비 소유권의 귀속을 명확하게 하기 위한 것이다.

---

36) 가옹부변전래와 가옹모전전래로 기재된 재산과 부변전래와 모변전래로 기재된 재산을 예시하면 다음과 같다.
父邊傳來 奴(缺落)仇知良妻公非幷產柒所生婢(缺落)
母邊傳來 婢德今貳所生奴銀同年拾玖辛亥
家翁父邊傳來 婢四節壹所生奴粉山良妻鶴非幷產參所生婢大德年貳拾捌(缺落)
家翁母邊傳來 奴承(缺落)

이렇게 본다면 박성건 처 분재기를 통해서 볼 때 박성건의 재산 형성과정에서는 본가에서의 분재도 있었지만 외가와 처가에서의 분재가 중요한 형성 요인이었으며, 매득은 그리 큰 요인이 못 되었다 할 것이다.

V. 맺음말

함양박씨 오한공파 집안에 전해 오는 분재기는 박성건의 처 난포박씨가 6자녀에게 재산을 나누어주면서 작성한 것으로, 함양박씨가 영암 구림에 정착하게된 경제적 배경과 아울러 구림동계를 조직한 배경까지도 살펴볼 수 있는 중요한 자료이다.

함양박씨 오한공파가 전라도에 거주하게 된 것은 만호였던 박언이 금성에 이거 하면서부터였으며, 박성건 대에 다시 영암 구림리로 이거하였다. 영암으로 이거 한 이후 함양박씨는 강진과 영암의 토호세력과 통혼하면서 가문의 지위를 굳혔고 이들 가문과 함께 구림동계를 조직하여 향촌의 주도권을 장악하였다.

함양박씨는 박성건이 문과에 급제한 후 아들 권이 문과에 합격한 것을 비롯하여 4대 내에 문과에 2명, 생원·진사시에 4명을 합격시킴으로써 가문의 지위를 확고히 다졌다. 또 임진왜란 때에는 많은 자손들이 의병에 가담하여 가문의 지위를 높였으며, 죽정서원을 건립하여 향촌사회의 주도권을 장악하여 갔다. 죽정서원에는 박성건과 권, 규정 등 함양박씨 3인을 배향함으로써 함양박씨가 영암에서 일류의 양반으로서의 지위를 인정받았다. 그리고 이를 바탕으로 더욱 향촌사회 지배권을 확실히 장악할 수 있었다. 이것이 바로 영암의 함양박씨가 오랜 기간 동안 영암 지방에서 대표적인 재지양반으로서의 지위를 굳건하게 유지할 수 있었던 배경이었다.

1509년에 작성된 박성건 처 난포박씨 분재기에는 200명 내외의 노비와 200마지기 이상의 전답이 기재되어 있다. 이들 재산 가운데 대부분은 상속받은 것이었으며, 상속은 친가보다는 처가나 어머니의 친정 쪽에서 더 많이 받았다. 이는 박성건이 상대적으로 경제력이 우월한 집안과 통혼하였음을 말해 주는 것이다. 박성건이 상대적으로 경제력이 우세한 집안과 통혼할 수 있었던 것은 문과 합격과 출사가 큰 영향을 끼쳤을 것이다.

박성건이 소유하고 있던 노비와 농지는 영암 구림 지역에 집중적으로 분포되어 있었는데, 이로 미루어 보면 농지의 경작 노동력의 일부가 바로 이들 노비였을 것으로 보인다. 박성건은 이들 농지를 일부는 노비 노동력을 이용하여 직영하고, 일부는 작인에게 병작시켰을 것이다.

박성건과 같은 16세기 재지 양반층은 이러한 재지적 기반 위에서 그들 중심으로 농촌사회를 안정시키기 위한 방안을 강구하였다. 구림동계는 그 방안의 하나로 설립되었다.

(전형택)

제5장
대동계의 형성과 변화
- 연구사적 검토 -

　전남 영암의 구림대동계는 500년 가까이 지속되어 온 역사적 유구성으로 인해 널리 알려져 있으며, 이로 인하여 그 동안의 연구성과도 적지 않게 축적되어 있는 편이다(최재율, 1973·1991 ; 이종엽, 1984 ; 김인걸, 1984·1991 ; 이해준, 1988 ; 김경옥, 1991). 그 결과 구림대동계의 전반적인 윤곽은 어느 정도 드러났다고 볼 수 있다.[1] 그런데 구림대동계에 대한 논의의 대부분은 "오래된 향촌 규약이며, 향촌사회를 이해하는데에 크게 도움된다"는 원론적 입장을 뛰어넘지 못하고 있어서, 보다 심층적인 접근을 필요로 하고 있다. 이에 본 글에서는 구림대동계의 창립과 중수 과정에서 드러난 성격을 바탕으로, 이것이 조선의 정치·경제·사회적 제변화에 부응하여 어떠한 변질 양상을 나타내었는지 밝혀 보고자 한다.

　이를 위해 우선 구림대동계가 언제, 누구에 의해서, 그리고 왜 만들어졌는지 검토해 보고자 한다. 현재 구림대동계의 창립 시기에

---

1) 특히 영암지방의 동계에 대한 검토를 통해 '과도기로서의 조선후기사'의 일단을 추구한 이해준의 논문은 이 방면의 연구에 큰 진전을 도모하였다.

관해서는 몇 가지 견해가 있지만, 거의 명확한 근거가 없거나 애매하게 정리해 둔 경향이 많았다.[2] 이에 구림대동계가 언제 창립되었는지 정확하게 규명할 필요가 있을 것이다. 아울러 구림대동계의 창립 세력에 관해서도 보다 구체적으로 살펴보겠다. 이를 통해 구림대동계의 창립 배경과 그 성격의 일단이 드러날 것으로 기대되기 때문이다. 이어서 구림대동계의 성격이 시대적 변천에 따라 어떻게 변모하였으며, 그 추이는 어떠했는지 검토 해 보겠다.

Ⅰ. 창립과 중수

구림대동계가 언제 창립되었는지 정확한 연대를 알려주는 자료는 없다.[3] 구림대동계와 관련된 현존하는 최고(最古)의 문서는 임호(林浩)가 작성한 「구림동중수계안(鳩林洞中修契序)」이다.[4] 여기에는 구림대동계의 초창기 모습을 이해하는 데에 도움이 되는 내용이 많이 담겨 있다. 그러나 계의 창립연대에 관해서는 별만 기록이 없다.

---

[2] 최재율은 대동계의 창립연대를 명확히 밝혀야 한다고 했지만 별다른 논증없이 '1565년 창립설'을 내세웠으며(1991, pp.48~49), 이해준(1988, p.102)과 김인걸(1984, p.110)도 이에 따르고 있다. 그리고 이종엽은 명확한 시기를 규정하지 않고 다만 박사량의 「서호동계전말서기」의 기록에 의거하여 1565년부터 1580년 사이의 일이라 하였다(1984, p.9).
[3] 구림대동계에 관해 참고 할 만한 내용을 전하는 기록은 다음과 같다.
　・박사량의 「서호동계전말서기」, 1706년.
　・박순우의 「서호동약중수기」, 1745년.
　・『영암읍지』.
　・『시의 마을 구림』, 1953.
　・『영암군향토지』, 1972.
[4] 이 글은 「會社亭題詠」에 실려 있으며, 『善山林氏大同譜』(권1)에 수록되어 있다.

그렇다고 구림대동계의 창립시기를 전혀 알 수 없는 것은 아니다. 박사량(朴思諒)의 「서호동계전말서기(西湖洞稧顚末序記)」를 보면 그 창립연대를 추측할 수 있기 때문이다.

> 구림에는 상·하계가 있는데 아주 오래되었다. 대개 수옹(壽翁) 박규정(朴奎精)과 귀암(龜岩) 임호(林浩) 때로부터 비로소 창립되었다. 그(계가) 창립된 해는 비록 정확하게 알 수 없으나, 지금 귀암공이 지은 바 「수옹효행록(壽翁孝行錄)」·「수계서(修稧序)」 등의 책을 참조하여 살펴본 즉, 이 계가 만들어 진 것은 대략 가정(嘉靖) 을축(명종 20, 1565) 목사공(牧使公)의 (3년) 상(喪)을 마친 이후(부터) 그리고 만력(萬曆) 경진(선조 13, 1580) 수옹이 세상을 잃기 전(까지의) 15~16년 동안의 일이다.

이 기록을 남긴 박사량은 1644년생으로서, 1663년에 대동계의 계원이 되었다. 그는 대동계 추입(追入) 43년 뒤인 숭정(崇禎) 기원 후 79년(1706)에 구림대동계의 역사적 전말을 기록으로 남긴 것이다. 당시 62세의 고령의 나이에 인생을 관조하면서 그동안 자신이 몸담아 온 대동계의 역사를 뒤돌아 본 것으로 이해된다. 그런데 박사량은 150여 년 전에 있었던 대동계의 전말을 기록하고 있으면서도, 정확한 창립 연대를 기록하지 못하였다. 이는 당시 사정을 명확하게 전하는 기록이 없었던 탓으로 이해된다. 다만 그는 대동계의 창립을 목사공 임구령(林九齡)의 3년 상이 끝난 1565년부터 박규정이 타계한 1580년 사이의 일로서 추론해 두었다. 즉, 1565~1580년의 15년 동안의 어느 시점에 대동계가 만들어졌다는 것이다. 물론 이는 타당한 추론으로 보여진다. 왜냐하면 박규정이 대동계 '수계(修稧)'의 중심 인물이었기 때문에, 그가 죽기 전에 대동계가 창립되었을 것은 자명한 사실이기 때문이다. 아울러 박규정이 죽기 직전에 대동계를 창설하는 등 왕성한 활동을 했다고 보기에는 무리가 따르므로 1580년 이전의 어느 시점에 창립되었을 것으로 짐작된다.

그런데 구림대동계의 창립은 조선 중기 향약의 보급 시기와 밀접한 관련이 있다고 보아야 할 것 같다. 왜냐하면 조선시대의 계는 향약의 발달과 그 궤적을 함께 하고 있기 때문이다. 조선시대 향약의 전래 경위는, 중종 12년(1518)에 김인범(金仁範)이 여씨향약(呂氏鄕約)으로 인심을 바로잡고 풍교를 향상시킬 것을 상소한데 이어, 중종 13년(1519)에 경상도 관찰사 김안국(金安國)이 여씨향약의 시행을 상계하고 여씨향약을 언해·반포한 데에서 비롯한다. 이어 같은 해에 조광조(趙光祖)·김정(金淨) 등이 향약의 필요성을 여러 차례 강조하였고, 더욱 당시의 대사언 김정의 진언에 대하여 중종이 "여씨향약을 행한 즉 아름답게 될 것이라"고 답하면서,[5] 예조로 하여금 여씨향약을 시행할 것을 8도 감사에 명하였다. 그런데 조광조·김정 등의 상소로 국왕이 향약을 권장하고 몇 개월이 못되어 중종 14년(1520) 기묘사화가 일어나 향약을 주장한 신진학자들이 화를 입음에 따라 향약실시운동이 일단 중단되게 되었다. 이후 중종 38년(1543) 좌의정 홍언필(洪彦弼)이 상계하여,[6] 향약이 전국적으로 시행할 수 없도록 제정한 국령에 대한 문제점을 지적하여 향약시행의 필요성을 강조하였다. 그리하여 40년간 향약을 전국적으로 시행하지 못하도록 한 정령을 고쳐 명종 15년(1555) 다시 향약시행을 공식적으로 포고하기에 이르렀다. 즉, 1555년 이후 향약이 본격적으로 실시되기 시작한 것이다.

한편 조선조에 있어서 향약 내지 동계의 보급과 실천이 사회안정책의 일환으로 크게 기여했음은 잘 알려진 사실이다(윤여현, 1989, p.61). 원래 동계나 향도회(香徒會) 등은 자생적인 향촌결계(鄕村結契)인데 16세기 후반 명종과 선조대 이후 향약의 보급과 함께 향약기구 안에 그 하부조직으로 포섭되면서 향약과 동계의 구별은 사실상 해소되었다. 이때에는 각 면마다 2리를 합하여 동계를 두며, 동

---

5) 『조선왕조실록』 15, 중종실록 2.
6) 『조선왕조실록』 19, 중종실록 6.

계에는 사인·서족을 막론하고 모두 참여하도록 했다. 이어서 동계는 경조·상장·가대·구휼 등의 임무를 수행하도록 했다. 이는 향약의 성격이 환난상휼적 측면을 강조하는 방향으로 변모되어 가면서 동약·동계류가 향약의 하부조직으로 편입되어 가는 추세를 보인 것이다. 특히 16세기 후반의 향약은 사족 중심의 신분적 지배를 강화하고 지주제를 지속시키기 의한 방향으로 변모하였다. 즉, 16세기 전반기의 향약 보급운동자들이 보여준 급진성을 탈피해 가고 있었다. 이는 16세기 후반에 이르러 향약의 성격이 점차 체제 유지 내에서의 개선이라는 보다 보수적인 방향으로 변모하여 갔음을 뜻한다(한상권, 1984, pp.46~49).

이와 같은 시대적 배경을 감안할 때, 구림대동계 또한 1555년 향약의 전국적 보급 이후의 어느 시점에서 이전부터 존재해 왔던 느슨한 동계 형태가 대동계로서 새롭게 재편된 것으로 이해된다. 즉, 「중수서문」에서도 언급되어 있듯이 이보다 앞서 150여 년 전에 동계의 선행적인 조직이 있었고, 이는 구전되는 바에 의하면 마을민의 상호부조적인 전통과 관련된 것으로 보여진다(이해준, 1988, pp.102~104). 명종대에 외척의 득세는 정치 기강을 문란하게 하였고, 이는 민폐의 원인이 되어 백성은 도탄에 빠지고 민심은 흉흉해졌다. 당시 일어난 임꺽정 난은 이러한 상황을 반영한 결과였다. 이로 인해 극심한 풍속의 피폐를 초래하였으니. 조선사회는 풍속의 순화와 민의 교화가 절실히 요구되었을 것은 자명한 사실이다. 이러한 시대적 배경과 교화의 필요성은 동시대에 임호가 대동계를 설립하는 데에 결정적 영향을 미쳤을 것이다(이종엽, p.10). 이같은 사실은 임호의 「구림동중수계서」에 어느 정도 반영되어 있다.

> 내가 지금 보건대, 안으로는 국도로부터 밖으로는 향당에 이르기까지 위로는 공경 아래로는 대예(臺隸) (모두) 계를 만들어, 기쁜 일이 있

으면 축하하고 근심스런 일이 있으면 조위하지 않음이 없다. 하물며 우리 마을의 영구함에도 무릇 유독 만들어져 있지 않고 강구하지 않음은 무슨 까닭인가? … 기쁨을 서로 축하하고 근심을 서로 위로함을 잊지 않도록 하기 위해서는 계가 아니고서는 불가능하다. 이전에는 비록 (계를) 세우지 않았어도 가능했으나, 지금은 (계를) 세우지 않고서는 안될 것이다. (이에) 동장 박규정공이 일찍이 세대의 유하(愈下)와 인심의 유불고(愈不古)를 탄식하여 '수계'의 뜻을 내세우고, 무궁토록 경조의 의례를 버리지 않도록 하였다. (임)호와 이광필(李光弼)·박성정(朴星精)·유발(柳潑)·박대기(朴大器) 및 아우 임완(林浣)이 서로 상의하여 말하기를, "옛적 주나라 문왕과 무왕께서는 삼물(三物)로 만민을 교화했으며, 여씨(呂氏)는 향약으로써 송나라 정치를 돕고 인심을 교화하였으니, 이것이 그 일단이라. 또한 금세에는 위로는 문무의 성군과 아래로는 원우(元祐)의 양상(良相)이 부지런히 나라를 다스려 풍속을 순화함이 어찌 민중으로 하여금 서로 사랑과 슬픔을 밖에서 구했으랴. 그런즉 이번의 '수계'가 우리 君相의 化民成俗의 방침에 조금이나마 도움이 되리라"하였다.

위의 '수계' 서문을 통해 우리는 다음과 같은 몇 가지 사실을 확인할 수 있겠다. 첫째, 구림을 제외한 지역에 전국적으로 계가 성행하고 있었다. 둘째, 구림대동계는 여씨향약을 모범으로 삼고 있다. 셋째, 줄곧 '수계'라고 표현한 것으로 보아 이전부터 존재해 온 어떤 계 형태를 보수한 것으로 이해된다. 넷째, '수계'의 주동자는 박규정이고, 임호·임완·이광필·박성정·유발·박대기 등이 동조하였다. 다섯째, '수계'의 목적은 명분상으로는 화민성속을 이루기 위함이고, 실질적으로는 상부상조를 도모하기 위함이었다.

이상의 내용으로 미루어 짐작컨대, 구림대동계는 예로부터 내려오던 계 형태에서 1555년 향약보급이 공식화됨과 아울러 '수계'되었다고 보는 것이 자연스러울 것 같다. 그렇다면 구림대동계의 창립 연대는 일단 1555년 이후의 어느 시점 중에서도, 특히 1565년부터 1580년 사이의 일로 보아야 할 것이다. 그렇다면 구림대동계의 창립은 1580년보다는 1565년에 보다 가까운 시점으로 보아야 하지 않을까 싶다. 왜냐하면 구림대동계는 촌락민을 중심으로 한 공동체 조직으로 존재하고 있었던 리제(里制)와 같은 조직이 발전된 형태로 보여지기 때문이다. 이에 구림대동계의 창설 시기는 1565년에 즈음한 시기로 보여지는데, 아마도 영암지방 최초의 향약이 성립된 직후였다고 보는 것이 자연스러울 것 같다(이해준, p.103). 그렇다면 대략 1565년경이 아닌가 여겨진다.

한편 구림대동계는 1565년 창설 이후 28년간 계속하여 오다가 선조 25년(1595) 임진왜란을 당하여 대동계의 회합과 강신의 장소인 청사와 회사정이 소각되고 문서와 장부를 잃고 한때 침체하여 거의 유명무실하였다. 그 후 임진왜란이 끝난 11년 뒤인 광해군 1년(1609)에 다시 중수되었다. 이는 당시 완의(完議)에서 "오호라 이 계가 세워진지 100년이 못되어 계약(契約)은 점점 해이해지고 기강은 시들고 떨어져 흔적도 없어져서 지금 수년 동안 부진하게 되었다"는 기록을 통해 확인할 수 있다. 즉, 1565년 구림대동계가 발족한 이후 100년도 못되어 약조는 해이되고 기강이 문란한지 수년이 되었음을 한탄하고 구약을 다시 일으켜 계를 재조직할 뜻을 밝혀 두었다.

1613년 중수에 이어 인조 19년(1641)에 한차례의 중수를 거친 다음 인조 24년(1646, 戊戌)에 오늘날 현존하는 대동계의 모습을 완성했다고 보아도 무방할 정도의 대대적인 중수를 이루었다. 이때의 대동계 중수는 당시 익산과 온양 군수를 역임하고 군기시첨정(軍器寺僉正)을 거친 태호(兌湖) 조행립(曺行立)에 의해서였다. 조행립은 광해군 시절 면직되었다가 인조반정으로 다시 관직에 나갔다가 사직하고 향촌에 돌아와 향촌의 교화와 질서유지를 위하여 대동계의 중수에 힘썼다. 이로 인해 대동계의 창립 이후 대내외적 요인으로 침체상태에 놓여있다가, 이때에 이르러 크게 중흥하게 된 것이다.

이후 대동계는 영조 19년(1743, 계해) 춘강신에 다시 중수를 거쳐 그 완성을 보게 되었는데, 이때에 완성된 계약은 『동헌』이라 하여 오늘에 전하고 있다(이종엽, p.12).

이상의 내용을 종합해 보면, 구림의 동계조직은 전통적인 촌락조직을 기반으로 하면서 1565년경에 성립되었으며, 그 주도층은 사족적 기반, 동족적 기반을 매개로 주도권을 확보했는데, 임진왜란을 경과하면서 기존의 사족지배체제가 와해 국면을 맞게 되자, 이를 재확립하려는 노력으로서 1609~1613년의 상·하 합계의 형태로 중수작업이 이루어졌음을 알 수 있다(이해준, p.105).

Ⅱ. 성격과 변화 추이

우리의 전통사회에 있어서 계는 가장 보편적인 집단조직의 하나였다. 이에 계에 관한 종류는 무수히 많은 편인데, 1938년 조사에 의하면 명칭을 달리하는 계만도 480종이나 되었다. 그 내용을 살펴보면 공공사업에 관한 것이 74종, 상호부조에 관한 것이 168종, 산업진흥에 관한 것이 77종, 금융을 목적으로 하는 것이 78종, 오락을 목적으로 하는 것이 52종, 그밖에 31종 등이었다(최재석, 1990, p.325). 당시 상호부조에 관한 계의 종류가 가장 많았다는 사실은 계의 존립 배경에 상호부조를 위한 목적이 크게 자리잡고 있었음을 뜻할 것이다.

동계는 동 구성원의 계약에 의한 인위적인 조직을 말한다. 그것은 자체 내에 조직을 운영하기 위한 규약(동약·동규·동헌·입의 등으로 표현 됨)과 동 구성원의 명단(좌목 혹은 동안), 그리고 공유재산(동물·동재·계물)을 갖추고 있다. 여기에서 말하는 동의 규모는 다양한 편이다. 조선 후기에는 일반적으로 '동'이 지방행정체계의 최말단 단위였던 '리'와 같이 쓰이고 있었다. 그러나 '동' 자체가 본래부터 지방행정체계의 최하위 단위를 가리키는 것은 아니었다. 16세기 말 17세기 초의 읍지에는 '동'이 '촌' 혹은 '곡(谷)'과 같은 의미로 사용되었다. 아울러 '동'이 하나의 자연촌을 의미하는 것만도 아니었다. 즉, '동'이란 일정한 자체 운영원리를 가지고 있었던 하나의 기초적인 생활권을 가리켰던 것으로 추정된다. 17세기 임진왜란 이후 복구과정에서 재지사족에 의해 실시되었던 동약이 대부분 '구규(舊規)', 즉 16세기 이래의 '동규'나 '동헌' 등을 중수함을 표방하고 있었던 것에서도, '동'이 획일적인 지방행정체계의 최하부구조를 의미하는 것만은 아니었음을 알 수 있다. 이것이 조선후기에 들어와 '리'와 같은 의미로 쓰이게 된 것은 면리제의 정비 및 조선왕조의 향촌사회 통제책의 강화가 크게 작용한 탓이었다(김인걸, 1988, pp.98~99).

한편 동계는 시대와 지역에 따라서, 그리고 각 동의 인적 구성원과 그들이 처해 있던 사회경제적 조건에 따라서 성격상 상당한 편차를 보이고 있었다. 사족 중심의 동계 성립시기에 있어서도, 16세기에서부터 성립된 경우도 있고, 지역에 따라서는 17세기 초에 비로소 성립된 경우도 있으며, 또 17세기 중반에 가서야 상·하계를 갖춘 동계가 성립된 곳도 있었다. 당시에는 홍수·한발·전염병 등 천재로부터 화재나 각종 질병 등과 같은 각종 위험에 직면해 있었다. 그리고 상사나 혼인 문제는 토착해서 살아가고 있던 농민들에게는 자력으로만 해결할 수 없는 것들이었다. 그 위에 지주제의 전개에 따른 토지소유 및 지대의 문제, 그리고 각종 부역의 부담 등의 문제는 사회구조적인 성격을 띠고 농민들을 압박하고 있었다. 자신들의 사회경제적 기반을 유지하기 위해서는 농민들의 안정이 필요했다. 수화·도적·질병·무왕·혼상·빈핍 등에 관련된 소위 향약 '환난상휼' 조의 내용들은 동내 인민의 안정을 목표로 한 것으로서, 그것은 전동민의 공동의 협력을 요구하는 것이었다. 재지사족이 중심이 되는 동계는 거의 보편적으로 인정되어 있었고, 그것은 상하 신분질서를 유지하고 부역체계를 운영하는데 기본적인 것으로 이해되고 있었다(김인걸, pp.100~103). 구림대동계 또한 향약에서 자극을 받고, 처음부터 우리 사회의 실정에 맞는 계라는 명칭으로 발족하여 향약적 정신과 고래로부터 전승하여 온 마을 사람끼리의 상부상조정신을 대동계라고 하는 향약계에서 구현하려 한 것이었다(최재율, 1991, p.44).

현재 구림대동계가 보존하고 있는 계관계 문서, 그 중에서도 계중수의 기록을 통하여 대동계의 연혁에 따른 발달과정은 흔히 다음과 같이 구분되고 있다. 즉, ① 계가 창설된 명종 20년(1565) 이후의 계 성립기, ② 광해군 1년(1609) 또는 광해군 5년(1613) 이후의 계 재건기, ③ 인조 19년(1644) 또는 인조 21년(1646) 이후의 계 중흥기, ④ 영조 19년(1743) 이후의 계 안정(토착)기, ⑤ 1910년부터 지금까지의 계 쇠퇴기로 나누는 방법이 그것이다(최재율, 1991, p.44). 이러한 구분 방법이 구림대동계의 시대적 변천사를 파악하는 데에 큰 도움을 주어 온 것은 사실이다. 그러나 그러한 구분이 가능한 사회경제적 배경에 대한 설명이 부족한 탓에, 이의 보완을 필요로 하고 있다. 즉, 구림대동계의 성격 변화와 그 추이를 통해 그 구분을 보다 구체화시킬 필요가 있다는 말이다. 이를 위해 우선 구림대동계의 창립주체와 그 시기 계의 성격을 규명할 필요가 있을 것이다.

구림대동계의 창립 당시의 성격은 그 구성원의 면모를 통해 잘 드러난다. 계의 창립은 영암 향약 창설자들과 무관하지 않았을 것이다. 특히 구림 출신 인물이었던 임구령·박규정 등의 발의로 그 창설의 단초가 마련되었을 것은 쉽게 짐작되기 때문이다. 이후 임구령이 죽자, 그 아들 임호가 대신 부친의 역할을 수행했던 것으로 여겨진다. 즉, 대동계 '수계'의 주동자는 박규정이고, 임호·임완·이광필·박성정·유발·박대기 등이 동조하였다. 초창기 구림대동계의 구성원은 난포박씨와 이들의 외손으로 구림에 정착했던 함양박씨·선산임씨·진주유씨·광산이씨들이었다. 이는 임호의 중수기에, "外祖朴監司內外孫七十二員聯合修契"라고 적고 있는 데에서도 잘 드러난다. 즉, 구림대동계는 난포박씨와 함양박씨가 연결된 친족들의 족계로서 성립되었던 것이다(이해준, p.104). 이는 구림대동계의 창립 당시 성격이 구림에서의 족적 기반을 공고히 하기 위한 혈연공동체에 토대하고 있음을 뜻한다.

구림대동계의 창립 계원의 씨족별 분포를 보면 함양박씨·선산임씨·광산이씨·진주유씨의 4성씨로 구성되어 있었다. 그런데 함양박씨와 선산임씨는 모두 구림의 토착성씨인 난포박씨의 외손들이다. 그리고 광산이씨와 진주유씨는 함양박씨의 외손들이다. 우선 임호의 외가가 난포박씨이고, 함양박씨의 정착시조인 박성건의 처가 또한 난포박씨였다. 그리고 이광필은 박성건의 외손자이며, 동장 박규정과 내외종간이었다. 유발은 박성건의 손자인 박문정(朴文精)의 사위였으며 박규정의 조카사위였다. 즉, 구림대동계는 난포박씨의 외손인 함양박씨와 선산임씨 그리고 그들과 인척관계가 있는 사람들과의 결합체였음을 알 수 있다(최재율, 1984, p.63). 이를 종합해서 가계도로 만들어 보면 다음과 같다.

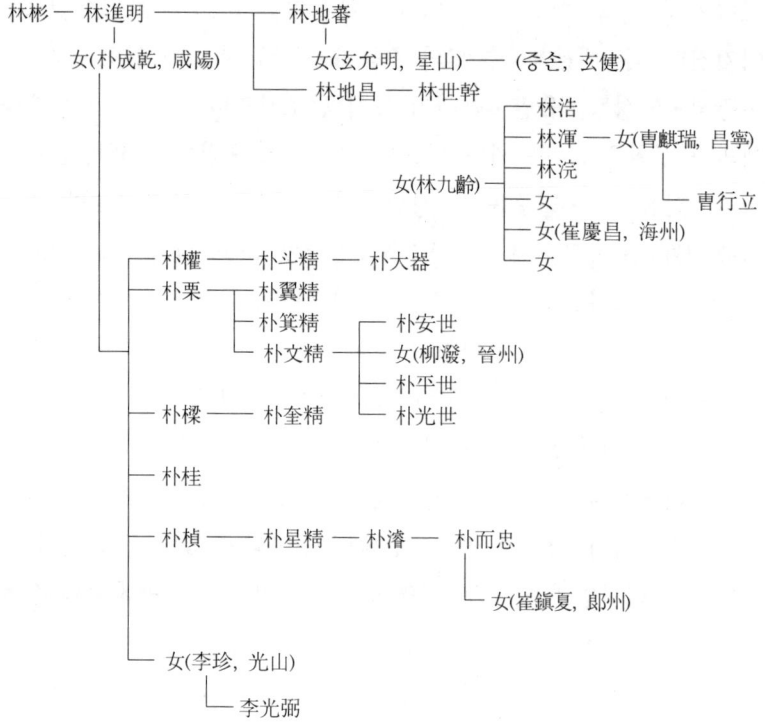

<구림대동계 창립 당시 친족관계>

 이후 대동계의 족적 기반은 외형적으로는 확대되지만, 여전히 초창기 친족관계의 틀을 벗어나지 못한다. 광해군 5년(1613) 계축년 계중 수안을 살펴보면, 함양박씨 14명, 선산임씨 1명, 성산현씨 1명, 남평문씨 1명, 장택고씨 1명, 본관 미상 김씨 1명·박씨 2명 등으로 구성되어 있음을 알 수 있다.7) 이러한 경향은 인조 19년(1641) 신사년 중수안 당시까지 계속된다. 이 당시 계원 26명은 함양박씨 14명, 선산임씨 4명, 성산현씨 2명, 장택고씨·남평문씨·함평노씨·창녕조씨·완산이씨·본관 미상 박씨 각 1명으로 구성되어 있었다.8) 다음으로 인조 24

---

7) 구림대동계「(계축년) 중수안」.

년(1646) 병술년 중수 당시 계원은 42명이었는데, 함양박씨 17명, 선7 산임씨 7명, 창녕조씨 3명, 성산현씨 3명, 남평문씨 2명, 장택고씨 2명, 완산이씨 2명, 해주최씨 1명, 본관 미상 박씨 5명이었다.9)

 구림대동계의 창립 당시 성격이 이처럼 혈연공동체에 기반하고 있었음은, 향촌사회에서의 사족(士族) 형성과 그들의 지배력 강화와 무관하지 않았다. 그 즈음에 영암 영보촌에 연촌 최덕지가 은거함으로써, 그의 학덕을 추앙하는 인사들의 이곳 출입을 통해 새로운 사족층 형성의 토대를 구축하였는바, 이들과 혼인관계를 맺으면서 새롭게 영암지역에 터전을 마련한 거창신씨와 남평문씨의 경우가 여기에 해당한다고 하겠다(이해준, p.84). 거창신씨들의 영암입향은 연촌과 교의가 깊었던 신기(愼幾, 1411~1493)로부터 그 단초가 열린다. 연촌의 영암 은거후 서로간에 교의가 단절되었던 두사람의 관계는 신기가 전라감사로 부임하면서 더욱 가까워졌고, 신기의 막내아들인 신후경(愼後庚)을 연촌의 사위로 삼아 영암 영보촌에 살게함으로써 두 집안의 영보 집거가 이루어지게 되었던 것이다. 이후 두 성씨들은 영보촌을 중심으로 동족적인 유대를 다지면서 조선전기 인물로 최충성(崔忠誠, 1458~1491)·신희남(愼喜南, 1517~1591) 등을 배출하였다. 남평문씨의 경우도 세조의 왕위 찬탈에 반대하면서 영암에 은거하였던 문맹화(文孟和, ?~1487)가 연촌 최덕지의 외손녀였던 서흥김씨와 혼인하여 영보에 정착한 성씨였다. 그러나 맹화의 증손인 익현(益顯, 1573~1646) 때에 다시 인접한 장암으로 옮겨, 현재 남평문씨들은 장암을 중심으로 동족마을을 형성하고 있다. 남평문씨는 전주최씨 및 거창신씨와 인척관계를 맺으면서 점차 지위를 향상시켜 간 영암의 유력 성씨라 할 수 있다(이해준, p.84).

 구림에서 가까운 영보의 전주최씨와 여기에 연결된 거창신씨·

---

8) 구림대동계 「(신사년) 중수계안」.
9) 구림대동계 「(병술년) 중수계안」.

남평문씨가 동족적인 기반 위에 성장한 것과 마찬가지로 구림에서도 지배적 사족층이 형성되어 있었는데, 선산임씨가 대표적인 경우라 하겠다. 임수-임우형-임구령으로 이어지는 구림촌 선산임씨는 본래 그들의 세거지가 해남이었다. 임수의 처는 해남에 세거하던 초계정씨 정문명(鄭文明)의 딸이었고, 그에게는 두 아들이 있었는데 장자인 조원(遇元)은 하동정씨 정응정(鄭應楨)을 사위로 맞아 외손으로 임진왜란 충절공신 정운(鄭運)을 배출하고, 또 다른 사위 정경문(鄭慶門)은 옥봉 백광훈(白光勳)을 손녀사위로 맞음으로써 해남 옥천(당시 영암 소속)에 정착하였다. 둘째 아들 우형(遇亨)은 음성박씨와의 사이에서 임천령·임만령·임억령·임백령·임구령의 5형제를 두었다. 막내 임구령(1501~1562)이 구림에 정착함으로써 선산임씨의 뿌리가 내리게 된다. 임구령은 광주목사를 지내고 남원부사직을 사임한 뒤, 처향인 구림에 정착하여 지남제(指南提, 지남들)라는 제언을 쌓아 1천여 두락지의 농토를 확보하면서 경제적 기반을 마련하였다.10) 임구령은 3남 3녀를 두었는데, 장남은 구림리 대동계의 발기인이었던 임호(林浩, 1522~1592)이고, 차남인 임혼은 사위로 창녕조씨 조기서(曺麒瑞, 1556~1591, 대동계 중수인 조행립의 부친)를 맞이들였으며, 세 딸은 박응복(朴應福)·최경창(崔慶昌)·유용(柳溶) 등에게 출가시켜 명문가로 성장하게 된 것이다(영암군지 편찬위원회, pp.250~251). 물론 선산임씨는 구림촌에 정착하기 이전에 이미 앞서 정착해 있던 난포박씨와의 혼인관계를 통해 그 족적 기반을 넓혀 나갔다. 특히 구림대동계의 중요한 구성원인 함양박씨·선산임씨·성산현씨 등은 모두 난포박씨는 서족인 바, 이는 구림의 사족층 형성에 난포박씨의 영향력이 막강했음을 뜻한다.11)

---

10) 이해준 또한 선산임씨의 구림촌 입거(入居)와 그 경제적 기반에 있어서 진남제와 결코 무관하지 않을 것이라 추정한 바 있다(이해준, p.85).
11) 이후 난포박씨는 그 후계가 명확하지 않은데, 이는 음성박씨로 합보되

지금까지 살펴본 바와 같이 구림대동계의 창립 당시의 성격은 난포박씨와 그 외손들 사이에 있어서 족적 기반의 확충에 있었다. 물론 '수계'의 목적은 명분상으로는 화민성속을 이루기 위함이었다. 즉, 구림대동계의 목적은 사족 중심의 향촌질서를 유지하려는데 있었는데, 보다 현실적으로는 혼상부조, 특히 상사의 부조가 주된 내용이었다. 이는 향약의 전국적 보급과 함께 관혼상제의 의례가 일상사에 있어서 중요한 위치를 점하게 되자, 특히 사족층에서는 이를 위해 거주지역의 지배력을 강화시키고, 족적 기반을 더욱 공고히 할 필요가 대두되었음은 쉽게 짐작되는 바이다. 이에 대동계와 같은 혈연적 조직체가 필요했던 것으로 보인다. 이러한 사실은 공주지방의 유력성씨들의 결합으로 이루어진 부전동계(浮田洞契)의 경우에서도 확인되고 있다. 부전동계의 강목은 덕업상권을 비롯한 4개 강목 외에 6개 강목을 추가로 제정되어 10개 강목이었는데, '가색능근'을 제외하면 '혼상부조'가 가장 중시된 강목이었다. 부전동계는 촌락의 동성가문이 중심이 되고, 주변 유력 성씨가 결합한 형태를 취하였다. 임진왜란 후 대부분의 동계가 그러하듯이 부전동계도 상하합계의 형태를 취하고 있었다. 이는 임진왜란 후 전후복구를 위해서 하민들의 협조를 얻을 수밖에 없었던 절박한 사정과 문란했던 사회적 상황 속에서 향촌통제에 불안을 느낀 사족들이 하민들을 포섭하여 향촌공동체의 유대라는 명분으로 현실고착화를 의도했기 때문이다(윤여헌, pp.63~86). 이처럼 17세기에 이르러 과실상규에 하인조약을 독립적으로 새로이 설정한 것은 하인들이 지켜야 할 규범을 명문화시킴으로써 사족들의 하인에 대한 통제를 보다 강화시키기 위한 것이었다. 이는 향촌사회에서 하인들의 지위가 상승하면서 이들이 향약

는 과정에서 이 시기 영암지역 가계가 소홀히 처리된 것이 아닌가 여겨진다(이해준, p.86).

내에서 차지하는 비중이 보다 높아졌기 때문이다(한상권, p.61).

 한편 구림대동계는 임진왜란 이후 단순하게 혈연공동체적 성격을 뛰어넘어 보다 더 적극적으로 구림지역에 대한 지배력을 강화해 나간 것으로 보인다. 구림대동계의 계원 구성은 전 동민을 포함하는 것은 아니었지만, 구림 내의 지배력은 구림대동계를 통해 행사되었을 것으로 보인다. 광해군 5년(1613) 좌목이 중수된 이래 현재에 이르기까지 구림에는 좌목「상계안」이 간단없이 추록(追錄)되어 왔다. 처음 중수 당시「계축안」에는 상·하계원이 모두 기재되어 있지만, 이후에는 하계원 명단이 보이지 않는다. 적어도 18세기 중반까지 상·하계가 존재했으므로「하계안」이 따로 있었을 터이나, 앞서 언급했듯이 하계원의 숫자가 줄어들면서「하계안」은 그 의의가 상실되었던 것으로 보인다. 18세기 중반에 들어서면서 하계원의 숫자가 적어지게 되며 하계의 존재마저 18세기에서 19세기에 걸치는 어느 시기에 없어진다. 이후 대동계는 양반 중 몇몇 성씨집단만의 조직으로 그 성격이 변질되었음을 뜻한다. 특히「상계안」에는 적서의 구별이 명백히 존재했고, 그 입록에도 상당한 제약이 있었다. 이는 구림대동계가 점차 폐쇄적인 성격으로 변모해 나갔음을 뜻한다. 물론 이러한 폐쇄성이 19세기 이후 대동계가 존속할 수 있었던 주요한 원인의 하나로 작용한 것은 사실이다(김인걸, 1991, pp.90~91).

 임진왜란 이후 구림대동계의 성격이 변화되었다는 사실은, 그 경제적 기반의 확충과도 연결되어 있었다. 구림대동계에서는 임진왜란 후 계원들의 '보미수합(補米收合)'에 의해서 일정한 동곡을 마련하고 그 이식을 통해서 동재를 늘려가는 한편, 그 여력으로 논을 사서 동답을 확대해 나갔다. 그리고 혼상 등 유사시에 필요한 각종 기물을 마련하고 있었다. 그러한 기물의 일부는 동내(국내) 계원이 아닌 자에게도 빌려주었으나, 동물의 운영은 기본적으로 상·하계원들의 이익을 목적으로 한 것이다. 그러나 하계원들이 동계에서 배제되면서부터는 사실상 동물, 특히 동답과 동곡, 또는 동목은 반민들의 이해에 따라 전적으로 운영되는 것이고, 지대와 식리에 의존하는 것이어서 과거의 동물과는 성격을 달리하지 않을 수 없었다. 실제로 17세기 후반이래 동물은 그런 방식으로 운영되어서 많은 문제점이 노정되고 있었다. 예컨대 영조 15년에 기존의 '분장취리(分掌取利)'하던 일정량 외에 '별호리(別長利)'로 계외인(契外人)에게 분급하는데 따른 유사의 책임을 새로 강화하였던 것이라든지, 숙종 21년(1695)에 계원이 분급을 원치 않을 때 계외인에게 분급하는 조목을 새로 두면서, 계원이라도 가난한 집에는 분급하지 않는다는 내용을 첨부하고 있었던 것, 그리고 영조 19년(1743)의 『동헌』에 '환난상구'라던가 '과실상규' 등의 조목에 각 조항이 각각 1개·5개인데 비하여 위와 같은 문제의 해결책임이 유사에게 있었던 까닭으로 '유사상체(有司相遞)'의 조목에는 24개나 되는 조항을 추가로 마련하고 있었던 것 등은 그것을 말한다. 즉, 위와 같은 문제들은 동계 운영에 있어서 계원 내·외에 모두 문제가 있었음을 말하는 것으로써, 이는 동계의 한계를 암시하는 것이다. 그 속에서 '상계고'·'하계고'가 양립하기란 사실상 불가능하였을 것이며, 하계의 이탈도 그 같은 맥락에서 이해할 수 있다. 동답을 '계외하인'에게만 병작시키고 있었다는 것 역시 이 동계가 상계원들만의 조직으로 축소되지 않을 수 없었던 점과 관련하여 이해할 수 있을 것이다(김인걸, 1991, pp.91~92).

이처럼 구림대동계는 후기로 갈수록 지역적·신분적 특권의식에서 점차 하층민의 통제를 위한 전제로서 변모되어 갔던 것이다. 이는 사회경제적인 구조변화와 관련되는 현상으로 촌락 내의 지배가 종래의 신분적 권위만으로 유지될 수 없었음을 의미할 것이다. 이에 따라 동계조직의 주도층들은 점차 신분계층적인 구조보다는 경제적인 부면에 주된 관심을 보이는 추이가 나타나고, 주도층의 촌락외적 지향(향권 문제)보다 촌락 내적인 지배력 신장에 주력하게 된 것이다. 특히 이들 동계·동약조직의 주도층들은 또한 과거 수령권과의 밀월이나, 지역 연대적인 조직으로서 자신의 대내외적인 권위를 보장받고자 하던 경향에서부터, 촌락내에서의 자신을 포함한 하층민의 수탈방어라고 하는 공동이익을 우선 배려하는 입장을 견지하게 된다. 따라서 과거 이들이 촌락 내에서 지녔던 지배신분층으로서의 권위(예의·교화)는 점차 축소되어 역할분담적 성격으로 변모되어 간 것이다(이해준, pp.80~81). 구림대동계 또한 동족적인 기반 위에 자체 결속력을 다지는 모습으로 마련되고 있었으며, 이는 서원·사우의 건립이나 성씨별 상징물의 과시적 표출과도 일정하게 연결되어 있었다. 결국 이러한 특정 가문 중심의 권위 과시나 결속력 확보는 타성씨에 대해서는 상대적인 폐쇄성과 대립성을 의미하는 것이므로, 이러한 일련의 움직임들은 향촌사회의 구조변화와 상당부분 관련 또는 영향을 줄 수 있는 것이었다(이해준, p.101).

　한편 구림대동계의 성격을 드러내는데에 있어서 '지남들'의 간척사업을 빠트릴 수 없을 것이다. 즉, 임구령이 지남들을 간적하여 큰 부를 이루고, 이를 통해 함양박씨, 창녕조씨 등과 혼인관계를 맺게 된 것이다. 임구령은 나주목사를 역임한 경력이 있기도 하였지만, 남원부사직을 사임한 이후 처향인 구림에 정착하여 진남제라는 제언을 쌓아 1천여 두락의 농토를 확보하면서 경제적 기반을 마련하였던 것이다(이해준, p.85). 이러한 경제적 기반은 함양박씨와 창녕조씨와의 혈연관계를 가능하게 하였으며, 이를 통해 구림대동계의 중수를 이루었던 것이다. 물론 그 와중에서 구림지역 내의 지배력은 한층 강화되었을 것은 당연하다.

우리 역사에 있어서 해택 개발의 사례는 기록상으로 13세기 중엽까지 거슬러 올라간다. 고려 고종조에 김방경이 강화에 천도하여 10여 리에 축언하여 개간했다는 기록이 있다.12) 이후 고종 43년(1256)에 '방축'을 통해 둔전을 삼았다는 기록도 전한다.13) 이들은 전쟁 상황에서 이루어진 특수한 사례이므로, 당시까지 해택 개발이 일반적이었다고 말할 수는 없을 것이다. 고려말의 해택지 개발은 대부분 둔전 확보책의 일환으로 이루어진 것이었다. 그리고 해택의 개발은 본래 많은 인력을 일시에 동원해야만 가능한 대규모 공사이므로 일상적인 여건 아래서는 쉽게 이루어질 수 없는 것이었다(이태진, 1983, pp.423~427).

이후 조선시대에 접어들어 세종대 후반 이후 새로운 관심 대상이 되었으나, 성종대 초반까지도 여러 가지 기술적인 어려움으로 성과면에서는 부진을 면치 못하는 실정이었다. 다만 세조대에 국둔전이 전면 부활되면서 해택 개발이 활성화 될 토대가 마련되었다. 특히 관인층이 둔전 개발을 빙자하여 사적 경제기반을 확대하기 위한 해택 개발의 소지가 발생하게 되었다(이태진, p.432). 이후 성종 19년(1488) 천방·제언의 개발 소관사가 감사에게 일임되면서 해택 개발의 관심이 더욱 커지게 되었다. 그리고 명종대에는 왕자·부마가 혹은 권중재상들이 "하삼도에 해택에 조금이라도 개간할 만한 곳이 있으면 서로 다투어 축방하여 여지가 없기에 이르렀기 때문에 금후는 평안도로 옮겨갈"정도였다.14) 이 시기에 정치가 훈신과 척신들에 의해 주도되었기 때문에, 이에 상응하여 이들에 의한 해택 개발의 추세가 증가한 것이다(이태진, pp.434~439).

16세기에서의 권중재상가·척신·왕자궁가 등에 의한 해택 개발

---

12) 『고려사』 104, 김방경(金方慶)전.
13) 『고려사』 79, 식화, 농상조.
14) 『명종실록』 권16, 명종 9년 5월 경술.

과 그 경영은 주로 소민의 연명장고(連名狀告)의 형식을 취하였으며, 그 과정에서 둔전의 명목을 빌린 탓에 지방관의 협조가 긴밀해졌다. 이에 혜택으로 개발된 둔전의 경영은 소민의 병작형태를 취하였으며, 그 결과 개간을 주도한 권세가들은 결국 국고로 돌아가야 할 그 소출을 당해 지방관의 협조 아래 스스로 점하게 된다(이태진, p.442). 이런 과정에 있어서 구림 사족층은 토지의 확대와 농업기술의 발달로 형성된 인근 마을에 대한 통제와 사족간의 유대와 결속을 위해 대동계는 절대 필요했던 것이다. 그리고 구림에서의 사족지배체제는 지남들의 형성에 기반하여 성립한 것이다.

Ⅲ. 과 제

이상에서 구림대동계의 창립 배경과 성격, 그리고 변질의 추이에 관해 살펴보았다. 이를 요약하고, 향후 구림대동계에 대한 연구의 전망과 과제를 제시해 보고자 한다.

구림대동계의 전통적인 촌락조직을 기반으로 하면서 1565년경에 성립되었으며, 그 주도층은 사족적 기반, 동족적 기반을 매개로 주도권을 확보했는데, 임진왜란을 경과하면서 기존의 사족지배체제가 와해 국면을 맞게 되자, 이를 재확립하려는 노력으로서 1609~1613년의 상·하 합계의 형태로 중수작업이 이루어졌던 것이다.

구림대동계는 향약의 전국적 보급과 함께 기존의 느슨한 형태의 마을공동체에서 사족층의 형성과 아울러 그 족적 기반을 공고히 하기 위한 혈연조직으로서 성립되었다. 특히 상례의 원만한 수행을 위해서는 지역 내에 거주민에 대한 지배력을 강화시킬 필요가 있었으며, 그들의 공동작업을 절대적으로 필요로 하였다. 여기에 구림의 토착성씨이며 경제력이 상당하였던 난포박씨와 그들과 혼인관계를 맺은 함양박씨 및 선산임씨의 주동으로 구림대동계는 성립되었다. 이후 몇 번의 중수 과정을 거치면서 창녕조씨를 비롯한 몇 개 가문으로 그 지배력이 확장되었다.

아울러 구림 사족층은 토지의 확대와 농업기술의 발달로 형성된 인근 마을에 대한 통제와 사족간의 유대와 결속을 위해 대동계는 절대 필요했던 것이다. 그리고 구림에서의 사족지배체제는 지남들의 형성에 기반하여 성립한 것이다. 그런데 임진왜란 이후에는 이완된 사족지배를 보다 강화하기 위해 대동계 내에서 적서의 차별을 분명히 하였고, 상·하계의 구분이 없어져 상계 중심으로 재편되었다. 특히 동계의 경제력의 확충과 함께 그 배타성과 폐쇄성은 더욱 공고해졌던 것으로 보인다.

다음으로 향후 구림대동계에 대한 연구 전망과 과제에 관하여 한두 가지 첨언해 두고자 한다. 첫째, 한말의병·동학·독립운동·전후 좌우 갈등기 등 중요한 역사적 시점에서 대동계는 어떠한 입장을 취했으며, 어떠한 역할을 수행했는지 밝혀 나가야 할 것이다. 물론 자료 미흡으로 인해 접근에 어려움이 따르겠지만, 제반 문중 자료를 보다 심층적으로 정리하고 분석하면 의외의 성과가 나올 수 있으리라 기대된다. 둘째, 대동계의 보다 구체적인 활동상을 드러내는데에 노력해야 할 것이다. 지금까지는 주로 대동계의 조직과 계약을 중심으로 연구가 진행되어 왔기 때문에, 대동계원들이 구림지역 내에서 구체적으로 무슨 일을 해나갔는지 분명치 않다. 이에 예를 들어 지남들의 지속적인 간척과정에 있어서 대동계의 입장과 역할은 어떠했는지 추구할 필요가 있을 것이다.

(김병인)

제6장
김수항의 구림생활과 시문학

유배문학은 중앙과 거리가 있는 특수한 공간에서 얻어진 정회(情懷)의 소산이라고 할 수 있다. 다시 말해 유배문학이란 주로 정치적 상황인 당쟁에 직면하여 패배한 자가 정적에게는 물론 군왕에게 미움과 배척을 당해 유형수(流刑囚)로서 유배지에서 겪은 유배적 사실의 직접 체험과 그 감정적 내용 그리고 유배적 상황에 직면한 정신적 상황을 문학화한 작품이라고 할 수 있다(양순필, 1986, p.228). 시인이자 정치인인 조선조 문인들의 경우, 붕당의 와중에서 유배의 길을 떠남은 흔한 일이었기에 그만큼 많은 양의 문학 작품이 산출될 수 있었다.

문곡(文谷) 김수항(金壽恒, 1629~1689)은 그의 나이 47세 7월부터 50세 9월까지 전라남도 영암에서 적거(謫居)의 삶을 살았다. 처음에는 지금의 읍에다 적거지를 정했는데, 약 두 달 후 어떤 이의 도움으로 구림마을(이하 구림으로 지칭)로 옮기어 만 3년 정도 구림인이 되어 살아간다. 문곡은 처음 영암이라는 낯선 곳에 와서 정신적인 안정을 찾지 못하나 현지인의 도움으로 차츰 유배 생활에 적응해 가기 시작한다. 따라서 행동 반경을 점차 넓혀 가며 주변의 승경을 둘러보는가 하면, 현지 향촌 사족들과 교유하며 적지 않은 시문을 남겼다.

본 논고는 당시 영암 유배 생활 중 남겼던 문곡의 시문을 세 방향에서 고찰해 보고자 한다. 첫째, 문곡의 구림 생활에 대한 탐색이다. 타인의 힘에 의해 낯선 곳에 이르긴 했지만, 현지인들의 도움을 적지 않게 받았던 것으로 나타나는데 그러한 사정을 드러내 보이고자 한다. 둘째, 문곡은 당시 향촌의 여러 사족들과 교유했던 것으로 나타나는데, 그러한 실상을 시문을 통해 검토해 보고 의미를 되짚어 보고자 한다. 셋째, 문곡의 영암 유배는 결국 그의 아들들인 농암(農巖) 김창협(金昌協)과 삼연(三淵) 김창흡(金昌翕) 등이 영암과 인연을 맺는 계기를 만들어 주었다. 따라서 이를 시문이 제작된 진전된 상황으로 파악하고, 교유의 특징과 문곡 영암 유배의 현재적 의미를 새겨 보려고 한다.

Ⅰ. 문곡의 구림 생활

문곡은 안동(安東)김씨 17세 손으로 자는 구지(久之)요, 시호는 문충(文忠)이다. 당대 혁혁한 문벌 귀족으로 이름높던 집안에서 출생한다. 조부는 청음(淸陰) 김상헌(金尙憲)으로 당시 좌의정 벼슬로 병자호란 때 척화파(斥和派)의 거두로 활동하다 중국 심양(瀋陽)까지 잡혀갔으며, 부친 광찬(光燦)은 동지중추부사(同知中樞府事)의 위치에 있었던 것으로 알려져 있다. 이런 선조의 뒤를 이은 문곡은 17세의 이른 나이에 벌써 반시(泮試)에 수석 합격하여 5년 후 성균관전적을 시작으로 본격적인 관직 생활을 하게 된다. 그러나 그의 관직 생활은 순탄치만은 않아 부침(浮沈)이 자주 반복되었다. 두 차례의 예송(禮訟) 문제와 경신대출척(庚申大黜陟), 기사환국(己巳換局), 갑술환국(甲戌換局) 등은 붕당의 와중에서 문곡이 겪었던 일련의 큰 사건들로 기록되어 있다. 그는 당대 서인의 영수였던 우암(尤菴) 송시열(宋時烈)과 생각을 같이했던 이유로 같은 파 사람들에게는 추앙받는 인물이었지만, 반대파에게는 배척받기에 충분하였다. 이런 저간의 사정을 다음 기록은 말해 주고 있다.

> 김수항은 현상(賢相)의 손자로서 젊은 나이에 태사(台司)에 올랐고 풍의(風儀)가 단정하고 정중하였으며 지조와 품행이 조용한 가운데 함축성이 있었다. 문사에 능하였는데 유술(儒術)로 수식하였다. 갑인년에는 고명(顧命)을 받아 국가의 종신(宗臣)이 되었고 정사년에는 직언을 하다가 죄를 받았으므로 사류(士流)가 더욱 흠모하였다. 경신년에 요직에 앉아 역적 허견(許堅)을 다스릴 적에 연좌된 사람이 많았기 때문에 거듭 그 당여(黨與)에게 원수로 여겨지게 되었는데, 이때에 이르러 시배(時輩)들이 마음껏 보복하게 되었다.[1]

처음에는 문곡이 용의 단정하고 품행에 함축성이 있을 뿐 아니라 직언을 하다 죄를 받게 되니 사류(士類)들이 흠모했다고 하며, 극찬을 아끼지 않다가 허견 사건을 계기로 원수로 여기게 된 이들이 점점 더 많아지게 되었음을 적고 있다. 이런 기록은 결국 그가 정치적으로 중요한 위치에 있었음을 알게 해주는 단서가 되기도 한다. 또한 치열한 정치 구도 속에서 살아 남기 위해 남을 가해야 되는 상황이었음을 가늠하게 한다.

문곡이 영암에서 적거 생활을 하게 된 것도 결국 붕당 정치의 결과로 타의의 힘에 의해 밀려났다고 해야 할 것이다. 1674년 2차 예송 즉, 갑인예송에서 서인이 패하고 남인이 이기자 당시 영의정 벼슬에 있던 형 수흥(壽興)이 쫓겨나게 된다. 그 대신 문곡이 좌의정

---

[1] 『肅宗實錄補闕正誤』卷20. "壽恒以賢相之孫 黑頭登台司 風儀端重 操履蘊藉 長於文辭 緣飾儒術 甲寅 受顧命 爲國宗臣 丁巳 抗直言被罪 士流尤傾嚮 庚申 秉軸按治逆堅 多有株連 重被其黨讐視 至是 時輩甘心報復"

으로 임명되는 영광을 맞이하게 되지만, 그것도 잠시 숙종이 즉위한 을묘년(乙卯年, 1675) 집권파인 남인의 미움을 받아 결국 영암으로 유배의 길을 떠난다. 때는 햇볕이 작렬하게 내리쬐는 7월 어느 날이었다. 문곡은 당시 유배의 길을 떠나며 '세 조정에 붙이었으나 백 가지로 무능하였고 / 한 번의 위급한 말 뭇 사람들 미움을 샀네'[2]라는 시문을 남겼는데, 당시의 심사를 읽어 낼 수 있는 한 부분이기도 하다.

영암에 도착한 문곡은 처음에는 성의 서쪽에 위치한 군리(郡吏)의 집에서 거의 더부살이하다시피 하며 기거하였다. 이는 그가 지은 「풍옥정기(風玉亭記)」의 내용을 통해 읽어 낼 수 있다.

> 내가 낭주(朗州, 현 전남 영암의 옛이름)로 유배와서 성의 서쪽 군리의 집에서 우거하였더니 집이 본래 면동배서(面東背西)하여 아침부터 저녁까지 종일 햇볕이 들었고, 또 서까래와 처마가 낮고 그 담장이 조밀하고 단단하여 여름이면 불을 땐 듯 답답함이 심하였으나 바람 기운이 들어올 수는 없었다. 이런 이유로 사는 것이 항상 우울하여 시루에 앉아 있는 듯한 고통이 있었다.[3]

처음 살았던 집은 지형적으로 하루종일 햇볕을 받으며 통풍이 잘 되지 않았던 것으로 짐작된다. 때는 여름철이었기에 그 정도가 심했을 것으로 생각되는데, 그런 사정을 '마치 불을 때고 있는 시루 위에 앉아 있는 듯하다'라고 표현하며 평안치 못함을 적고 있다. 항상 최고의 생활만 영위해 왔던 문곡인지라 서울에서 멀리 떨어진

---

2) 『文谷集』卷3. "乙卯七月 應旨進言 天怒大震 臺評隨發 初命付處原州 行到楊山 聞改命遠竄靈巖 轉向南路 路上口占 三朝忝竊百無能 / 一發危言 衆所憎 …"

3) 『文谷集』卷26, 風玉亭記. "余竄朗州 寓城西郡吏家 家本面東背西 朝夕俱受日 而又卑橡短簷 牢密其墻戶 當夏則烘爍式甚 風氣無自以入 是以居常鬱鬱 有坐甑之苦焉"

남도의 시골 생활에 익숙지 않았을 것은 자명하다. 농암이 쓴 『문곡연보(文谷年譜)』에 의하면 당시 생면부지의 영암에 도착한 문곡은 '두문불출하며 『논어』와 『주자대전』 등의 책을 읽고 외우며 근심과 걱정을 잊었다'[4]라고 적고 있는데, 그 구체적인 모습을 「풍옥정기」에서는 다음과 같이 보여주고 있다.

> (영암)군은 옛부터 경치가 아름다운 곳으로 일컬어져서 한 지경 안에 암사(巖寺)와 수정(水亭)이 열을 식히고 서늘함을 맛보기에 마땅한 것이 진실로 일찍이 없지 아니 하였다. 나는 바야흐로 문을 닫고 그림자를 쉬면서 문밖의 한 자취에도 나가지 아니 하였으니 돌아보고 인하여 이를 수 없어서 다만 수옥(水玉)과 추고(秋菰) 등과 같은 것에 부러움을 붙일 뿐이었더니 …[5]

문곡도 월출산을 위시한 영암 주변 풍경의 아름다움을 오래 전부터 익히 들어왔던 모양이다. 하지만, 자신은 지금 나라에 큰 잘못을 저질러 거의 쫓겨나다시피 한 몸이기 때문에 자유를 누린다는 것은 거의 생각도 할 수 없는 일이 되어 버렸다. 따라서 주변 승경을 만끽하며 유람도 하고 사람들과 어울리고 싶었지만 그것도 여의치 않았다. 그러나 언제 풀리지 모르는 적거의 삶인지라 하루 빨리 주변 환경에 적응하는 것이 급선무였다. 때문에 멀리 가지 않더라도 승경을 즐길 수 있도록 집 주변을 단정하기에 이른다.

> 이미 오래되어서야 한 피서의 장소를 얻었으니 집 뒤 작은 구릉이 말 정도 깎여져 그 위가 자못 약간 넓어졌다. 사면이 대나무로 둘러져 있었고, 나뭇잎이 떨어져 앙상하거나 풀이 매우 우거지기도 하여 유취

---

4) 『文谷年譜』, 48年 七月. "公在謫 杜門不出 日取論語及朱子大全書 誦讀玩繹 樂以忘憂 …"
5) 『文谷集』卷26, 風玉亭記. "郡故稱形勝 環一境之內 巖寺水亭之宜於濯熱納涼者 固未嘗無也 而余方塞竇息影 足不出門外一武地 則顧無因而至 徒寄羨於水玉秋菰而已"

(幽趣)있음을 깨달았다. 드디어 종에게 시켜 잡초를 베고 썩은 흙을 개간하여 시험삼아 올라가 주변을 바라보니 얼굴이 시원하고 확 트여져 마치 티끌의 겉을 나오는 듯하였다. … 그러나 뜨겁게 내리쬐는 햇볕과 억수같이 오는 비로 항상 처할 수가 없어 의지할 곳을 도모하였는데, 구림에 집을 지은 것은 오직 힘써 뜻을 굽힌 것이 아니며, 또한 내가 바라던 바도 아니었다.6)

집 주변에는 대나무가 둘러져 있었으며 풀이 우거져 승경을 바라다보기에 적절하지 못하여 종에게 잡초를 베게했다라고 적고 있다. 잡초를 제거하니 그럭저럭 볼만한 풍경을 제공하게 되었지만, 여름의 뜨거운 햇볕과 많은 비는 막을 길이 없었다. 때문에 문곡은 적어도 당시의 열악한 환경보다 좀더 나은 곳으로 옮기기를 희망했다. 이런 이유로 현재 영암읍 서쪽에 위치한 구림 마을과 인연을 맺게 되는데, 인용문 마지막 내용을 통해서 보면 무슨 사정인지는 구체적으로 알 수 없지만, 자신의 의지가 결코 아니었음을 알게 한다. 『문곡연보』에 의하면, '을묘 9월에 군서 구림촌으로 옮겨 우거하다'7)라고 적고 있는데, 아마도 「풍옥정기」 위의 기록과 연결지을 수 있을 것이다. 드디어 문곡의 구림 생활이 시작된 것이다.

하지만, 「풍옥정기」 내용을 통해서 보면, 구림에 처음 지은 집은 사계절 있을만한 곳으로는 적절하지 못한 그저 잠시 머무를 수 있는 임시처로 쓰일 수 있는 정자와 같은 것으로 생각되는데, 집을 지을 때 쓴 재료가 거의 대나무로 이루어져 있으며, 한나절이 못되어 공사가 끝난 것으로 미루어 짐작할 수 있다. 사실 대나무는 여름철에는 시원함을 주는 좋은 재료가 될 수 있지만 겨울철과는 잘 어울

---

6) 『文谷集』卷26, 風玉亭記. "旣久而得一避暑之所焉 舍後小丘斗斷 其上頗寬衍 四面竹樹環之 蕭槮悄蒨 覺有幽趣 遂命僕制穢草闢朽壤 試陟而望之 面勢爽豁 若出埃壒之表 … 然暴陽凌雨 不可以恒處 則謀所以庇之者 而鳩林營宇 非唯力詘 亦非余所欲也"
7) 『文谷年譜』, 48年 乙卯. "九月 移寓郡西鳩林村"

리지 않으며, 임시처가 아닌 집이라면 그렇게 단시간 내에 지을 수 없기 때문이다.

> 이내 큰 대를 취하여 한 시령을 얽어 정자를 만드니 들보와 서까래, 두공과 말뚝 등이 모두 대로 만들어지니 나무는 하나도 섞이지 않았다. 다만 그 아래만은 나무를 설치하여 사방 기틀을 만들어 그 네 귀퉁이에 구멍을 내어 기둥을 이어서 통나무 등으로 흙이 대를 침식하지 못하도록 하였다. 그 높이는 한 자 반이고, 넓이 또한 같았으나 그 긴 것이 높이 한 자에는 미치지 못하였다. 아침이 끝나지 아니하여 공사를 이미 마치어 뜸자리로 그 지붕을 덮고 목책을 짜서 그 아래에 펼쳐 평상으로 대신하여 그 위에 대자리를 베푸니 대자리와 목책이 또한 대나무였다.[8]

대들보와 서까래, 두공, 말뚝 등은 집을 만드는데 기본적으로 필요한 부분들인데, 이런 것들이 모두 대로 이루어져 있고, 다만 네 귀퉁이의 기둥만이 통나무인데 이는 부식을 방지하기 위함이라고 적고 있다. 대는 나무에 비해서 습기 있는 땅에서 오래 견디질 못함을 알고 미리 쓴 예방책인 것이다. 그런데 이렇게 정자가 지어지고 보니 그에 걸맞는 적당한 이름이 필요했다. 그래서 문곡은 그 정자를 '풍옥정'이라고 명명하는데, 이 이름도 물론 대나무와 연관있음을 다음 기문에서 피력하고 있다.

> 매양 바람이 와서 정자에 닿아 닦이고 흔들리며 악기를 치듯이 가볍게 울려 저절로 서로 소리를 이루어 옥이 서로 부딪치는 소리와 같이 쟁쟁해서 마치 아름다운 옥이 갈아져 반원형의 패옥을 울리는 듯하니 정자가 능히 소리를 내는 것이 아니요, 대가 소리를 내는 것이었다. 또 사면을 둘러보아 그 소리를 듣는다면 대의 숲 좌우에 선 것이 바람으로 흔들리지 않음이 없어 마치 옥이 울리는 듯하여 그 소리의 맑고 가락이

---

[8] 『文谷集』卷26, 風玉亭記. "乃取巨竹構一架爲亭 宋桷枅朾 皆以竹爲之 不雜一木 獨其下以木設爲方機 穴其四隅而承其柱 欲其樸屬而毋使土侵竹也 其高一尋有半 其廣如之 其脩不及高一尺 不崇朝而工已訖 以蓬席蓋其頂 編柵布其底以代床 上施以簟 簟與柵亦竹也"

높아 기니 대나무가 능히 할 수 있는 것이 아니요, 바람이 소리를 내는 것이었다. 소리가 비록 바람이 대와 더불어 하는 것이지만 귀에 들려 오는 것은 옥소리 아님이 없었다. 정자를 이름짓는데 '옥'으로써 함이 어찌 있지 아니 하리요?9)

정자에 이름을 명명하는 경위는 여러 가지가 있다. 누정이 위치한 자연과 연관지어 붙여지기도 하고, 누정에 관여한 인물의 호칭이 들어간 경우도 있다. 또한 심지어는 고사성어에서 빌어오기도 한다(이강로 외, 1987, pp.17~20). 문곡은 대나무가 바람을 만나는 장면을 '옥이 서로 부딪치는 소리와 같이 쟁쟁해서 마치 아름다운 옥이 갈아져 반원형의 패옥을 울리는 듯하다'라는 극한 비유를 써서 표현하고 있다. 즉, 정자 이름에 옥이 들어가게 된 이유를 적고 있는 것이다.

정자가 다 이루어지자 문곡은 살게 될 정자에 걸맞게 갈포 옷으로 갈아입고 시서(詩書)를 읊조리며 술잔을 기울이기도 하고, 월출산의 상쾌한 기운을 맛보며 정신을 맑게 하고 마음을 넓게 하여 흥을 일으키기도 한다. 그래서 이러한 흥에 젖다보니 자신이 지금 유배 생활을 하고 있음을 잠시 잊었다고 적고 있다.10) 곧 이는 문곡이 구림으로 생활 근거지를 옮긴 후 점점 더 마음의 여유를 찾아가고

---

9) 『文谷集』 卷26, 風玉亭記. "每風之來觸於亭也 磨颭憂擊 自相成聲 琮琤乎鏗鏘乎 若碎琳琅而鳴玦環 非亭之能聲也 竹爲之聲也 又四顧而聽之 則竹之林立於左右者 無不爲風所搖 瑲瑲珊珊 其聲淸越以長 非竹之能聲也 風爲之聲也 聲雖風與竹之爲 而其聽於耳則無非玉也 名亭以玉 奚不可之有"
10) 『文谷集』 卷26, 風玉亭記. "亭旣成 余乃葛布褐 日相羊其中 呻書詠詩以自樂其所樂而倦則引觴而醉 據几而眠 熙熙然與造物者游 旣覺而起則鮮飆自生 翠葉交蔭 月嶽爽氣依依入襟袖 令人神淸心曠 有馭冷風狂寒門意 以至暮色蒼然 新月映林梢 而興猶未闌也 當是時也 忽不知身之爲僇人地之爲荒裔時之爲炎夏 則況世之是非得喪榮辱 復有可以攖吾懷者耶 假使余得致身於向所謂巖寺水亭者 而其淸曠自適之趣 未必能若是也"

있음을 암시하는 대목이기도 하다.

다음 시는 구림으로 이거 한 후 삶이 점차 안정되어 가는 모습을 그리고 있다.

稍厭處城闉	성문에 처하여 조금 싫증났는데
玆焉得所宅	이에 살 곳을 얻었구나
窓開海門秋	창문 열면 海門의 가을이요
簾卷月峰夕	주렴 걷우면 월출산 봉우리의 저녁이라네
地偏去人喧	땅은 편벽되어 떠나는 사람 요란하나
心定謝物役	마음은 안정되어 물건 부리기를 사양하네
林僧許結社	숲 속의 스님 結社를 허락하고
野老時爭席	들의 늙은이들 자리 내주기를 다투네
安身卽爲家	몸 편하니 집이 만들어지리니
過眠便成昔	잠을 자다 문득 옛날을 이루네
天地一籧廬	천지간 한 대자리 오두막에서
此理吾已析	이러한 이치를 나 이미 분별하였네[11]

성문에 처하였다고 함은 앞에서 언급했던 군리 집에서의 생활을 말한다. 두 번째 구에서는 구림의 주변 승경을 '해문(海門)'과 '월봉(月峰)'이라는 어구를 통해 묘사하고 있다. 현재 구림은 두 번에 걸친 간척 사업으로 인해 마을 가까이 바다가 있지는 않지만, 당시만 하더라도 바다가 가까이 있었음을 알게 해 주는 대목이다. 그리고 네 번째 구에서는 구림 사람들의 인정(人情)을 전달해 주고 있다. '임승(林僧)'과 '야로(野老)'는 바로 구림 주변 사람들을 말한다고 할 수 있는데, 가까운 거리에 위치한 월출산 근처 절에 사는 스님이나 향리에 근거지를 둔 사족들을 주로 가리키는 것으로 추측되는데, 문곡이 구림에 잠시나마 정착하는데 많은 이들의 아낌없는 배려가 있었음을 읽어 낼 수 있다. 문곡은 결국 구림으로 옮겨살아 유배 생활 중 마음의 안정을 찾는 결정적 계기가 되었음을 위의 시는 말해

---

11) 『文谷集』 卷7. "遷居鳩林 次移居韻 其一"

주고 있다. 마음이 안정되니 외물에 구속되어 거기에 얽매이는 것에서 헤어나올 수 있었고, 결국 몸도 편해질 수 있는 이치를 깨달았노라고 피력하였다.

또한 문곡은 자신의 입장을 중국 북송의 시인인 소식(蘇軾)과 동일시한다. 문곡이 유배를 당해 영암으로 오던 중 그의 아들 농암이 슬픈 감정을 담아 시로 읊었던 모양인데, 마치 소식이 유배를 가면서 읊었던 것과 정경(情境)이 일치하다라고 적고 있다.12) 뿐만 아니라 자신이 12월에 월출산의 고산사(孤山寺)에 놀러 갔는데, 이는 마치 소식이 항주(杭州) 지방관으로 있을 당시 고산사라는 절에 놀러 갔던 것과 일치했다라고 하며13) 다음과 같은 시를 남긴다.

臘日孤山寺	臘日 孤山寺에서
千秋復此游	천 년의 이 놀음 다시 하네
我無坡老韻	나에게는 東坡의 운치 없으나
僧有惠師流	스님 중 惠勤·惠思와 같은 분 있도다
洞雪封巖徑	산골 눈은 바위 길을 막아 버렸고
溪雲護石樓	시내 구름은 돌 누각을 감싸안았네
西湖生眼底	西湖가 눈 아래에 바라보이니
剛不羨杭州	굳이 杭州가 부럽지 않다네14)

월출산의 고산사와 항주의 고산사, 월출산 고산사의 스님과 항주 고산사의 혜근(惠勤)·혜사(惠思) 스님, 영암 서호와 항주의 서호 등을 서로 대비하여 일치함을 보여주려고 하였다.

---

12) 『文谷集』 卷3. "族子盛最 以金吾郎押余 行到靈巖 還歸 臨別 協兒偶吟譎仙詩句 暗合今日情境 故足成以贈之 月出青山送行子 / 四邊苦竹秋聲起 / 分明千載譎仙詩 / 情境依然今日是"

13) 『文谷集』 卷3. "訪孤山寺 留題示居僧有入定僧數人棲寺, 昔蘇東坡在杭州 臘日游孤山寺 有詩紀其事 余謫朗州 聞月出孤山之勝 偶乘興訪之 是日適嘉平也 事有曠世而相符者 亦異哉 遂留詩寺壁 以備山門一勝事云"

14) 『文谷集』 卷3. "訪孤山寺 留題示居僧有入定僧數人棲寺"

소식이 정치 생활을 했던 당시는 신법당과 구법당의 정쟁(政爭)이 끊이지 않았다. 신법당은 왕안석(王安石)이 주축이 되었고, 소식은 구법당에 속해 신법당이 추진하는 전반적인 정책을 격렬하게 비난하였다. 과거정책을 반대하는 <의학교공거장(議學校貢擧狀)>을 비롯하여 <간매절등장(諫買浙燈狀)> 등의 상소문을 잇달아 내놓으며 왕안석에 반대하는 입장을 분명히 하였다. 때문에 이러한 소식을 그대로 묵과할 수 없었던 왕안석인지라 그를 중앙 정치에서 떨어지게 하기 위해 항주통판(杭州通判)으로 축출해 버린다. 이때가 1071년 12월 소식의 나이 36세로 그 후 1074년까지 항주 생활을 하게 되었다. 당시 가장 특징적인 것은 불교에 심취했다는 점이다. 그 전에도 불교 교리를 익히기는 했으나 그에 만족할 수 없어 실제 절을 찾고 고승들을 방문하여 교리와 생활이 일치한 살아 움직이는 불교의 실체를 배우고자 한다. 그래서 그가 찾은 절은 여러 곳이었는데, 그 중에 한 곳이 고산사였다. 그 고산사에 있는 혜근과 혜사 스님은 당시 꽤 이름이 알려져 있었는데, 항주에 도착한 소식은 3일 만에 그들을 만나 살아가는 진솔한 이야기로 꽃을 피운다. 이런 인연으로 소식은 혜근의 시집에 서문까지 써 주게 되는데,[15] 문곡은 자신이 월출산 고산사에 간 것이나 소식이 항주 고산사에 간 것, 그리고 그 곳에서 마음이 통하는 스님을 만나게 된 것 등이 같다라고 하였다.

뿐만 아니라 소식이 화도시(和陶詩)를 쓴 것과 자신의 상황을 다음과 같이 동일시한다.

  소동파(蘇東坡)가 혜주(惠州)에 있을 때 도잠(陶潛)의 시에 화운하였는데, '백학(白鶴) 봉우리에 새로 살 곳 이루어 가우사(嘉祐寺)로부터 옮

---

15) 소식과 혜근·혜사 스님과의 인연에 대한 내용은 홍우흠(1983, pp.98~100) 참조.

기어 들어왔다. 큰 아이 매(邁)가 나와 이별한 지 삼 년만에 뭇 손자들 이끌고 만리 먼 곳에 이르니 노후(老朽)와 우환(憂患)의 나머지에 혼연치 아니함이 없었다'라고 이른 곳이 있었다. 그 시에 이르기를 "이른 아침 똑똑똑 / 누가 나의 오두막을 두드리는가? / 자손들 먼리에서 이르러 / 우스개 소리 어지럽구나 / 늘어뜨린 머리 자르고 / 이 박으로 만든 호리병을 덮네 / 삼 년이 일몽(一夢) 같은데 / 곧 다시 너를 보는구나"라고 하였다. 이제 내가 남쪽으로 옮긴 것이 이미 삼 년이 되었다. 성의 서쪽에 우거하던 집에서 겨우 성의 남쪽으로 옮기니 큰 아이가 가족들을 이끌고 와서 만나게 되었다. 일이 마침 소동파와 더불어 서로 같아 기록치 아니 할 수 없어 멋대로 한 시를 지어 아이에게 보이노라.16)

소식은 정쟁의 소용돌이에서 여러 차례 부침을 하였는데, 혜주는 그의 나이 59세에 마찬가지 유배를 가서 2년 정도 보냈던 곳이다. 이 시기 소식은 도연명의 은둔과 담박함을 좋아하고, 청정무위(淸淨無爲)와 양생장생(養生長生)을 강조하는 도가에 대해서도 이전보다 더 큰 관심을 표시하였다(왕수조 저 / 조규백 역, 2001, p.196). 10월 2일 혜주에 도착한 소식은 처음에는 합강루(合江樓)에서 지내나 10월 18일 경 가우사(嘉祐寺)로 천거(遷居)한다. 가우사로 옮기니 장남 소매(蘇邁)가 자식들을 이끌고 소식을 뵈러 왔다. 소매는 그 동안 소주(韶州) 인화령(仁化令)으로 있었기 때문에 소식과 자주 만날 수 없었는데, 3년만에 이루어진 재회였다. 때문에 그 만난 기쁨도 컸으리라고 생각되는데, 당시 소식은 그런 감정을 위 인용문과 같은 시로 대신하였다. 이러한 일들을 문곡은 자신의 상황과 동일시 하였다. 문곡은 영암에 도착한 후 3년이라는 세월이 흐른 뒤 거처를 옮기는데, 그때 마침 장남인 창집(昌集)이 가솔들을 이끌고 만나뵈

---

16) 『文谷集』 卷4. "東坡在惠州和陶詩 有云白鶴峰新居成 自嘉祐寺遷入 長子邁與余別三年矣 挈携諸孫 萬里遠至 老朽憂患之餘 不能無欣然 其詩曰 旦朝丁丁 誰款我廬 子孫遠至 笑語紛如 剪髮垂髻 覆此瓠壺 三年一夢 乃復見余 今余南遷 亦已三年矣 自城西僑舍 纔移城南 而長兒挈家來會 事適與坡翁相符 不可不志 漫述一詩示兒"

러 왔던 모양이다. 위 마지막 글 내용은 바로 이를 두고 하는 말이다. 이런 글을 이어서 문곡은 다음과 같은 시를 남긴다.

坡翁謫惠州	동파 늙은이 혜주로 귀양갔을 때
有子挈家至	자식 있어 식구들을 데리고 갔지
三年乃復見	삼 년만에 이내 곧 다시 만나
欣然詩以志	흔연히 시로써 뜻을 하였네
自我竄海瀕	나 바다 외진 곳에 귀양와서는
靑楓三鑽燧	푸른 단풍이 세 번이나 물들었지
骨肉隔殊方	골육이 다른 곳에 격리됨에
思之邈難致	생각이 하도 멀어 이르기 어려운데
爾今來覲我	너는 지금 와서 나를 보는구나!
千里携諸稚	천리 길 뭇 아이들 데리고
垂髫儼環珥	늘어뜨린 머리 옥고리로 단정히 하고
繞膝爭嬉戲	무릎에 둘러싸여 즐겁게 장난치네
別來見存沒	이별 뒤에 살았는지 죽었는지 살펴보니
歡極却垂涙	반가움이 극을 다해 문득 눈물이 흐르네
(이하 생략)	

1·2구는 소식이 혜주에 있을 때 장남 소매가 3년만에 가솔을 이끌고 와 만나게 된 반가움을 시로 대신했던 일을 적었다. 그리고 3구부터는 문곡 자신의 상황을 이야기하고 있다. 3구의 푸른 단풍을 세 번 찬수(鑽燧)했다는 말은 새해가 세 번 바뀌었음을 말한다. 그 동안 가족들과 떨어져 쓸쓸히 지내야만 했던 문곡은 4구에서 그러한 자신의 처지를 말하고 있다. 6구는 마치 소식의 손자들이 소식에게 재롱을 부렸던 것과 비슷한 상황을 연상하게 만든다.

이처럼 문곡은 유배지에서 자신의 처지를 소식의 유배지 생활과 서로 대비하며 동일함을 드러내려고 하였다. 이는 바로 그가 소식의 생활을 닮고자 했음을 의미하는데, 이의 귀결점이 바로 화도시 제작이라고 할 수 있다. 문곡은 영암 유배생활 중 50수의 화도시를 남기는데, 이도 소식을 추종하던 가운데 제작되었다고 볼 수 있다.17) 소식은 비록 타의의 힘에 의해 유배의 길을 왔지만, 도연명이 그랬던 것처럼 자연에 동화하여 전원생활을 하려고 노력하며 도연명의 시에 화운을 하여 모두 124수의 작품을 남긴다. 즉, 소식은 일찍이 '나는 시인에 대해서 유별나게 좋아하는 사람은 없으나 오로지 연명 시만은 좋아한다'라고 했는데, 화도시를 통해 이를 증명했다고 하겠다.

이처럼 문곡은 소식이 유배를 갔던 것과 자신의 처지를 여러 면에서 동일시하였는데, 소식이 했던 것처럼 화도시를 제작한 것은 문곡도 진정한 전원생활을 즐겼던 도연명의 유유자적하고 한적한 삶의 자세를 배우고자 했기 때문이라고 할 수 있다.

Ⅱ. 향촌 인사와의 교유와 시문제작

영암으로 유배 온 문곡이 주로 교유한 인사는 첫째, 월출산의 도갑사를 위시한 크고 작은 암자의 스님과 둘째, 구림 마을의 사족들인 것으로 나타난다.

이미 언급했듯이 문곡은 마음의 안정을 얻어 가자 주위 승경을 유람하기 시작하는데, 험악한 월출산 등반도 두 번 강행한다. 첫 번째 등반은 구림으로 옮긴 지 1년 3개월 후인 12월 겨울에 이루어졌다. 타관살이를 위로해 주며 상대해 주는 산이었지만, 바위로 둘러진 험악한 바위산인지라 갈 수 있는 기회는 그리 많지 않았다. 문곡의 나이 48세로 추운 12월에 산행을 한다는 것이 다소 버겁기는 했지만, 그의 아들 농암과 함께 여러 곳을 유람하였다.18) 그리고 두

---

17) 문곡의 화도시에 대한 연구는 安末淑의 전게 논문에서 이루어졌는데, 창작의 사회·역사적 배경에 대한 천착이 없어 아쉬움으로 남는다.

번째 유람은 이듬해 10월에 이루어지는데, 도갑사에 들러 하룻밤 자고 돌아와 시 십 수 편을 남겼다[19]라고 하였다. 이때도 맏이 창집을 비롯 네 명의 아들들과 동행하였다.[20] 이런 산행을 하던 중 만났던 크고 작은 절의 스님들은 대체로 문곡을 환대하며 반갑게 맞이해 주어 자연스러운 교유가 이루어질 수 있었다. 이들 중 도갑사의 법한(法閒) 스님에 대한 문곡의 인상은 남달랐던 것으로 나타난다.

다음은 『문곡집』 권3에 실려져 있는 <도갑사서증법한상인(道岬寺書贈法閒上人)>의 서문 내용이다.

> 나는 절에 이르러 하루 밤을 자고 돌아가려고 했는데 나이 많은 스님인 법한상인(法閒上人)이 있어 순박하고 진실하여 가히 더불어 이야기할 수 있었다. 나에게서 시를 심히 간절히 구하였다. 나는 인하여 그가 가지고 있는 것(마음속에 품고 있는 뜻)을 두드렸다. 법한상인이 말하여 이르기를 "마치 양식이 떨어진 듯이 면벽하고서 설법의 자리를 높이 드니 내가 근진(根塵)에 빠지는데 이를 수는 없었고, 계율을 무릅쓰고 범패를 노래부르면서 마음으로는 서투른 중이 되었느니 또한 나의 수치스러운 바이다"라고 하니 나는 (그것을) 듣고 가상히 여겼다. 우리 유문(儒門)에 비유하자면, 그 거의 도에서도 떠나지 아니하고 속세도 끊어 버리지 않는 류가 아닌가?[21]

법한스님에 대한 문곡의 첫인상은 순박하고 진실하다는 것이었다. 법한스님도 문곡의 중앙에서의 위치와 문인으로서의 기질을 잘

---

18) 『文谷年譜』, 四十九年丙辰年. "十二月 遊月出山 歷牛車孤山龍巖諸菴 宿道岬寺而歸 有詩十數篇"
19) 『文谷年譜』, 五十年丁巳年. "十月 訪道岬寺 一宿而還 有詩十數篇"
20) 네 명의 아들들과 동행했음을 알게 해주는 시제로 『文谷集』 卷4의 <十月初一日 攜集・協・緝・立諸兒 爲月出之遊 入山有作>과 같은 작품이 있다.
21) 『文谷集』 卷3. "道岬寺 書贈法閒上人 幷序, 余爲至寺一宿而歸 有長老法閒者淳實可與語 求余詩甚勤 余仍叩其所存 則閒之言曰 若絶粒面壁 抗尊法席 則吾不能至於汨根塵 冒戒律口梵唄而心駈僧 亦吾之所恥也 余聞而嘉之 譬之吾家 其殆不離道不絶俗之流歟"

알고 있었기 때문에 융숭한 대접과 아울러 시 한 수를 간절히 부탁한다. 그런데 문곡은 사실 법한스님에 대해 아는 바가 별로 없어 마음 속에 품고 있는 뜻하는 바를 물었던 것이다. 법한스님은 '설법을 높이 드니 속세에 빠지지 않았고, 그러면서도 서투른 중이 되니 부끄러울 뿐'이라고 자신을 소개한다. 이 말을 들은 문곡은 법한스님에 대해 평하기를 '도에서도 떠나지 아니하고, 그렇다고 속세의 인연을 끊어 버린 사람'이 아니라고 결론짓는다. 뿐만 아니라 같은 도갑사에서 만난 승잠스님에게도 <중방도갑사 서증승잠상인(重訪道岬寺 書贈勝岑上人)>이라는 시문을 지어주는데, 만나서 반갑게 환대받고 헤어짐의 아쉬움을 적고 있다.22) 또한 이러한 불승들과의 인연은 결국 작은 암자의 이름을 지어주는데까지 이르는데, 그의 문집 권26에 실려 있는 <수남사시(水南寺記)>를 통해서 알 수 있다.

절은 오래되도록 이름이 없었으나 그 도갑을 남쪽한 것으로 불러 '남암(南菴)'이라고 하였다. 내가 고쳐서 명명하기를 '수남(水南)'이라 하고 그 누를 이름하여 '산취(山翠)'라고 하니 누의 사면이 모두 산임에 푸르름이 항상 둘러져서 이러한 뜻이 실경(實景)에 합당하였다. 옥렬(玉烈)이 이로 인하여 나에게 한 마디의 말로 기록할 것을 청하였는데, 이 땅이 불행하게 도선국사를 만나지 못하였다면 천 백년 오랫동안 잡초가 우거졌을 것이요, 다행히 민(敏) 선사(禪師)을 만나 천 백년 뒤에야 개척되었으니 기이하다고 이를 만하다. 만약 내가 와서 놀았다면 잡초가 우거지는 날이 없었을 것인데 개척한 다음에 오게 되어 그 또한 다행이요 불행은 아니다.23)

---

22) 『文谷集』 卷4. "重訪道岬寺 書贈勝岑上人, 海國秋初盡 / 山房客又來 / 貪看楓葉樹 / 爛醉菊花杯 / 細水遙通筧 / 層巖自作臺 / 居僧解惜別 / 欲去重徘徊"
23) 『文谷集』 卷26, 水南寺記. "寺久無名 以其南於道岬 喚爲南菴 余改命曰 水南 名其樓曰山翠 以樓之四面皆山 蒼翠常環 合於此志實境也 烈仍請余一言以記之 玆地也不幸而不遭詵公 蕪沒千百年之久 幸而遭敏師 得以開拓於千百年之後 可謂奇矣 若余之來游 不在蕪沒之日 而在開拓之後 其亦幸也 非不幸也"

절은 원래 제 이름을 갖지 못하고 남암이라는 암자의 이름을 지니고 있었는데, 옥렬 스님이 주변 승경과 어울리게 지어줄 것을 요청하니 문곡이 수남사라고 명명했다는 내용이다. 문곡은 이처럼 절의 스님들과 자연스러운 교유를 하며 시문으로 자신의 생각을 전하는데, 이는 사상이나 이념이 내재된 만남이 아닌 인간 대 인간의 순수한 정신 세계의 교유라고 할 수 있겠다.

한편, 향촌 사족과의 교유는 스님의 경우보다 훨씬 더 광범위하고 다양하게 이루어졌다. 구림은 영암의 대표적인 반촌(班村) 마을로 대개 이 반촌을 형성한 대표 성씨로 선산임씨(善山林氏), 함양박씨(咸陽朴氏), 연주현씨(延州玄氏), 창녕조씨(昌寧曺氏), 해주최씨(海州崔氏), 낭주최씨(朗州崔氏) 등을 든다. 이들 중 함양박씨가 가장 먼저 입성하였고(1480년경), 이어서 연주현씨(1500년경), 선산임씨(1530년경), 해주최씨(1560년경), 창녕조씨(1570년경), 낭주최씨(1620년경) 등이 차례로 구림에 터를 잡았던 것으로 나타난다.[24] 이들은 각자의 가문을 지키기 위해서 서로 견제를 하기도 했지만 하나의 구심체를 만들어 협력도 아끼지 않았다. 즉, 1565년에 창립한 구림대동계(鳩林大同契)를 구심 역할의 대표로 언급할 수 있다. 구림대동계는 엄격한 내규(內規)를 만들어 문중간 강한 결속력을 보였는데, 1646년 대동계원의 전용 공간인 회사정(會社亭)이 건립되면서 그 절정에까지 이르렀다.[25]

문곡이 구림에 오게 된 것은 이로부터 약 30년 후이다. 이때 구림은 여느 다른 지역과 마찬가지로 향리의 사족 지위가 변화되면서 성씨나 문족간(門族間)의 분화현상이 노정되고 있었다. 가령, 구림

---

24) 구림의 대표 성씨에 대한 개략적인 이해는 사단법인 향토문화진흥원 (1992, pp.119~136) 참조.
25) 영암 구림대동계 연구는 다음 논문 참조. 김경옥(1991), 이종휘(1984), 이해준(1988), 최재율(1973).

을 대표하는 사우(祠宇)·서원(書院)·누정 등이 이 기간에 집중적으로 건립되고 있음은 시사하는 바가 크다.26) 다시 말해 각 문중 간 경쟁도 치열했을 것인데, 문곡과 같은 중앙의 유명 인사가 마을에 들어오자 사족들은 고무되었을 것으로 생각한다. 이는 문곡을 환대하는 사족들의 태도에서도 읽어 낼 수 있다.

出洞攜餘興	마을을 나서는데 남은 흥이 일고
班荊坐水濱	반형(班荊)들 물가에 앉아 있구나
仍傾不盡酒	이내 기울여도 술은 다하지 아니하여
更挽欲歸人	다시 돌아가고자 하는 사람 붙들고 있네
石閱寒波古	바위는 찬 물결을 겪어선지 오래되었고
山含夕景新	산은 저녁 경치 머금어 새롭구나
淸遊翻似夢	맑은 놀음이 문득 꿈과 같으니
自覺首回頻	절로 머리가 돌아감을 깨닫겠구나27)

 동구를 나오다 구림 사람들이 모여 있어 함께 주연을 즐겼다는 것이 위시의 전체적인 내용이다. 1구의 반형(班荊)은 구림 사족을 가리킨다고 할 수 있는데, 2구의 내용을 통해서 주연을 빨리 끝마치고 가려는 문곡을 애써 붙잡으려 하는 모습이 연상된다.

 특히, 문곡은 여섯 사족 중에서 함양박씨, 창녕조씨, 연주현씨 등과 주로 교유했던 것으로 나타난다. 먼저, 함양박씨는 오한공(五恨公) 박성건(朴成乾, 1418~1487) 때부터 구림에 터를 잡고 살게 되었는데, 오한공은 경기체가인 <금성별곡>의 저자로도 알려져 있다.28) 그리고 오한공은 권(權)·율(栗)·조(曺)·계(桂)·정(槇)의 다

---

26) 1677년에 西湖祠(창녕조씨)·1678년에 竹林亭(연주현씨)·1681년에 竹亭書院(함양박씨) 등이 불과 2~3사이에 한 마을에 건립되었음은 눈여겨보아야 할 대목이다. 이해준, 앞의 논문(1988) 참조.
27) 『文谷集』卷4. "出洞口下馬溪邊 與鳩林諸人小酌"
28) 오한공은 원래 금성(錦城), 즉 지금의 전남 나주에서 살았는데 영암 구림으로 이거하였다. 이런 내용은 농암 김창협과 삼주(三洲) 이재(李縡)

섯 형제를 두었는데, 이중 박권은 연산조에 왕의 음학(淫虐)을 보다 못해 직언을 하다 결국 길주(吉州)로 귀양을 가기도 하였다. 또한 셋째 박조의 장남인 박규정(朴奎精)은 호가 수옹(壽翁)으로 당시 마을 동장이 되어 구림대동계를 창설할 때 지대한 공을 세운 이로 알려져 있다. 이를 보면, 당시 향촌에서 차지한 오한공의 위치가 보통 이상이었을 것으로 생각되는데, 특히 박규정은 제봉(霽峰) 고경명(高敬命)과도 친분이 있었음을 다음 글은 말해 준다.

> 공의 증손 세경(世卿)이 우연히 남의 집에서 제봉 고경명이 공에 증정한 시 칠언절구 5수를 얻어냈다. 감개무량하여 사모의 정이 일어나고 또 그 분의 유촉(遺躅)을 오히려 증거 할 수 있음을 기뻐하였다. 그래서 화공에게 명하여 세 섬의 그림을 그리게 하고는 나에게 제봉의 시에 대한 글을 쓰고 아울러 그 운자에 화하여 아래에 부쳐주라고 부탁하였다. 그리하여 조그마한 병풍을 만들어 눈으로 보면서 사모의 정을 잊지 않으려는 일을 도모하였다.29)

박세경은 당대 유명한 시인인 고경명이 자신의 조상과 서로 교유했다는 사실에 무한한 자부심을 느껴 당시 구림에 와 있던 문곡에게 가 그러한 사정을 이야기했을 것이다. 그리고 마침 박규정의 호가 삼도수옹(三島壽翁)이므로 거기에 걸맞게 화공에게 시켜 병풍을 그리게 할 것이니 병풍의 서문과 아울러 고경명 시에 차운해 줄 것을 문곡에게 요청했던 것이다. 문곡이 이에 대해 답해 준 작품이 바로 <제수옹벽상운(題壽翁壁上韻)> 5수이다.30)

가 각각 지은 <五恨先生三世行錄> 참조. 또한 오한공파 문중문헌에 대한 이해는 박명희(2001, pp.131~167) 참조. 그리고 <금성별곡>에 대한 연구는 이상보(1975) 참고.
29) 金壽恒, <家藏屛風序>. "公之曾孫世卿 適從人家 得霽峯高公所贈公詩 七言絶句五首 慨然興慕 且喜其遺躅之尙可徵也 將命工爲三島之圖 屬余 書霽峯詩幷和其韻 以附於下 謀作一小屛 以目擊而羹墻焉"
30) 『文谷集』 卷4에 <題壽翁壁上韻> 작품이 실려져 있는데, <爲朴君世卿

다음은 그 중 두 번째 작품으로 박규정이 벼슬에 나아가지 않고 외진 시골에서 끝까지 살아갔던 모습을 연상하고 있다.

   荷衣終不換朱輪 연잎 옷을 끝내 붉은 수레바퀴로 바꾸지 않고
   尙想山冠岸白綸 오히려 산관으로 흰 윤건 비스듬히 쓴 것이 연상되네
   休遵典刑今已遠 아름다운 전형을 이으려 하나 이제 이미 멀어지고
   岫雲江月是傳神 산 구름과 강월만이 그 정신 전해주네31)

연잎 옷과 주륜(朱輪)은 서로 대립되는 개념으로 전자가 처사적 의미라면 후자는 높은 고위관직을 뜻한다고 하겠다. 그런데 박규정은 평생 전자의 삶을 살았지 후자에 뜻을 두지는 않았다고 한다. 그러면서도 향촌에서는 존경받는 인물이었으니 문곡이 그런 박규정의 뜻을 따르려고 했으나 이제는 생존하지 않아 아쉽다라고 적고 있다.

다음은 창녕조씨와의 교유이다. 창녕조씨는 시조 조계룡(曺繼龍)의 29세손인 조기서(曺麒瑞)때 구림에 처음 터를 닦았는데, 그의 둘째 아들 조행립(曺行立, 1580~1603)에 접어들어 향촌의 유력한 사족으로 성장한다. 조행립은 인조반정 후 온양군수를 지냈고, 67세 되던 1646년 구림대동계를 중흥시켰는가 하면, 회사정 건립을 주도하는 등 앞의 박규정과 함께 당시 구림을 이끈 인물이었다. 다음 글은 문곡이 쓴 조행립의 묘지명인데, 조행립의 행적과 아울러 마을 내에서 차지한 위상 등을 알 수 있게 한다.

  을묘년 나는 남쪽에 얽매인 바가 되어 영암 구림리에 우거하게 되었는데, 즉 옛날 첨지중추부사 조공(曺公)의 은거지이다. 이때에 조공은

  次高霽峯贈其曾祖朴壽翁韻>이라는 제목으로 되어 있다.
31) 『文谷集』 卷4. "爲朴君世卿 次高霽峰贈其曾祖朴壽翁韻"

세상을 뜬지 이미 10여 년이었으나 그 후손들은 오히려 살고 있었다. 마을 가운데에 정자가 있으니 '회사정'이라고 하는데 향약과 향음을 닦는 곳이다. 또 바로 몇 리쯤에 서당을 짓고 스승을 두어 촌의 빼어난 사람들을 모아 가르치니 모두 조공이 창설한 것이다. 풍속을 함께 하고 영재를 교육했던 것으로 마을 사람들이 능히 조공의 일을 말하였다. … 그 가장 나이 드신 어르신이 또 나를 위하여 말하기를 "조공이 나이 들어 돌아왔으나 족적이 오히려 쇠하지 아니하여 좋은 날 문득 생선을 잡고 술을 명하여 친척을 부르고 조카들을 좇아 가벼운 가마와 작은칼로 산해(山海)의 즐거움을 다하니 그를 바라봄에 마치 신선과 같았다"라고 하였다. 공은 진실로 좋은 사람이고 복 있는 사람으로 나는 소문을 듣고 심적으로 그를 부러워하였다. 조공이 생존한 때에 미쳐 잔을 한 번 나누는 즐거움을 갖지 못한 것이 한스러울 뿐이었다.[32]

조행립이 살아생전 향촌 교육에 열의를 보여 세상을 뜬 지가 벌써 10년 정도 흘렀는데도 아직까지도 마을 사람들은 추앙받을 인물로 이야기하니 문곡 자신이 직접 만나보지 못함을 못내 아쉬워하는 내용으로 되어 있다. 조행립은 모두 다섯 아들을 둔 것으로 나타나는데, 문곡과 직접 교유한 사람은 셋째 조경찬(曺敬瓉)이다. 위 묘지명을 제작하게 된 경위에 대해서도 문곡은 '공의 후손들이 손수 공의 행장을 써서 나에게 묘지명을 청하였으나 나는 이미 사양함을 얻지 못했다'[33]라고 적고 있는데, 조경찬의 강력한 부탁이 있었을 것으로 생각한다. 조경찬은 또한 '안용당(安用堂)'이라는 자신의 당을 짓고는 문곡에게 그에 대한 기문을 써 줄 것을 부탁한다. 이에

---

[32] 『文谷集』卷19, 僉知中樞府事曺公墓誌銘幷序. "歲乙卯 余禦魅于南寓靈巖之鳩林里 卽故僉樞曺公菟裘也 時曺公歿已十餘年 其諸子尙居之 中里有亭曰會社 修鄕約鄕飮之所也 又直數里許 建塾置師 聚村秀敎之 皆曺公所創設 以厚俗育才者云 里之人猶能道曺公事 … 其長老又爲余言 曺公之老而歸也 視履尙不衰 嘉辰勝日 輒擊鮮命酒 呼戚執從子姓 輕籃小刀 以極山海之娛 望之若神仙焉 公眞善人 亦福人也 余聞而心豔之 恨不及曺公在時 一稱觴周旋之爲快也已"
[33] 『文谷集』卷19, 僉知中樞府事曺公墓誌銘幷序. "公之諸子手公狀 問誌於余 余旣辭不獲"

대해 문곡은 <안용당기(安用堂記)>를 지어주는데, 다음 글은 그 기문의 일부분이다.

> 하산 조중선(曹仲宣) 어르신은 본래 세록(世祿)의 자손으로 서울에서 태어났는데, 어려서 그의 부친을 모시고 낭주 구림촌에 피하여 와 이내 살게 되었다. … 나는 세상의 한가로움에 노닌 자들이 조장자와 같지 않음을 안다. 그러나 지위와 명망이 높아짐을 그리워하고 가리워 감추어짐을 싫어함은 조장자가 어찌 다른 사람과 다르겠는가? 나는 조장자가 어려서 과거 시험을 익히지 아니하고 방종하기를 즐기고 스스로 놓아 비록 뛰어난 인물의 배열에 참여하지는 못하나 그 기의(氣義)와 간국(幹局) 같은 것이 지금의 많은 집사자와 비하면 지나침은 있어도 미치지 아니함은 없는 것을 보았다. … 포의로 백발됨을 사람들이 모두 안타깝고 애석하게 여겼으나 조장자는 바야흐로 또한 자득하며 한가로워 근심하는 기색을 볼 수 없었으니 아니 이른바 그 운명을 편안히 하여 밖에서 구하는 것이 없어서였던가? 그 지난번 요행에 바빠서 더럽고 형벌의 사이에서 늙어 죽은 사람과 비교하면 과연 어떠한가?[34]

조경찬이 벼슬살이를 하진 않았지만, 그 스스로 자족하며 한가로운 생활을 즐긴 것에 대해 예찬하고 있다. 세상 사람들 중에는 말로는 한가롭게 노닌다고 하지만, 실지 생활은 명망을 좇는 자가 많은데 조경찬은 그러한 근심에서 벗어나 자족의 삶을 살아가고 있다라고 한 것이다. 이렇듯 조경찬에게 부친의 묘지명과 당의 기문을 써준 문곡은 <낭주의 여덟 절구를 생각하며 구림의 뭇 사람들에게 부치다(『文谷集』 卷5, 憶朗州八絶 寄鳩林諸君)>라는 시문 네 번째에서도 '안용당 늙은이 / 평생 얇은 구름에 뜻을 두었네 / 편안한 호

---

34) 『文谷集』 卷26, 安用堂記. "夏山曺仲宣丈 本世祿之冑 生于京師 少奉其家大人 避地朗州之鳩林村 仍居焉 … 吾知世之間適者 莫曺丈若也 然慕通顯而惡沈晦 曺丈豈異於人哉 余觀曺丈少不習公車業 樂弛置自放 雖不得與於俊造之列 而若其氣義幹局 視今之爲百執事者 有過而無不及焉 … 皓首布衣 人皆嗟惜 而曺丈方且優游自得 未見有戚戚色 豈所謂安其命 無求於外者耶 其視向之奔走儌倖 老死於汚穢刑辟之間者 果何如也"

해의 기운 / 문득 광릉(廣陵)의 무덤에 묻혔다오'35)라고 하여 조경찬의 한적한 삶을 높이 기리고 있다.

다음은 연주현씨와의 교유이다. 연주현씨가 구림에 처음 터를 잡기 시작한 것은 시조 현담윤(玄覃胤)의 12세손인 현윤명(玄允明) 때부터이다. 현윤명은 구림의 선착 성씨인 난포박씨 박지번(朴地蕃)의 사위로 처가를 따라 구림에 정착한 것으로 판단된다. 구림에서 연주현씨의 동족 기반을 다지는데 크게 기여를 한 사람은 현윤명의 증손인 현건(玄健)으로 그는 구림대동계 중수에 참여하였고, 또한 회사정 건립을 주도했던 것으로 알려져 있다.

문곡이 연주현씨와 인연을 맺게 된 것은 현건의 손자인 현징(玄徵, 1629~1702) 때부터이다. 연주현씨 족보에 의하면, '현징의 자는 사휴(士休)로 참봉 벼슬을 하였는데, 관직을 그만두고 고향으로 내려와 죽림정(竹林亭)을 지어 죽림옹(竹林翁)이라는 호가 붙었다. 문곡이 시와 기를 지어 그를 찬미하였다'36)라고 하였다.

다음 글 내용은 죽림정이라는 누명(樓名)도 결국 문곡이 지어주었음을 말한 것인데, 그 교유 정도를 알게 해준다.

> 내가 그 까닭을 물으니 곧 한숨을 내어 쉬며 말하기를 "내 집과 몇 리 떨어진 곳에 나의 숙부 침랑공(寢郎公)의 별장이 있었는데, 원림에 있는 대(臺)와 소(沼)의 경치가 한 고을에 드러나 가히 옛날의 망구묘교(輞口 卯橋)라고 칭하는 것과 그 으뜸을 다투었습니다. 한 정자를 그 사이에 지어 편액을 취음(就陰)이라고 한 것은 숙부가 즐거움을 부친 것입니다. 불행히 숙부가 세상을 뜬 후로 화를 입어 패하고 유랑하여 후손들이 능히 가업을 보존하지 못하니 십 수년이 되지 못하여 옛날에 살았던 곳은

---

35) 『文谷集』 卷5. "憶朗州八絶 寄鳩林諸君 其四 安用堂中老 平生義薄雲 居然 湖海氣 埋却廣陵墳"
36) 『延州玄氏族譜』 玄徵. "字士休 崇禎己巳生 庚子司馬 庚申拜光陵參奉 直所值親忌傷 嘆而棄官 歸作亭 扁曰竹林 因號曰竹林翁 文谷金相公壽恒 作詩記以美之 教導後學文化蔚興 肅宗壬午正月十六日終"

이미 남은 터가 되어 버렸습니다. 그 우뚝 서 마치 노둔한 큰집만은 다만 그 정자일 뿐이었는데, 또 장차 그 재목들을 철거하여 재물로 여겨 촌민의 소유물이 되었습니다. 내가 이에 민망히 여겨 마음에 참지 못할 바가 있었습니다. 드디어 그 값을 돌려주어 여기에다 옮기어 지어 숙부의 옛 것을 폐함이 없기를 바랬습니다. 그대가 다행히 내 정자에 이름을 부치는데 이러한 뜻으로 써 하기를 원합니다"라고 하였다. 내가 일어서서 "이에 있도다. 사휴의 작은아버지에게 독실함이여!"라고 이르며, 이름을 지어 청하여 말하기를 "죽림이 좋겠습니다"라고 하였다.37)

현징이 처음 문곡에게 누정의 이름을 지어달라고 요청하자 문곡은 '보통 누명을 지을 때는 잠경(箴警)과 우흥(寓興), 산천경물(山川景物)로써 하는데, 무엇을 뜻 삼아 이름으로 하는 것이 좋겠는가?'라고 한다. 이에 대해 현징은 자신의 처지에서는 이 세 가지 모두 누명의 뜻으로 삼기 어렵다라고 하는데, 그 이유로 말한 것이 위 문장의 내용이다. 즉, 현징의 집과 조금 떨어진 곳에 '취음정(就陰亭)'이라는 숙부의 별장이 있었는데, 주변 경관이 아름답기로 유명했었다고 한다. 그런데 숙부가 세상을 뜨자 후손들이 가업을 제대로 살피지 못하여 수십 년이 되도록 방치하니 터만 남게 되었고, 누정의 재목도 철거하여 촌민의 소유물이 되어 현징이 민망히 여겨 참을 수 없게 되었다라고 한다. 그래서 값을 제대로 주고 되찾아 다시 누명을 지으려고 하는데 이러한 본인의 뜻이 담겼으면 하니, 문곡은 '죽림이 좋겠구나'라고 했던 것이다.

그리고 위 글 다음에서 문곡은 누명을 죽림정이라고 한 이유로

---

37)『文谷集』卷26, 竹林亭記. "余請其故 則乃欷歔而言曰去吾舍數里 吾叔父寢郞公別業在焉 園林臺沼 擅勝於一鄕 可與古所稱輞口卯橋爭其霸矣 築一亭其中 顔曰就陰 卽叔父之所寄傲也 不幸叔父歿世禍敗蕩析 後承不能保家業 未及十數稔 而舊居已爲墟矣 其巋然如魯殿者 獨其亭在耳 又將撤其材而貨之 爲村民之所有 則吾於是憮然有不忍於心者 遂歸其直而移構于此 冀以無廢叔父之舊焉 子幸而名吾亭 願用是志之也 余作而曰 有是哉 士休之篤於親也 請名之曰竹林可乎"

중국 위진 남북조 시대에 죽림에 모여 거문고와 술을 즐기며 청담 (淸談)으로 세월을 보냈던 죽림칠현(竹林七賢)의 경우를 들어 설명 한다. 즉, 완적과 완함이 숙질사이이면서도 사이 좋게 함께 칠현 속 에 포함되었듯이 현징과 침랑공도 마찬가지 서로 숙질 사이이면서 도 그 친밀함이 강하니 죽림칠현의 이름을 따서 죽림정이라고 함이 괜찮겠다라고 했던 것이다. 이 뿐만이 아니라 문곡은 <죽림정 10영> 을 지어 주는데,38) 이를 보면 죽림정이 비록 현징의 누정이라고는 하지만 문곡과 떼어서 이야기할 수는 없을 것으로 생각한다.

이상 문곡이 영암으로 유배 온 이후 교유한 향촌 인사와 시문제 작 내용을 살펴보았다. 이는 월출산의 크고 작은 절에 있는 스님과 의 교유와 구림마을 향촌 사족과의 교유로 대별할 수 있었다. 이중 특히 향촌 사족과 폭넓은 교유를 했는데, 이는 자신의 신분적 위치 등 여러 가지 이유 때문이라고 생각한다. 또한 문곡이 유배라는 특 수한 상황에 처해 있었는데도 불구하고 낭만주의적인 시문을 제작 한 이유로 구림이 주로 사족 계층이 중심이 된 마을이라는 사실과 완전히 떼어서 생각하기는 어렵다고 본다.

Ⅲ. 시문 교유의 지속과 의미

영암에 유배 온 문곡은 만 3년이 지난 50세 9월이 되자 영암을 떠나게 된다. 처음 영암에 왔을 때는 모든 것이 낯설었지만, 특히

---

38) <죽림정 10영>은 東嶺霽月 / 北亭長松 / 南畝農謳 / 西湖漁歌 / 後園賞 春 / 前川觀漲 / 九里霜楓 / 孤山雪梅 / 聖洞朝烟 / 鳩峰夕照 등의 시제 로 되어 있다. 특이한 것은 문곡의 <죽림정 10영>을 뒤이어서 그의 아 들들인 농암과 삼연이 각각 수창했다는 점이다. 이는 문곡 집안과 구림 의 연주현씨가와의 친밀 정도를 읽어 낼 수 있는 대목이기도 하다.

촌의 궁벽진 생활에 익숙지 못해 많은 어려움을 겪었다. 하지만, 향촌 사족들을 비롯한 많은 이들의 인정은 그를 감복시키기에 충분하였다. 때문에 <조경찬 어르신에게 작별 인사를 하며 겸하여 구림의 모든 이에게 보이노라(留別曹丈敬璨 兼示鳩林諸人)>의 시문에서, '4년을 장강(瘴江) 가에서 사노라니 / 월출산 천황봉 대하기 친숙하네 / 이제 북으로 돌아가며 머리 돌려 바라보니 / 현산(峴山) 진실로 고향 사람 같구나'39)라고 하여 구림인과의 이별을 못내 아쉬워하고 있다. 특히, 구림 사족 중에서 연주현씨가와의 인연을 가장 각별하게 생각했던 것으로 나타나는데 이는 다음의 시문을 통해서 알 수 있다.

西湖十里竹圍村	서호(西湖) 십리 대나무 두른 마을에
最憶君家近水軒	가장 떠오르는 건 그대 집이 물난간에 가까웠던 것
疇昔勝遊那復得	지난날 승경에서 노닐던 것 어찌 다시 할건가?
白頭今作斷腸猿	백발인 지금 단장원(斷腸猿)을 짓고있네40)

현징의 아들인 현약호(玄若昊, 1659~1709)에게 준 시이다. 현약호도 현징과 마찬가지로 향촌에서 주로 활동하여 대외적으로 그리 알려진 인물은 아니다. 때문에 현재 출판된 사전을 통해서도 그에 대한 약력은 정확히 알 수 없다.41) 다만,『연주현씨족보』에 '현약호는 자가 흠보(欽甫)이고, 부친은 징(徵)이다. 숙종 기해년에 태어났

---

39) 『文谷集』卷4, "留別曹丈敬璨 兼示鳩林諸人 四年蘭佩瘴江濱 月出千峰相對親 今日北歸回首望 峴山眞似故鄕人"
40) 『文谷集』卷5, <題扇別玄若昊>.
41) 李斗熙 외 3인 공저(1988, p.421)를 보면, 현징에 대한 정보는 전혀 없다. 다만, 현약호에 대해서는 생몰연대는 ?~1709년이요, 학자이면서 자는 흠보(欽甫)이고, 호는 삼벽당(三碧堂), 본관은 성주(星州)라고 되어 있다. 본관이 성주로 된 것은 연주현씨를 성산(星山玄氏)라고 한 데에서 연유한다.

고, 바른 지조와 아름다운 행실이 있었다. 손수 송·백·죽을 심어 당에 편액하기를 삼벽(三碧)이라고 하였다. 우암 선생이 편액에 글씨를 써 주었고, 특히 숭정(崇禎) 월일(日月)을 써서 표가 나게 하였다. 농암·삼연 등의 선생이 서가(序歌)로써 찬미하였다'라고 적고 있다. 농암과 삼연이 서와 가로 찬미했다는 말은 <증현생약호서(贈玄生若昊序)>와 <죽림정 10영>을 두고 이른 것으로 생각된다.

위시는 과거를 회고하는 식으로 내용이 엮어져 있는 것으로 보아 문곡이 영암 생활을 청산하고 서울로 다시 올라간 후에 지은 것으로 판단된다. 문곡의 구림 관련 시문을 보면, 대나무가 주변에 많다라는 말을 자주 언급하였는데, 기구에서도 그러한 사실을 적고 있다. 그리고 승구에서는 구림을 생각할 때 현약호 집이 가장 많이 생각난다라고 하며 자신의 소회를 밝히고 있다. 이러한 친분 정도는 해배(解配)되어 약 15년이 지나 문곡이 구림을 다시 찾았을 때 현씨의 정자인 죽림정에서 며칠간 묵으며 시문을 남기기까지 한 것에도 읽어 낼 수 있다.[42] 먼 여행길에서 어느 정도의 친분이 없다면, 머물기 어려울 것인데 시사하는 바가 크다고 하겠다.

이런 현씨가와의 교유는 문곡의 뒤를 이은 농암·삼연에게까지 이어지는데, 다음에 열거한 시제는 이를 단적으로 보여준다.

次子益韻贈玄生若昊 5수(권4)
玄生行 口占三絶 附寄其大人 3수(권4)
竹林亭十詠 10수(권4)

---

42) 『文谷集』 卷6. "己巳二月二十五日 到鳩林玄參奉家中火 阻雨仍留 玄家外堂號爲竹林亭 余曾作記者也 月出面目 對之依然 堂中有映山紅一盆冬柏一盆方盛開 映山紅開花非其時 而就暖滋養 花豔照耀可愛 偶値吾行 若相期者然 亦可異也 主人設酒食以慰之 曹一遵朴泰初及里中諸人 皆來會作穩 十年之後 復到此地 與舊時知友把酒譚欵 眞可謂相對如夢寐也 人事之不可料者有如此 余口占一絶 示諸人云 己巳 南鄉眞覺有前緣 受玦重來十五年 春雨竹亭留永夕 月山蒼翠夢依然"

贈玄生若昊序(권21)<이상『農巖集』소재 시제>

玄欽甫若昊歷險遠訪 至意不可以言謝 輒以一詩剖懷 2수(권5)
玄參奉徵挽 4수(권8)
玄欽甫挽 2수(권8)
三碧堂記(권24)
題玄參奉所藏先人簡牘後(권25)
別玄欽甫若昊南還(拾遺 권1)
竹林亭十詠(습유 권2)
玄參奉竹林亭(습유 권4)
陪家君南遷 重到竹林亭滯雨感興(습유 권4)
陪家大人重過鳩林 夜宿竹林亭敍懷(습유 권4)
玄欽甫歷險遠訪 至意不可以言謝 輒以一詩剖懷 2수(습유 권5)
贈玄欽甫(습유 권5)
次欽甫韻(습유 권5)
次舍伯去歲韻 別三碧主人還南(습유 권5)
三碧堂寄題 2수(습유 권5)
次家兄去歲韻 遙呈竹林丈席 4수(습유 권5)
玄參奉徵挽之五(습유 권6)
玄欽甫挽之一(습유 권7)<이상『三淵集』소재 시제>

먼저 농암은 <증현생약호서>에서 '현약호가 나의 말과 문자의 일을 좇았다'[43]라고 하여 현약호가 자신을 추종했음을 적고 있다. 농암은 이러한 현약호에게 비록 궁벽진 시골에 살고 있지만, 그것에 게의치 말고 자신의 의지를 소신있게 펼쳐 보이라고 충고한다.[44] 농암이 현약호보다 여덟 살이 위인데 인생 선배로서 조언한 것이다.

마찬가지로 현약호는 자신보다 여섯 살 위인 삼연도 추종하여 심

---

43) 『農巖集』卷21, 贈玄生若昊序. "玄君欽甫之從余言文字事也"
44) 『農巖集』卷21, 贈玄生若昊序. "夫古之以瓌瑋文學之士稱焉者 其人豈皆出於三河豐鎬之間 而俗豈盡鄒魯哉 往往奮於遐陬夷蠻之鄕 而能傑然自立 聲施後世者 亦其志遠而能篤爾 今夫水志於海 故日夜以流 不百折而沮也 不千里而足也 終亦必達而後已 士之有志 亦何以異此哉"

지어는 추운 겨울 험한 벽계(檗溪)까지 찾아가 자신의 당인 삼벽당(三碧堂)의 기문을 써 줄 것을 요청한다.45) 기사환국(己巳換局)에 휘말려 부친이 이미 세상을 뜬 후 삼연은 세속과 멀리 떨어진 곳에서 생활하기 시작하는데, 벽계는 그의 나이 42세에서 47세까지 있었던 곳이다. 벽계야말로 궁벽한 곳에 있었기 때문에 보통 정성이 아니라면 찾아오기 힘들텐데 현약호는 불원천리(不遠千里)하고 삼연을 찾아갔던 것이다. 하지만, 삼연은 이런 현약호의 정성에도 아랑곳하지 않고 '필연(筆硯)이 불살라졌다'라고 하며, 처음에는 기문 써 주는 것을 거절한다. 부친의 죽음이 가져다준 충격이 너무 커 거의 절필(絶筆)하다시피 했음을 알 수 있다. 그러나 현약호는 문곡이 죽림정기를 써 준 것처럼 삼연도 자신에게 기문을 써 주어야 한다는 논리를 펴 결국 삼연은 기문을 써 주게 된다. 이런 교유로 인하여 삼연은 자신보다 먼저 현징과 현약호가 세상을 뜨자 이들을 기리는 시를 남겼던 것이다.

    이상 문곡의 영암 해배 이후 향촌 사족과의 지속적인 시문 교유를 주로 농암·삼연을 통해서 살폈다. 문곡과 같은 유력인사가 한 향촌에 만 3년 정도 머물게 되면, 지역적으로도 그 영향 정도가 지대했을 것으로 생각한다. 그 중에서 먼저 이야기할 수 있는 것은 문곡을 개입시킴으로서 사족의 위치를 재고시킨 경우이다. 현재 영암읍 영보리(永保里)에 있는 녹동서원(鹿洞書院)에는 주향인 연촌(烟村) 최덕지(崔德之)를 비롯하여 산당(山堂) 최충성(崔忠成), 그리고 문곡과 농암 등이 배향되어 있다. 처음에는 연촌과 그의 손자인 산당만이 배향되어 있었는데, 사액서원으로 되기까지 농암이 청액소를 올리는 등 많은 노력을 기울여 결국 문곡과 농암을 함께 배향하

---

45) 『三淵集』卷24, 三碧堂記. "玄君欽甫從千里命駕 訪我於檗溪之中 時方窮陰 衡門之外 雪至尋丈 炯然一燈 相與作土銼中語 已而相鳴咽也 如是者凡三夜 談話之所繚繞三周月 出山矣 臨別 欽甫以其堂三碧記爲託"

게 되었다고 한다(김경옥, 1991, pp.17~54). 결국 녹동서원은 문곡과 농암과 같은 유력 인사를 함께 배향함으로써 전주최씨 가문의 지역적 위치를 확고히 다졌음을 알 수 있다.

  또한 현재 구림에는 1989년에 세워진 '문곡선생영암적거유적지비(文谷先生靈巖謫居遺跡之碑)'가 있다. 이를 세운 주체가 현재까지도 구림대동계를 이끄는 여섯 성씨라는 사실은 시사하는 바가 자못 크다고 하겠다. 즉, 이런 비 설립은 바로 구림이라는 한 마을의 정체성을 엿보게 하는 것이기 때문이다.

(박명희)

근현대의 경험과 생활

제7장
한국전쟁 경험과 공동체적 기억
제8장
사회조직과 마을공간구조의 변동
제9장
의례와 민속놀이

제7장
한국전쟁 경험과 공동체적 기억

I. 공식적 기억과 침묵

전남 영암의 구림에는 한국전쟁 때 희생된 사람들을 기리는, 1976년 10월 건립된 '순절비'가 있다. 여기에는 다음과 같은 비문이 새겨져 있다.

> 1950년 10월 7일 우리 경찰이 영암읍을 수복하자 궁지에 몰린 공산당은 애국지사에 대한청년단원, 교인 및 양민 등 28인을 군서면 구림리 신근정 민가에 가두고 불을 놓아 집단 학살하는 만행을 저질렀다. 처참히 최후를 마친 원통한 넋을 위로하고 그 희생을 헛되지 않게 하기 위하여 1950년 10월 10일 바로 그 자리에 합동묘를 만들었고 1951년 5월 20일 당시 군서지서장 주상섭의 배려로 면내 뜻 있는 유지와 군서 고등공민학생들의 봉사작업으로 순절묘로 성분하게 된 것이다. 그러나 해를 거듭 할수록 초라해짐에 따라 보는 사람의 마음을 아프게 하므로 뜻 있는 인사들의 마음을 모아 이현호 군수님의 특별배려의 군비 보조로 27년 만에 그 유지를 다시 기리며 넓은 자리로 옮기고 공산당의 잔인한 만행을 규탄하면서 여기 순절한 합동 순절분의 비를 세운다.

이 순절비는 '한국 반공연맹 영암군 지부'가 건립한 것으로 각인되어 있는데, 주민들은 이 비가 실제로는 군서면에서 건립한 것으로 반공연맹 이름을 빌어야 보조금을 받기 쉬워서 이름을 그렇게 사용했다고 증언했다.

2000년에 이 순절비 앞에 새로운 순교비가 섰다. 이 순교비는 당시 희생자 중 기독교인과 영암군내 다른 교회에서 희생된 사람들을 기리기 위하여 영암읍 교회의 이 아무개목사가 주도하여 영암군수의 지원을 받아 건립한 것이다. 여기에는 영암읍교회 25인, 상월교회 26인, 구림교회 18인, 천해교회 7인, 삼호교회 2인, 서호교회와 매월교회 각 1인의 희생자 명단이 새겨져 있다. 이 중 구림교회와 관련된 부분은 다음과 같다.

> 구림교회에서는 18명의 집사와 신도를 체포하고, 면내 우익인사 6명과 함께 도로변 주막에 감금한 채 북한 인민군들이 집총 포위하고 화목을 둘러쌓아 방화함으로 타오르는 불길 속에서 '내주를 가까이함은'이라는 찬송소리와 함께 화염 속에 순교를 했다. 후일 그 집터에 흩어진 유골들을 모아 합장해 놓았다가 구림유족회에서 현재의 장소로 이장을 하였다.

이 비는 순절비의 28인 모두가 아니라 기독교인 18명만을 새기고 있다. 또한 1976년 순절비 건립의 주체가 형식상 영암군 반공연맹 영암군지부였지만, 실제로는 구림유족회였음을 밝히고 있다. 원래 이 사건의 희생자 중 유족이 없는 사람이 있었기 때문에, 유족이나 구림주민들 일부가 이를 안타깝게 여기고, 희생자들을 추모하는 제사의례를 비공식적으로 행하였는데, 1970년대 중반에 이르러, 이들을 제사하기 위한 진안계를 결성하고, 묘역을 옮겼다. 이들은 음력 정월에 지신을 밟아 돈을 모으고, 희생된 날짜가 가을 농사일로 바쁘기 때문에 추모제일을 4월 6일로 옮겨 제사를 지냈다. 그러나 유족이라 하더라도 기독교 신자들은 제사에 참여하지 않았다. 1996년부터 군에서 이 추모제사를 위해 약간의 경비를 지원하기 시작했고, 순교비 건립을 위한 경비도 지원했다. 그러나 기독교 신자가 아닌 중년 이상의 주민들은 이 순교비가 기존의 순절비 바로 앞에 자리잡은 것에 대해 못마땅해한다.

  이 두 기념비는 비록 단편적이지만 지역사회가 겪은 한국전쟁에 관한 기억을 드러낸 것이다. 그 기억들은 이데올로기와 종교에 의해 재구성되고 있다. 순절비가 1970년대 유신체제의 국가적 기념에 대한 이데올로기적 개입을 드러내는 것이라면, 순교비는 기억의 종교적 재구성을 드러낸 것이다. 이들 이외에 지역의 전쟁 경험에 대한 공식사로는 영암군지(1998)가 있다. 이에 따르면, 1950년 7월 17일의 영암 경찰의 동향과 10월 5일의 경찰의 동향에 관한 짧막한 언급이 있을 뿐 더 이상의 다른 내용이 없다. 구림에 관해서는 10월 23일 영암경찰서 병력 100여명이 도착했다는 기사만 있다. 결국 공식사에서는 전쟁기 구림에 관해 침묵하고 있는 셈이다. 또한 두 개의 기념비로 드러난 구림권 주민들의 전쟁 경험과 기억은 매우 소략하고 파편적인 것이다. 그렇다면 침묵의 역사 속에 잠재하고 있는 전쟁의 기억은 무엇이며, 왜 한국전쟁이 끝난 지 반세기가 지난 오늘날까지도 그것은 제대로 그리고 충분히 드러나지 않았는가.

  한국전쟁에 관한 연구는, 그 원인과 전개과정을 둘러싸고 이른바 전통주의적 관점과 수정주의적 관점간의 논쟁이 지속되었다(이완범, 2000). 오래 전부터 주목되어 온 전쟁의 내전적 시민혁명적 양상은 근래에 전쟁 전후의 민간인 희생의 동학에 대한 관심이 커지면서 지방적 맥락에서 구체적으로 재조명되고 있다. 농민혁명 연구의 전통에서 보면, 지주와 소작이라는 계급관계나 공동체적 질서가 강조되지만, 한국전쟁의 상황에서는 해체기의 신분 문제나 분단체제 형성기의 국가권력의 작동방식이 이와 함께 고려되어야 한다.

  최근에 이루어지고 있는 한국전쟁의 경험에 관한 연구들(강인철,

1999 ; 김동춘, 2000 ; 박명림, 1999)은 전쟁 과정에서 발생한 민간인 학살에 대한 연구(김영범, 2000)와 함께, 전쟁기의 사회적 상황을 좌우의 이념적 대립이라는 도식으로 이해하지 않으며, 분단국가의 형성기의 '국민'형성의 측면을 주목한다. 사실상 이 시기의 투쟁은 일제가 남긴 역사적 유산으로서의 식민지지주제가 농지개혁에 의해 재편되는 과정에 있었기 때문에 지주-소작인의 계급 관계가 그대로 투쟁으로 전화되기보다는 일본인 지주가 남기고 간 농지에 대한 농민들간의 경쟁이라는 요인이 더 크게 작용할 수 있고, 또 빈농이라는 계급적 요인(이용기, 2001)이 유제로서의 양반-천민이라는 신분적 요인과 결합되어 있는 경우(지승종 외, 2000, pp.203~206 ; 정진상, 2000 ; 염미경, 2001)가 많다. 또 실제로 큰 희생을 가져온 사건들은 국가권력에 의한 테러이거나 마을내에서의 문중집단의 경쟁(박찬승, 2000)에 의해 발생할 수 있는데,[1] 여기서 한가지 더 고려되어야 할 것은 신분이나 계급관계가 공동체나 종교적 요인과 상호작용하고 있는 측면이다. 마을의 공동체적 규제력은 마을내부의 갈등을 최소화하지만, 때때로 외부의 다른 마을에 대해서는 신분적 우열의식과 결합하면서 갈등과 투쟁으로 나아갈 수 있다. 또한 신분적, 계급적 요인이 종교적 요인과 결합되어 투쟁에 작용하기도 한다.[2]

최근의 연구에서 지적되어야 할 또 한가지 특징은 연구방법론상으로 전쟁경험에 대한 기억과 구술을 중시한다는 점이다. 구술사적 접근은 공식기록이 별로 존재하지 않는 민중적 생활세계에 대한 유력한 연구방법(윤택림, 1993)이고, '기억 속에 있는 사실'(이용기,

---

[1] 필자의 조사에 의하면 나주 봉황 철천리의 경우도 마을내 유력한 두 집안간 갈등이 좌우투쟁으로 비화된 사례이다.
[2] 무안 청계 복길리의 경우에는 면 단위의 좌파세력이 한 마을의 주민을 우파적인 요소로 간주하여 집단테러를 가한 사례이다. 후자는 기독교교회와 소형 선주라는 계급적 요인이 좌파적 투쟁의 대상이 되었다.

2001)을 찾기 위한 노력이지만, 이에 더하여 민중들의 구술은 분단체제하에서 국가권력에 의해 '국민'으로 창출되어 가는 사람들의 생존전략을 드러내는 지표로 간주될 필요가 있다. 모든 기억이 구술로 표현되는 것이 아니며, 증언자는 '말을 해도 괜찮은 한계' 속에서만 자신의 기억을 드러내는 것이다. 그 '증언의 한계'는 정치적 지형에 의해 민감하게 변동된다.

이 글은 첫째, 한국전쟁기에 지역사회에서 전개된 국가권력과 마을공동체, 그리고 마을간 갈등의 양상을 재구성해 보고, 둘째, 전쟁이 끝난 50년 뒤의 전쟁 경험에 대한 기억을 역사사회학적으로 파악하려는 것이다. 이를 위해서 우선 대동계를 중심으로 한 유교적 자치공동체의 전통을 가지고 있던 구림마을(최재율, 1973 ; 이해준, 1996)과 그 인근의 마을들로 구성된 구림권3) 지역사회에서 한국전쟁기에 국가권력과 마을공동체의 관계가 어떠했으며, 주민들간의 신분적 차별의식이나 계급관계가 마을내에서, 또는 마을간에 어떻게 표출되었는가를 검토하고자 한다. 구림은 첫째, 군 지역사회의 국가권력 대 사족의 자치권력의 대립적 구성에서 후자를 대표하는 거점 마을의 하나였고, 둘째, 구림권의 전통적 중심마을로써 인근의 농민마을과 맞서 있는 반촌이었으며, 셋째, 마을 내부에 대동계 소유의 농지를 경작하고 일을 담당하는 고지기(庫直)로 이루어진 하

---

3) 여기서 구림권이란 구림과 조선 시기에 간척된 농지인 지남들 주변에 형성된 마을들로 이루어진 소규모 지역사회를 말한다. 구림권의 중심인 구림 마을은 전남 지방에서 3대 유림 마을 중의 한 곳으로 손꼽히는 곳으로 400년간 지속된 대동계를 중심으로 한 유교적 마을공동체의식이 강하다. 그에 반해 구림의 인근 마을은 구림 사람들로부터 영산강이 흘러가는 아래쪽에 거주한다고 해서 예로부터 물아래 사람들이라고 홀대를 받고 살아왔고, 신분적 차별의식은 한국전쟁 당시까지도 남아 있었다. 구림과 인근마을의 관계를 중심과 주변으로 파악하는 것은 신분제적 질서가 작동하는 조건에서는 유효하나 현재의 상황에 이를 적용하는 것은 논란의 대상이 될 수 있다.

층집단을 안고 있는 대동계 주도의 자치적 전통을 가진 마을이었다. 이런 점에서 반촌마을연구는 군 지역사회, 소규모 마을권, 그리고 마을 내부 등 세가지 차원에서 진행될 필요가 있다. 이와 아울러 구림에서 전쟁기간 중에 성격이 다른 두 번의 집단학살이 발생했고, 국가권력에 대한 공동체적 굴복으로 전쟁이 종결되었다는 점을 감안한다면(정근식, 2001), 이 지역에 관한 사례연구는 분단 국가의 형성기에 마을의 자치적 전통에 국가권력이 개입하면서 '국민'을 창출하는 방식, 반촌과 민촌의 대립에서 표현되는 신분적 지배의 유제, 또는 마을내 지배집단과 하층집단간의 계급관계 등이 상호작용하는 과정을 해명해 가는 작업이기도 하다.

 이와 아울러 주민들의 전쟁 기억은 분단체제 하에서의 지역사회 구성원의 존재조건을 파악하는 핵심고리이다. 전쟁 경험의 기억이라는 측면에서 본다면, 반체제적 경험과 이에 대한 기억은 남북에서 공히 억압되어 왔다. 전쟁 후 군부 권위주의가 지속된 남한의 경우 체제유지적 경험은 공식적으로 기억되고 기념되어 왔지만, '비국민'으로 몰린 좌파적 활동가의 경험과 그에 대한 기억은 상대적으로 억압되어 왔다. 공식적 전쟁 기억의 극심한 이데올로기적 불균형은 실제 생활세계에서의 전쟁 경험의 재생산에 영향을 미쳐, 좌파적 경험 못지 않게 우파적 경험 또한 그다지 재생산되지 못했다. 전쟁 기억의 이념적 불균형, 공식적 기억과 비공식적 기억간의 괴리, 그리고 세대적 단절 등이 한국전쟁의 기억의 중요한 특징을 이룬다.

 전쟁 기억도 지역사회의 구체적 지형 속에서 재구성되는 것이어서, 전쟁 경험 지역에서의 지속적 거주여부나, 가족, 문중, 또는 마을간 관계에 의해 영향을 받는다. 이들은 많은 경우, '이미 지나가 버린 것' 또는 '잊어 버려야 할 것'의 영역에 속하는 것으로 간주되어 말해지지 않는다. 투쟁의 당사자나 그 가족들이 생존해 있고, 또 '서로 아는' 지역사회에서 같이 살아가는 상황에서는 '담합적 침묵'이 발생하기 쉽다. 과거에 대한 회피적 담합의 구조는 전쟁 후 진행된 이농이나 도시화를 통해 발생한 것이기도 하지만, 동시에 사라져 버린 신분의 문제가 전쟁 기억과 구술에 작동하기 때문일 수도 있다. 이런 회피적 담합을 뚫고 과거의 사실을 명확하게 파악한다는 것은 매우 어려운 일이다. 이를 위해서는 심층면접이 불가피하다. 심층면접을 통해 확보되는 전쟁 경험에 대한 구술은 공식적 역사와 사적 기억의 차이를 확인하거나 권력에 의해 은폐된 사실을 복원한다는 의미에서 중요하며, 동시에 분단체제 하에서 살아온 민중들의 생애사 이야기로서의 존재론적 의미를 파악하는 데에도 필요하다.

여기에서 주된 면접대상은 전쟁 경험에 관한 다양한 증언을 얻기 위하여, 신분적 지배의 중심마을과 주변의 마을로 구분하고, 또한 국가권력과 마을공동체의 관계에 주목하여 '우파'로 불릴만한, 또는 스스로 '우파'였다고 고백하는 인물과 '마을공동체적 관점'에 충실하다고 생각되는 인물을 평판적 접근에 의해 선정하였다. 최초의 핵심정보 제공자는 2인으로 한 사람은 마을의 원로 지도자로 군청을 통해 소개받았고, 다른 한 사람은 퇴직 대학교수인 출향인사였다. 이 두 접근통로를 통해 면접대상자를 선정하였다. 면접은 2000년 5월과 6월, 2001년 2월과 7월등 수 차례에 걸쳐 행하였는데, 중요 인물은 반복조사를 행하였다. 아울러 구림마을 출신 인사의 미간행 회고록도 참조하였다. 이 글에서 증인이 인용된 사례는 15인이다.

Ⅱ. 역사적 유산

1. 식민지체제의 유산

　식민지 체제하에서 구림의 사회적 상황을 나타내는 몇 가지 지표는 대동계의 활동과 근대 학교, 민족운동과 주요 지주층의 동향 등이다. 이들은 해방 직후의 정치상황, 나아가 한국전쟁의 지방적 양상에 영향을 미쳤다.

　구림에서의 최초의 근대적 변화의 계기는 식민지로 전락하던 1910년 4월 1일에 인가를 얻은 사립 구림학교의 개교였다. 이 학교는 전통적으로 마을공동체를 주도한 대동계가 경영했다. 대동계는 식민지시기에 근대교육에 적극적이었고, 이것은 해방 이후까지 지속되었다. 식민지 초기에 대동계의 지도자는 현기봉이었고, 그는 자신이 직접 학교 교장에 취임하여 이를 운영하였다. 1908년 제정된 사립학교 규칙을 1915년 3월 일제가 개정하여 학교운영에 압박을 가하자, 1917년 4월 20일 교장 현기봉이 학교운영재산을 당국에 '희사'하는 형식으로 공립 보통학교로 전환되었다. 공동체적 학교가 식민지국가권력에 편입된 것이다. 그러나 이 학교는 식민지 지배기간 내내 구림권의 젊은이를 교육시키는 기층적 제도로 기능하였다. 이외에도 구림에는 개량서당으로 문산재가 있었다.

　1910년대 후반기에 구림의 정치적 분위기가 잘 드러난 것은 3·1운동이었다. 영암지역에서 3·1운동은 구림이 근거지였다. 영암의 조극환과 함께 구림의 최민섭, 박규상 등 6인은 1919년 4월 10일 구림의 회사정에서 만세운동을 주도했고, 주민 천여명이 이에 참여하였다. 이 3·1운동을 계기로 식민지당국에 의해 마을공동체가 타격을 받으면서 나타난 공동체적 대응조직이 청년계이다. 이는 장례나 친목을 내세운 조직이었지만, 대동계와 더불어 마을공동체의 유지를 위한 대응조직이었다. 이 조직을 통해 3·1운동은 지역정체성 형성의 중요한 원천으로 작용하였다. 영암에서 3·1운동 이후 민족운동은 1927년 신간회로 연결되는데 이 때 중심인물은 한동석[4]이다. 그는 3·1운동에 가담한 경력이 있다. 영암의 신간회는 전통적 반촌이었던 구림과 영보의 청년들이 중심이 되었다. 이런 흐름은 1929년 광주학생운동으로 이어져, 구림의 최규창, 최상호, 김필재, 영암의 문학연, 유상걸 등 반촌출신의 인물들이 이 운동의 주류를 형성했다. 식민지하 공산주의 운동 지도자로 영암읍 교동리 출신의 김준연이 있다. 그는 1928년 3차 조선공산당 책임비서로 일하다 7년간 옥고를 치루었다. 그러나 지역에서의 활동은 적었다.

 1930년대에 이르면 영암의 민족운동은 보다 뚜렷하게 사회주의적 색채를 지니면서 전개되었다. 1931년 5월 1일 구림, 모산, 장암, 미암, 영보 등 영암의 주요 반촌마을에 거주하는 농민들 130여명이 식민지 일인지주와 사음에 반대하는 시위를 벌였다. 이 사건으로 최판호, 김판권, 조극환, 최상호, 최규창, 유혁, 곽명수, 최병주, 신일선, 박수봉, 최동환, 최동림, 최석호, 문성선, 문영래, 문학연, 유상걸 등이 체포되었다. 1934년에 발각된 전남운동협의회 사건에서도 영암 출신으로 최규문,[5] 최병휘, 채우동, 최기섭 등 4인이 구속되었는데, 이들은 군서, 구림을 무대로 움직였다. 이런 흐름을 개괄한다면, 1920~1930년대의 영암의 민족운동은 주로 반촌출신의 학생들이 중심을 이루고 있고, 특히 구림은 지속적으로 그 중심에 있었다. 해방직전의 구림의 마을 분위기의 일단을 보여주는 사건으로 유언비어

---

4) 그는 일제 순사출신이었으나 민족운동에 투신했다.
5) 최규문은 지주계급 출신이었으나 한국전쟁 때 좌파 활동을 하다가 피살되었다.

유포 혐의로 구속된 최재달-최병을 사건이 있다. 이것은 일제의 패망이 멀지 않았다는 이야기를 유포시킨 것이었다.

구림의 청년들이 일반적으로 반일적이었지만, 그렇다고 해서 식민지당국이 구림의 대동계를 노골적으로 탄압한 것은 아니었다. 식민지당국은 구림의 공동체성을 어느 정도 인정한 것으로 보이며(정근식, 2001, p.66), 4성씨도 현실적인 공동체적 권력이나 전통의 고수에 소극적인 것은 아니었다. 일제 하에서 군서면장은 거의 대부분 구림의 4대 문중 출신의 인사들에 의해 독점되었다. 이것은 군서면이나 구림권 각각의 수준에서의 구림마을의 영향력과 함께 4대 문중간 견제와 균형이 유지되고 있음을 의미한다. 식민지하에서 구림의 4성씨 집단은 전통적으로 내려온 문중의 위신을 지키려는 노력을 계속하였다. 이들은 족보 및 문집의 간행, 문각과 누정의 건립 등을 통하여 양반문화를 고수하려고 안간힘을 썼다.[6] 또한 인근마을이나 마을내 신분적 하위집단에 대한 사회적 차별도 쉽사리 철회하지 않았다. 인근마을도 유교적 문중주의에 영향을 전혀 받지 않은 것은 아니다. 모정주민의 절반을 차지하는 광산김씨는 1929년 자신들의 문각을 신축했고, 평산신씨들도 1950년대에 문각을 신축했다.

영암에서 일본인들은 주로 읍에 근거를 두고 농장을 설치했지만,[7] 구림권의 농지를 대규모로 사들이지는 않았다. 구림권을 놓고 본다면, 일본인 대지주는 별로 없었고, 중소지주들로 다카쓰(高津), 사사끼(佐佐木), 다께우찌(武內) 등이 영암읍에 근거지를 두고 지남들의 경지를 일부 소유했다. 이들이나 '회사 땅'의 사음으로 이학출[8]이 활동했다. 그러나 학파농장을 만든 현기봉, 현준호 부자가 최

---

6) 이런 현상은 다른 반촌마을이나 양반가문에서도 나타난다. 김일철 외, 1998 및 지승종 외, 2000 참조.
7) 영암읍에서 대표적인 일본인 농장은 영암농장으로 농장주 가와이(河合)은 식민지지배의 말기에 영암면장을 역임하였다.

대지주였다. 현준호는 한편으로는 식민지 지배기구에 참여하면서 다른 한편으로는 민족운동을 보이지 않게 지원했다는 이미지를 유지하였다. 이들은 1940년대 초반에 학파농장을 만들었지만, 해방이 이루어질 때까지 이 농장의 간척농지는 완전한 농지가 되지 못했다. 현준호 이외에 중소지주로 성장한 인물이 최현이다. 천석꾼 지주로 통하는 그는 3·1운동 이후 1920년에 결성된 청년계의 중심인물로 1930년대에는 군서면장을 역임했다. 이들 이외에 지주는 개인이 아니라 대동계였다. 1940년 법인으로 등록할 때 대동계는 약 10만평의 토지를 소유하고 있었다.

2. 해방 5년의 유산

해방 직후의 구림의 정치적 분위기는 다른 지방에서처럼 건준과 인민위원회로 대표된다. 해방 후 출범한 영암의 건준과 인민위원회는 위원장 조극환, 부위원장 고재섭을 중심으로 하여 조덕환, 임병남, 이창희, 최상호, 곽인섭, 유근옥, 최규동, 최규문, 문학연, 김필제, 조사원 등이 주축을 이루었다. 이들의 대부분은 해방 전 민족운동 참여자들이었고, 좌우익의 구별이 없었다.

해방직후 영암에서 가장 뚜렷한 지도력을 보인 인물은 조극환이다. 그는 영암읍 출신으로 읍에서 세거한 향리가문 출신이나 3·1운동을 주도했으며, 이 때부터 구림의 지도층과 동지적인 입장을 취했다. 그는 1920년대 중반기 목포 노동운동을 이끌었고, 1929년 제3차 조선공산당사건으로 투옥되었다. 그는 해방 후 영암군 건준과 인민위원회를 주도했다.9) 구림의 인사들도 건준과 인민위원회를 이끌어

---

8) 그는 1940년대 후반에 결핵으로 사망했다. 그의 아들도 1955년에 구림을 떴다. 여기에서 회사는 동양척식회사를 가리킨다.

가는 주요 세력이었다. 고재섭은 구림의 1천 석 이상의 대지주였다.
 미군정체제는 이 지역에서 1946년 2월에 비로소 성립했다. 미군정은 전남 경찰을 동원하여 영암군 인민위원회를 무력으로 접수했고, 이 과정에서 많은 저항을 받았다. 1946년 2월 조극환과 조덕환이 미군정에 의해 구속되었다. 유성계가 새로 군수에 임명되고, 조철환, 하헌찬, 김상경, 김학용 등이 행정고문으로 참여하였는데, 조철환은 독립촉성회의 지부장이었다. 이외에 우파적 조직으로 무궁청년단이 조직되었다. 이들은 주로 읍내 향리가문 출신들이었다. 해방 직후의 주도적 정치세력은 미군정에 의해 점차 '좌익'으로 규정되었다. 이들 중 일부는 탄압을 피해 1947년 10월 이후 영암 월출산을 근거지로 하는 무장유격대를 형성했고, 1948년 7월에 이르러 영암군당 위원장 이봉천부대가 되었다. 이들은 금정면에 근거지를 두고 한국전쟁 전까지 활동을 계속하고 있었다.
 해방정국의 지방정치에서 과거의 신분적 요소는 어떻게 작용했는가. 해방 후 영암에서 손꼽히는 3개의 반촌마을은 모두 미군정에 비판적이었다. 해방정국에서 혁명적 분위기가 컸던 이 마을들에서 군 단위의 지도자들이 많이 배출되었고, 이들은 일반적으로 식민지체제에서 지역지배층이었던 읍에 거주하는 세력에 대한 심리적 반발이 컸다. 결국 분단국가 형성기에 영암에서의 정치적 지형은 구림이나 영보 등 반촌출신의 세력과 읍내의 과거 향리 출신의 세력들이 좌우라는 이름으로 틀 지워지면서 갈등하는 것이었다. 구림의 좌파적 청년세력과 읍내의 학련을 중심으로 한 우파적 청년세력들이 갈등과 투쟁의 핵심이었다. 구림에서 우파는 매우 미약했다. 오히려 중요한 우파적 힘은 지역의 외부, 즉 읍에서 왔다. 우익 학생조직은 영암읍을 기반으로 했다. 우익학생조직인 학련은 읍내에 세

---

9) 보다 자세한 것은 안종철 외, 1995, pp.147~152를 볼 것.

거한 문중출신으로 하씨, 조씨가 주도하였고, 주변지역의 학생들을 많이 괴롭혔다. 해방 직후에는 구림을 비롯한 읍 밖의 '반촌세력'이, 군정이 주도권을 장악한 시기에는 '읍세력'이 하급 국가기구를 장악하면서 주도권을 행사했다.

미군정이 지역사회의 행정권을 장악한 이후 1960년대 초반까지의 영암의 정치적 지향을 잘 대변하고 있는 인물은 김준연이라고 할 수 있다.[10] 분단국가 형성기의 최초의 선거였던 1948년 5·10선거에서 한민당의 김준연이 무투표로 당선되었다. 김준연의 당선은 해방 직후의 지역사회를 주도한 반촌의 좌파적 지향이 1948년의 시점에서 제대로 표출되지 못했음을 의미한다. 그러나 1950년의 5·30 선거에서 영암의 정치적 지형은 읍 대 군 외곽의 반촌이라는 구조가 확연하게 드러났다. 이 선거에서 민국당후보였던 김준연이 18,191표를 얻었지만, 국민당 후보였던 유인곤이 20,191표로 당선되었다. 이들 외에 국민회의 박찬직이 8,552표를 얻었다. 김준연이 읍의 김씨를 대표한다면, 유인곤은 영암의 반촌 세력을 대표하므로 구림은 대체로 유인곤을 지지하였을 것이다.[11]

이 시기의 정치투쟁을 계급적 측면에서 살펴보자. 현준호와 최현은 지주이면서 일제의 지배기구에 편입되어 활동했지만, 지방적 맥락에서 이들은 특별한 투쟁대상이 되지 않았다. 학파농장은 농지개혁의 논란 속에서 일부 농지만을 완성하고, 나머지는 작답을 미루고 있는 상태였다. 한국전쟁 전후한 시기에 학파농장이 완성되면 농지를 분배받을 수 있을 것이라는 희망이 농민마을 주민들에게 확산되어 있었다. 그렇기 때문에 현준호가 한국전쟁과정에서 희생되

---

10) 그는 조극환의 제자였다. 보다 자세한 것은 안종철 외, 1995, pp.141~146을 볼 것.
11) 그는 신북 모산을 근거로 하는 유씨 가문 출신이다. 이에 대한 구림주민의 증언들이 있다.

었지만, 그것은 지역내 주민들의 투쟁으로 인한 것은 아니었고, 도 단위의 정치적 결정에 의한 것이었다고 보는 것이 정확할 것이다. 최현이 면장을 역임했음에도 불구하고 큰 비판의 대상이 되지 않은 것은 그의 아들이었던 최규문의 활동과 관계가 있는 듯하다. 그는 광주학생운동에 광주고보 학생으로 참여했으며, 해방 후 좌파 활동을 했는데, 증언에 따르면, 이는 자신의 부친에 대한 '속죄'의 의미가 있었다고 한다. 사례 이외에도 부친의 과오를 자식이 대신 '속죄'하는 자세로 활동해야 한다는 설득이 이루어진 사례를 더 발견할 수 있다.12)

해방 후 구림은 현준호의 영향이 미치고 있었지만, 특히 청년층은 이와 달리 자주독립국가를 수립한다는 흐름에 동조하고 있었다. 마을 청년들에게는 서울이나 광주에 유학하고 있던 유학생들이 많은 영향을 미쳤다. 이들은 방학이 되면 고향에 돌아와 의식화교육을 행하였다. 구림 청년단13)이 만들어지고, 마을 청년들에 대한 사상교육을 위해 유학생 독서회를 조직했으며, 그 중심 인물은 최태석,14) 박현규 등이었다.

<구림 사례 1> 구림은 옛적부터 양반마을이라 공부한 사람들 즉 인텔리가 많이 있었다. 그런데 그 당시 많이 배운 사람들은 다 사회주의자들이었다. 본디 이론상으로는 사회주의만큼 좋은 이론이 없었기 때문에 식견이 있다고 하는 사람들은 모두 사회주의자들

---

12) 구림 사례 7의 증언에 따르면, 일제 때 외숙은 좌익에 가담했고, 이숙은 일제 경찰이었으며, 매형은 현준호의 당질이었다. 해방 후 학생시절에 종형이 방학 중 귀향하여 '이론'을 교육시켰는데, 그는 이숙과 친했던 '부친의 과오를 청산해야 하므로 사회주의를 지지해야 하며' '부모와는 달리 진보사상을 가져야 사회에서 낙오자가 되지 않는다는 것'을 강조했다. 이런 상황은 일제하 면장이었던 최현의 아들의 경우에도 해당된다.
13) 구림청년단가는 "아침 햇빛 받아선 우리 청년들, 모여라 청년들아 월출산 밑에"로 시작된다.
14) 그는 죽정마을 출신으로, 당시 경성대학교 예과 재학생이었다.

이었다. … 해방 후 복잡한 세상에서 남로당의 인텔리 끌어가기가 한참 있었다. 그래서 후에 따라서 올라 간 사람도 많았다.

당시 젊은 층의 의식화과정에서는 '새로운 사회', '새로운 국가' 수립을 위해 부모 세대와 같은 과오를 범하지 않아야 한다는 호소가 많았다. 이런 상황에서 젊은 세대들은 대동계가 보수적이라고 인식하는 경향이 있었다. 대동계원들은 전통을 지키는 사람들 정도로 치부되었다. 그러나 대동계원들이 대체로 자작농들이었지 지주계급이 아니었다는 점에서 대동계원들은 하층주민의 개인적 차원의 투쟁대상은 아니었다. 대동계는 이념적 활동은 외면했고 정치적으로 중립을 취했다. 대동계의 운영에는 이념보다 문중 및 혈연관계가 더 크게 작용했다. 이것이 대동계가 장기 존속하는 요인일지도 모른다. 그러나 마을의 공동체적 운명이나 문중간 갈등조정에 대동계의 전통이 적극적으로 기능했다고 해석할 수 있다. 농지개혁기에 대동계 소유농지도 분배의 대상이 되어 대동계의 재산이 이 기간에 많이 감소했다.

구림권 내에서 구림과 외곽 마을의 갈등은 해방정국에서는 그다지 표출되지 않았다.

III. 전쟁 경험과 기억

1. 전쟁의 전개

한국전쟁이 발발한 후 인민군은 7월 말에 구림에 들어왔다. '인공'하에서 지역 권력은 당과 인민위원회, 그리고 치안대로 구성된다. 인민군 점령 하에서 영암 인민위원회의 책임자는 영보마을 출신 최모, 치안대장은 영암읍 출신의 황모였다. 인민군이 진주하자, 구림에서는 외지에서 유학하고 있다가 돌아온 학생들이 군서면 유학생동지회를 급조했고 면단위 선전이나 조직을 담당했다.

구림의 청년단장은 박현규로 그는 해방 후 청년활동을 했으며, 서울대학교 사대에 진학하여 학생으로 있다가 전쟁이 터지자 귀향하였다. 그는 함양박씨 제각인 간죽정에서 청년들과 함께 인공기를 제작하여 인민군 환영을 준비했다. 인민군 진주 후에는 면 인민위 부위원장으로 활동했다.15) 인민군이 파죽지세로 밀고 내려왔고, 미군 개입이 불확실한 상태였기 때문에 지방에서 좌파적 청년조직의 가담자가 많아졌다. 이들은 이념적으로 투철했다기보다는 '시세에 편승'하는 편이었다. 구림청년단은 활동범위가 마을이나 면에 국한된 것이 아니고 군 지역에까지 미쳤다. 전쟁기에 좌파 학생조직인 학도대를 구성할 때 이전의 학련조직 가담자는 배제했으므로, 영암읍에 이를 조직할 능력이 있는 사람이 없어서 구림 청년들이 가서 조직했다. 이들은 지역사회에서 전위적 역할을 담당했으나 이들의 활동방식이 '맹동주의'는 아니었다.

전쟁 직전에 있었던 5·30선거의 후유증이 전쟁기의 갈등에 영향을 미친 흔적이 보인다.

> <구림 사례 2> 인공 때 선출된 사람들은 모두 무투표 당선자들이었다. … 당시 내가 다른 일로(5·30선거의) 유권자 명단을 가지고 있었는데 사상 관련 서류로 잘못 알고 진짜 경찰이 아닌 경찰들이 괴롭혔다. 그때 잡혀갔다가 시계를 빼앗기고 겨우 살아났다.

한편으로 경찰가족이나 스스로를 우파로 생각하는 사람들은 인공 치하에서 숨죽이거나 피난했다. 후자는 주로 청년단 관계자였다.

---

15) 수복 후 박현규는 자수했으나, 군에 의해 피살되었다.

> <구림 사례 1> 나는 우익계통이여. 나는 모략 당할까 숨죽이고 살았다. 위험한 길을 걸었었지. 서울에서 살다가 후퇴할 때 내려왔다. 당시 동생이 경복고 다니다가 내려왔는데 학생 깡패였다. 그러다가 동생이 경찰을 따라가서 경찰이 되니까 우리는 경찰가족이 됐지. 전쟁이 터지자 영광으로 피신했는데 결국 잡혀왔지.

이른바 인공치하의 상황을 주민들은 어떻게 평가하는가. 전쟁을 경험하면서 '공산주의'는 재평가되었다.

> <구림 사례 1> 공산주의자들은 모두에게 공정한 분배가 있을 거라고 했는데 실제로는 그 해 가을 수확물들을 모두 세어서 가져가 버렸다. 이에 사람들이 공산주의에 대해 깨달은 바가 있었지.

> <구림 사례2> 교회 다니는 사람들이랑 잘 살고 양반 행세하는 사람들, 또 머슴에게 잘못한 사람들을 잡아다가 다 그랬지. 공산주의란 것이 나눠먹기식 아니여. 그래서 그런 사람들 다 죽이자고 그랬지. … 무법 천지였어. 비합법적인 경찰들도 판치는 세상이었으니까.

> <모정 사례 1> 인공 때 가난한 사람들이 많이 가담했었지. 가난한 사람들한테 모두 똑같이 분배한다는 공산주의에 사람들이 현혹돼 많이 죽었다. 사실은 착취하는 공산주의였는데.

그러나 전쟁 경험은 개인적 차이가 있고, 실제로 인터뷰를 해보면, 부부나 가족간에도 전쟁에 관한 기억이 다르다는 것을 알 수 있다. 구림의 박모씨 부부의 경우도 전쟁에 대한 인식의 차이가 현저했다. 특히 구림 마을의 정체성이나 전쟁기 마을주민들의 동향에 대해 다르게 말하였다. 남편은 마을의 양반적 정체성을 강조하고, 전쟁기의 활동가들에 대하여 '사상에 대한 공부를 한 사람들'이라고 표현한 반면, 그의 아내는 구림 마을의 성격에 관한 언급은 별로 하지 않았고, 마을내에 '인민군 역할'을 한 사람이 많았다고 이야기하였다. 이런 차이는 마을간에도 나타난다. 구림의 남성들이 전쟁에 대한 기억 뿐 만 아니라 마을의 전통을 강조한다면, 인근의 농민마을은 구림의 전통에 대해 소극적으로 언급하는 경향이 있다.

유엔군이 인천에 상륙하고 이어 9월 28일 인민군의 후퇴명령이 있었다. 면 인민위원회는 후퇴 시 교원, 학생, 지식인 등에 대해 월북을 지시하고, 적극적인 활동가들은 입산하여 투쟁하고, 보통 사람들은 마을별로 자위대를 조직할 것을 지시했다. 월북지시를 받은 사람은 20명 정도였는데, 이들은 나주 봉황까지 갔다가 길이 막혀 되돌아왔다. 구림이 좌익 세력이 강해 경찰이 진주하는 것이 늦어지면서 유격대가 아닌 사람들로 면 자위대 조직을 꾸리라고 명령을 받았다. 이들은 입산하기에는 사상이 덜 적극적이고, 마을 자위대원들보다는 사상이 강한 중간 정도의 사람들이었다. 면 자위대는 마을자위대와 입산자들을 연결했다. 입산자들은 월출산 도갑사 주변에서 토굴생활을 하였다. 월출산은 영암 금정을 거쳐 장흥 유치의 국사봉으로 연결되며, 여기에서 화순의 백아산,[16] 지리산으로 연결된다. 금정과 국사봉은 전남 서남부 5개 군의 입산자들의 집결지였다.

> <구림 사례 1> 구림은 본래 오래 전부터 자체적인 민주주의를 진행시켜 있는데 6·25가 터지니까 인민군이 새산노 톨수하고 계사도 불태웠다. … 목포, 무안서 다 왔었다. 여러 마을에서 지하운동을 하던 사람들이 모두 영암으로 집결했었다. 경찰이 오면 산으로 올라가고 없으면 내려오는 생활이 반복되었다.

구림에서 특별히 경찰이나 하급 국가기구에 종사하지 않은 일반 주민들은 당시의 구림을 "전쟁 전에는 경찰관도 없고, 군인에 간 사람도 없는 보수적인 양반 동네"로 표현했다. 그들의 표현에 따르면, 구림이 마을의 겉껍질을 견고하게 하여 국가(관)나 외부로부터 공

---

16) 한국전쟁기에 화순 백아산은 조선공산당 전남도당과 유격대 본부가 있던 곳이다.

동체를 지키려고 하는 무의식적 관행의 뿌리는 전쟁기의 '관제 공산당' 경험이었다.17)

<구림 사례 3> '산에 가면 산다'고 해서 누구나 갔지. 이리저리 몰려다니다 재수 없는 사람은 총 맞아 죽었고. 사람들이 속은 다 있지만, 남에게 애먼 소리 안들으려고 '흥흥'하면서 따라 다니는 거지. 이제는 세월이 흘러 잊혀졌고, 가해자들도 다 죽었어.

그러나 그렇게 말하는 이면에 잊혀지지 않은 기억이 있다는 것은 명백하다. 이에 대한 구술도 시간의 경과 뿐 아니라 정치적 지형, 또는 민주화의 정도에 따라 달라진다.

<구림 사례 3> 요즘에 와서야 입이 조금 벌어졌지, 옛날에는 남에게 소리 듣지 않으려 했고, 남 이야기도 하지 않으려 했다.

그렇다면, 이 증언에서 말하는 '조금 벌어진 입'을 통해 표현되는 과거의 경험은 무엇인가.

2. 신분투쟁과 공동체

광주나 영암읍이 국군에 의해 수복된 것은 10월 초였는데, 구림은 사정이 달랐다. 구림지역은 12월 15일에 이르러서야 수복되었다. 9월 28일부터 12월 15일까지 과도기이다. 이 기간은 다시 전반기와 후반기로 구분된다. 전반기는 구림의 외부세계는 경찰이 장악했으나 구림은 여전히 좌익이 지배하는 시기이고, 후반기는 낮에는 우익, 밤에는 좌익이 지배하는 기간이다. 경찰은 10월 초 영암읍에 진

---

17) 2001년 4월 8일의 최재형의 증언.

주했지만 구림에는 들어오지 못했다. 10월 3일 구림의 대동계의 건물이었던 회사정과 함께 지역내 주요 기관들이 방화되었다. 국민학교, 면사무소, 지서 모두 좌익이 소각하고 후퇴했다. 회사정의 방화는 무엇을 의미하는가.

한국전쟁기 민간인 희생은 대체로 전쟁 시작과 함께 이루어진 보도연맹원의 학살로부터 시작하여, 인민군 점령 후 후퇴기에 발생한 좌익테러와 경찰의 수복 후에 발생한 국가권력에 의한 테러로 이어졌는데, 일반적으로 지방의 좌익들의 힘이 커서 경찰과의 대치가 오랫동안 지속된 산간지역에서 희생이 컸다. 민간인 희생은 지방적 맥락도 많이 작용했다. 특히 마을간, 그리고 마을내 문중간 경쟁과 반목이 심했던 지역에서 학살과 보복의 연쇄가 발생할 가능성이 컸다. 마을간 갈등은 농지이용이나 과거의 신분적 유제로 인한 누적된 불만으로부터 나왔다.

월출산과 가깝고, 과거의 신분적 지배질서의 중심이었던 구림에서도 전쟁으로 인한 인명피해가 컸다. 구림에서 학살의 시작은 한국전쟁 이전인 여순사건 시기에 시작되었다. 1948년 말에 '반란군'에 의해 도갑사 주지가 피살되었다. 본격적인 인명 희생은 1950년 7월 보도연맹원 학살부터였다. 전쟁이 시작되자 다른 지역에서와 마찬가지로 영암에서도 경찰은 후퇴하면서 보도연맹원을 학살했는데, 이 사건으로 20~30명의 희생자가 발생했다. 이들은 목포형무소에 수감되었다가 희생당했는데 구림 출신자들도 상당히 많았다. 인민군 점령기에 '학살'은 거의 없었다. 구림의 경우 친일파 숙청의 맥락에서 일제하 경찰이었던 군서지서 순사부장에 대한 인민재판이 있었는데, 보도연맹의 희생자 가족들이 그를 죽이라고 요구했다. 구림 청년단은 그의 살해 방지를 위한 설득을 하였고 당시 치안대장이 그의 사촌이어서 그 요구를 묵살했다. 결국 그는 희생되지 않았다. 좌익테러는 인민군 후퇴기에 발생했다.

구림에서 전쟁기에 신분투쟁은 구림마을과 인근 마을간에, 그리고 구림마을 내의 지배층과 하층집단간에 발생할 가능성이 있었다. 구림권은 신분적 질서에 의하면 구림마을을 중심으로 상·중·하의 3계층의 마을로 나뉜다. 특히 구림 바로 인근의 마을주민들에게 구림주민의 차별은 조상 대대로 내려온 '한'의 대상이었다. 구림주민들은 인근 주변마을 주민들을 "물아래 사람들"이라고 불렀다. 여기서 물은 영산강이나 지남들에 있는 관개용 저수지를 의미하며, '아래 마을'은 지리적 의미이지만, 동시에 신분적 의미를 함축하고 있는 것이다. 반촌은 일반적으로 배산임수형 마을배치로 평야를 내려다보는 위치에 자리잡고 있다. 양반은 신분적 위계나 실제 거주지의 지리적 입지상 '위'에 위치한다. 인근 마을 농민들은 구림마을 주민에 의한 피차별 경험을 공유하고 있었다. '구림 사람들'은 인근 마을농민들을 일상적으로 하대했고, 특히 마을의 특성상 땔감이 없었던 이들의 산림벌채를 강력히 규제했다. 완전한 논농사 지대로 둘러싸인 마을 주민에게 땔감 마련은 엄청난 짐이었다. 일제하에서 그리고 해방 후에도 땔감을 마련하기 위해 월출산에 나갔다. 도갑사나 강진 무위사까지 가는 경우도 있었다. 하루 한짐을 마련하기 위해 아침 먹고 도시락 싸들고 가 나무를 한 후 저녁에 돌아왔다. 이 과정에서 구림 마을 주민 또는 산림계 직원들에게 항상 감시를 당했다. 이런 규제행위는 자신들에 대한 행패로 받아들여졌다.[18]

물아래 주민들은 구림에 대해 이런 반감이 있었지만 정치적으로 이를 드러낼 계기나 능력이 없었던 것으로 보인다. 전쟁은 그것을 드러낼 계기를 제공한 셈이다. 구림의 한 제보자는 그들이 사상적

---

18) 물아래마을 출신의 한 출향 인사는 지금도 그것을 생각하면 "소름 끼친다"고 고백했다.

지도자는 없었지만, 잠재하고 있던 신분해방의식이 작동하였다고 말했다. 구림에 대한 모정주민의 인식은 다음의 증언에서 나타난다.

<모정 사례 2> 그 사람들이 옛날 회사정 지어놓고 권세 좀 부렸는데 본토배기보다 특히 이사온 것들이 더 그랬다. 우리를 물 아래 것들이라고 멸시하지만 따지고 보면 구림이 월출산 물 내려오는 냇가에 있으니 저희들이 물아래지 ….

이 증언에 따르면, 인근 마을 주민들에게 '구림 사람들'이 대동계 계원을 의미하는지, 모든 구림 마을 주민들을 의미하는지는 뚜렷하게 구별되지 않는다. 이런 상황에서 대동계의 건물이었던 회사정이 불 태워졌다.

<구림 사례 4> 6·25 때 대동계가 양반계라고 해서 계사인 회사정을 불태웠다.

<구림 사례 2> 그 때 지나친 행위가 많았다. 비참한 일이 워낙 많아서 말하기가 어렵다. 회사정도 불태워지고. 옛날부터 여기에 5일장이 계속 있었다. 그 너른 주막에서 사람을 가둬 놓고 문을 박아서 불을 질러 사람들을 다 태웠다.

그렇다면 회사정을 불태워 버린 사람은 누구였는가. 구림 사람들은 전쟁 중에 일어난 학살, 방화, 살해 같은 일들이 다른 지역에서 온 사람들보다는 '같은 지역'에서 사는 사람들이 악감정을 품고 저지른 일이라고 구술하고 있다. 이들이 '같은 지역'이라고 표현한 것은 무안이나 목포, 그리고 구림 인근 마을을 의미한다. 구림 사람들이 자주 언급했던 회사정 방화사건을 그들은, '난리' 이전까지 하세 받았던 사람들의 쌓인 원한이 폭발해서 저지른 복수극이라고 해석하고 있었다.

<구림 사례 4> 불태운 사람들 중에는 어디 다른 지방 사람들보다 같은 지방 사람들이 많았다. 영암 군서면은 구림하고 저기 영산강 유역으로 나눠지는데, 전에 구림 사람들이 강 유역에서 살아가는 사람들을 하대했었다. 그래서 양반 정권에 대한 불만이 있었다. 그것이 인공 때에 돋구어져서 양반 정권에 대한 반발로 나타나 큰 소리 땅땅 치고 그랬지. 이것도 그 때 그 사람들이 불태웠다. 정말 요지경인 세상이었다.

<구림 사례 2> 그런 일들의 주도자가 거의 이 지방 사람들이었다. 무안 사람들이랑 근처 지역에서 온 사람들이었다. 다 아는 사람들이 그랬다. 안면 바꿔 가지고 사람들을 시켜서 피해를 그렇게 입혔지. 다른 지역 사람들은 아니었어. 같은 지역 사람들끼리 서로 죽고 죽이고 그랬지. 구림이 타지방 사람들보다 문화수준이나 생활환경 곧 처세에 차이가 크게 났다. 그래서 타지방 사람들이 구림 사람에 의해 하세를 받았다. 그런 하세가 곧 원한을 만들고 복수를 하게끔 했다. 유격대에는 양반들이 부리던 머슴들이 주로 가담을 했다. 공산당은 평등을 주장했으니까 양반 상놈이 없었다. 모정, 양장, 동호리 같은 저 강 주위 동네에서는 나무가 없어서 여기로 나무하러 많이 왔고, 또 구림보다 가난해서 여기로 머슴살이 온 사람들도 많았다. 하지만 그런 문제는 일제 때 일어난 일이라 6·25 때는 상관이 없었다.

전쟁 중에 일어난 사건들에 대하여 마을간에 인식의 차이가 발견된다. 모정 사람들은 보다 분명하게 하대는 일제시대 때까지만 해당된 얘기였고, 전쟁 때하고는 별로 상관이 없었다고 말한다. 그들은 모정과 구림은 별 문제 없이 지냈고 전쟁 때도 별 상관없이 서로 각자 경찰에 의해 피해를 입었다고 말하고 있다.

<모정 사례 2> 이 근방은 강이 가깝고 해서 물아래 사람이라고 구림 사람들이 내려 봤다. 하지만 그건 난리 전 얘기다. 몰상식한 난리 겪은 후에는 그런 것이 없어졌다. 해꼬지 같은 것은 하나도 없었다. 같이 살아야지 … 우리는 논도 있었고 밭도 있었다. 구림 사람들이 모정사람들을 죽인 경우나 그 반대 경우는 절대 없다. 구림 사람하고는 싸움도 잘 안하고 서로 조심하고 사니까.

<모정 사례 1> 구림하고 사이에 그렇게 원수진 일 없었다. 거긴 워낙 마을이 크니까. 경찰이 진주해서 많이들 죽었어. 구림이 텃세를 부렸다는 건 다 왜정시대 옛날 얘기여.

그렇다면 구림마을내에서 계급이나 신분은 어떻게 작용하였는가. 구림주민의 신분제적 위계구성은 대동계를 주도하는 4성씨와 비 4성씨, 그리고 고지기나 재지기 등 대동계 재산의 관리에 종사하는 집단들로 이루어진다. 후자는 한국전쟁기간에 주인들에게 '반란'을 일으킬 가능성이 있었지만, 안면관계를 중심으로 하는 도덕공동체의 질서 속에서 그 반란의식을 현실화하지 않았다.

<구림 사례 3> 고지기나 재지기는 그야말로 '충복'이 아니면 자리를 유지할 수 없었다. 마음으로는 벗어나고 싶지만, 생활문제로 벗어나지 못했다. 안면관계도 크게 작용했다. 그래서 조직에는 별로 가담하지 않았다.

구림의 사례만 놓고 본다면, 전쟁에서 반란의 모습은 도덕공동체의 범위의 밖에서 이루어진 것으로 보인다. 다른 곳과는 달리 구림은 전쟁상황에서도 대동계의 사회경제적 규정력과 주민간 개별적 안면관계가 작동하였다.

희생이나 피해의 원인에 관해서도 마을간에 그리고 집단간에 다른 구술이 이루어지고 있다. 구림의 경우, 이른바 우파에 속하고 있었던 사람들은 자신들의 피해의 원인을 사회적 지위에서 찾고 있다. 자신들은 '배운 사람들'이었고 가족이 마을 이장이나 경찰이었기 때문에 피해를 당했다고 명백하게 밝히고 있다. 이들은 자신들이 스스로 좌파의 표적이 될 만하다는 사실을 인정했고, 그래서 한때 피신해 있었다. 그러나 경찰이나 우파적 조직에 가담하지 않았던 대부분의 구림주민들은 좌파에 의한 피해를 별로 언급하지 않고 있다. 이들과 함께 모정 주민들도, 자신들은 어떤 세력에도 속하지 않으면서 이쪽 저쪽에서 피해를 받기만 하는 사람들로 묘사하고 있다. 그들은 그저 존재했고 살아갔을 뿐인데 매를 맞고 도망을 다니고 감옥에 갇히고 수시로 소집을 당한 순진한 피해자라고 생각한다. 그들은 스스로를 좌나 우 어느 쪽에도 속하지 않았던 그 시대의 일반적인 그리고 가장 많은 아픔을 당하는 피해자로서 과거에도 그리고 지금도 살고 있다고 생각한다.

우리는 회사정 방화와 함께, 1950년 10월 7일 발생한 교회방화학살사건을 좀 더 자세히 고찰할 필요가 있다. 구림의 교회에 우익인사나 그 가족, 그리고 교회신자를 가두고 불을 질렀다. 구림의 순절비에서 희생자로 언급된 '면내 우익인사'는 누구를 가리키는가. 조사에 따르면, 현지 주민들은 이 사건의 희생자가 32인이라고 기억하고 있고, 교인을 제외한 면내 우익인사는 당시 군서면 대한청년단 총무였던 <구림 사례 5>의 가족 5인과 경찰가족 1~2인이라고 한다.[19] 그는 한국전쟁이 발발하기 전에 대한청년단에서 활동하다가 전쟁이 발발하자 영광의 처가로 피신해 있었다. 1950년 10월 6일 그는 구림 보안대원들 4명에게 체포되어 구림으로 끌려왔고, 문제의 오두막집 교회에 감금되어 있다가 처형 직전에 탈출하였다.

> <구림 사례 5> 내가 우익(청년단 총무)으로 일해서 우리 가족 8명이 모두 체포되었고, 교회에 갇혀 있다가 모두 희생되었다. 인민군들은 내려오지 않았고 동네 사람들에 의해서 이뤄진 희생이었다. 나는 홀로 도망을 쳐 피난을 갔었기 때문에 실제 상황에 대해선 잘 몰라. … 전쟁 직전의 선거에서 좌익 계통 사람이 당선이 됐었는데 나는 그때 김중현이라고 우익 쪽 사람 편에서 선거운동을 했던 적이 있고, 또 우익 청년단에 가입을 하여 활동을

---

[19] 군서면 대한청년단은 1950년 4월경에 결성되었고, 청년단원은 약 200명이었다. 면 청년단장은 최병우였으나 그와 그의 가족은 피신하여 무사했다. 후일 진행된 시신 발굴에서 희생자 중 한 사람인 김봉규는 안경을 쓴 채 죽었음이 확인되었다.

했었는데 그 이유로 우리 가족이 희생된 것이다.

그러나 그는 두 번 째 면담에서 보다 심층적인 세계를 드러내 보였다. 누가, 왜 그의 가족을 학살했는가에 관한 것이었다.

> 누구긴 누구야 반동이지. 조 아무개라고 쭈욱 여기 살다가 3~4년 전에 병사했어. 그가 나를 괴롭힌 것은 순전히 사감 때문이지.

다음은 그가 말하는 '사감'의 배경이다.

> 그 때 내가 일본사람 고진(高津)이의 땅 천평을 수십년간 벌었는데(소작), 해방 후 조 아무개 그자가 내 땅을 일본인 주인한테 샀다고 땅을 내놓으라고 그런단 말야. 나는 땅을 내줄 수 없다고 버텼지. 그 사람이 땅을 샀다고 하는 것은 거짓말이에요. 그리고 땅을 판다면 나한테 팔기로 약속했었는데 … 결국 그 땅을 내가 불하받았고, 또 전쟁 전에 청년단 일을 보게 되었는데, 나중에 그 자가 공산당에 줄을 대더라고. 물론 일개 당원이었지만. 그때의 감정으로 보복한 거지.

그의 증언에 따르면, 조 아무개는 약 30마지기(약 6천 평)를 짓는 '부농'이었고, 자신은 문제가 된 천평만을 경작하는 빈농이었다는 것이다. 문제의 농지의 실제 판매여부는 불분명하나 농민들간에 관행적 소작권에 대한 권리의식, 그리고 해방이 된 이후 이전의 일본인 지주의 소작지가 자기 소유가 된다는 의식은 매우 강했던 것으로 보인다. 이 사례는 일반적으로 지적되고 있는 해방공간에서의 빈농의 좌경화, 중농이나 부농의 우경화 경향에서 벗어나는 예외적 사례이다.

한편 사례 5는 죽음으로부터 탈출하여 강진에서 경찰에 의존했다가 구림으로 귀환하였다. 그는 이에 관한 증언에서 "이야기하려면 끝이 없는데"라고 말했다. 그의 과거에 대한 회상에서 '죽음으로부터의 탈출과정'이 차지하는 비중은 매우 컸다.

> 잡혀 있는데 저희들끼리 속닥거리는 것을 들었어요. 곧 우리를 죽인다고 그래요. 어차피 죽을건대 도망해야겠다고 생각했지. 그래서 오줌을 싼다고 평계를 대고 나와서 포승줄을 느슨하게 푼 뒤 속에 감추고 있다가 냅다 뛰었어요. 그놈들이 쫓아오는데 따라오지를 못해. 내가 잘 뛰거든. 정신없이 맨발로 산을 넘었지요. 한참 가는데 무척 목이 말라요. 멀리 저수지가 보여서 물을 먹으려고 갔는데, 가보니 그게 메밀밭이야. 하얗게 핀 꽃이 저수지로 보였던 겁니다. 성전지서에 가서 내가 이런 사람이라고 말하고 보호요청을 했어요. 소방대원, 청년단원들과 함께 숙식을 하는데 그날 밤에 그 놈들이 지서를 습격했어요. 다행히 아군이 힘이 있어서 물리쳤지요. 아침에 해가 떴는데 전신주가 까닥까닥 해요. 강진본서에서 응원대가 도착했어요. 밤에는 무서워서 오지 못하다가 낮에 온 거지. 그쪽 놈들이 모두 잡혀서 많이 죽었지. 그 후에 강진경찰서로 가서 여행증명 해 가지고 배를 타고 목포로 가서 해창으로 들어왔지.

그는 구림으로 돌아온 직후 그의 가족이 모두 처형된 것을 알고 흥분하여 가해자로 생각되는 사람들에게 보복하려 했으나 그만두었다. 다음은 그의 증언이다.

> 민섭씨[20]가 '사람은 멀리 보아야 하네'라고 충고합디다. 복수하지 말라는 것이었죠.

이 사례에서 드러나는 보복의 중지 또는 보복의 순환고리의 단절은 기본적으로는 개인적 품성의 문제이지만, 다른 한편으로는 구림의 마을 지도력의 문제이고, 더 크게 보면 불안정한 사회체제에서의 생존방식에 관한 민중적 지혜의 문제이기도 하다. 그러나 가해자에 대한 개인적 원망과 고통은 현재까지 유지되고 있는 것으로

---

20) 그는 구림에서 1919년 4월 10일에 얼어난 3·1 만세운동의 주동자 중 한 사람이었다.

보인다. 다만 그는 보복의 중단으로 인하여 적어도 좌익에 가담한 경력이 있는 사람들에게 보이지 않는 권력을 많이 행사할 수 있게 되었다. 이것은 제3자의 증언에서도 나타난다.

> <구림 사례 6> 그 사람 참 좋은 사람이다. 학살된 가족 일로 무척 고통스러워했지만, 결국 보복을 하지 않았다. 만약 그가 보복했더라면 많은 사람이 다쳤을 것이다. 그는 참 좋은 사람이다. 전쟁이 끝나고 나서 사람들은 그를 두려워했다. 무슨 일이 있을 때 그가 인상 한번 쓰거나 눈만 한번 치뜨더라도 사람들이 쩔쩔 맸다.

그는 구림으로의 귀환 이후 자신과 비슷한 처지에 있던 사람들을 조직하여 의경으로 3년간 활동하다가 면사무소에 취직하여 일했다.[21]

인민군 치하에서 모정은 어떤 일이 있었는가. 이 마을의 새마을지도자(58세)와 인터뷰를 하면서 "혹시 좌익한테 몰려 죽은 사람이 있는가"라는 질문에 대하여 그는 3명이 죽었다고 답했다. 대한청년단을 맡았던 사람과 일제 하에서 이장을 했던 두 사람이었다. 이들은 모두 광산 김씨들이었고, 대체로 "권세 있는 사람, 또는 똑똑한 사람"으로 인식되었다. 그런데 이런 투쟁을 주도한 사람 또한 같은 마을의 광산 김씨로 그는 이들을 "지방사람"이라고 호칭했다. 그는 이 사건에 대하여 상당히 냉소적으로 곤혹스럽게 답했는데, 그것은 이 사건이 친척들간에 발생한 투쟁이었기 때문이다. 그렇다면 이들은 나중에 어떻게 되었는가.

> <모정 사례 3> 그런데 이 사람들이 이상하게 빠져나가는 구멍이 있더라고 … 그런 이야기는 그만 해요. 나도 알기는 하지만 ….

---

21) 이용기(2001)는 자신의 연구사례에서 전후 마을의 리더쉽이 전쟁과정에서 '우익임을 보장받았던 천주교신자'를 거쳐 '제대군인동지회'로 이행했다고 주장했다.

3. 국가폭력과 공동체

북한군의 후퇴 이후 구림에 최초로 경찰이 들어온 것은 10월 17일이었다. 경찰이 들어온다는 소식에 면 자위대원들을 포함하여 적극적으로 좌파조직에서 활동했던 사람들은 모두 피신했다. 경찰은 이 날 아침 구림을 포위하고 주민들에게 모두 나오라고 명령했다. 죄가 없다고 생각한 주민들이 집에서 나오자 이들에게 사격을 했고, 공포에 떨어 도망가는 주민들도 모두 살해했다. 한 증언자의 부친은 정치적으로 우익적 성향이었고, 자신은 아무 죄가 없다고 생각하여 피신하지 않고 경찰의 명령대로 밖으로 나왔다가 막내아들과 함께 경찰에 희생당했다.

> <구림 사례 7> 구림은 좌우 상관없이 죽었다. 새벽에 경찰이 마을을 포위했는데 총소리가 나자 무서워 내뺀 사람들이 총 맞아 죽었다.

> <모정 사례 2> 그때가 가을이었는데 일하러 밖으로 나갔다가 놀래서 짚단 속에 사람들이 몸을 숨겼다. 그날 아적(아침)엔 구림에서 모두 죽었다. (경찰이) 여기 오기 전에 아침에 거기 들러서 다 죽였다. 구림은 나락밭이나 어디나 송장 천지였다. 모두 경찰한테 내빼다가 죽고 그랬다. 구림에서 총소리가 계속 났다. 하루에 80~90명이 몰살당했다. 우리 모정에선 훨씬 덜 했어. … 별로 피해 본 건 없었다. 애기 업고 피해 다니느라 욕 봤지. … 죽은 사람도 없고. 우리 마을엔 6·25가 혼연스럽게 지나갔다.

> <모정 사례 1> 구림에서 많이 죽었지. 모정은 희생자는 적었어. 이 동네에서도 이쪽 저쪽 피해를 본 사람이 몇 명 있지만 그래도 큰 피해가 없었다. 큰마을 치고는. 당한 사람들한테는 큰 피해이지만.

이 때 구림에서 총 78명이 희생되었다. 경찰은 마을을 포위하고 주민들에게 밖으로 나오라고 명령했는데, 그 말을 듣고 밖으로 나온 사람들이 희생되었다. 정작 경찰이 겨냥한 좌익활동가는 이 사건의 희생자 속에는 거의 없었다. 일반 주민들이 좌익으로 몰려 죽은 것이다. 이 사건이 있는 후 경찰은 다시 영암읍으로 후퇴했다.

경찰이 본격적으로 '낮의 구림'을 장악한 것은 11월 20일경이었다. 이 때부터 주야교대체제가 만들어졌다. 경찰이 낮에 구림에 진주했다가 저녁에 영암읍으로 돌아가는 상황이 반복되었다. 공동체 방어체제는 이런 권력의 주야교대 상황에서 형성되었다. 이 기간에 월출산에는 목포, 무안, 해남, 진도의 좌익 부대들이 집결해 있는 상황이었다. 구림은 월출산 자락에 위치했는데, 섣불리 진주했다가 산에 있는 유격대들에게 공격당할 가능성을 경찰은 두려워했다. 12월 중순까지 낮밤교대체제가 반복되었다. 상황이 이렇게 되자 전남 경찰국과 영암경찰은 체면이 말이 아니었다. 구림 등 '좌익이 지배하는 지역'을 빨리 수복하라고 독촉을 받았고, 경찰서장이 자주 교체되었다. 최종적으로 경찰서장을 구림의 함양박씨의 사위였던 정모가 맡았다. 새로 부임한 경찰서장은 구림 회복을 최우선 과제로 설정하고, 유화책을 채택했다. 구림 주민들도 전국적으로 국군이 주도권을 잡은 상황에서 자신들의 안전을 우선시 하기 시작했다. 마을 지도자들은 경찰이 자수를 권유하는 상황에서, 만약 "죄 있는 자"들만 자수하면 죄를 그대로 인정하는 것이 되고 처벌받을 위험이 크다고 판단했다. 11월 하순, 가족 중 일부(주로 아들이나 동생)가 입산해 있는 주민들이 주도하여 가족들을 살리기 위해 경찰서장과의 협상에 들어갔다. 이들은 미군이 전쟁에 개입한 상황에서 대세가 이미 결정되었다고 판단했다. 결국 주민간 합의로 "좌우를 막론하고, 죄의 크기를 불문하고" 모든 주민들이 일시에 자수하는 방법을 택하기로 하였다. 좌파 주민의 보호를 위해 중간 또는 우파적 성향의 주민들이 나선 것이다. 여기에는 대동계의 공동체적 전통과 리더쉽이 작용했다. 협상은 중간파적 성향의 인물들이 주도했다. 결국 경찰서장과의 협상에서 자수하면 불문에 붙이기로 하고, 대신 유격대 토벌에 적극 협조하기로 했다. 이를 전해들은 입산자들은 반신반의하였으나 대세를 따르는 분위기였다. 이들은 피신상황이 장기화되고, 겨울철이 가까워진 상태에서 투쟁성이 약화되었고, 동료들의 죽음을 보면서 공포에 떨고 있는 상황이었다. 입산자들은 주민이 자수한 이튿날, 이 대열에 합류하였다. 경찰은 최종적으로 군서지서에 12월 15일에 진주했다. 수복 후 우익 학도대가 주민들의 사상검열과 신원보증을 했다.

구림주민의 일제 자수와 함께 모정 주민의 일제 자수가 이루어졌다.

> <모정 사례 4> 그 때 경찰 지서장이 김 아무개였는데, 무조건 자수를 권유했다. 내가 신문영과 함께 해창에 있는 지서까지 걸어가서 마을 주민 모두 자수시키려고 왔다고 하자 대접을 잘 해주었다. 담배 귀할 때인데 주민들에게 나누어주라고 담배 50봉지를 주었다. 주민들에게 내 빼면 다 죽는다고 말했다. 경찰이 오면 도망가지 않기로 약조를 했다. 그날 저녁 경찰이 기관총을 걸어 놓고 마을을 포위했는데, 약속대로 주민들이 도망하지 않고 모두 사장터로 나갔다. 젊은 사람 50명을 연행하고 나머지는 다 내주었다. 지서에 잡혀간 사람 중에서 "야망", "도로파괴" 등을 했냐고 물어 솔직하게(순진하게) 그랬다고 대답을 잘못한 사람은 죽었다. 여자 둘과 남자 한 명이 죽었다. 곧 이어 남녀노소 불문하고 모든 주민들이 지서에 가서 조서를 쓰고 방면되었다.

여기서 우리는 몇 가지 사실을 발견한다. 경찰의 구림권의 수복은 인적 네트웍을 통한 사전 공작 후 이루어졌다. 그 네트웍은 마을 유지들을 통해 형성된다. 권력의 공백기가 상대적으로 길었던 것은 생태학적 요인 이외에 마을 주민내에 경찰과 선이 닿을만한 주민들이 없었기 때문이다. 경찰은 수복과정에서 주민 전체를 대상으로 자수라는 형식을 강요했다.[22] 이들에게 전쟁 후 체제는 생존을 위

---

22) 제주의 사례에 기초하여 김동춘(2000, p.83)은 이를 '공포의 충성서약'으

하여 자백을 강요당하는 체제였다. 공식기록에 따르면 한국전쟁 전 시기를 통틀어 친공산주의적 활동을 했다는 부역자는 무려 550,915명에 달했다. 이중 검거는 153,825명, 자수는 397,090명이었다.[23] 구림이나 모정의 경우가 이 자수자의 수자에 포함되어 있는지는 알 수 없다. 주민들이 모두 경찰에 출두하여 자수하는 '총자수체제'는 국가권력에 의한 마을공동체의 굴복을 의미하며, 이 때부터 마을공동체는 국가권력에 의한 정치적 동원 가능성이 커졌다. 이후의 국가주도형 경제개발과 농촌근대화는 이런 국가권력의 우위와 공동체의 약화에 기초한 측면이 있다.

총자수체제의 이면에는 개인적 네트웍에 의한 '상호 후원'관계도 존재한다.

> <구림 사례 7> 그는 해방정국에서 학련활동을 한 우파 청년이었다. 인공치하가 되자 그는 위험에 빠졌다. 자신의 집이 언제 습격 당할지 모르는 상황에서 보호해 줄 사람이 필요했다. 그래서 사돈집에 숨었다. 그 사돈은 자신의 아들이 활동적인 좌익이었고, 후퇴기에 입산하였다. 그 사돈은 좌파인 자신의 아들을 보호하기 위해 우파의 자식을 보호했다. 권력이 바뀔지도 모르는 세계에서 닥쳐올 위험을 미리 대비한 것이다.

전쟁 후 '그'는 면장이 되었다. 이것은 친척간의 상호보호관계라고 할 만하다.

로 표현했고, 이용기(2001)도 이런 의례를 경기도 이천 오두리에 관한 연구에서 확인하였다.

23) 여기에는 북한군 1,448명, 중공군 28명, 유격대원 9,979명, 노동당원 7,661명도 포함되어 있었다. 내무부 치안국, 『한국경찰사』 2, 1973, p.547. 여기에는 인민군 점령 당시 각급 인민위원회, 정치보위부, 내무서 등의 직책을 맡아 업무를 수행한 자는 말할 것도 없고, 문학가동맹, 여성동맹, 민청, 법학자동맹 등 지역별 직능별 조직의 가담자도 포함되어 있었다. 이들 중 1950년 11월 5일까지 161명이 사형을 선고받고 형이 집행되었다.

Ⅳ. 전쟁 후 주민들의 대응

1. 전쟁 직후의 적응

전쟁경험의 막바지에 구림은 주민전원 생존공동체를 만들어 냈기 때문에 전쟁 후에 불안과 공포는 덜 했지만, 그럼에도 불구하고 사회적 생존을 위해 과거의 활동을 부정하는 여러 활동을 하게 된다. 전쟁 후의 구림의 정치적 선택은 영암읍의 그것과 대조적이다. 구림과 영암의 대칭성은 희생의 성격에서도 나타난다. 구림에서 전쟁기간 중 약 300명이 희생되었다면 이 중 약 75%는 경찰에 의해, 나머지 약 25%는 좌파에 의해 희생당했다. 그러나 영암은 그와 반대의 비율로 희생당했다. 영암읍이 군단위 지역사회에 대한 국가권력의 근거지인 반면, 구림은 이에 저항하는 근거지였다.[24] 공동체 대 국가권력의 대립구도가 전쟁기간 중에도 재현되었고, 전쟁 후의 정치적 선택 또한 경쟁적이고 대립적이었다. 그 한 사례로 1952년 영암 출신의 대학생들은 낭주계를 조직하고 잡지 '구림'을 발행했는데,[25] 이들의 결집과정을 보면, 전쟁 후에도 영암읍과 구림의 반목이 지속되었다는 흔적이 있다.

<구림 사례 7> 약 20명의 낭주계라는 친목조직을 만들 때 한 성원이 영암읍 출신자의 가입을 절대 반대했다. 그만큼 읍 출신자와 인

---

[24] 보다 더 연구해야 할 과제이지만, 구림의 경우, 조선후기부터 내려온 대동계 중심의 유교적 자치공동체는 첫째, 도갑사를 중심으로 하는 불교 지지층, 둘째, 읍의 세거한 향리가문, 셋째, 국가권력의 근거지로서의 읍의 하위 권력기구 종사자들과 중첩적 대립구조를 가진 것으로 보인다.
[25] 이들은 이환의, 최재율, 조인환등이 주축이 된 영암군 출신의 학생들이었다.

근 면 출신 학생들의 관계는 읍 출신자들의 학련 활동 때문에 악화되어 있었다.

구림과 영암의 경쟁의식은 구림권의 다른 마을주민들의 눈에도 그대로 관찰된다.

<모정 사례 5> 구림이 영암에 지지 않으려고 했다. 지금도 그런 성향이 있다. 모정 사람들이야 중립이지.

정치적 선택에서 구림의 가장 큰 변화는 국가 또는 여당에 대한 지지로의 선회였다. 구림주민들의 다수는 1950년대에 이승만의 자유당을 지지했고, 1960년대에는 박정희 정권을 지지했다. 이 지지는 이념적인 것이라기보다는 생존을 위한 것이었다. 1950년 5.30선거에서 나타난 영암의 반촌우위의 정치적 지형은 전쟁을 거치면서 역전되었다. 1954년 5·20선거에서 자유당후보로 출마한 유인곤은 10,650표, 민국당의 김준연은 21,198표를 얻어 김준연이 당선되었다. 자유당체제에서 한민당 계열은 야당이 되었고, 이에 따라 영암읍 주민들은 야당지지경향이 강했다. 김준연은 이후 5대, 6대 선거에서 연속 당선되었다. 김준연 주도체제는 1967년 7대 국회의원선거에서 김준연이 3위로 몰락하고, 대신 민주공화당 윤재명이 당선됨으로써 종식되었다. 영암읍주민과 구림주민들의 대립이 감소되기 시작한 것은 1970년대 한국의 지역주의가 영호남 단위로 재구성되면서부터이고, 1980년을 지나면서부터 정치적 지지경향의 차이는 소멸되었다.

<구림 사례 8> 구림 사람 중에 야당 한 사람도 몇몇 있으나 대부분 항상 여당이었고, 김대중 대통령이 되자 또 여당하고 있지.

구림권에서 전쟁 이후 반촌중심적 정치적 질서는 어떻게 되었는가. 전쟁기에 나타난 구림과 인근 마을간 긴장은 본격적인 공동체간 투쟁으로까지 비화하지는 않았다. 그러나 신분의식의 완전한 해체를 의미하는 마을간 통혼은 전쟁 후에도 별로 이루어지지 않았다. 구림과 인근 마을의 정치적 입장이 명확하게 나누어진 것은 1957년 군서면 사무소 이설문제를 통해서였다. 이 문제는 구림 출신 최건이 면장에 입후보하면서 득표전략의 일환으로 구림에 있던 면사무소를 면의 지리적 중심에 해당하는 월곡리로 이전할 것을 공약한 것을 말한다. 구림 주민은 이에 반대했으나 구림권의 인근 마을 주민들은 면사무소가 더 멀어진다는 불편을 감수하면서 이전을 찬성하였다. 이들은 "면사무소, 지서 등 면단위 국가기구들이 구림 사람들의 권세에 못이겨 구림에 있었다"고 생각하며, 면사무소에 갈 때마다 구림주민들에게 차별을 받는 것이 싫어서, 면사무소가 "북부"에서 "중앙"으로 옮겨가는 것을 찬성했다는 것이다. 결국 선거는 신분 중심 질서를 해체시키고 구림 주민들은 더 이상 구림마을이 구림권의 중심이 아닐 수 있음을 실감하도록 하였다. 선거 후에 면사무소는 공약대로 이전하였다. 그러나 다른 하위 국가기구인 지서, 농협, 우체국 등은 그대로 구림에 존속했다.

인근마을 주민들은 구림을 4성씨의 마을로 보고 거기에 속하지 않는 사람이 구림으로 이주하는 것을 말리며, 또한 산성들(4성씨가 아닌 사람들)은 구림에서 "오래 배겨나지 못한다"고 말한다. 명백히 구림이 공동체적이지만, 대동계 성원이 아닌 사람들에게는 배타적이라는 것이다. 주변 마을의 하나였던 모정주민들은 구림 열두 마을 중에서 자신의 마을이 가장 큰 마을이라는 것을 자랑스럽게 말하고 있다. 또한 영암군내 마을단위 최대 쌀 생산마을이고, 인근 서호면 전체 생산량보다 자기네 마을 생산량이 더 많았다고 말한다.

과거 농사 관련 민속 중 하나인 줄다리기나 마을간 불싸움에서 서로 구경가거나 주고받는 의례의 상대는 구림이 아니고 인근 동호나 양장마을이었다. 신분적 위계에 따른 수직적 질서보다는 신분적 동등성에 기초한 수평적 질서 속에서 상호작용이 많았다. 구림주민의 세계관이 유교를 내세운 신분적 질서에 기초한다면, 모정주민의 자기정체성은 논농사를 내세운 생산중심주의에 기초하고 있다.

구림에서 나타난 전쟁 후 개인적 대응을 보면, 마을내 하위계층을 구성했던 고지기 가족들은 현재는 아무도 구림에 거주하지 않지만, 전쟁 후 상당기간 그대로 거주했다.26) 그러나 전쟁 후 체제의 중요한 특징 중의 하나로 전쟁기간 중에 좌파적 활동을 했던 사람들이 상대적으로 더 먼저, 그리고 더 많이 도시로 이동했을 것이라는 가설은 구림에서는 좀더 탐구되어야 한다. 다만, 전쟁기간 중 입산경력이 있는 인물은 이후 자신의 전력을 지우기 위한 삶의 전략으로 교회에 나가기 시작했다. 교회는 사람들에게 더 이상 자신이 좌파가 아니라는 증명을 하기 위한 이념적 피난처로서의 기능을 수행한다.

> <구림 사례 7> 나는 한때 사회주의 편에 서서 열심히 활동했고 입산까지 했다. 그러나 생존을 위해 입장을 바꾸었고, 또한 점차 평등하지 않은 것을 억지로 평등하게 만드는 것이야말로 불평등이라고 생각하게 되었다. 그리고 나서 교회에 나갔다. 인간의 약함을 느끼기도 했지만, 공산주의 활동을 정리하고 이를 정리했다는 증거(사회적 알리바이)를 대외적으로 보여주기 위한 것이기도 했다.
> … 나는 '민중적 입장'을 좋아하나 전쟁이 끝난 이후에는 이와 관련된 활동은 드러내 놓고 하지는 않았다. 내가 만약 활동을 하면 자기보신이라고 욕먹을 뿐 아니라 민중적 입장을 가진 사람들에게 피해를 줄지도 모르기 때문이다.

---

26) 이들은 1997년에 완전히 이주하였다.

신분적 차별에 대한 기억은 물론 구림보다는 주변마을에서 더 선명하다. 구림 내의 4대 성씨에 대한 주변 집단, 또는 인근마을 주민들의 신분적 차별에 대한 한은 쉽사리 사라지지 않았다. 그 한 예로 모정출신이면서 학업성적이 우수해 일찍 광주에서 유학한 후 학교 교장을 역임한 한 인사는 지금도 광주에서 '구림사람'을 만나면 피한다고 한다.

2. 전쟁기억의 변화

전쟁이 끝난 지 50년이 되는 상황에서 주민들의 사회적 태도에 나타나는 특징의 하나는 전쟁 중에 일어났던 여러 가지 사건에 대해, 그리고 그 사건에 직접 혹은 간접적으로 연관된 사람들에 대해 '사회적 용인'을 하고 있다는 점이다. 과거에 그렇게 과격하고 끔찍했던 행동에 대해서 자의가 아니라 어쩔 수 없이 살기 위해서 선택한 행동들이었다고 말한다. 처음부터 고의적으로 그랬다거나 어떤 악감정을 가지고 행했던 일들은 아니었다고 이야기하면서 그런 행동들을 '시대적 흐름으로' 정당화시키는 것이었다. 이런 말들은 인터뷰 중간 중간에 수시로 반복되고 있다.

<구림 사례 1> 그때 세력을 얻기 위해 몰려온 사람들이 꽤 있었다. 어쨌든 사람이 살려고 하니까. … 시대에 따라 산다.

<구림 사례 2> 피해가 엄청났지. 시대 조류에 따른 일이었으니까 어쩔 수 없어.

<모정 사례 1> 처음부터 그렇게 할 생각은 없었지. 하다 보니까 그렇게 된 것이지.

이러한 용인은 다시 두 개의 현실적 국가권력이었던 '인민군'과 '경찰'에 대한 평가와 연결된다. 어느 한쪽을 특별히 나쁘다고도 그렇다고 좋다고도 평가하고 있지 않다. 자신이나 가족들이 특정한 피해를 입었던 경우에는, 그 사건을 이야기하는 부분에서 당연히 가해자편이 나빴고 자신들은 정말 억울하고 아무 이유도 없이 피해를 당했다고 생각한다. 주민들은 '순진한 그리고 여리기 그지없는 피해자'로서의 자아상을 지니고 있다. 경찰이 한 행위(특히 부정적인 의미로 해석될 수 있는)를 특별히 은폐하거나 인민군의 행위를 특별히 부각시키려고 하지는 않는다. 당시의 공산주의나 사회주의에 대한 평가는 이념적 적대라기보다는 이웃에서 흔히 있었던 현상이었다.

<모정 사례 2> 불 때고 밥하다가도 강연한다면 무조건 가. 강연회는 이쪽 저쪽 모두에서 많이 했다. 마을에서 악쓰고 빨리 나오라고 해서 가면, 열 지어 세워 놓고서 맨만한 사람을 무조건 팼다. 인공 때는 인공 사람들이 팼고, 경찰 때는 인공에 협조했다고 경찰들이 팼다.

이들에게는 '이념적 선악'의 공식은 뚜렷하지 않으며, 과거의 '좌우'와 현재의 '남북한'을 동일시하지도 않는다. 구림권의 주민들 모두 지금은 아무렇지도 않고 또 아무렇지도 않게 잘 지낸다고 말하고 있다.

<구림 사례 2> 요새는 그저 평범하게 지낸다. 전에는 지역별로 감정이 많았지만 지금은 없고, 그냥 평범하게 산다.

<구림 사례 5> 그때의 가해자들을 다 알고 있지만, 산 사람도 있고 동네를 떠난 사람도 있고 죽은 사람도 많은데 … 지금은 그 가해자들 대할 때도 보통으로 대하고 있다.

<모정 사례 3> 인민군에 대한 감정은 없다. 원수져 살아서 뭣 할꺼요? 손잡고 좋게 좋게 살아야지.

<모정 사례 4> 지금은 그런 애기해도 암 상관없지. 어디를 가나 우리가 하는 말은 다 그 말이여. … 그러니까 우리가 뭐를 안 것은 아니고 우리는 들어도 그냥 잊어 버리고 그렇게 살아. 벌써 50년이 지났으니까.

많은 사람들이 한국전쟁에 관해 구술할 때는 항상 "나는 잘 모른다"로 시작하며, 그때 일은 50년이나 지났으므로 잊어버렸거나 가물가물하다고 말하고 있다. 그렇지만 그들은 당시의 경험을 여전히 잊지 않고 있으며, 일부를 표현하고 동시에 그것을 얼버무리거나 부정한다. 상당 부분은 오랜 시간이 경과했음에도 불구하고 말하지 싫지 않은 것에 속한다. 사건이나 행위는 표현하지만, 사건에 관계된 자의 구체적인 이름을 거명하는 것은 꺼리고 또한 공동체 밖의 이방인들에 대한 경계를 유지하고 있다.

<구림 사례 1> 구체적으로 누구라고 이름대면 못써. 이 동네에 그런 사람이 한 사람 살았었는데 지금은 죽었어. 그 동생이 아직도 이 동네에 살고 있어. 사람을 아주 많이 죽였기 때문에 죽었을 때도 아무도 들여다보지 않았지. 경찰도 죽이고 산 사람도 죽이고 많이 죽였지. 처음엔 그 쪽(산쪽)편에 서서 경찰을 죽이다가 나중에 경찰에 잡혀서 추궁을 당했다. … 여기서 살다가 죽었는데 죽었을 때 '잘 죽었다'는 뒷말만 무성했다.

<구림 사례 2> 그때 지나친 행위가 많았다. 비참한 일이 워낙 많아서 말하기가 어렵다. … 언변도 없고 해서 잘 모르겠고. 아마 다른 사람에게 물어봐도 다 똑같이 이야기를 할 것이여. 아니, 나는 말하기가 … 유격대, 지방 유격대에 의한 보복이었지, 순. 그런 일들의 주도자가 거의 이 지방 사람들이었다. 무안 사람들이랑 근처 지역에서 온 사람들이었다. 나 이야기하기도 싫어.

<모정 사례 2> 이녁 마을에만 살아봐서. 그때 죽은 사람들 이름도 기

억이 안 난다. 김씨들이 조금 잘 살아서 유격대한테 잡혀 많이 죽었는데. … 6·25 겪은 후 서로 함부로 말하지 않고 항상 조심한다. 언제 다시 또 그럴지 모르니까 서로 서로 조심한다. … 50년이 지나서 이제 그 때 일은 몰라.

<모정 사례 1> 그런 사연이 있었다고 말할 수 있는데 난 잘 몰라. … 마을 사람들끼리도 분열해서 서로 싸웠다. 함부로 말하기가 어렵지. … 하지만 당한 사람들한테는 큰 피해겠지. 형제끼리도 서로 사상이 달라 싸우고 그랬었는데. 이 마을에도 한 형제가 그랬다. … 나중에 거기에서도 배석과장까지 되고 그랬는데, 전쟁 중에 사망했지.

왜 이들은 공식적으로는 잘 모른다고 하거나 잊었다고 하면서 비공식적으로는 자신의 겪은 경험, 특히 심리적 정치적 상흔을 이야기하는가. 그들의 삶 속에서 전쟁의 기억은 아직도 잊히지 않는 상처로써 현실 안에 작용하고 있기 때문이다. 그들의 경험 안에서 살아 있는 인물과 사건은 아직도 심리적 고통을 수반한 채 뚜렷이 상기된다. 또한 그 기억에 직접 혹은 간접적으로 관련된 인물들은 같은 마을이나 인근 마을에 거주하면서 이웃관계를 유지하고 있어서, 섣부른 기억의 표출은 현재의 사회적 관계에 영향을 끼칠 수 있다고 생각한다. 현재의 관계로 인해 말하기를 회피하는 경우는 특히 특정 개인이나 집안에 해당되는 경우가 많았다. 하지만 만약 그것이 자신과 직접 관련이 없는 내용이라면 구체적인 이름은 거명하지 않더라도 대강의 줄거리를 말한다. 자신들의 판단에 말해도 된다고 여긴 것들은 자신들의 세계에서 한번쯤 거론된 것들이라고 할 수 있다.

그러나 1990년대 이르러 구림에서 과거의 기억과 침묵의 공동체는 약화된 것이 사실이다. 전쟁에 대한 기억이 달라지기 시작했다는 것의 두드러진 징표는 앞에서 언급한 "교회 순교자 추념비 세우기"이다. 이 위령비 건립에 대하여, 희생을 기려야 한다는 입장과 부끄럽거나 아픈 상처를 굳이 왜 다시 건드리는가라는 입장으로 분화되었다. 후자의 입장에서 보면, 순교비 건립은 1950년의 주민의 공동체적 생존체제를 흔드는 것이다. 최근에 순교비 건립의 반대방향에서 경찰에 의해 희생된 사람들의 명예를 회복시켜야 한다는 요구도 조금씩 형성되고 있다. 이것은 4·3특별법이나 민주화 운동 희생자 보상법의 제정에 영향을 받은 것으로, 주로 과거의 희생자 가족 중 구림을 떠난 사람들[27]이 요구하는 것이다. 이들은 과거의 희생자들이 죄 없이 죽었다는 생각을 공유한다. 역시 이런 움직임에 대해 소극적인 의견도 있는데, 이것은 구림 주민들의 피해자 및 가해자로서의 양면적이고 모순적인 경험 때문이다.

V. 맺음말

전쟁기간 중에 구림권에서는 산업화 이전의 계급관계를 의미하는 지주-소작인 관계보다는 농민간 토지소유경쟁이 투쟁의 내면에 작동했지만, 이 시기의 투쟁을 전적으로 계급투쟁이라고 볼 수 없는 요소들이 많았다. 첫째, 교회와 경찰, 우파 청년단을 대상으로 한 투쟁이 있었으며, 둘째, 사회적 갈등은 마을간 갈등과 신분간 갈등이 복합적으로 얽혀 표출되었고, 셋째, 국가권력의 주민에 대한 학살과 공동체적 굴복이 있었다. 이런 점에서 이들의 전후의 역사는 '치욕의 역사'였다.

한국전쟁이 남긴 상처는 마을주민들에게 매우 크고 다양했다. 첫째, 인구구성상 주민들의 정상적인 세대적 재생산이 교란되었다. 한 주민은 "내놓을 만한 청년들은 다 죽었지"라고 회상했다. 둘째, 총

---

[27] 이들 중에는 미국으로 이민한 사람도 있다.

자수체제에서 보듯이 한편으로는 마을공동체가 지속되기는 했으나 그것은 모든 주민을 분단국가의 '국민'으로 만드는 매개물로 전락했다. 이것은 상당기간 주민 대부분이 국가권력에 마지못해 따라가는 소극적 추종체제를 만들어 냈다. 구림주민들은 국가정책에 냉소적이지만 눈밖에 나지 않도록 형식적으로 추종했다. 새마을운동기에 국가의 정책에 대한 대응도 이런 방식이었다. 이것은 정치적 의견의 표출에서도 드러난다. 선거에서 대체로 '미지근한 여당지지'로 나타나는 것은 이 때문이다. 셋째, 주민들간 반목과 갈등 경험은 일상생활에서 쉽게 노출되지 않고 깊게 내면화되었다. 반공이데올로기가 실체로서 힘을 갖게 된 결정적인 계기는 전쟁이었지만, 전쟁의 체험은 반공이데올로기의 내면화 방식과 관련하여 사람들에게 동일하게 다가간 것은 아니었다. 우익진영에 섰던 사람은 갈등의 봉합이나 공동체적 화해에도 불구하고 여전히 우익적 용어를 그대로 사용하고 있다. 일반주민들은 끈질기게 따라붙는 부역혐의 때문에 고통을 당했다. '좌익'도 아닌데 '좌익'으로 간주되어 불편하게 살아왔다는 생각이 일반화되었으며, 그런 혐의를 받을 수 있는 경력을 가진 사람들은 이런 흠을 씻어 내기 위하여 보이지 않게 노력했고, 연좌제의 적용을 덜 받는 영역으로 자신이나 자녀들을 진출하도록 유도했다. 전쟁 후에 교회를 다닌다는 것은 사상을 보증받는 핵심적 피난방식이기도 했다.

전쟁은 구림권의 주민들로 하여금 생존과 보신의 문제를 구체적으로 체험하게 만들었다. 전쟁기간 중에 권력의 교대가 빈번하게 발생한 후방전선지역이었기 때문에 이런 생존의 문제가 더 심각하게 주민들에게 각인되었다. 구림의 경우 한국전쟁의 체험은 신분의식과 함께 유교적 가치관에도 큰 타격을 주었다. 조선시대에 유교적 양반문화와 공동체적 질서가 강했던 구림은 일제하에서 양반적

정서에 근거한 반일적 정서와 식민권력과의 공동체적 타협의 병존, 해방 직후와 전쟁기에 이에 대한 반사적 효과로서의 좌파적 편향, 국가권력에 대한 공동체적 굴복을 의미한 전쟁의 종료, 이후 앞선 시기의 반체제적 활동을 컴플라치하기 위한 여당지지 등의 길을 걸었다. 이러한 반촌적 경로는 '읍'의 경로와 사뭇 대비되는 것이다. 정확한 구분은 아니나 유교와 불교,[28] 사족적 자치전통과 국가권력의 대립이 여기에 내재 해 있다.

이런 복합적 사건에 의한 인명피해와 재산피해는 현재까지도 생생히 기억되는 역사적 유산이다. 구림 사람들의 전쟁 경험에 관한 구술은 몇 가지 특징을 갖는다. 첫째, 전쟁으로 인한 피해를 말할 때 대부분의 주민은 회사정 방화, 주막(교회)에서의 학살 사건, 혹은 순절비에 대하여 언급하였다. 이들은 전쟁의 피해에 대한 집단적 기억을 공유하고 있으며, 이것은 인터뷰 초기의 '접대용' 구술로 나타난다. 둘째, 이들은 자신이나 가족들과 연관된 이야기는 가급적 말하지 않으려고 한다. 실제로 한 면접자는 부인이 시아버지의 사망에 대해 언급하기 이전까지 거기에 관해 어떠한 언급도 하지 않았다. 전쟁에서 겪었던 개인적인 일들에 대해서는 극도로 언급을 회피하고, 동네에서 누구나 다 알 만한 이야기, 혹은 타인의 경험을 끌어와서 이야기하는데 더 열중했다. 셋째, 인적 피해가 아닌 물적 피해를 이야기하는 경우는 구술의 태도가 달라진다. 땅이나 물건을 빼앗긴 이야기는 세세하게 말하였다.

전쟁을 경험하지 못한 세대는 한국 전쟁을 공식적 역사를 통해 경험한다. 전쟁의 직접 경험자는 자신의 직접 경험을 바탕으로 하므로 전쟁의 전체보다는 부분에 매달리기 쉽지만, 기억이 훨씬 구체적이다. 분단체제의 오랜 지속으로 인해 전쟁 경험 세대의 개별

---

28) 구림에 있는 도갑사는 상대적으로 구림마을주민들에 의해 외면당해 왔다.

적, 사적 경험과 기억은 세대적으로 재생산되지 못하였다. 분단체제적 상황은 경험들의 커뮤니케이션에 의한 공유를 억제하였다. 이런 사정은 지역사회에서도 마찬가지이지만, 지역사회에서의 개별적 경험은 국가단위의 공식적 역사와는 다르게 지역적 특성이 많이 개입한다. 전쟁에 관한 사적 기억은 항상 직접 경험한 것 뿐 아니라 간접 경험도 포함한다. 경험의 공통성과 집단과의 근접성은 개인의 기억의 영역을 확대시켜 하나의 공동체적 기억을 형성하기도 한다. 집단이 겪은 피해에 관한 기억들은 사회적 장치들에 따라 다르게 기억될 것이다.

 최근 구림에서는 왕인과 관련된 전설의 역사화와 함께 3·1운동의 기념물화가 진행되었다. 왕인축제가 군에 의해 외부로부터 주어진 것이어서 구림주민들과 상당한 거리를 두고 있는 것이라면, 3·1운동 기념비의 건립은 심층에 잠복되어 있던 마을의 공동체적 기억이 외곽으로부터 재현되기 시작한 것이라고 볼 수 있다. 편향적으로 드러나 있는 한국전쟁에 대한 기억은 민주화와 더불어 조금씩, 그리고 '변혁적 열망'의 측면은 감춘 채, '피해'의 측면으로부터 표출되고 있는 것이다. 구림 마을 사람들은 한국 전쟁에 관한 이야기를 할 때면 자신들의 전통적 지위가 전쟁으로 인해 위협받았으며, 전쟁으로 인한 피해를 강조한다. 그 정확한 날짜나 상황 등은 기억하지 못하면서도 사람들이 많이 희생당했다는 이야기는 빠뜨리지 않는데, 일차적으로는 순절비 이야기를 하고 심층적으로 들어가면 경찰에 의한 학살사건을 말한다. 그러나 과거 우파적 활동을 한 사람들과는 달리 일반 주민들은 이를 좌우라는 이름으로 표현하지 않으며, 마을주민의 총자수 경험 또한 여간해서는 드러내지 않는다. 이에 반해 모정 마을 사람들은 전쟁을 '주변에 있는 섬까지 덮치고 간 큰 파도'로 기억하는 경향이 있다. 전쟁피해는 주로 구림의 경우와 비교하면서 자신의 마을은 이에 비해 적었다고 말한다. 그러나 이들도 신분적 차별의 문제나 총자수 경험에 관해서는 거의 말하지 않는다. 전쟁의 소용돌이는 신분적 중심마을에서 더 크게 작동한 듯하고, 전쟁 기억에서의 신분적 요소는 주변마을에서 더 깊게 각인되어 말해지지 않는 영역에 속한다고 판단된다.

(정근식)

제8장
사회조직과 마을공간구조의 변동

I. 마을공간 구조와 사회조직

 사회적 공간은 인간의 필요에 따라 만들어지고 변화되기 때문에 가치 중립적이지 않으며, 위계와 역사성를 지니고 있다. 이는 공간이 인간의 행위, 사회제도와 실천들 밖에 존재하는 것이 아니라 인간의 행위와 사회관계에 의해 생성되고 변화되기 때문이다. 사회적 공간의 생성·점유·지배를 둘러싼 인간의 행위 혹은 조직들도 다양하게 분화되거나 변화되어 왔다. 역사적으로 보면, 전통을 갖춘 마을들은 대부분 17세기 무렵 기본적인 공간 구조가 형성되었는데, 일제의 농촌근대화정책과 해방 후 농촌새마을운동을 통해서 약간의 변동을 겪었다. 그리고 최근 지방자치제 실시 이후 '지역활성화'에 대한 논의가 새로운 담론으로 자리하면서, 지방자치단체는 관광과 축제를 위한 새로운 사회적 공간구조의 변화를 모색하고 있다. 이러한 사회적 공간의 형성과정에서 어떤 요인은 선택되는가 하면, 어떤 요인은 배제되기도 한다. 그리고 어떤 조직은 약화되는 반면 어떤 조직은 새로 형성되기도 한다. 이 글은 농촌의 사회적 공간이 어떻게 형성되고 재구성되는지 살펴보는데 목적이 있다.

　동족마을로 알려진 농촌마을들은 해방 이후 1970년대 새마을사업과 소득증대사업, 1980년대 수입개방과 1990년대 세계화 전략으로 인한 농업배제 정책으로 농업기반이 붕괴되면서, 일반 농촌마을과 마찬가지로 전통적 규제력이 약화되고 있다. 조선후기에 형성된 전통마을은 비옥한 토지를 전제로 하고 있거나 풍부한 노동력을 바탕으로 형성되었으며, 근대화 과정에서도 생산력과 이념을 바탕으로 공동체적 규제가 이루어져 왔다. 생산력에 기초한 강제가 경작권(소작권)을 통한 강제라면 이념에 기초한 강제는 신분, 성씨, 지위 등을 통한 동의의 체계라고 할 수 있다. 물론 초기의 전통마을은 생산과 이념이 결합되어 나타났지만, 농지개혁과 농업의 자본주의화 과정에서 생산을 통한 강제는 축소되었고 이념적 강제는 지속되고 있다.

　농촌의 이름 있는 마을에 대한 연구는 선생영조(善生英造)의 연구(1934)를 시작으로, 김두헌(1934), 사방박(四方博, 1937), 해방 후에는 이만갑(1960), 김택규(1964), 양회수(1967), 최재석(1988), 최용기(1982), 이광규(1990), 한국정신문화연구원(1992, 1994), 김일철(2000) 등이 있다. 1970년대 이후 인류학자들에 의해서 본격적으로 시작된 마을연구는 1980년대까지 마을과 집단에 대한 연구로 이어졌다. 그러나 1990년대 들어오면서 부차적 지위로 밀려난 농업과 마찬가지로 마을과 집단연구를 포함한 농촌사회 연구는 크게 위축되었다. 농촌지역에 대한 식민지 시대의 연구들은 식민지 지배를 위한 방법적 기초로 이용되기도 하였으며, 1960년대 이후 사회학적 연구들은 근대화론에 배경을 둔 극복대상으로서 전통문화라는 측면에서 접근하고 있다. 그리고 인류학적 연구들도 한국 고유의 전통이란 맥락에서 박제화한 접근이라는 문제점을 안고 있다(김일철, 1997). 게

다가 농촌의 공간에 대한 연구는 도시자본이 관심을 갖는 극히 일부지역에서 지역개발차원의 접근이 이루어지고 있을 뿐이며 사회적 공간에 대한 연구는 거의 이루어지지 않고 있다.[1]

이 연구는 이러한 연구성과와 한계를 토대로 몇 가지 원칙을 가지고 접근하였다.

첫째, 전통마을도 농촌마을 일반과 마찬가지로 전지구화와 지방화의 큰 흐름에 규정을 받고 있으며, 마을 내에서 종족이나 문중의 지배력이 급속하게 약화되고 있다. 하지만 여전히 마을 내에서 강한 지배력을 갖고 있는 것은 부정할 수 없으며, 지방자치의 실시와 지역활성화라는 당위성 속에서 새로운 형식과 내용으로 재구성되고 있다. 따라서 사회조직과 사회적 공간 속에서 전통적 지배력이 어떻게 재구성되어 가는가 살펴볼 것이다.

둘째, 이 글은 생산과 소비, 생활권을 고려하여 연구의 대상을 선정하였으며, 전통적 지배력과 마을운영의 상호관계를 살펴보기 위해서 대표적인 한 마을을 선정하여 미시적 수준에서 분석을 실시하였다.

셋째, 조사의 시기는 구림권의 특징을 반영하여 문중의 시기, 개발의 시기, 축제의 시기로 구분하였다. 문중의 시기는 대동계의 창설 이후 지역개발이 본격화되기 전인 1960년대 초반까지로 지남들과 학파들이 중요한 생산자원이었으며, 대동계와 문중의 영향력이 컸던 시기이다. 개발의 시기는 농촌 새마을운동이 추진되던 1970년대부터 영산강간척이 진행된 1980년대를, 축제의 시기는 지방자치

---

1) 근대적 공간에 대한 최근 연구로는 Edward Soja(1993), 최병두(2002)의 연구가 있다. 최병두는 근대의 기능적 공간이 전통적인 공동체 공간을 해체하고 공공적 공간을 상실케 했으며, 이러한 근대적 공간의 한계를 극복할 수 있는 가능성은 외적 공간에 있는 것이 아니라 우리 자신의 공간적 실천에 의해 좌우된다고 주장한다.

의 실시 이후 지역활성화의 시기를 의미한다.

 이 연구를 수행하기 위해서 전통마을 연구에 대한 검토와 세 차례의 현지조사, 한 차례의 설문조사를 실시하였다. 특히 지역엘리트 중심의 제보와 일회적인 현지조사가 갖는 한계점을 극복하기 위해 일주일간 마을회관에 거주하면서 많은 마을 주민들과 접촉하는 기회를 가졌으며, 설문조사 후 조사원들과 토론회를 통해서 다양한 의견들을 수렴하였다.

1) 구림마을

 구림마을은 영산강을 통해 황해로 연결되는 고대에 중국·일본 교류의 거점이었으며, '왕인과 도선의 출생지', 최근에는 '왕인문화축제'의 중심지로 알려진 곳이다. 특히 함양박씨, 풍양조씨, 낭주최씨, 해주최씨(이하 '사성씨') 등 16~17세기 사족세력을 중심으로 조직된 대동계가 지속되고 있는 마을이다. <그림 1>처럼 영암군은 해안선을 따라 삼호면과 미암면이, 영산강을 중심으로 학산면, 서호면, 도포면, 군서면, 그리고 시종면이 위치해 일찍부터 수산업이 발달했었다. 그러나 영산강 종합개발사업으로 1980년대 말 영산강하구언 공사가 완공되고 영암호가 막아지면서 삼호면 일부만 바다로 남아 있으며 간척지는 농경지와 공업단지로 조성되었고, 구림권 일대는 농경지로 조성되어 활용되고 있다.

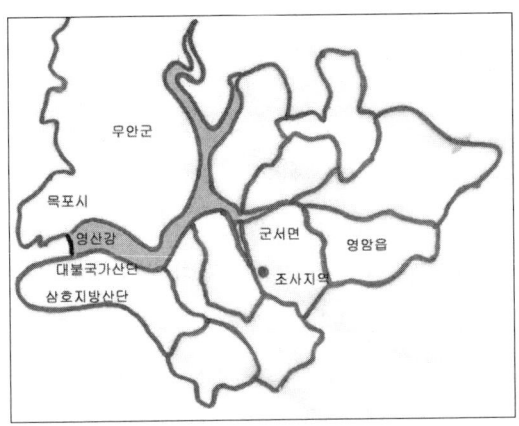

<그림 1> 조사지역의 위치

영암군 군서면에 속하는 구림마을은 <그림 2>와 같이 9개의 마을과 3개의 행정리로 구성되어 있다.2) 흔히 부르는 구림은 동구림과 서구림을 말하며 구림권은 도갑리를 포함하며 넓게는 군서 전체를 구림권으로 부르기도 한다. 동구림은 상가, 공공시설 등이 집중해 있으며, 서구림은 전형적인 농업중심 지역이다. 이외에도 구림의 외곽에 모정과 양장리가 위치해 있는데 이 마을들은 과거부터 대동

---

2) 조선후기 『호구총수』(1789년)에 기록된 구림의 마을은 쌍취정, 동계리, 북송정, 동송정, 고산리, 취정, 동정자, 남정자, 남송정, 죽정, 구림, 국사암, 상서호정, 하서호정, 학암 등이며, 1914년에는 동구림과 서구림으로 통폐합되었는데 고산리, 동계리, 학암리, 쌍화촌, 신근정은 동구림리에 율정리, 서호정, 남송정, 국사암은 서구림에 속했다. 현재 동구림은 1구 학암, 2구 동계, 3구 고산, 서구림은 1구 서호정, 2구 남송정과 배척골, 3구 신흥동과 백암동으로 구분되었다. 넓은 의미의 구림촌은 도갑리 중정의 양지촌과 음지촌을 포함해서 쌍취정, 학암, 알뫼, 동계, 고산, 동정자, 북송정, 국사암, 남송정, 신흥동 등 12동네이다. 17~18세기의 구림대동계의 지역 범위에 속하는 12동네가 정확하게 기록되어 있지는 않지만 현지에 거주하는 주민들은 '쌍취정, 학암(학바위), 동계, 고산, 신근정(신근징이), 서호정, 남송정(남정지), 아랫사우, 북송정, 죽정, 평리(들몰), 아랫사우(율정=신흥동)'으로 기억하고 있다.

계의 범주 밖에 존재하면서도 생산, 교통, 행정 등 일상생활권은 구림권에 위치해 있어 많은 하대를 받아야 했다. 구림권은 <그림 3>에서 보듯이 지남들, 학파들, 영산강간척지 등 3단계의 간척과정을 통해 토지가 확장되면서 마을이 형성되고 유지된 곳이다. 지남들은 16세기 무렵 구림대동계를 중심으로 한 사족세력에 의해서, 학파들은 현준호[3])에 의해서 일제시대 시작되어 1960년대 그의 아들(현영원)에 의해서, 영산강간척지는 1980년대 국가에 의해서 추진되었다. 지남들이 구림대동계의 물적기반을 마련했다면, 학파들은 구림권의 생산구조를 어업에서 농업 중심으로 전환시키고 대동계 중심의 구림체제를 긴장시키는 역할을 하였지만 1990년대까지 토지분쟁(토지무상양도투쟁)에 휩싸이기도 하였다.

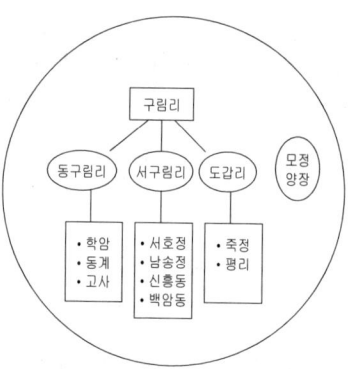

<그림 2> 구림권역 마을

---

3) 1889년 영암에서 출생하여 일본메이지 대학교를 거쳐 1920년에는 호남은행을 설립하였으며, 1943년부터는 서호 간척사업(학파농장)을 추진하였다. 식민지시대에 전남도평의회 의원, 중추원참의, 시국대책위원, 동아일보 취체역, 조선임전보국단 의원을 엮임하여, 해방후 1949년 전남지역 반민특위 1호로 지목되어 조사를 받았으며 1950년 한국전쟁시 광주 호남동 자택에서 인민군에 체포되어 9·28수복시 광주형무소 농장에서 처형당했다.

<그림 3> 구림권 마을위치

<그림 4>는 영암군의 인구변화를 행정·유통의 중심지역인 영암읍, 근교농촌지역인 구림권, 공업지역인 삼호면으로 구분하여 살펴본 것이다. 공업지역을 제외하고 행정과 상업의 중심지역, 농촌지역 모두 인구가 감소하고 있으며, 읍내권과 구림권의 차이는 시간이 흐를수록 커지고 있다. 구림권의 가구와 인구의 변화를 시기별로 살펴본다면 1970년에서 1980년대 중반까지 급격하게 감소하는 경향을 보이고 있으며 1990년대 중반 이후 정체하는 현상을 보이고 있다.[4]

---

[4] 영암지역의 공단은 군서농공단지(1992년 준공), 신북농공단지(1988년 준공), 대불국가공단(1992년 준공), 삼호지방공단(1991년 승인) 등이 있다. 특히 대불공단과 삼호공단은 삼호면에 위치해 있으며 국가와 지방자치단체에서는 서남해안의 중추산업기지로 육성하려는 노력을 하고 있다.

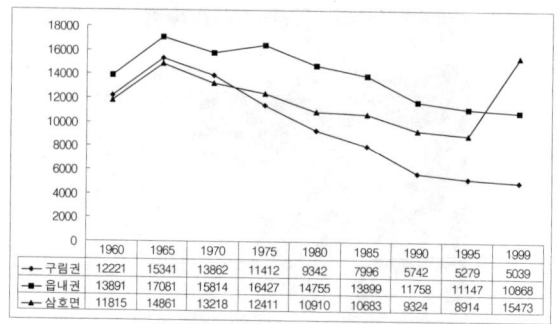

<그림 4> 영암의 권역별 인구변화(단위 : 명)

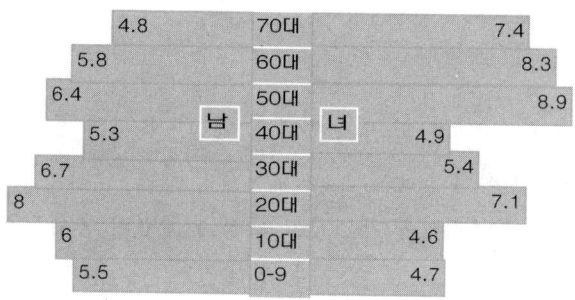

<그림 5> 구림마을의 연령별 인구구조

　　농어촌 인구구조는 자연증가보다 유출인구가 더 많아 절대 인구의 감소, 연령별로는 유년과 청장년층의 감소와 노년층의 증가, 성별로는 결혼적령기인 20대 후반에서 30대 초반의 남자가 여자보다 많아 노총각문제가 심각한 특성을 보인다. 구림의 인구는 다른 지역의 농촌과 같은 감소현상을 보이지만 연령별, 성별인구구조에서는 다른 특성을 보이고 있다. <그림 5>와 같이 20~30대의 젊은 연령층의 인구 구성비가 상대적으로 높을 뿐만 아니라, 남녀의 비율도 비슷한 양상을 보이고 있다. 이는 구림지역이 영암읍에 인접해 있으며, 광주나 목포와의 거리가 자동차로 1시간 거리에 지나지 않

는 교통조건으로 생활권이 확대되어 도농통합적 성격을 띠고 있기 때문이다.

　학파들과 영산강 간척사업이 진행되기 전까지 구림권은 전형적인 반농반어 지역이었으며, 삼호지역은 대불국가산업단지와 삼호지방산업단지가 조성되기 전인 1980년대 후반까지 어업의존도가 높은 지역이었다. 즉 구림권은 반농반어에서 농업중심지역으로, 삼호권은 반농반어에서 공업중심지역으로 변화된 곳이다. 농어촌 인구의 변화를 보면 일반적으로 가구에 비해서 변화 폭이 크며 그 형태도 산업구조에 따라 다르다. 경지조건을 살펴보면 <표 1>과 같이 동구림은 호당 경지면적이 0.5ha로 가장 열악하며 서구림은 2.1ha로 전남 지역 1.38ha 보다 높은 경지면적을 소유하고 있다. 이는 1940년대 간척된 학파농장과 1980년대 간척된 영산강 간척지 등으로 경작면적이 넓어졌기 때문이며, 농업진흥지역의 비율도 매우 높아서 벼농사에 매우 유리한 지형적 조건을 가지고 있다. 이러한 생산조건에도 불구하고 인구가 감소하는 반면에 동구림은 열악한 농업조건에도 불구하고 상업과 교통조건의 유리한 조건으로 반대의 현상들이 나타나고 있다.

<표 1> 마을별 경지조건(단위 : ha)

	호당경지면적	경작면적	농업진흥지역
동구림	0.5	91.5	59.4
서구림	2.1	270.4	251.6
도갑리	0.7	164.6	143.8

*자료 : 영암군청(2000.4)

Ⅱ. 조직의 분화와 이념체계

1. 조직의 분화

　사회조직의 존재양식은 사회의 규모, 문화와 기술에 따라 다르며, 자연발생적으로 성립하는 것이 아니라 인간의 사회질서 유지에 대한 의도적 노력에 의해서 형성된다. 구림의 사회조직은 크게 마을 자치 조직, 전통과 의례조직, 지역개발 조직으로 구분할 수 있는데 마을 자치조직으로 촌계와 마을 임원조직, 전통과 의례조직으로는 대동계와 각 문중조직, 개발조직으로는 청년조직, 구림발전위원회 등이 있다. 이들 조직의 존재양식을 보면 구림의 물적자원이 토지(간척지=지남들, 학파농장)였던 1960년대까지는 전통적 문중과 대동계의 조직이 매우 큰 영향력을 가지고 있었다. 이 시기의 대동계는 그 규율이 매우 엄격하고, 구림의 4대 문중이 마을내 핵심 임원을 점유하고 있었으며, 대동계의 영향을 가장 많이 받았던 촌계가 모든 마을 자치기능을 담당하였다. 그 후 1980년대까지는 농촌새마을운동과 지역개발로 마을진입로의 확포장, 소도시가꾸기, 시장의 형성 등 새로운 자원들이 형성되면서 개발과 발전을 축으로 하는 마을행정조직, 새마을조직, 부녀회, 청년회 등으로 이동하였다. 물론 500여 년 지속되어 온 문중조직의 영향력이 사라진 것은 아니었지만 과거에 비해서 약화된 반면에, 젊은층 중심의 청년회와 외부에서 들어와 형성한 상인조직들이 급속히 성장하여 기존의 구림의 질서에 변화를 가져왔다. 이들은 소득증대사업은 물론 자치방범활동, 관광시설정비, 마을환경개선사업, 방역활동 등 주민들의 삶의 질과 관련된 사업을 추진하면서 새로운 영역을 구축하였다. 그리고 1990년대 지역축제를 주도한 청년조직이 확대개편되었으며, 축제의 규모가 면수준에서 군으로, 그리고 군을 넘어서까지 확대되면서 이를 계기로 지역의 발전을 모색하려는 조직들이 형성되었다.

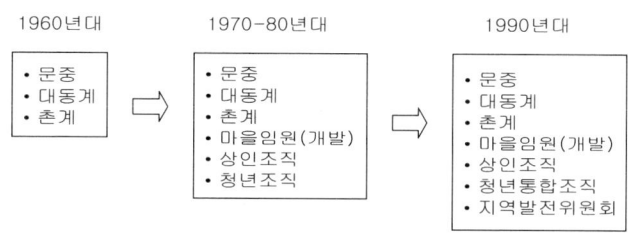

<그림 6> 사회조직의 분화

1) 마을자치조직

마을 조직은 말단 행정적 기능과 주민의 이해를 대변하는 자율적 자치라는 이중적 구조를 띠고 있다(구체적으로 군청, 농협을 매개로 군-면-마을로 이어지는 행정조직망의 성격을 띠고 있는 마을조직으로 마을임원, 영농회, 부녀회 등이 있고, 상부상조적 성격을 띠고 있는 마을조직으로 동계(촌계), 상부계, 갑계 등 계모임 등이 있다). 이들은 조직의 성격과 일의 성격에 따라 통제와 자율을 넘나드는 중층적 역할을 하기 때문에 식민지 시기에는 마을 조직을 통해 주민통제와 감시가 강화되었으며, 해방 이후에는 이러한 마을조직이 반공이데올로기를 주입시키는 역할을 하였고, 1970~1980년대에는 체제의 정당화와 성장이데올로기를 강요하는 창구로 이용되기도 하였다.[5]

---

[5] 당시의 구림마을에 보관된 문서에 대공요원 및 대공조합 관련 명부가 마련되어 주소, 직책, 직업, 성명, 생년월일, 학력, 경력, 사상전과를 기록하도록 하였으며, 30여명으로 구성된 의용소방대, 마을별로 부녀회장 외 4명으로 구성된 구국 여성봉사단 면지부가 결성되었다. 뿐만 아니라 각급 기관장, 봉사단체, 이장, 새마을지도자를 대상으로 지역안보 시국

마을조직에 대한 분석은 구림권 마을 중 가장 규모가 크고 교통과 상업의 중심지역인 학암 사례를 중심으로 살펴보겠다. 학암마을은 인구가 많을 뿐만 아니라 신근정사거리라는 구림권의 대표적인 상권과 영암읍과 목포 등으로 가기 위해서 반드시 거쳐야 하는 교통의 중심지에 위치해 있다. 일반적으로 농촌마을의 임원은 이장, 지도자, 개발위원, 반장 등으로 구성되지만 구림마을들은 공사원이 마을일에 중요한 역할을 담당한다. 공사원은 구림대동계 조직에서 차용해 온 것으로 보이는데 촌계(동계)의 책임을 맡으며 마을행사를 주관한다. 따라서 임원의 변화를 이장과 새마을지도자, 공사원을 중심으로 살펴볼 것이다. 이장과 새마을지도자가 행정조직의 중심 구조에 놓여 있다면, 공사원은 마을자치적 성격이 강한 촌계의 운영책임을 지는 인물이다. 구림의 촌계가 언제부터 시작되었는지 정확하게 알 수는 없지만 마을유래지(1988)에 의하면 1920년대에 마을운영, 부조(扶助), 복리(複利)를 목적으로 조직된 것으로 나타나 있다. 그러나 촌락사회의 촌계는 조선시대에 이미 존재하고 있었으며, 조선후기 사림세력에 의해 만들어진 대동계가 씨족적 지배력의 약

강연회가 개최되었으며, 각 기관, 공동집회장소(회관, 체육관), 보건위생업소(유흥음식점, 이미용업소, 다방, 제과점, 대합실, 목용탕), 도로변, 건물옥상, 승강장, 게시판, 차량, 공준전화부스, 규격봉투, 단체 봉투 등에 안보의식 고취와 반공사상을 생활화하는 표식과 간판 등을 부착토록 하였다. 마을성원 동원 내용을 보면 연료림 비료주기사업, 논두렁 콩심기사업, 여름철 퇴비증산사업, 지역안보 시국강연회, 좀도리 쌀 저축사업, 쥐잡기, 병충해, 못자리 설치, 한해대책 등이다. 당시의 안보표어는 '땅굴파는 김일성 땅굴속에 매장하자', '6월에 맺힌 원한 총화로 씻어내자', '땀흘려 번영하고 마을 합쳐 조국수호', '총화 해친 말한마디 적화야욕 북돋는다', '내힘으로 지키자 내조국 지키자', '625가 따로 없다 방심하면 625다', '총력안보', '내조국 아니면 그 누가 지킬 것인가', '피땀흘려 지킨 나라 땀흘려 자립경제', '힘없으면 우방없다 국력신장 자주국방', '오늘의 총 내일의 민족통일', '남의힘 의존말고 자주국방 완수하자' 등이다.

화를 극복하고 지배영역을 확산하는 과정에서 흡수되기도 하였다. 다만 근대적인 행정체제가 만들어지고 난 이후 촌계가 어떻게 다시 등장하며 마을 내에서 어떠한 역할을 하였는지는 검토할 필요가 있다.6) 특히 구림처럼 1920년대에 만들어졌다면 식민지 지배체제와 어떠한 연관성이 있는지 확인해야 할 것이다. 즉 조선후기 구림대동계가 상하합계의 형식으로 조직되면서 촌계를 흡수하여 조직되었기 때문에, 1920년대 촌계가 행정조직과 다른 형태로 부활되었다면 그 이유가 무엇이며 식민지체제와 어떤 연관성을 갖는지 검토해야 할 것이다. 자료의 한계로 당시의 촌계의 위상과 역할에 대한 논의를 본격적으로 다룰 수는 없지만, 1960년대 이후 촌계의 위상과 역할은 마을조직 내에서 공사원과 유사가 담당했던 임무를 통해서 살펴볼 수 있다. 1983년의 촌계 회의 진행과정을 살펴보면 마을에서 그 위상을 파악할 수 있다.

> 공사원에 의해 주관된 회의는 먼저 다음 공사원과 유사를 선정하였고 이장의 이정경과 보고가 있었다. 그 후 30분간 휴식을 가진 후 이장 선거가 진행되었는데, 선거방법(무기명투표 혹은 구두호선 후 선거)이 논의 된 후 구두호선 안이 선택되어 3명이 구두호선 되었다. 호선 후 선거를 통해서 이장이 선출되었고 이어서 이장선거 차점자 1인과 2명의 추천자를 포함한 3명 중 1명을 새마을지도자로 선정하였다. 개발위원은 4개 반에서 각 2명을 추천 받아 이장에게 위임하였고 반장 선출은 이장이 결정하는데, 개발위원에 추천된 사람은 특별하게 문제가 된 사람을 제외하고 이장이 추인한다. 이장, 개발위원, 새마을지도자, 각 반장을 임명하고 중식을 하며, 이후 미결사항, 기타 사항을 논의한다.

위의 회의 과정에서 보면 실질적인 마을총회는 촌계라 할 수 있으며, 마을성원들이 모두 참여하는 촌계에서 이장의 1년간 활동사

---

6) 조선시대의 촌계에 대한 연구는 김인걸(1988), 정진영(1991), 이해준(2000) 등이 있지만 이후 촌계의 사회사적 변화과정과 근대적 행정조직의 등장과 함께 이들간의 위상과 역할에 대한 연구는 부족한 실정이다.

항을 보고한 후 다음해 마을을 운영할 집행부를 구성한다. 즉 촌계가 실질적 마을총회이며 이 총회에서 마을 운영권을 위임받은 이장을 포함한 집행부가 활동을 하는 것이다. 촌계의 위임을 받은 이장이 행정적으로는 군-면-마을을 연결하는 기능을 맡다. 그리고 촌계에서는 집행부의 원활한 활동을 위해 이정세를 징수는 일, 활동비의 액수를 결정하는 일, 관혼상제에 대한 일, 호의 등급을 정하는 일,7) 이장의 임기에 대한 논의 등을 결정한다.

학암에서 촌계가 최고 의사결정기구인 총회의 성격을 띤다면, 개발위원회는 운영위원회의 성격을 띠고 있다. 개발위원회의는 개발위원 외에 새마을지도자, 반장 등이 참석하며, 1980년대에는 주로 영세민 교체, 양곡지급에 대한 회의, 적십자회비, 불우이웃돕기 성금, 마을협동창고 부지 측정문제, 마을안길 포장 및 도급계약과 관련된 내용을 논의했으며, 1990년대에는 리정세와 반장세 관련, 마을운영회의비 할당, 마을회관 건립 관련, 비료공급 등을 논의하였다. 학암의 경우 마을운영의 실질적인 집행결정은 개발위원회에서 결정되는 구조를 가지고 있으며 이장은 이를 집행한다. 따라서 개발위원들은 임원회의 참석은 물론이며, 반장회의, 농협, 촌계 등 다양한 회의체계에 결합하게 된다.8) 즉 촌계의 역할이 실질적인 마을운

---

7) 학암마을 구성원의 등급은 1990년대 중반까지 존재하였다. 1960년대는 11~12등급으로, 1970년대는 9~10등급으로, 1990년대에는 3등급으로 나누어져 마을운영에 필요한 비용을 분담하였다. 분담의 방법은 등급별로 누진분담하는데 1981년의 경우 1등급은 지수 130에 호당금액 4,472원, 2등급은 지수 80에 호당금액이 2,752원이었으며, 가장 낮은 등급인 10등급은 지수 35에 분담비용은 860원이었다. 등급은 시간이 흐르면서 낮은 등급이 점차 줄어들고 높은 등급이 늘어나는 경향을 보이며, 1990년대에는 3등급까지 줄어들었다가 등급을 없애고 평등하게 부과하고 있다. 생활보호대상자 등 낮은 등급을 받는 호수의 경우 각종 문서처리 등 마을운영에서 많은 시간이 요구되는데 운영비를 적게 내는 것에 대해 주민들의 조정요구가 있었다. 이를 수용할 수 있었던 것은 소득수준이 점차 평준화되었기 때문이다.

영에서 의례, 형식화되는 반면에 개발위원회는 실질적 마을운영의 힘을 얻고 있다.

2) 마을임원과 4성씨(문중)

그렇다면 이러한 마을운영이 구림의 4성씨(문중)와 어떤 관련이 있을까? <표 2>에서 볼 수 있듯이 1980년대와 1990년대의 임원의 대부분은 구림의 중심 성씨인 4성씨 중심으로 충원되었으며 일반적으로 개발위원을 거쳐서 이장과 새마을지도자로 이동하고 있다. 성씨 별로 살펴보면 이장은 창녕조씨, 새마을지도자는 함양박씨, 공사원은 낭주·해주최씨 중심으로 충원되었다. 특히 공사원은 매년 새로운 인물들이 충원되는 반면에 이장과 새마을지도자는 3~4명의 한정된 인물이 임원을 독점적으로 점유하는 특성이 나타났다.

<표 2> 구림 학암마을의 임원의 변화

년도	이장	새마을	공사원	년도	이장	새마을	공사원
1983	박A	조B	최A	1992	한A	조A	최G
1984	조A	한A	최B	1993	김A	박A	최H
1985	조A	한A	최C	1994	김A	박A	조C
1986	박A	조A	이A	1995	박A	김C	최I
1987	조B	박A	최D	1996	박A	조A	최J
1988	조B	박A	박B	1997	박A	조A	최J
				1998	김B	박A	
1989	조A	박A	이A	1999	김B	박A	
1990	조A	한A	최E	2000	김B	박A	
1991	조A	김C	최F				

*주) 4대 문중 집안의 인물인 경우 색깔로 표시

---

8) 학암마을의 개발위원회와 결합된 회의체계로는 ·임원회의, ·개발위원+반장+이장+새마을지도자, ·개발위원+반장, ·개발위원+반장+공사원(촌계), ·개발위원+농협대의원, ·개발위원+남녀지도자+임원 등이 있다.

이장의 경우 중심 성씨 외에 타 성씨들이 마을임원으로 충원되기 시작한 것은 1990년대부터이며 김해김씨들이 새로운 임원구조에 편입되었다. 김해김씨는 현 정치권 핵심인물의 인척으로 마을의 발전에 정치적 영향력을 고려했다는 것이다. 지금까지 4성씨 이외의 인물이 이장이 되었던 경우는 20여 년 전 김○산, 5~6년 전 김B, 한A, 김C씨 등이다. 20여 년 전의 김○산은 최초로 4성씨 이외의 인물이 이장이 된 경우지만 이장의 임무를 원활하게 마치지 못하고 경제적으로 어려움을 겪다 인근 면으로 이사를 가야 했다. 그만큼 4성씨 이외의 인물이 마을 임원이 되어 마을을 운영한다는 것이 어려웠다.9) 따라서 1990년대에 들어서서 외부 성씨들이 이장을 할 수 있었다고 볼 수 있다. 이들은 김해김씨로 현 여당의 유력정치인과 친인척관계로 구림에서는 새로운 성씨로 평가받고 있다. 현재 이장은 김해김씨로 2년의 임기를 넘겨 3년째 맞고 있는데, 임기 연장의 가장 큰 이유는 이장이 추진한 사업을 마무리해 달라는 주민들의 요구였다고 한다.10) 현 이장이 추진한 사업들은 중앙로 확포장공사, 보도블럭공사, 골목포장 공사 등으로 막대한 비용이 소요되는 것으로 그 활동력과 밀접한 관련이 있다.

---

9) 그 가장 큰 이유는 마을운영과 직접 관련이 있기보다는 '이장의 품위 유지비'에서 비롯된 것이다. 이들은 빈번하게 공적인 일을 수행하면서 사적인 비용을 지출해야 하는 요인들이 발생하여 경제적인 어려움에 처하거나, 사적인 비용을 지출하지 않아 따돌림을 당하는 경우가 발생하면서 업무수행에 어려움을 겪었다는 것이다.
10) 현 이장은 김B로 구림 죽정출신으로 젊어서 서울로 돈을 벌러 나갔다가, 도갑사 호텔(월출산장)을 공사를 하기 위해 들어와서 정착한 경우다. 초기에는 죽정리에 거주하다 1989년에 학암에 터를 잡았다. 신근정 사거리에서 조그마한 가게도 겸하고 있으며, 유력정치인과 같은 집안으로 알려져 있다(2001.4.20 면담).

3) 대동계

사회가 형성되거나 재생산되기 위해서는 경제적 물질적 재생산만 아니라 이데올로기적 문화적 재생산도 이루어져야 한다. 구림의 경우 간척과 매립으로 형성된 물적토대와 함께 600여 년 전에 만들어져 구림의 12마을을 통합하고 지탱해 온 대동계와 문중조직이 마을 내외의 이데올로기적 지배력 행사에 있어 중요한 기구라 할 수 있다.[11]

구림의 대동계는 1565년에 함양박씨 박규정과 선산임씨 임호가 중심이 되어 창설한 향촌조직으로 두 차례의 중수를 거쳐 현재까지 존속되고 있다.[12] 초기 대동계는 지남들(토지)을 물적기반으로, 식민지시대에는 각종 교육사업을 통해서, 최근에는 지역개발에 인적·물적 개입을 통해서 대동계의 정체성과 구림권의 지배력을 유지하고 있다.[13]

---

11) 현존하는 영암의 대표적인 동약조직으로는 구림리의 서호동헌(1565, 중수), 덕진리의 영보정동약(1589, 중수) 등이 있으며, 이외 장암리의 장암정동약(1667), 망호리의 망호정동약(1634), 그리고 자료로 확인할 수 있는 화수정동약(1655), 학산은곡대동계(1650) 등이 있다(이해준, 2000, p.230). 조선후기의 영암의 사족으로는 전주최씨(15세기 영보촌 입향, 입향조 최덕지), 거창신씨(영보촌 입향, 입향조 신후경), 함양박씨(구림리 입향, 입향조 박성범), 남평문씨(영보촌 입향 후 장암정에 동족마을 형성, 입향조 문맹화), 김해김씨(서호면 일대, 김한성) 등이 있다(이해준, 2000, p.250).
12) 구림대동계와 관련된 연구는 최재율(1973), 이종휘(1984), 이해준(1988), 김경옥(1991) 등이 있다.
13) 토지의 확대와 농업기술의 발달로 형성된 인근 마을에 대한 통제와 사족간의 유대와 결속을 위해 구림에는 대동계 창설 이전에도 친족(난포박씨)간의 유대와 결속을 다지는 상호 부조적 성격의 향촌조직이 존재했었다. 이러한 향촌조직을 기반으로 조선후기 사림파의 향약보급운동 과정에서 사족적 기반과 동족적 기반을 배경으로 구림대동계가 창설되었다. 초기의 사족적, 동족적 기반을 매개로 친족공동체적 조직이었던 구림의 향촌조직은 16세기 사족들이 보(洑)를 막아 농지를 확대하여 사

대동계의 임원은 동장, 부동장, 삼동장, 계수, 공사원과 유사, 그리고 庫直이라는 하인 1명으로 구성되어 있다. 동장, 부동장, 삼동장, 계수는 연령 순으로 결정하고 공사원과 유사는 매년 선출하며, 실질적 대동계의 운영책임자는 공사원이다. 공사원은 계에 가입한 연륜이 길어야 하고 유사를 역임한 경력을 가지고 있어야 한다. 유사는 공사원을 보좌하며, 실무를 담당하며 다음해의 유사까지 미리 선정하여 계를 원만하게 운영하도록 하고 있다. 해방 전까지는 소작료의 책정과 징수의 임무를 맡아보는 별유사(別有司)제도가 있었지만 농지개혁으로 토지가 감소하고 재사의 규모가 적어지면서 유사 1인을 두고 있다. 2000년 4월 9일 정기총회에는 이들 중 33명이 참석하였다. 정기총회는 원래 10월에 하였는데 왕인문화축제가 시작되면서 4월로 옮겨서 실시하고 있다. 그 과정을 살펴보면 아래와 같다.

> 먼저 개회와 함께 성원보고가 이루어졌다(성원보고는 미리 준비한 담배를 1개피씩 나누어 피면서 숫자를 확인하는 방법을 택하고 있다).[14]

회경제적 지배력을 확대했던 것처럼 보(洑, 지남제)를 막아서 물적 기반을 형성하고 당시 수전농법과 이양법을 바탕으로 구림 열두마을에서 지배력을 행사하였다. 구림의 대동계의 명칭이 서호동헌(西湖同憲)이었던 것으로 보아 당시의 구림 사족층이 지배하는 중심촌은 서구림에 위치한 서호정이었을 것이다. 서호정 중심의 구림 사족층에게 대동계는 절대 필요했던 것이다. 대동계는 1907년 신학문 교육기관인 사립구림학교(교장 현기봉)를 운영하였으며, 1917년에는 이를 기반으로 공립구림보통학교가 설립되었고, 그 외 영암 지역내 학교설립에 많은 기금을 지원하였다. 이후 1940년 일제의 강압으로 대동계를 사단법인화하였는데 당시 계원은 63명이었으며, 논과 계사를 포함한 토지, 연 278석의 소작료를 자산으로 보유하고 있었다. 해방 후 농지개혁법에 의해 4백 여 두락이 환수되었으며, 한국전쟁시에는 계사를 포함한 부속건물과 회사정, 관련서류 등이 소실되기도 하였다. 1970년대 이후 대동계는 수해복구, 하천제방을 쌓는데 앞장섰으며, 최근에는 3·1운동의 발원지인 회사정에 3·1운동기념탑을 조성하는데도 적극적으로 참여하였다.

그 후 세입세출 구성, 사업결정, 회사정 정리, 죽어 가는 회사정 나무 회생, 비석보수, 하천보수 문제 등 경과 보고가 진행된다. 경과보고 후 음식이 들어오는데 이는 유사의 가족 중 남자들이 반입을 하게 된다.[15] 이를 '한 순배'라고 하는데 한 순배가 끝난 후 늦게 도착한 계원들은 어른들에게 인사를 한 후 아랫사람들에게 인사를 하고 합석을 하였다. 계장(동장)만 외상을 하고 나머지는 겸상을 하는데 음식은 동시에 들어간다.

한 순배가 끝난 후 내년도 유사를 추첨하였다. 먼저 5~10분 동안 적임자 3명을 천거 받고 현 유사는 이들을 종이에 붓으로 이름을 적어 계원들에게 모두 공고한다. 그 후 다시 음식이 들어오는데 이 때에는 구림지역과 관련된 담소가 이뤄졌는데, 이 날 총회에서는 몇 일 후에 있을 국회의원선거와 왕인축제가 주요 내용이었다.

식사 후 '윤정'이라는 유사추첨을 하는데, 계가 열리는 옆방에서 3명의 추천자 중 2명에게 정(正)자로 표시하여 선정하는데 그 결과는 상석에서 검토한 후 계원들에게 회람한 후 발표한다.[16] 이때 신입도 논의하는데 계원의 가부는 문중에서 추천한 후 계원들이 바둑알(백-찬성, 흑-반대)로 가부를 묻게 되는데 결원이 5명이 되었을 때 신입추첨을 하게된다. 그 이유는 4성씨에게 각각 1석을 분배하고 타성씨에게 1석을 주기 때문이다. 4성씨의 추천을 받는 것을 '단자'를 넣는다고 표현하는데 이는 '입회원서'와 같은 것으로 최종결정은 모두 상석에서 결정한다. 신입을 끝으로 정기총회의 일정은 모두 마무리되며 이후에는 자유로운 시간을 갖게 된다.

---

14) 이날 회의에는 면장과 지역 정당인 각각 세보루의 담배를 제공하였는데, 유사가 준비한 것을 포함에 총회가 끝난 후에 계원들이 분배하였다.
15) 유사가 집에서 음식을 준비하며 유사의 가족들이 모두 나와서 계사의 별체에서 2명이 함께 음식을 먹을 수 있도록 겸상으로 준비한다. 준비한 음식물은 육회, 돼지고기 삶은 것, 사과 2개, 식혜, 회, 홍어, 김치, 딸기, 콩나물, 귤 1/2쪽, 미니토마토, 석화, 떡, 전, 생선찜 등이다. 12시 무렵까지 음식을 먹으면서 담소를 나눈다.
16) 상석의 계원들은 투표를 하지는 않지만 투표한 결과 중 적절하지 않는 계원이 선정되었거나 반드시 다음에 유사를 해야 할 계원이 있을 경우에는 몇 사람 몫의 투표를 할 수 있도록 되어 있어 실질적인 결정은 상석에서 이루어진다고 볼 수 있다. 이날 총회에서는 최재갑이 유사로 이계수가 다음해 유사(보조유사라고 부름)로 결정되었다. 유사를 1년 전에 천거하는 이유는 소위원회에 참여케 하여 대동계의 운영상을 파악하기 위해서이며, 이들은 모든 대동계 행사에 참여해야 한다.

회의는 공사원이 주관하며 고령자들이 상석에 자리한다. 대동계의 의결은 과반수 가결이지만 동장의 최종 승낙이 내려져야만 최종 의결된다. 특히 신규가입은 매우 엄격하여 2/3이상의 의결이 있어야 하며 찬성은 백색 바둑알, 반대는 흑색 바둑알로 표시한다. 대동계의 공동재산은 신규가입계원들의 가입금, 소작료, 기부금을 재원으로 하고 있다. 계답이 많았을 경우에는 1,000두락 이상 보유하였지만 지금은 계청사, 논 2,600평, 밭 1,000평, 현물로 벼 500여 석, 현금 1억 3천여 만원에 이르고 있다.

해방 전까지 계원은 70명이었으나 최근 가입희망자가 늘고 성씨 간 안배의 필요성에 의해 80명으로 확대하였다. 2000년 대동계 총원은 80명이 현재 75명이다. 새로운 성원의 가입은 아버지와 아들이 동시에 가입할 수 있는데, 아들이 계에 가입할 때의 입계금은 10년 전부터 쌀 40석(600만원)으로 일반 입계금보다 적고 아버지가 계원인 경우에는 쌀 20석(300만원) 정도이며 정기적인 회비는 없다. 대동계의 동장은 연장자가, 상석은 고령자가 맡게 되며, 소위원회는 각 성씨 10명, 공사원, 유사 2명, 후년 유사 2명 등 총 15~18명으로 구성된다. 구림주민들은 대동계에 계원으로 참여하는 것을 매우 큰 영광으로 생각하고 있으며, 민주적인 계의 운영방식을 큰 자랑으로 생각하고 있다. 4성씨에 해당되더라도 문중의 추천을 받는 것이 어려울 뿐만 아니라 가입금이 매우 비싸 입계하기가 어려우며, 타 성씨에게는 더욱 폐쇄적인 구조를 가지고 있다.

4) 문 중

영암의 입향조 기록에 의하면 가장 먼저 등장하는 성씨는 구림을 세거지로 고려말엽부터 나타나는 낭주최씨이며, 15세기의 문화유씨

(신북 모산리), 16세기 전주최씨(덕진 영보), 17세기 함양박씨, 행주최씨, 창녕조씨(이상 군서 구림) 등 14~15개의 성씨들이 등장한다(김경옥, 1991).17) 구림마을이 다른 농촌마을과 다른 점은 문중조직이 아주 강하고 마을운영에 적극 개입하고 있다는 점이다. 따라서 구림마을을 이해하기 위해서는 마을별로 4대 문중의 분포를 살펴보아야 할 것이다. <표 3>에서 볼 수 있는 것처럼, 동구림의 학암은 낭주최씨와 창녕조씨가 많이 거주하고 있으며, 동계마을은 낭주최씨가 고산마을은 해주최씨가 많이 거주하고 있다. 그리고 서구림의 서호정은 낭주최씨, 남송정은 함양박씨가 많이 거주하고 있으며, 학파농장이 간척되고 난 이후에 규모 있는 마을이 형성된 신흥동과 백암동은 각성받이로 구성되있고, 도갑리의 죽정마을은 낭주최씨와 함양박씨가 많이 거주하고 있다. 구림권은 낭주최씨, 함양박씨, 선산임씨(모두 이거), 연주현씨, 창녕조씨, 해주최씨 등이 대성을 이루면 살고 있다. 지금은 한 가구도 살고 있지 않지만 주목해야 할 성씨는 난포박씨18)이다. 난포박씨는 함양박씨(박성건, 1418~1487)와 선산임씨(임구령, 1501~1562)의 처가이며, 창녕조씨(조기서, 1556~1591)는 선산임씨의 사위이고, 해주최씨(최석징, 1604~1698)는 선산임씨 집안의 외족이기 때문이다.

---

17) 김경옥(1991)은 『지리지』를 통한 영암지방 인물 및 성씨에 관한 기록을 토대로 입향조·입향시기·연유 그리고 향촌활동에 대한 현지조사를 실시하였다.
18) 난포박씨 박빈(朴彬)은 세종때 세자빈객과 남원판관을 지낸 아버지 박인철(朴仁哲)의 활약에 힘입어 김해부사를 지냈던 사람으로 구림에서 경제적 기반이 대단했던 것으로 알려져 있다.

<표 3> 구림리 집단거주 성씨의 분포

행정마을	자연마을	가구수	낭주최씨	창녕조씨	함양박씨	해주최씨
동구림	학 암		32	22	-	-
	동 계		21	-	-	-
	고 산		-	-	-	34
서구림	서호정		42	-	-	-
	남송정		-	-	20	-
	신흥동		-	-	-	-
	백암동		-	-	-	-
도갑리	죽 정		20	-	22	-
	평 리		-	-	-	-
	합 계		115	22	43	34

*자료 : 군서면사무소(1987.8.12 보고자료)

5) 상신회

상신회는 1983년 11월 14일 구림마을 신근정사거리의 상인 35명이 중심이 되어 창립되었다. 이들 상인들은 상당수가 외지에서 구림으로 들어온 사람이거나 처가쪽이 구림에 연고를 두고 있는 사람들이다.[19] 창립초기 임원은 회장 최○기, 부회장 최○연, 총무 문○기, 상임위원 유○철, 최○석, 정○증, 감사 곽○주, 박○주를 선출하였다. 상신회 임원을 선출하는 과정은 구림대동계나 마을총회에

---

19) 상신회의 모임을 주도한 최○기는 홍천최씨로 40여년 전에 구림에 정착한 인물로 구림에 전혀 연고가 없이 구림에서 약방을 경영하고 있으며 초기에는 학파농장에서 농사를 짓기도 하였다. 학암마을의 1970년대에는 개발위원, 대동계 계원, 회관건립 고문 등을 거치면서 마을내에서 인정을 받고 2001년에는 대동계의 공사원으로 선출되었다. 그외에도 구림발전위원회를 조직하는 중추적인 역할을 하였으며 그가 경영하는 약국은 문중리더, 구림여론 주도층의 주요 커뮤니케이션의 공간으로 이용되고 있다. 그리고 구림을 찾는 학자 등 외부인사들에게 구림의 역사, 대동계의 역사, 왕인문화축제를 소개하는 중요한 제보자의 역할을 하고 있다.

서 볼 수 있는 전형위원, 즉 선거관리위원을 선정하는 특징을 보인다. 일반적으로 친목모임에서 볼 수 있는 임원선출방법은 아니며, 대동계의 영향으로 볼 수 있다. 상인들의 친목모임 성격인 상신회의 주요 사업으로는 회원간 친목도모, 애경사, 상거래질서 확립, 새마을청소 적극 참여 등이었다. 회의는 정기총회, 월례회의로 나누어지는데 1985년 첫 번째 정기총회의 순서를 보면 국민의례와 애국가를 부르는 등 일반 친목계에서 볼 수 없는 정형화된 식순을 확인할 수 있다.[20]

구체적으로 사업내용을 살펴보면 회원 상호가 애경사 부의, 상가지역 청소, 상가 가로등 설치, 상설위원회 설치 등이다. 특히 상가지역의 청소는 단순하게 가게 앞 청소차원을 넘어서 새마을 운동과 연계하여 매월 1일과 15일에 실시하고 있으며, 상가가로등 설치는 행정기관의 협조를 의뢰하여 추진하였다. 상신회는 단순하게 친목적 성격을 넘어선 마을의 비공식적 기구이며, 행정기관의 창구역할을 하고 있다. 1985년 2월에는 면장이 참석한 가운데 면행정에 대한 이야기를 듣기 위한 임시회의를 소집하였으며, 회장과 군수가 만나서 가로등 설치 등을 직접 상의하기도 하고, 주변환경 및 상가내 청소 정리 문제, 간판정비, 외부인에게 불쾌감이 없도록 여름철 의복단정 등을 결의하기도 하였다. 그리고 오락실 개업을 하려는 정○도가 '오락은 정부에서 장려하는 오락기구로 아무런 탈 없이 누구나가 권고해서 운영할 수 있다는 것, 정부에서 허가해서 시설하였다'는 보고하기도 하였다. 즉 상신회는 일상적인 상인들간의 친목도모의 차원을 넘어서는 마을운영에 일정하게 개입하고 있었으며, 현재는 외부인들의 마을내 진입의 통로로 작용하고 있다.

---

20) 1985년 1월의 정기총회는 개회사, 국민의례, 애국가 봉창, 회장님 인사, 1984년 경과보고, 감사보고, 1984년도 결산보고, 기타사항, 폐회사, 회식 순으로 진행되었다.

6) 청년회

　구림청년회는 1988년 11월 25일 지역사회 발전에 협조하고, 경로효친사상을 고취시키고, 애향정신을 바탕으로 전통의 고장 군서의 문화유산을 보존, 홍보하여 미풍양속을 전승시킬 목적으로 55명의 청년들이 뜻을 모아 결성하였다. 청년회의 주요 활동은 자율방범 운영, 명절 시가지 교통정리와 하계방역 실시, 군서하천 가꾸기와 자연정화활동, 군서 벚꽃축제 행사 추진, 불우이웃돕기 및 노인당 지원 등이다. 1992년 제1회 벚꽃제 행사 추진으로 1992년 4월 10일부터 12일까지 3일간 청사초롱을 밝히고, 공개행사, 마을대항체육대회, 노래자랑 등을 실시하였다.
　구림청년회는 1994년 1월 29일 군서청년회로 확대 개편되었다. 청년회의 확대 개편의 가장 큰 이유는 왕인문화축제와 밀접한 관련이 있다. 면수준의 축제로 개최되던 군서축제가 영암군의 대표축제로 성장하면서 축제의 기획과 외부지원업무를 담당하게 된 청년회는 조직을 확대하게 된 것이다.[21] 군서면 청년회의 조직구성은 회장, 상임부회장, 감사 2명, 운영위원 6명, 내무부회장 1명, 사무국장, 사무차장, 재정이사, 총무이사, 의전이사, 기획이사 각 1명, 이사 12명으로 구성되어 있으며, 내무부회장 산하에 3개의 분과(교육, 조직, 환경), 외무부회장 산하에 3개 분과(홍보, 문화, 체육)로 구성되어 있다. <표 4>, <표 5>와 같이 청년회의 구성을 보면 직업별로는 상공업과 공무원이 대부분을 차지하고 있으며, 마을별 분포를 보면 학암과 죽정리가 가장 많이 참여하고 있다. 학암지역은 신근정 사거리를 중심으로 형성된 상가가 집중된 지역이며, 죽정리는 도갑사에 이르는 길에 형성된 마을로 상가가 집중되어 있다.

---

21) 왕인축제에 군서청년회는 행사진행을 담당하고 있는데 기획에는 전혀 참여하지 못하고 있다며 불만을 나타내기도 하였다.

<표 4> 청년회원의 직업별 분류

상공업	농업	공무원	기타	계
37	7	27	11	82

<표 5> 청년회원 마을별 분포

					계
동구림리	학암	동계	고산		51
	38	9	4		
서구림리	남송정	백암동	서호정		9
	2	2	4	1	
도갑리	죽정리	평리			15
	13	2			
기 타	영암읍	모정리	월곡리	해창리	24
	3	4	6	3	
	서호면	양장리	신흥동	성양리	
	2	1	1	1	
	신덕정	동호리	기타		
	1	1	1		

7) 구림발전위원회

구림발전위원회는 1992년에 결성되었다. 구림은 도시계획지역이 아니기 때문에 지역발전에 있어 사업구역에 해당되는 마을과 해당되지 않는 마을간에 갈등이 빈번하게 발생하였다. 그 결과 구림의 종합발전을 고민할 조직의 필요성에 제기되었고, 씨족 관념이 매우 강해서 외부인들이 매우 부정적인 시각으로 보고 있어 개화(개방)이 필요하다는 인식이 제기되었다. 구체적으로 지방선거가 실시되면서 구림출신들은 그 외의 군서면 지역 주민들에게 지지를 받지 못하는 현상이 나타났다. 이는 구림이 매우 폐쇄적이고 씨족 중심적인 탓이라는 결론을 내리고 개화와 포용력을 가질 필요성이 내부적으로 제기하게 만들었다.

구림발전위원회의 임원은 위원장 1인, 각 마을별 대의원 3명으로 총 27명, 9개 마을 이장은 당연직 감사, 임원 7명으로 구성되어 있으며, 회원은 전체 주민이다. 구림마을에 이사를 오는 주민은 자동 회원으로 가입되며, 이사를 가게 되면 탈퇴하도록 규정하고 있다.

　이러한 목적으로 출발한 구림발전위원회는 구림의 9개 마을(이장이 있는 마을)의 전주민이 회원으로 참여토록 하였으며 소속감을 높이기 위해서 창립초기에 약간의 회비를 1회에 걸쳐서 거출하였다. 그 동안 구림발전위원회의 활동 중 대표적인 것은 구림중학교의 이전과 도기문화센터의 건립이다. 구림중학교는 폐지되고 읍과 통합될 상황이었는데, 송계에서 1만 7천여 평의 땅을 기부하고 구림발전위원회에서 적극적으로 이전원칙을 교육청에 제시하여 이전이 이루어졌다는 것이다. 도기문화센터의 경우도 초기에는 구림발전위원회에서는 공원부지로 활용할 것을 제시하고 군에 매입을 강력하게 요구하였으며, 이후 이화여자대학교 박물관이 결합하여 구림 도기문화의 역사를 재현할 수 있는 도기문화센터로 건립되었던 것이다. 이외에도 구림발전위원회에서는 주민들에게 일년에 1~2회씩 구림을 바람직한 관광권역으로 만들기 위해서 주민교육을 하고 있다. 교육내용은 구림의 자연자원(돌, 나무 등)을 아무렇게나 옮기지 말 것, 구림사람 모두가 관광가이드가 되자는 내용 등이다.

　실질적으로 구림발전위원회는 행정(군)과 주민을 연결하는 역할을 하고 있다. 마을정체성이 강한 구림은 자치단체의 입장에서는 접근하기 어려운 지역이었을 것이다. 따라서 주민들을 대표하는 주민조직의 필요성이 제기되었으며, 당시에 지방의회 의원을 맡고 있었던 최재상(전면장, 조합장)과 지역에 뜻을 같이 하는 사람들과 구림발전위원회를 조직한 것이다.

2. 조직의 위상과 이데올로기

구림권의 사회조직의 영향력을 기준으로 시기별로 구분해 본다면 <그림 7>과 같이 문중중심에서 개발중심으로, 그리고 축제중심으로 이동해 가는 것을 알 수 있다. 15~16세기에 형성된 구림의 문중조직은 현재에도 구림에서 큰 영향력을 행사하고 있는 조직이다. 대동계가 그 동안 지역에서 수행해 왔던 역할을 고려한다면 친족중심 조직에서 지연 조직적 성격으로 확대되었다고 볼 수 있다. 해방 이후에도 수해복구, 하천제방을 쌓는데 앞장섰으며, 최근 3·1운동의 발원지인[22] 회사정에 3·1운동기념탑을 조성하는데도 적극적으로 참여하였다.[23] 이러한 외형적 활동보다 중요한 것은 마을 조

---

22) 영암의 3·1운동기념탑은 동아일보가 주관하여 영암읍 공원에 건립되었다. 그러나 구림에서는 3·1운동의 실질적인 발원지인 구림이 아닌 영암공원에 건립된 점에 대해서 이해할 수 없다는 견해다. 영암의 3·1운동은 영암읍은 조극환이, 구림은 최민섭이 중심 되어 진행되었는데 영암읍은 준비 중에 발각되었고, 구림은 예정대로 진행되어 회사정-신근정-구림교로 행진하는 만세운동을 거행하였다. 기념탑에는 "1919년 독립만세운동이 한창일 때 우리 구림에서도 만세운동이 일어났다. 4월 4일 영암 조극환과 구림의 최민섭이 거사계획을 세우고 조병식, 정학순, 박규상, 최기준 등이 뜻을 함께한 뒤 조극환이 넘겨준 독립선언문과 태극기를 군서면사무소 등사판에서 찍어냈다. 10일 아침 나팔소리와 함께 주민, 학생 천여 명이 회사정으로 모여들어 박규상이 독립선언문을 낭독하고 만세를 선창하니 구림은 독립만세로 가득찼다. 태극기를 든 군중들은 신근정으로 진출하였으나 무장출동 한 왜결들에게 가로막혀 다시 회사정으로 모여들었으며 해가 질때까지 만세소리가 끊이질 않았다"라고 기록하고 있다.
23) 항일기념탑건립추진위원으로는 위원장 최재상(학암출신, 면장·조합장·군의원 역임, 현 구림발전위원장), 부위원장 최복(죽정, 새마을금고 이사장), 위원으로 박정웅(고산, 문화재관리전문위원), 최금섭(고산, 현 군서농조합장), 최남호(학암, 면장), 조종수(남송정, 농업), 김한철(학암, 농업), 현삼석(서호정, 구림공고), 최종덕(학암, 주조장)으로, 총무 정승

직의 운영 방식이 대동계의 운영방식과 매우 흡사하다는 점이다. 촌계는 그 구성이 대동계와 동일하며, 회의진행방식도 대동계의 진행방식을 모방하고 있다. 심지어는 상인들의 조직들까지도 대동계와 같은 임원구조와 회의체계를 가지고 있다. 그리고 마을의 핵심 임원이라 할 수 있는 공사원, 이장, 새마을지도자 등도 대부분 4성씨들이 점유하고 있다.

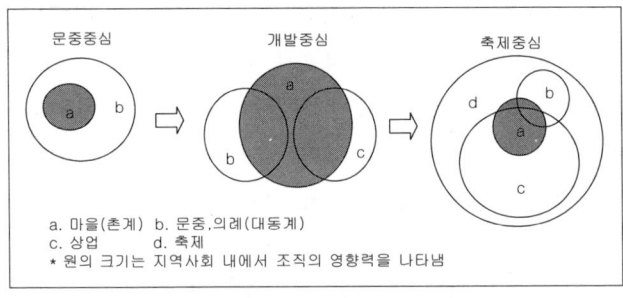

<그림 7> 사회조직의 위상

1960년대에서 1970년대 초반까지 구림권은 문중중심의 조직이 여타 조직을 포섭하고 있다고 할 수 있다. 그러나 1970년대 촌락구조개선사업, 소도시가꾸기사업, 상가의 형성 등은 외부인구의 유입과 개발, 소득증대라는 새로운 지역담론을 형성하였다. 청년조직, 상인조직, 마을내 새로운 조직(개발위원회, 부녀회, 새마을지도자,

---

(학암, 청년회장), 재무 조영율(동계-읍거주, 군청), 허금용(학암, 읍거주)으로 구성하였다. 건립비용은 총 2억 2천만원으로 국비지원 1억, 지방비지원 6천만원, 자체비용 6천을 출원하였다. 자체비용은 대동계, 6개 문중(함양박씨, 낭주최씨, 해주최씨, 풍양조씨, 성산현씨, 선산임씨), 청년계, 청년회, 구림초등학교 동문회, 개인성금, 마을주민으로 충원하였다. 특히 선산임씨는 현재 구림에 살고 있지는 않지만 지남들을 막아 구림 형성의 물적기초와 구림대동계 결성의 중요한 역할을 하였던 점 때문에 기념탑 건립에 참여하였다.

영농회)이 형성되면서 조직의 중심은 마을로, 지향은 개발과 소득증대로 옮겨가기 시작하였다. 전통적인 문중조직의 포섭체계가 약화되고 마을중심의 개발조직, 상인조직이 부상하였다. 그 후 왕인문화축제는 문중조직의 유교적 가치와 개발조직의 지역활성화 논리를 서로 승인하는 중요한 계기로 작용하고 있다.

<그림 8>은 이러한 조직간의 관계를 나타낸 것이다. 이들 조직들은 구림권을 중심으로 왕인문화축제가 전개되면서 각각 서로 다른 지향점을 가지고 축제에 참여하고 있다. 대동계 중심의 의례조직들은 축제를 통해서 5~6백여 년의 전통을 왕인을 통해서 실현시켜 지역내 헤게모니를 지속시키려 하며, 지역개발을 지향하는 조직들은 축제를 통해 지역활성화를 이루려고 하고 있다. 하지만 이러한 지향점들은 표면으로 드러난 것일 뿐, 드러나지 않는 지역내 헤게모니의 합의점들이 있다. 조선후기 이후 지속적으로 구림권에서 지배력을 행사해 온 전통의례조직들은 외부 타성씨의 인구유입과 이들의 경제력으로 지역내의 지배력행사가 강화되는 시점에서 일정한 타협점이 축제를 통해서 이루어졌다. 이러한 상호인정의 계기는 축제 주최가 민간중심에서 지방자치단체로 이동하면서 본격적으로 이루어졌다.

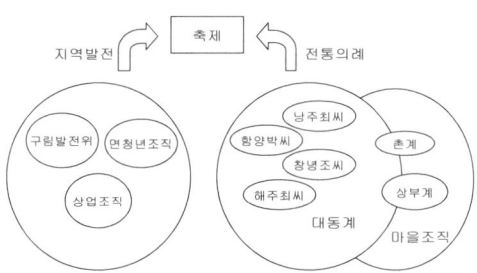

<그림 8> 사회조직간 통합 담론

III. 생활공간의 지배와 변동

1. 공간의 점유

1) 의례와 문중공간

지남들이 구림형성의 물적기반을 형성하였다면 서원과 사우의 건립이나 중심 성씨들의 상징물 건립은 구림의 주요 생활공간에 대한 지배·권위 과시와 내부 통합을 위한 구조물로 이해 할 수 있다. 대부분 조선후기 서원이나 사우들은 향촌질서의 유지 및 재편에 의미를 갖고 있는데, 구림에서 이들 문중의 공간은 근대적 공간에서 문중의 존재를 외연화시키는 역할을 하고 있다. 실제로 구림에서 이농해간 세대들은 4성씨의 경우가 타성씨보다 많은데 이들이 구림을 찾는 것은 매년 봄에 실시되는 문중모임이며, 이 모임에서 자연스레 구림의 일상생활에 대한 이야기 나누어지고 축제에 대한 논의도 이루어진다. 예를 들어 3·1운동 기념탑 건립과 같은 프로젝트에 대한 문중차원의 기금지원 등도 이곳에서 논의된다. 실제로 선산임씨의 경우에는 구림에 거주하지 않고 있지만 기념탑 건립운동에 참여했던 것도 그러한 배경 때문이라 할 수 있다.

<표 6> 문중의 공간

문 중	문 각	사 우	정 자
해주최씨	삼락재	동계사	
낭주최씨	덕성당	국암사	
함양박씨	영유재	죽정서원	간죽정
창녕조씨	쌍취정	서호사	
연주현씨			죽림정

또 하나 주목해야 할 공간이 대동계의 계사와 회사정의 역할이다. <그림 9>에서 보는 것처럼 대동계의 계사 강수당과 집회장소였던 회사정은 서구림의 중심지에 위치해 있으며 신시가지와 상가가 형성되기 전까지만 해도 구림의 중심지였다. 회사정은 구림사람들의 커뮤니케이션의 공간이었으며, 강수당은 대동계 최고의사결정이 이루어지는 곳이다. 역사적으로 보면 회사정은 마을 자치규약을 어기는 사람들을 처벌한 공간이었으며,24) 3·1운동시기에는 독립운동의 공간, 한국전쟁기에는 인민군과 국군의 지휘본부이기도 하였다. 최근에는 구림대동계의 상징이자 구림 전통성의 상징적 건물로 남아 있다.

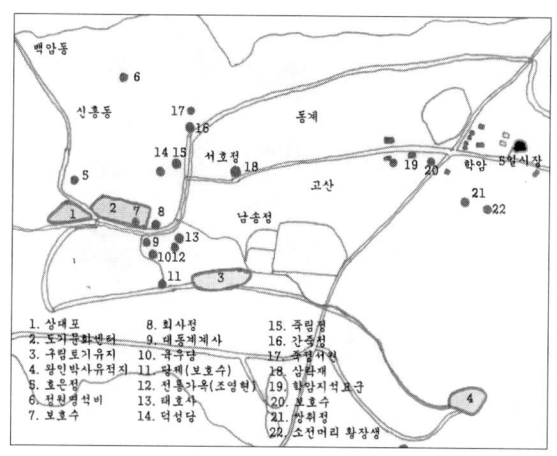

<그림 9> 의례 및 문중공간의 위치

---

24) 대동계의 한 계원은 "예전에는 물아래 사람들이 이 회사정 앞길을 지나갈 수 없었어. 조금만 흠이 잡혀도 멍석말이로 달음질을 했으니까. 땔감하러 산에 갈적에도 여기를 비껴서 돌아서 다녔지"라고 회상했다

2) 상업적 소비공간의 형성

신근정사거리에 본격적으로 상가가 형성된 것은 1980년대 도로가 확대 포장되면서부터이며, 1960년대까지만 해도 이곳은 주거지역이 거의 형성되어 있지 않았다. 신근정사거리는 영암에서 목포로, 해남과 진도로 연결되는 지방도로로 구림의 12동네는 물론 인근 주민, 서호면의 주민들이 이용하고 있다. 이곳은 <그림 10>에서 볼 수 있듯이 농협, 우체국, 소방서, 파출소, 초등학교, 유치원, 보건소, 면민회관 등이 밀집되어 있는 행정·금융·교육기관과 100여 개의 상가가 밀집한 곳이다. 1960년대 이전에 초등학교,[25] 면사무소 등이 서구림리에 위치해 있다가 동구림리로 옮겨왔으며, 면사무소도 1957년도에 동구림리 인근 도로변 월곡리로 이전하였다.

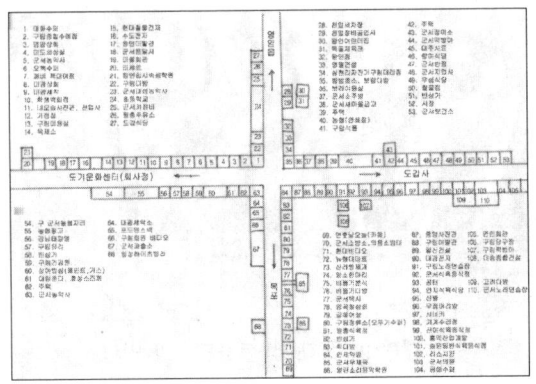

<그림 10> 신근정사거리 상가배치도

---

25) 구림초등학교는 1910년 4월 1일 사립 구림보통학교로 개교하였다. 구림대동계에서 경영하였으며 1917년 4년제 구림공립보통학교로 인가받았고, 1923년에는 6년제로 전환되었다. 그후 1949년 구림국민학교로 개칭되었으며, 1960년에 서구림에서 동구림으로 이교한 후 1996년에 다시 구림초등학교로 개칭되어 본교 6학급, 분교 3학급이 운영되고 있다. 구림초등학교는 1908년 영암에서 최초로 개교한 영암초등학교 다음으로 개교하였다.

신근정사거리가 구림의 중심지역에 자리잡은 것은 새마을 사업으로 인해 마을로 통하는 중심도로가 형성된 것도 큰 원인으로 작용하였다. 이 도로는 구림리에서 가장 큰 학암마을을 관통하여 회사정으로 통하는 구림의 중심도로로 월출산으로 이어지는 도로와 연결되어 있다. 특히 이곳에는 1900년부터 5일장이 열리기 시작하면서 주민들의 생산물 집산지의 역할을 담당하였다. 구림시장을 만들기 위해 1960년대 말부터 동구림리의 학암마을에서 본격적으로 논의가 시작되었다. 1969년부터 1972년까지 시장설립기금 마련과 미납자에 대한 논의가 당시의 마을회의 기록에 자주 등장하고 있다. 1972년까지 영암에는 영암읍시장(5, 10일), 독천시장(4, 9일), 신북시장(3, 8일), 시종시장(2, 7일), 금정시장(1, 6일)이 열렸으며, 구림시장은 1973년부터 2일과 7일에 열리고 있다.26) 이들 시장에서는 각종 농축산물은 물론 감, 석류, 유자 등 과일과 굴, 새우, 낙지, 전복, 홍합, 조개, 숭어, 게, 감태, 김, 매산, 미역, 소금 등 수산물들도 거래가 이루어진다. 이처럼 1970년대와 1980년대에 걸쳐서 상가와 5일장이 형성되면서 회사정을 중심으로 이루어졌던 의사소통이 신근정사거리를 중심으로 이동하게 되었고, 자연스럽게 구림의 의사결정구조에 상인들의 의견이 반영되게 되었다. 이러한 과정에서 상신회라는 상인들의 조직을 결성하게 된다.

　상업공간으로서 신근정사거리는 단순히 상품의 유통기능만을 담당하는 것이 아니라 주민들간, 주민과 외부인들간의 커뮤니케이션

---

26) 1830년대 영암의 정기시장은 영암읍내시장(5, 10일장), 덕진시장(3, 8일장), 독촌시장(4, 9일장), 쌍교시장(2, 7일장), 송지시장(5, 10일장, 해남군) 등 5개가 있었으며(전남도지, 1993, 102), 1970년대에는 영암읍내시장, 독천시장, 신북시장(3, 8일장), 금정시장(1, 6일장), 군서시장(2, 7일장), 도포시장(1, 6일장), 금지시장(2, 7일장) 등 7개가 있었다. 그리고 1993년에는 덕진시장과 영암읍 동문외 시장, 금지시장 등이 폐쇄되고 영암읍시장, 구림시장, 시종시장 등이 새로 개설되었다(『영암군지』, 1998, p.181).

의 공간으로 변하고 있다. 먼저 사거리의 중심에 위치한 <그림 10>의 84번 ○○약방의 경우 상신회와 구림발전위원회를 만드는데 중심적 역할을 한 최○기가 운영하고 있다. 최씨는 2001년부터 대동계의 공사원에 선출되었으며, 구림의 역사, 대동계의 역사, 왕인축제와 지역문화 등에 많은 지식을 가지고 있어 구림을 찾는 학자 등 외부인사에게 구림의 역사와 전통에 대해 설명해 주는 창구 역할을 하고 있다. 뿐만 아니라 이 약방은 문중과 마을의 주요 여론층의 일상적 커뮤니케이션의 공간이 되고 있다. 그리고 1번 ○○수퍼는 신근정사거리가 상업공간으로 활성화되기 전부터 있었던 가게로 구림의 일반주민들이 가장 많이 이용하는 곳이다. 그리고 구림의 청년들은 89번 ○○건설이 주요활동 공간인데 이곳은 전청년회장이 운영하는 곳이다. 신근정사거리가 구림의 새로운 중심지로 부상하면서 매년 개최되는 왕인축제의 거리행진도 왕인이 일본으로 건너갔던 도로인 '돌정고개 – 상대포'에서 '신근정사거리 – 회사정 – 상대포'로 바뀌었다.

3) 관광과 축제의 공간

지방자치 이후 공통적으로 나타나는 현상 중에 하나가 관광과 축제라는 문화산업의 추진일 것이다. 이는 한편으로는 지역 경제의 활성화를 다른 한편으로는 지역 주민의 통합을 위한 전략으로 사용된다(정근식, 1998, p.83). 전남지역의 경우 2000년에 35개의 지역축제가 개최되었는데, 왕인문화축제(Dr. Wang in Cultural Festival)는 벚꽃이 만개하는 4월에 구림마을과 왕인박사 유적지 일원에서 열린다. 백제시대 우리 민족의 우수한 문화를 일본에 전수하여 일본 아스카문화를 꽃 피우게 한 왕인박사의 정신을 기리는 춘양대제를 시작으로 향토성 짙은 민족 예술 공연과 부대행사 등으로 구성된 축제를 개최하여, 지역문화의 발전과 관광객과 군민이 하나되는 화합의 장을 추진하고 있다.[27]

축제는 1986년 유림들에 의해서 거행되어 오던 춘양대제에서 출발하여 1994년 1회 '군서축제'로, 2회부터 4회까지는 '왕인벚꽃축제', 5회부터는 '왕인문화축제'로 바뀌었다. 그리고 1회부터 4회까지는 군서청년회에서 1997년부터 화합하는 군민의 축제로 승화한다는 목표로 '영암군민의 날'과 '왕인벚꽃축제'를 통합하여 군에서 주최하고 있다. 축제는 '벚꽃'이라는 자연자원과 '왕인'이라는 역사화한 인물을 불러오면서 면수준의 축제를 군수준으로 전환시켰으며, 여기에 지방자치단체가 결합하면서 왕인문화축제는 그 규모가 더욱 확대되었다.

이곳 축제 명칭에 '왕인'이라는 이름이 붙여지기 시작한 것은 1995년 2회 대회부터이다. 특히 일본의 아스카 문화를 일군 왕인과 일본을 상징하는 꽃의 결합은 일본 관광객을 대상으로하는 문화상품의 절묘한 결합이었다. 그 이후 축제의 핵심 내용은 왕인박사 춘향대제, 왕인박사 일본가오, 왕인후예선발, 왕인학생선발, 왕인가요제 등 왕인박사를 기리는 내용과 사물놀이·줄다리기·장부질노래 등 민속놀이, 그리고 군민체육대회가 있다.

---

27) 영암군, 『관광영암』, 2000.

<표 7> 구림지역의 축제

개최년도	명 칭	주관처	비 고(행사개념, 기획행사내용 등)
1986년	춘양대제	유 림	
1993년	1회 군서축제	군서청년회	
1994년	2회 군서축제	군서청년회	
1995년	3회 왕인벚꽃축제	군서청년회	• 제1회 전국산악인마라톤대회
1996년	4회 왕인벚꽃축제	군서청년회	• 개도 100주년 기념 • 왕인박사탄생지 정립 학술강연회 • 벚꽃아가씨 선발대회
1997년	1회 왕인문화축제	추진위*	• 영암군민날과 왕인축제 통합실시
1998년	2회 왕인문화축제	추진위	• 화합하는 군민축제 • 영암옛사진전시회, 향토음식점, 개량한복 전시회, 부모와 함께 컴퓨터 조립 등
1999년	3회 왕인문화축제	추진위	• 대한민국 상반기 10대축제 • 축원의 날, 화합의 날, 참여의 날, 문화의 날 • 아스카문화사진전, 토기제작, 읍면향토음식전, 민속놀이마당 등 • 도기문화센터 개원
2000년	4회 왕인문화축제	추진위	• 대한민국12대 문화관광축제 • 소리의 날, 역사의 날, 종이의 날, 흙의 날 • 창작연날리기, 종가대표음식전, 한일종이교류전, 흙의 예술제, 영암도기특별전
2001년	5회 왕인문화축제	추진위	• 상반기 5대문화축제 선정, 축제후원회 결성(회장, 하대주) • 아스카문화의 발신지 영암, 일본속의 백제문화와 왕인박사 • 왕인박사도일고대항로 대탐사

*추진위는 영암군 향토축제추진위원회를 말함.

군서청년회가 행사를 주관했던 시기의 주요 행사 내용은 전야제, 경찰밴드, 사물놀이, 왕인행렬, 공옥진여사 춤, 노래자랑, 사생대회, 벚꽃아가씨 선발대회, 청소년한마당, 군수배단축마라톤, 농악놀이,

분재전시회, 전통음식 전시 등으로 왕인박사를 축제 자원으로 끌어들이기는 하였지만 왕인행렬 이외에는 프로그램화하지 못하고 있었던 시기이며, 여전히 축제의 내용은 노래와 ○○○아가씨선발대회, 음식축제, 전야제 중심의 전형적인 지역축제의 형태였다.

그러나 군에서 행사를 주관하면서부터는 축제의 내용은 구림의 유교적 전통성과 지역성을 결합시키는 프로그램으로 전환되었다. 왕인문화축제의 시작은 1980년대부터 지속되어 온 '춘향대제'를 '왕인춘향대제'로 전환하여 시작을 알리고 둘째 날과 셋째 날은 '왕인박사 일본가오', '왕인박사 도일기원굿'이 그 외 왕인학생, 왕인후예선발대회, 왕인학문의 길 탐방 등이 열리고, 도포제줄다리기, 화전놀이, 정동우물제시연, 여석산천지북놀이, 장부질놀이 등 지역성이 강한 프로그램을 결합시켰다. 특히 1998년 2회 대회에서 '일본인수신사의 도일 초빙극과 왕인박사의 도일승낙에 대한 일본인의 감사와 기쁨'을 표현한 일본북춤(일본 천지보은태고 연합회 42명), 독일민요 공연 등을 결합시키면서 축제를 본격적으로 국제화하고 있다.

1999년부터는 동서화합과 한일문화교류를 기획행사로 결합시켜 자매 결연단체인 경남 산청군 장승 깎아 세우기와 경기도 광명농악이 시연되었으며,[28] 2000년에는 경남 산청군의 산청장승 깎아세우기를 비롯 서울영등포구, 일본 校方市에서 참가하였으며, 한일종이교류전, 영암의 종가집에서 직접 종가음식을 만들어 판매하는 행사도 마련하였다. 특히 2000년에는 직능단체장, 읍면대표 26명으로 축제추진위원회를 구성하고, 후원회 – 섭외활동; 광고, 향우회, 기업체 시설후원, 군서청년회 – 질서유지; 교통, 기획팀 – 행사기획안; 예산

---

[28] 1999년 왕인문화축제는 4월 9일부터 12일까지 축원의 날, 화합의 날, 참여의 날, 문화의 날 등으로 구분하여 진행되었는데 주최측에서는 30여 만명의 국·내외 관광객이 참여한 것으로 발표했다(『영암군 소식』, 1999 봄호).

편성 심의; 실행계획 등을 담당하도록 세분화하기도 하였다.

그리고 1999년 영암도기문화센터가 개원되면서 새로운 문화자원이 개발되어 축제의 공간을 더욱 활성화시켰다.29) 1999년 이후 왕인문화축제는 전국의 대표적인 문화축제로 지정되었으며, 2001년 정부에서는 왕인문화축제를 집중육성 5대축제로 선정하였다.30) 2001년 축제는 '아스카문화'의 발신지를 집중테마로 선정하여 '백제소리를 찾아서', '백제의상 패션쇼', '백제 춤사위' 등을 새로 배치하였으며, 왕인박사 도일 고대항로 대탐사를 실시하여 역사적 사실을 확증하는 계기로 삼았다. 그 동안 축제가 공간적으로 구림일대의 왕인박사 탄생, 성장, 도일에 초점이 맞추어졌다면, 이제 축제를 통해 설화적 사실을 역사적 사실로 승인하고 구체적인 도일항로 일본속의 왕인까지 그 영역을 확대하는 계기를 만들어 낸 것이다.

---

29) 문화센터의 설립계획은 1986년 이화여자대학교 박물관에서 전국의 도기 가마터를 지표조사하는 과정에서 구림리의 길에 뒹구는 작은 도기 파편을 발견하면서 부터다. 그 후 1987년 영암군은 이화여자대학교 박물관에 의뢰하여 구림리 도기가마터 유적의 발굴조사를 실시하였고, 발굴결과 2km에 이르는 대규모의 가마터는 9세기 전반 장보고가 활동하던 시기에 운영되었음이 밝혀졌다. 특히 토기에 유약을 입히는 고려청자의 기술이 이곳으로부터 태동하였음이 드러났고, 이화여자대학교 박물관은 구림도기의 역사성과 예술성을 재정립하기 위해 영암도기문화센터 건립계획안을 영암군에 제출하였고, 마침 구림중학교가 이전되어 기존 건물이 폐교되면서 1999년 문화센터가 건립되었다. 특히 주목할 것은 영암도기문화센터의 설립이 마을주민들의 인적, 물적 지원과 주민과 함께 하는 공간감을 살리기 위해 주변의 자연환경과 폐교를 그대로 이용하였다는 점이다(『영암군 소식』, 2000년 봄호).
30) 정부에서 선정한 집중육성 5대축제는 왕인문화축제 외에 청도소싸움축제, 한산모시문화제, 남원춘향제, 진도영등축제 등이며, 이외에도 대관령축제(1월), 한라산 눈꽃축제(1월), 정월대보름 들불축제(2월 제주), 한국의 술과 떡잔치(3월~4월, 경주), 대구약령시축제(5월), 하동야생차축제(5월), 춘천국제마임축제(5월~6월), 무주반딧불축제(6월) 등을 지역육성축제로 선정하였다.

2. 공간의 교차와 승인

1) 공간의 이동

구림의 마을공간은 지남들과 학파들의 생산공간과 문중과 대동계가 결합되어 있는 생산과 의례가 결합된 공간이었다. 그러나 국가주도의 개발과 근대화가 진행되면서 구림권의 공간 중심은 시장과 상업의 유통공간인 '신근정사거리'로 이동하였다. 새로운 중심공간의 등장으로 문중과 대동계를 축으로 하는 기존세력과 개발과 유통을 축으로 하는 신흥세력간의 갈등과 타협이 나타나게 되는데 이를 연결하는 매개체가 마을조직이었다. 즉 마을조직은 문중조직과 개발조직이 서로 승인하는 객관성을 부여받게 된 것이다. 물론 실질적으로 마을을 움직이는 사람들은 구림의 중심 성씨들이지만 그 외형이 행정과 연결된다는 점에서 '개발과 국가(면, 군)', '전통과 문중'간 새로운 축이 형성되었다. 이 축의 상호승인이 표면적으로 드러나기 시작한 것은 '지역축제'가 시작되면서부터라고 할 수 있다. 즉 구림권은 마을공동체와 문중의례의 공간에서 상업적 소비와 축제의 공간으로 재구성되고 있다.

그렇다면 공간은 어떻게 분화되고 점유되어 가는가. 구림마을의 생산공간과 생활공간의 변화는 간척사업, 새마을사업과 상가형성, 왕인박사 유적지 조성 등 관광자원의 개발이라는 세 요인에 의해서 이루어졌다. 초기의 간척사업과 새마을개발 사업이 기존 구림의 질서를 확대 재편하는 과정이었다면, 국가의 개입에 의한 대규모 간척사업과 관광자원의 개발은 외부의 적극적 개입에 의한 재구조화로 평가할 수 있다. 구림의 사회적 공간을 살펴보면 <그림 11>에서 보는 것처럼, 생산과 생활을 중심은 대동계의 계사와 회사정을 비롯하여 4성씨의 문중의 제실과 서원이 집중되어 있는 A공간에서 신근정사거리의 B공간으로, 그리고 왕인축제가 본격적으로 추진되면서 형성된 C공간 유적지(상대포를 포함)으로 변하고 있다.

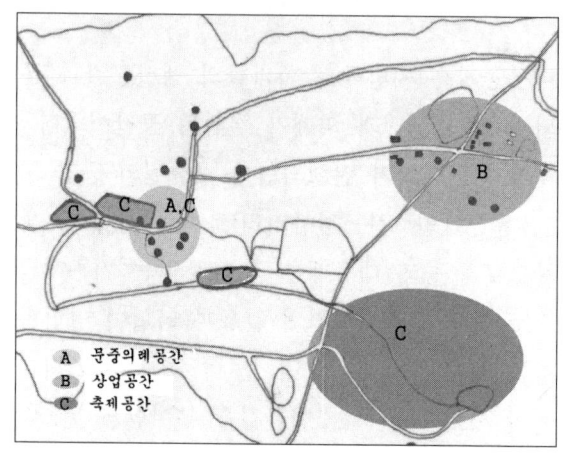

<그림 11> 공간의 이동

2) 공간의 교차와 충돌

공간의 이동은 단순하게 배타적으로 이루어지는 것이 아니라 상호교차와 승인을 통해서 진행된다. 즉 의례의 공간과 개발의 공간이 상호교차하면서 승인되고 부분적으로는 충돌이 발생하는 것이다. 전통의례의 공간이 밀집해 있는 서구림 일대는 축제가 진행되는 동안에는 작품을 전시하는 전시의 공간으로 전환되며 비슷한 시기에 대동계와 문중행사들이 이루어진다. 4회 대회의 경우 돌정고개, 상대포, 호은정, 전통가옥, 도기문화센터 등에 작품이 전시되었다. 축제에서 특히 주목할 점은 '왕인박사 일본가오'라는 행사의 이동로의 변화다. 1997년까지 거리행진은 <그림 12>과 같이 유적지

-돌정고개-상대포였지만, 1998년부터는 유적지-신근정사거리-학암 마을 진입도로-회사정-상대포로 바뀌었다는 점이다. 즉 상업의 중심지 신근정사거리와 구림의 중앙도로인 집입로를 거치도록 바뀜으로서 상가의 활성화를 통한 지역활성화를 배려하게 되었다는 점이다. 그리고 월출산에서 내려와 구림외곽으로 진행하는 '도선로'와 상대포에서 왕인유적지로 이어지는 '왕인로'를 신설하여 공간적으로는 구림을 도선과 왕인이 둘러싸고 있다.

그렇다고 축제가 반드시 구림 사람들을 하나로 모아 주는 것은 아니며, 축제는 갈등의 장으로 나타나기도 한다. 그 사례가 2000년 '구림마을프로젝트 1'[31)]에 설치된 조덕현의 작품이다.

이 작품은 고대 옹관의 유물과 작가가 흙으로 구워 만든 개(狗)의 형상을 가진 유물의 발굴 현장을 작위적으로 연출함으로써, 이 마을의 명칭(鳩林)에 관련한 도선의 탄생설화와 기러기(鳩)의 관련성을 작가적 상상력으로 뒤엎었다. 즉 제3의 가설을 제시함으로써 시간과 공간을 초월한 삶의 원형 속에 숨어 있는 신화를 건져내는 작업이다.

그의 작품은 왕인이 도일하는 길목인 돌정고개와 배를 탔던 상대포 근처 호은정에 전시되었다. 대동계 총회에서는 조덕현의 '개이야기'가 집중적으로 논의되었으며, 그의 작품이 유교적 전통을 간

---

31) '구림프로젝트1'은 영암군과 이화여자대학교 박물관 주최로 2000년 3월 29일부터 6월 28일까지 영암 구림리 영암도기문화센터 및 주변 마을일대에 육근병, 이불, 조덕현, 이형우, 윤석남, 임충섭, 임옥상, 민현식 등 8인의 현대 미술가 및 건축가들이 참여한 전시행사였다. 작가들은 '흙'이라고 하는 대상을 보다 포괄적이고 확장된 의미의 '자연'으로 인식함으로써 우리나라에 보기 드물게 땅의 기운과 문화적 서식지로서의 깊은 품위를 잃지 않는 모습으로 남아 있는 한 작은 마을의 응축된 역사성과 공간의 아름다움을 오늘의 삶에 연결시키는 다양한 접근을 시도하였다(큐레이터 나선화·박경화).

직한 구림마을의 이미지를 손상시킨다는 이유로 철거되었다. 이는 외형적으로는 구림의 전통적 이미지와 설치작품의 충돌로 보이지만, 내부적으로는 전통의 공간과 축제의 공간의 충돌이며, 전통과 개발(지역활성화)이라는 두 가치 사이의 갈등이 표출되는 것으로 파악할 수 있다

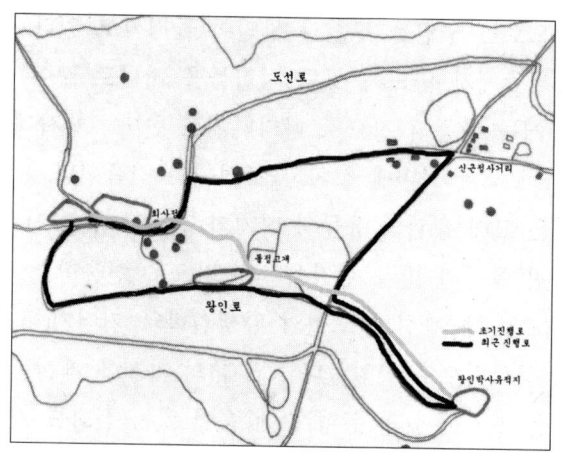

<그림 12> 축제 행진 이동로

IV. '경관'을 넘어서

 이 글은 호남의 명촌으로 알려진 구림을 사례로 농촌마을의 사회조직과 사회적 공간의 변동과정을 설명하려는 것이었다. 구림마을은 고대 중국와 일본교역의 중심지로 왕인의 도일 출발지로 알려져 있으며, 500년의 전통을 자랑하는 대동계가 현재까지 지속되고 있다. 뿐만 아니라 세 차례의 바다 매립을 통하여 큰 규모의 토지를 마련하였으며, 최근에는 결합한 지역축제의 중심지이다. 구림 주민

들의 일상생활에 영향을 주었던 구조적 계기는 크게 문중과 대동계, 새마을운동과 개발, 축제로 구분할 수 있다.

구림의 사회조직은 크게 마을운영 조직, 전통과 의례조직, 개발과 발전 지향적 조직으로 구분할 수 있다. 이들 조직들은 지역축제가 확대되면서 서로 다른 지향점을 가지고 축제에 참여하고 있다. 전통의례조직들은 축제를 통해서 5~6백여 년의 유교적 전통을 왕인을 통해 축제과정에 재현하면서 지역 내 헤게모니를 지속시키려 하고 있으며, 지역개발을 지향하는 조직들은 축제를 통해 지역활성화를 도모하려고 한다. 1980년대부터 본격화된 상가지역을 중심으로 유입된 외지인의 유입과 조직화, 청년회의 활동이 활발해지면서 그 동안 구림권에서 지배력을 행사해 온 전통의례조직들은 새로운 변화를 강요받게 되었다. 이러한 시점에서 본격화된 지역축제는 세대간 갈등, 출신지간 갈등, 지향점의 차이를 통합시키는 중요한 기제로 작용한 것이다. 즉 지역축제는 유교적 전통성을 프로그램화하면서 전통의례조직에 명분을 제공하였으며, 개발과 발전을 주장해 온 개발조직들에게는 지역활성화를 제공함으로써 교차승인이 이루어진 셈이다.

이러한 조직의 변화와 함께 구림권은 공간적으로 변화를 가져왔다. 간척 이전에는 구림의 중심지는 서호정과 남송정 이었지만, 1970년대 이후 개발과 상가가 형성되면서 신근정사거리가 구림의 중심지로 자리하고 있다. 1980년대까지 구림의 통합적 질서는 4성씨 중심의 대동계, 공간적으로는 서호정의 회사정으로부터 시작되었다. 시장과 상가의 형성은 기존의 대동계 중심의 구림마을 질서의 변화를 가져왔으며, 왕인축제는 이러한 변화를 구조화하는 계기로 작용하고 있다. 이 변화는 조직적으로 기존의 문중 중심의 지배층·젊은 층·상인층간에, 공간적으로 유교적 유형의 자원이 집중되어 있는 서호정의 회사정 중심의 구조에서 신근정사거리와 상인 중심의 공간의 상호관계에서 만들어지고 있다. 토지를 기반으로 한 문중이 초기 마을지배권력을 형성하였다면, 간척과 상가의 형성은 기존 헤게모니에 대응하는 새로운 물적자원을 형성하는 계기를 마련하였다. 그리고 축제는 형식적으로 이들을 통합하면서 전통과 근대의 교차점으로 작용하고 있으며, 지역으로서 농촌을 복원하는 역할을 하고 있다.

　이를 통해 사회적 공간과 조직은 상호작용하면서 형성되고 재구성되며 농촌의 경우도 예외가 아니라는 것을 확인할 수 있었다. 물론 외부적인 영향을 배제할 수는 없지만 내부의 사회적 관계와 함께 결합되어 변화하며 오히려 내부적 갈등과 통합을 통한 재구성이 농촌마을의 공간과 조직을 규정하고 있다. 즉 농촌의 사회적 공간도 자본의 영역으로부터 자유롭지 못하며 주어진 공간이 아니라 사회적 관계와 현상들이 갈등하는 공간이다. 사회적 공간의 변화가능성이 다양해진 자치시대에 농촌을 대상화된 공간과 경관이 아니라 주체적 공간으로 만들어 가기 위해서는 마을 내부의 보다 다양한 사회 공간적 실천이 요구되고 있다.

(김　준)

제9장
의례와 민속놀이

I. 의례와 놀이의 형성조건

  민속은 한 세대에서 다음 세대로 전통의 지속과 변화에 의해 전승된다. 다시 말하면 민속문화만이 과거의 세대와 현재의 세대 그리고 미래의 세대를 연결시켜 줄 수 있으며, 가정에서 이웃으로, 이웃에서 지역으로 연결시켜 주는 역할을 하기도 한다. 즉 세대와 공간의 연결을 토대로 민속이 지속되고 변용 된다는 것이다. 따라서 공시적으로 지역과 국가의 문화를 이해하기 위해서는 마을의 문화에 대한 올바른 이해로부터 출발하는 것이 바람직하다.
  일반적으로 민속은 자연적, 역사적, 사회적 조건 등에 의해서 형성된다. 이 가운데서도 인간의 생업방식에는 자연적인 조건이 크게 작용한다. 생태적인 조건에 따라 생활양식이 결정되기 때문에 민속은 다양한 양상을 띠게 된다. 특히 의례와 놀이에서 더욱 그러하다.
  인간은 태어나서 죽기까지 어떤 매듭이 되는 중요한 시기에 다양한 의례들을 거행한다. 인생의 고비에서 어떤 절차상의 의식을 거행하여 자신이 속하고 있는 집단이나 사회의 구성원으로서 자격을 인정받고 권리를 갖도록 하는 것이 의례인 것이다. 그렇기 때문에 의례는 인간이 처한 생활환경이나 문화적 배경에 따라 다양한 모습을 지니기 마련이다.

세시풍속이 일 년을 주기로 사계절의 일정한 날에 주기적, 반복적으로 되풀이되는 행동양식과 생활양식을 일컫는 일련의 연중행사(표인주 외, 2001, p.141)라면, 세시놀이는 세시명절과 연계되어 행해지는 민속놀이를 말한다. 각각의 세시명절을 전후해서 행해지는 민속놀이도 자연적인 조건에 따라 다양한 특성을 지닌다.

이 장에서는 전남 영암군 구림리1) 학암마을과 모정마을 사람들의 죽음의례를 중심으로 그 실상을 파악하여 의례의 구조적인 의미와 의례조직의 통합과 단절, 그리고 의례의 지속과 변화 요인을 파악해 보고, 줄다리기와 화전놀이를 중심으로 놀이의 지속과 변화 양상을 파악하는데 주안점을 두고자 한다.

---

1) 구림리는 열두 동네로 낭주최씨가 가장 먼저 터를 잡은 것으로 알려져 있으며, 해주최씨, 선산임씨, 함양박씨, 창녕조씨, 연주현씨 등의 씨족이 거주하고 있다. 열두 동네라 함은 학암, 동계, 고산, 서호정, 남송정, 신흥동, 백암동, 죽정, 평리, 모정, 검주리, 양장마을을 말한다. 이들 마을 중에서 학암과 모정마을 중심으로 조사·연구하고자 한다.
여기서 두 마을을 선정하게 된 이유는 세 가지로 정리된다. 먼저, 열두 동네 중에서 학암과 모정마을이 규모가 가장 큰 마을이라는 점이고, 두 번째, 학암마을은 상업에 종사하는 사람들이 많은 반면에, 모정마을은 거의 농업에 종사하고 있다는 점에서 대조적이다. 그리고 세 번째로 김학수(남, 78세, 모정마을 거주)에 의하면, 구림 열두 동네 중에서 원래는 모정마을이 180호가 될 정도로 제일 컸으나, 1965년에 학암마을의 신근정에 5일장이 들어서고 상가가 형성된 뒤부터 학암마을의 규모가 커져 오늘날에는 학암마을이 훨씬 크다고 한다. 따라서 두 마을은 시간적으로 가구 구성에 있어서 많은 변화를 했기 때문에 민속문화의 변동 양상을 살피는데는 가장 적합한 마을로 생각했기 때문이다.

Ⅱ. 죽음의례의 실상과 의미

1. 삶의 중심공간과 임종의 공간

죽음의례는 인간의 숨이 끊어지는 순간부터 망인(亡人)을 매장하기까지의 의례를 말한다. 흔히 안방은 모든 의례의 중심공간으로서 역할을 수행하는데, 가장이 운명하려고 하면 사랑채에서 안방으로 모신다. 대개 가장은 손님을 접대하기 위해 사랑채에 머물고, 안사람은 안방에 머문다. 아니면 아들 내외가 장성하여 시부모가 사랑채에 거주하고 아들 내외가 안방에 거주하기도 한다. 그렇지만 일반적으로 여유 있는 가정에서는 시어머니가 안방에, 시아버지는 사랑채에, 아들 내외는 작은방에 거주하는 경우가 많은데, 서민들은 방의 여유가 없기 때문에 안방에 시부모가, 작은 방에 아들 내외가 거주하는 경우가 많다.[2]

학암마을에서 안방은 시어머니가 돌아가셔야 아들 내외가 차지할 수 있고, 시어머니가 살아 계시고 시아버지가 돌아가시면 아들이 사랑채에 거주한다는 거주질서체계를 가지고 있다. 뿐만 아니라 모정마을에서는 시부모가 안방에 거주하다가 시어머니가 운명하면 시아버지는 사랑채로, 아들 내외는 안방으로 옮긴다. 이와 같은 거주체계에 따라 안방에서 운명하지 않고 다른 방에서 운명하는 경우는, 이 또한 죽음을 제대로 갖추지 못한 '객사자'라고 한다.[3]

인간은 안방에서 태어나 안방에서 사후세계로 간다고 하는 의식

---

[2] 최영권(학암마을 거주, 남, 67세, 8대조 할아버지를 모시는 사당을 가지고 있음)의 구술.
[3] 김학수(모정마을 거주, 남, 78세)의 구술.

을 가지고 있어서 집 밖이나 안방이 아닌 다른 방에서 죽음을 맞이하는 것은 결코 바람직하지 않다고 생각한다. 그래서 아직도 부득이한 사유로 병원에 입원해 건강이 악화되어 운명하려고 하면 집으로 모셔 와 안방에서 운명하도록 하고 있다. 이처럼 안방에서 운명한 자만이 정상적이라고 여기는 것은 안방이 인간 삶의 중심 공간이기 때문이다.

안방은 부엌, 작은방, 행랑채, 측간, 장독대 등 가정의 공간 중에서 가장 중요한 공간이다. 안방에는 가장권과 살림살이 경영권(안방물림, 주부권)을 가지고 있는, 곧 한 가정의 실질적인 모든 권한을 가지고 있는 자가 거주한다. 가장권이라 함은 가족을 외부에 대표하는 대표권과 가족 구성원을 지휘·감독할 수 있는 가독권, 재산을 관리할 수 있는 재산권과 조상의 제사를 받들 제사권으로 가정의 모든 것을 총괄하는 권리를 말한다(지춘상, 1998, pp.127~128). 따라서 가정의 실질적인 권한을 가지고 있는 자가 거주하는 공간이 안방인 것이다.

집안 어른이 운명하려고 하면 복을 입을 수 있는 친족을 불러들여 안방에 둘러앉아 임종을 맞이한다. 임종을 지켜보지 못한 자식이 있기도 하지만, 김학수에 의하면, 부모님의 임종을 지켜볼 수 있는 '종신자식'은 따로 있다고 한다.

죽음은 눈동자를 확인하거나, 숨을 코끝에 대고 확인하던지, 아니면 손을 허리 밑에 집어넣어 손이 들어가는지 그렇지 않는지의 방법 등으로 확인한다. 운명이 확인되면 맨 먼저 코와 입 그리고 항문과 귀를 솜으로 막고, 수족을 백지(창호지)로 바로 묶는다. 그리고 나서 망인을 방의 윗목으로 이동하여 안치하고, 머리의 방향은 집의 방향에 따라 북쪽이나 동쪽을 향하도록 하여 홑이불로 덮은 뒤 병풍을 친다. 이 때 가족들은 비녀를 빼고 머리를 풀어 머리카락을 한 쪽으로 내리고 곡을 한다. 망인이 여자(母)인 경우는 머리카락을 왼쪽으로 내리고, 남자(父)인 경우는 오른쪽으로 내린다.

두루마기를 입었을 경우 아버지인 경우는 오른쪽 팔을 꺼내 입고, 어머니인 경우는 왼쪽 팔을 꺼내 입는다. 이처럼 옷을 비정상적으로 입는 것은 복을 입는 자와 입지 않는 자의 구분이기도 하고, 죽은 자의 성별을 구분하기 위한 수단으로서 의미를 지니고 있다.

2. 변신적인 의미로서 의례 절차

'혼백부르기'라 하여 망인의 저고리를 벗겨서 주소와 성명을 외치고, '복 복 복'하고 외치면서 왼쪽으로 세 번 돌린 뒤 지붕 위에 던진다. 저고리는 입관할 때 내려서 관 속에 넣어 주기도 하고, 아니면 망인의 소지품과 함께 태우기도 한다.

혼백부르기는 두 가지의 의미를 지닌다. 하나는 마을 사람들에게 죽음의 소식을 알리는 지시적 기능을 수행하고 있는가 하면, 다른 하나는 혼을 불러들여 망인의 소생을 희구하는 재생적 기능을 수행한다고 볼 수 있다. 망인이 소생하지 않으면 완전한 죽음으로 간주하여 입관을 하고 지붕 위에 올려 둔 옷은 내린다. 혼백부르기가 끝나면 대문 밖에 '사잣상'을 차린다. 사잣상에는 짚신 세 켤레와 밥 세 그릇을 차려 놓는다. 이 일은 가족 중의 일원이 수행한다.

혼백부르기가 끝나면 망인을 안치할 수 있는 받침대를 만드는데, 이를 학암마을에서는 시상틀(세상틀) 혹은 모정마을에서는 칠성판이라 부른다. 칠성판은 대나무 3~7쪽을 망인의 키만큼 잘라 3~5군데를 짚으로 엮어 만든다. 칠성판을 만들고 망인의 머리와 허리 그리고 다리를 고일 수 있는 '집토매'[4]를 짚으로 세 개 만든다. 이런 일은 동네 사람들이 주로 한다. 칠성판과 집토매가 만들어지면

바로 망인을 그 위에 올려놓고, 어깨와 허리 그리고 엉덩이, 허벅지와 무릎 그리고 발목, 손발의 일곱 군데를 삼끈이나 당목 혹은 포목으로 묶고, 손은 배 위에 가지런히 올려놓고 묶는다. 집토매는 머리와 허리 그리고 다리 밑에 고여 둔다. 김학수 구술에 의하면 이를 '소렴' 혹은 '손발을 괴었는다'라고 말한다. 소렴은 시신을 반듯하게 하여 사후세계로 보내기 위한 입관의 예비절차이다.

  소렴이 끝나면 '호상'을 선정한다. 호상은 장례식 전반에 대한 많은 지식을 가지고 있는 친족 중에 한 사람으로 선정된다. 요즈음 같으면 '장례식 준비위원장'이 바로 호상이라고 할 수 있다. 호상이 결정되면 망인이나 상주의 일가 친인척들에게 죽음의 소식을 알린다. 근거리에는 상부계의 계군들로 하여금 부고를 통해 알리고, 원거리는 전화로 알린다.

  입관은 발인하기 하루 전에 한다. 출상은 5일 출상과 3일 출상이 있으나 대개 3일 출상이 일반적이다. 입관은 가족이 다 모이면 당겨서 하는 경우도 있고, 그 외에는 출상 전날에 많이 한다. 최근에는 임종을 하자마자 입관하고 있다. 입관하기 위해서는 망인을 묶어 두었던 곳을 풀고 목욕을 시킨다. 목욕물은 향물과 쑥물을 사용하며, 목욕의 순서는 얼굴, 손, 발, 머리의 순으로 홑이불로 가리면서 목욕을 시키고, 여자 망인인 경우는 화장도 시켜준다. 망인의 목욕이 끝나면 망인의 손톱과 발톱 그리고 머리카락을 잘라 다섯 개의 주머니에 담아 놓고, 수의를 입힌다. 여자의 수의는 치마와 바지 그리고 두루마기이고, 남자 수의는 두루마기와 바지이다. 수의를 입힌 다음 망인의 손에 각각 손톱주머니를 쥐게 하고, 발톱주머니는 양쪽 발 옆에 각각 놓아둔다. 그리고 머리카락을 담은 주머니는 머리맡에 놓아준다.

---

4) 짚으로 만든 받침대를 말함.

수의는 자녀들이 삼베를 구입하여 가정에서 만들어 준비해 두었다가 사용하나, 10년 전부터 초상이 나면 그 때 수의를 장의사에서 구입하여 사용한다. 뿐만 아니라 상복을 비롯하여 장례식에서 사용되는 모든 것도 장의사에서 구입하여 사용한다. 그러나 아직도 수의를 당일에 준비하는 것이 아니라 미리서 준비해 두는 경우가 많다.
　마지막으로 '저승 갈 식량'과 '노잣돈'이라 하여 망인의 입에 버드나무 가지로 "천석이요 만석이요"를 외치면서 쌀을 세 번 넣어 주고, 구슬을 입에 넣어 주기도 한다. 그런 다음 망인의 얼굴을 가리고, 삼베로 몸을 칭칭 동여매기도 한다. 그것은 육탈 시에 뼈가 흩어지지 않도록 하기 위해서다. 이러한 일은 자식이 부모에게 자식된 도리로서 마지막으로 해 드릴 수 있는 것 중의 하나이기 때문에 자손들이 직접 해야 하나, 대개 7~8년 전부터 장의사에게 맡기기도 한다.
　입관은 망인을 이승이 아닌 저승의 존재로 변신시키는 절차이다. 그렇다고 완전하게 저승적 존재가 된 것은 아니다. 이승과는 완전히 분리된 존재이지만 저승의 불완전한 통합적 존재인 것이다. 학암마을에서는 입관이 끝나면 관을 방 안에서 방 밖으로 옮긴다. 즉 입관하기 전에는 아직은 망자가 이승적 존재인 까닭에 안방에 계속 거주하고 있었지만, 입관을 하면 이승적 존재로부터 분리되었기 때문에 방 밖에 별도의 공간에 안치한다. 관이 방 밖으로 나올 때 문지방 위에 바가지를 깨고 나온다. 이것은 관 주위에 있는 잡귀를 물리치기 위한 것이기도 하지만, 최종적으로 망인의 죽음을 확인하기 위한 절차이기도 하다.
　그런가 하면 모정마을에서는 입관 전에 망인을 위한 어떠한 상도 차리지 않고, 입관을 해야 비로소 상을 차려 조문객을 맞이한다. 또 입관 후에 관을 방 안에 모시기도 하고 방 밖에 모시기도 한다. 옛날에는 출상할 무렵에 관이 방을 나올 때 방 안을 왼쪽으로 세 바

퀴 돌고 문지방 위의 바가지를 깨고 나왔다고 전해지고 있다.
 입관이 끝나면 상주는 삼베옷의 '상복'을 입고, 사위나 조카 그리고 손자들은 광목(무명베)으로 만든 '추위'를 입고서 성복제를 지낸다. 성복제 이후에 상청에서 조문객들로부터 문상을 받는다. 입관이 끝나기 전에는 조문객이 망인에게 절을 올리지 않고 상주하고만 절을 한다.
 학암마을에서는 혼백을 '가주'라 하여 노랑, 빨강, 초록색의 실로 매듭을 만들어 혼백 상자에 넣고, 모정마을에서는 청홍적의 삼색 실로 앞에 세 가닥, 뒤에 네 가닥의 매듭을 만들어 혼백 상자에 넣어서 봉안한다. 카메라가 등장하면서 사진으로 대체하기도 하나, 지금도 가주를 만들어 영정과 함께 사용한다. 오늘날은 가주를 장의사에서 구입하여 사용하기도 한다. 입관 후에 가주와 영정을 제상 위에 올려놓는다. 가주는 망인의 넋을 상징한다. 장지에서 가주를 봉분 주변에 혹은 '네 귀(토방)'에 묻고, 돌아올 때는 지방을 접어서 모시고 돌아온다. 최근에는 거의 영정만 모시고 돌아오는 경향이 있다.
 발인은 5일과 3일째 되던 날 이루어지나 대개는 3일째 되던 날에 이루어지는 것이 일반적이다. 발인하기 전날 밤에 상가 집에서 '상여놀이'를 한다. 상여놀이는 상여 나가는 것의 예행연습이다. 상여꾼들이 모여서 빈상여놀이를 하면서 요령소리에 맞추어 상여소리를 하고, 상주를 울리기도 한다.
 발인제를 학암마을에서는 '견전제'라고 부르며 마당에 관을 안치하고 병풍을 친 뒤 상주가 안채를 향하도록 하고 서서 제사를 지낸다. 발인제를 지내고 나서 동네 앞에서 거리제를 지낸 뒤 발인지로 향한다. 발인지로 향할 때 향두꾼이 앞소리를 하고 상여를 메고 있는 사람들이 뒷소리를 받으면서 상여를 운구한다. 모정마을에서는 마을에 향두꾼이 10년 전까지 있었으나, 그 이후부터는 외지 영암에서 향두꾼을 불러오고 있다.

3. 장제(葬制)의 약화와 제사의 통합

매장은 일차장과 이차장으로 나누어진다. 일차장은 망인을 맨 처음 매장하는 방법이다. 일차장으로 토묘(土墓)가 있다. 토묘를 사용한 경우에는 묘 자리를 파기 전에 반드시 산신제를 지내고, 산신제를 지내기 위한 음식은 상가집의 음식을 사용하는 것이 아니라 다른 곳에서 구입하여 사용한다. 제물의 종류는 주로 술과 명태이다. 산신제를 지낸 다음 본격적으로 관이 들어갈 자리를 정리한다. 상여가 도착하면 망인의 관을 운구하여 넣고 그 위를 명정으로 덮은 다음 흙을 채워 평평하게 만든다. 바닥이 평평해지면 '평토제'를 지내고 봉분을 만든다. 봉분을 만든 다음 혼백은 봉분 앞 토방에 묻고, 지방을 쓴다. 상주는 상여가 나갔던 길을 따라 요여에 지방을 모시고 집으로 돌아와 '영우(상청)'에 모신다. 대개 영우는 빈방이 있어 그 방을 활용하는 경우도 있고, 마루 위의 윗방 쪽에 만들어 사용하기도 한다.

일차장은 한마디로 망인을 육탈시키기 위한 의례이다. 육탈을 모정마을에서는 '물이 빠진다'로 표현하고 있는데, 인간이 사후에 그 넋이 안주할 수 있는 곳이 바로 살아생전의 뼈라고 생각한 것이다. 뼈는 곧 조상신의 신체(神體)이기 때문이다. 조상신의 자질을 갖는 존재만이 선산에 안치될 수 있어서 '진송장'[5]은 선산에 갈 수 없다. 따라서 일차장은 망인을 조상신격화 하여 선산에 모시기 위해 준비

---

5) 생송장 혹은 날장이라고도 불리움.

하는 의례적인 의미를 지니고 있다.

이차장은 일차장을 하여 육탈이 된 연후에 이장하는 것을 말한다. 즉 이장은 조상을 선산에 모시기 위한 것이기 때문에 한 마디로 조상신을 모시는 의례라고 할 수 있다. 대개는 3년 후에 그냥 이장을 해야 한다고 믿고 있다. 이장을 할 경우는 일차장을 한 뒤 최소한 3년이 지나야 한다. 그것은 육탈이 최소한 3년은 지나야 된다고 생각하기 때문이다. 그러나 요즈음은 시신이 잘 부패되지 않기 때문에 7~8년 이상 지나야 이장을 할 수 있다.

게다가 '영장'이라 하여 이장을 하지 않는 것을 전제로 영구적인 무덤을 축조하는 경향도 생겨나고 있다. 즉 이차장의 묘제가 일차장의 묘제로 바뀌어지고 있는 것이다. 일차장을 석관을 사용하여 매장한 경우 거의 이차장을 하지 않는데, 이것을 '영장'이라고 부른다. 영장이라 함은 이장을 하지 않는 영구적인 묘제를 의미한다. 영장의 모습은 학암이나 모정마을에서 모두 10년 전부터 나타나기 시작한 것으로 구술하고 있다.

발인이 끝나고 3일만에 '삼우제'를 지내고, 탈상하기 전까지 '영우(영호)'에서 매월 초하루와 보름 그리고 명절이나 망인의 생일에 제사를 지낸다. 탈상은 1년 탈상과 3년 탈상이 있으나, 모정마을에서는 3년 탈상이 7~8년 전까지 지속되었지만, 지금은 1년 탈상이 50% 이상으로 주류를 이루고 있다. 그에 비해 학암마을에서는 10년 전에 3년 탈상이 완전히 자취를 감추었고, 4~5년 전부터 1년 탈상도 서서히 약화되어, 요즈음은 49재를 많이 지내고 있는 실정이다. 이것은 가까운 곳에 도갑사라는 절이 있는 것과 무관하지 않을 것으로 보인다.

뿐만 아니라 백일과 삼일만에 탈상하는 사례도 생겼는데, 특히 기독교인들은 3일 탈복을 많이 하는 경향이 있다. 망인은 탈상이 끝나야 정식적으로 조상신의 대접을 받는다. 탈상이 끝나면 그때부터 방안에서 제사를 모시기 때문이다. 방안제사는 4대조까지 모시며, 5대조 이상은 시제를 통해 모셔진다.

제사도 학암마을에서는 80년대부터 부모의 제사는 별도로 각각 모시고 있지만, 증조부모와 고조부모 등 윗대의 제사를 통합하여 조부모의 제삿날 혹은 고조부모의 제삿날에 가족들이 자율적으로 선택하여 제사를 모시는 경향도 있다.

학암마을 최영권의 경우 15년 전만 해도 6대조까지 방안제사로 모셨으나, 10년 전에 증조부모 이상의 조상을 시제로 모시게 되었다. 그리고 3년 전부터 조부모의 제사는 통합해서 모시고, 부모의 제사는 각각 따로 지낸다. 최영권 댁에는 8대 조부모를 모시는 사당이 있다. 이 제사는 일가들이 모여서 함께 10월 중순경에 모신다. 지금은 제사를 1년에 모두 네 번 모신다.

반면에 모정마을 김학수는 20년 전부터 증조부모 이상의 제사를 시제로 모시고, 조부모와 부모의 제사를 각각 따로 모신다. 1년에 제사를 모두 네 번 모시고 있는 것이다. 모정마을에서 4~5년 전부터 제사를 통합해서 지내는 경향이 나타나 심지어는 부모의 제사를 통합하여 지내는 경우도 있다. 그리고 제사의 시간도 자시에서 초저녁으로 당겨서 지내기도 한다. 대개 제사 후에 제사 음식을 이웃집에 돌려 함께 음복을 하는데, 특히 모정마을에서는 이러한 의식이 강하다. 곧 제사의 음복이 혈연적인 유대관계만을 강화시키기 위해서 이루어지는 것이 아니라 지연적인 관계를 돈독히 하기 위해서 이루어지고 있음을 볼 수 있다.

III. 의례조직의 통합과 단절

1. 학암마을 상부계의 지속과 변화

계는 마을 공동체사회에서 구성원들 상호간의 자발적인 의사에 의해 결성되기 때문에 자생적이고, 협동적 공동체적인 성격을 지닌다는 점에서 결속력이 강한 것이 특징이다. 이러한 계 중 가장 대표적인 것은 상부계와 촌계라고 할 수 있다. 상부계가 계원간의 상호 친목과 상부상조를 목적으로 하고 가입이 비강제적이어서 자율성을 지닌 복지적 집단이라면, 촌계는 촌락의 공익과 공공사업을 목적으로 하고 마을 주민들이 의무적으로 가입해야 하는 강제성을 지닌 정치적 집단이라고 할 수 있다(지춘상, 1998, p.159).

일반적으로 외지로부터 이주해 온 사람들은 일정한 절차를 통해서 가장 먼저 상부계와 촌계(村契)에 가입해야 한다. 김술현6) 구술에 의하면, 본인은 구림리 죽정마을에서 살다가 1980년도에 학암마을에 집을 새로 지어 이사올 때에 학암마을 촌계와 상부계에 가입했다고 한다. 상부계에 가입할 때 약간의 어려움이 있었는데, 그것은 학암마을의 인구 구성이 주로 양반 성씨라고 하는 4성씨(낭주최씨, 해주최씨, 창녕조씨, 함양박씨)로 이루어져 있는 까닭에 타성에 대한 부정적인 생각 때문이었다. 이런 분위기 탓에 이 마을은 이장을 4성씨가 아닌 다른 성씨에서 한다는 것은 쉬운 일이 아니었다. 마을은 주로 4성씨에 의해서 주도되었다.

학암마을은 장례식을 원만하게 수행하도록 하고 의례적 상호부조의 목적을 달성하기 위한 의례공동체인 상부계가 두 개 있다. 하

---
6) 김술현(학암마을에 거주, 마을 이장, 남, 60세, 직업:목수).

나는 아랫마을 상부계로 불려지는 학림상부계(鶴林喪賻契)이고, 다른 하나는 윗마을 상부계인 친목상부계(親睦喪賻契)이다. 이 둘 중 학림상부계가 가장 오랜 역사를 가지고 있다.

학림상부계는 언제 결성되었는지 알려지지 않고 있다. 현재 전승되고 있는 계칙(契則)은 1980년 1월 19일에 정비된 규약이다. 이 계칙에 의하면 계원이 46명이었으나, 윗마을 상부계와 통합 이전까지 계원이 작고하거나 유고에 따라 제명 혹은 탈퇴된 인원이 7명이어서 정원 39명으로 기록되고 있다.

학림상부계는 1983년 1월에 계칙을 개정하면서 상부계의 목적을 달성하기 위해 계원들의 역할을 세분화하고, 계의 임원을 늘려 좀 더 조직화하였다. 그리고 계의 운영에 있어서 계원과 임원의 책임 소재를 분명히 하고 있고, 상부계를 자발적이면서 민주적인 절차에 따라 운영하도록 하기 위한 구체적인 근거도 제시하고 있다. 또 계칙의 개정을 통해 조직의 체계성을 갖추고 있다.

친목상부계는 신근정 사거리의 상가를 중심으로 최운호[7]가 새로 상부계를 조직하자고 건의한데서 비롯되어 1982년 1월 19일에 조직되었다. 신근정 사거리는 외지에서 이주해 온 사람들이 주로 거주하고 있고 상업에 종사하는 경우가 많다. 특히 1965년에 오일시장이 개시되면서 신근정 사거리 주변에 타지의 많은 사람들이 이주하기 시작했다. 그런 까닭에 새로 조직된 친목상부계는 50명 정도의 계군으로 학림상부계보다 계의 재정도 훨씬 튼튼하고 계원도 많았다.

김학수 구술에 의하면 구림리에서 오일시장이 들어서기 전에는 모정마을이 가장 큰 마을이었으나, 신근정 사거리에 상가가 형성되면서 학암마을이 가장 큰 마을이 되었다고 한다. 심지어는 "서호정 뜰에서 살지 말고 학암쪽에 가서 살라"고 말할 정도로 학암마을에

---

[7] 최운호(학암마을 거주, 남, 63세).

사는 것을 선망했다고 한다. 신근정 사거리는 1965년도 이후에 상업을 중심으로 활성화되었다. 이곳에는 상가뿐만 아니라 우체국, 농협, 파출소, 학교, 음식점, 다방, 버스 정유소, 슈퍼 등 일상생활과 밀접한 공공시설들이 집중되어 있다.

김술현 구술에 의하면 이 때만 해도 외지에서 학암마을로 이사를 오면 기존에 존재하고 있던 아랫마을 상부계인 '학림상부계'에 가입하기가 까다로웠다고 한다. 이 계에 가입하기 위해서는 나락 3가마를 가입비로 내야 했다. 김술현는 다른 것은 몰라도 상부계와 촌계의 가입은 자유롭게 해야 한다고 인식하고 있다.

친목상부계는 조직 당시 44명이었으나, 아랫마을 상부계와 통합되기 이전에는 37명이었다. 친목상부계는 학림상부계에 가입하지 못한 이주민이나 상인들이 많이 가입한 때문인지 계원의 가입이 자유스러움을 볼 수 있다. 계의 목적도 주로 노력봉사를 위주로 하고 있듯이 원만한 장례식을 치르기 위한 상부상조가 주목적임을 알 수 있다.

이처럼 한 마을에 상부계가 두 개가 존재하다 보니 때로는 마을 사람들의 반목이 생겨나기도 했다. 가령 윗상부계(친목상부계)의 계원 집에서 초상이 나면 아랫상부계(학림상부계)에서는 전혀 참석하지 않는 모습을 많이 보여주었다. 그래서 김술현가 주도적으로 당시 이장이고 개발위원이었던 최기욱[8]과 1991년도부터 논의하여 통합을 결의하게 되었다. 최기욱 또한 김술현처럼 죽정마을에서 이주해 온 사람으로 축산업에 종사하고 있다.

통합의 논의가 진행되던 중 최재욱[9]이 합세하여 통합이 성사되었다. 최재욱이 마을 어른들을 설득하였는데, 특히 낭주최씨, 해주최씨, 창녕조씨, 함양박씨들이 완강히 반대했다고 한다. 그것은 네

---

8) 최기욱(학암마을 거주, 남, 57세).
9) 최재욱(학암마을 거주, 남, 68세).

성씨가 양반 성씨라고 하는 자부심이 강한 까닭에 다른 성씨들과 섞이는 것을 부정적으로 생각하고 있기 때문이다.

　상부계의 통합 당시 아랫상부계 재정은 150만원, 윗상부계는 200여만원이었다. 그래서 아랫상부계원들이 조금씩 거출하여 충당해서 윗상부계의 재정과 균형을 이루어 1993년 12월경에 통합했다. 통합은 이장인 김술현에 의해서 주도적으로 이루어졌다. 상부계가 통합된 후로 윗마을과 아랫마을간의 화합이 이루어져 지금까지 화목이 지속되고 있다고 김술현은 강조한다.

　1994년 2월 24일에 학림상부계와 친목상부계가 통합되는데, 통합된 '학암상부계'의 계원은 95명이고, 계원 1인당 31,500원씩 거출하여 계금을 3,053,020원 중 3,000,000원은 3년간 이자율 2%로 적립하고, 일반예금으로 5,3020원을 입금하였다.

　상부계가 통합되면서 마을의 단합이 이루어지고 마을의 분위기도 달라졌다. 김술현 구술에 의하면 학암마을은 타성받이가 한 번도 이장을 하지 않을 정도로 굉장히 보수적이었다. 그러던 것이 5~6년 전에 김해 김씨인 김재안(남/52세)이 처음으로 이장을 하기 시작했고, 1999년 1월부터 취임하여 2000도 현재까지 김해김씨인 김술현이 이장을 맡고 있다. 현재 영암 군수와 영암 지역구의 국회의원을 배출한 김해김씨가 영암의 주도세력으로 등장하면서 양반 성씨라고 행세하던 4성씨의 학암마을사람들이 마을의 발전을 위해 김술현이 이장을 맡아 주기를 원하고 있다. 실제로 김술현이 이장을 맡으면서 마을의 재정이 3,000만원의 현금(촌계 재정)과 800만원의 상부계 재정, 그리고 대지 100평으로 늘어났다.

　결국 학암마을 상부계가 지속되기 위해서는 변화되지 않을 수 없었다. 그것은 마을의 이주민이 늘어나고 그로 인해 마을의 분위기가 토착민과 이주민으로 대립되는 양상이 나타나게 되었기 때문이다. 상부계가 통합되면서 보수적이고 패쇄적이었던 마을이 개방적이며 자유스러운 분위기로 바뀌었고, 마을의 단합이 잘 되었다고 한다. 그리고 상여의 운구라든가 매장에 있어서 전통적인 방법에 의해 이루어질 수 있었다. 이처럼 지속은 변화를 통해서 가능하게 되는 것임을 알 수 있다. 변화를 통해서 지속되는 것이고, 지속되기 위해서는 변화되어야 마을의 의례문화도 활성화된다.

2. 모정마을 상부계의 단절과 상여품앗이

동계는 마을의 공공시설을 보수한다거나 마을의 기강을 확립하기 위해 결성된 계로 강제성을 지닌다. 따라서 마을에 거주하고 있는 사람이라면 의무적으로 모두 동계에 가입해야 한다. 모정마을의 동계는 '웃츰소동계'와 '아랫츰소동계'로 나누어진다. 이 마을에서는 웃츰은 웃츰의 우산각(동각)에서, 아랫츰은 아랫츰 우산각인 원풍정에서 각각 중복에 계모임을 갖는다.

이처럼 따로 계모임을 가졌던 것을 10년 전에 김학수가 중재하여 마을의 단합을 위해 하나로 통합하여 원풍정에서 계모임을 갖고 있다. 김학수는 논농사를 80마지기를 지었으나 지금은 50마지기의 농사를 짓고 있는데, 마을에서 가난한 사람들에게 쌀과 돈을 많이 빌려 주기도 했고, 마을의 도로를 확장할 때 자기의 땅을 마을에 기부하기도 했다. 그리고 마을에서 초상이 나면 제일 먼저 달려가 염(殮)을 많이 해주었으며, 그래서인지 무엇보다도 마을의 젊은 사람들로부터 존경받고 있어서 마을 사람들에게는 정신적인 지주의 역할을 하고 있다. 마을에 영향력이 있다고 할 수 있는 김학수의 중재로 동계가 하나로 통합된 것이다. 그래서 지금은 모정 마을이 모두 8개 반인데, 1년에 2개 반이 유사가 되어 음식을 준비하여 계모임을 갖고 있다. 동계에서는 품삯이나 갈발이삯을 결정하고 마을의 풍기 문란한 자 등을 처벌하기도 한다.

그런가 하면 모정마을의 상부계는 동계와 같은 변화를 하지 못하고 단절되고 말았다. 상부계도 동계처럼 2개로 큰상부계와 작은상부계가 있었다. 큰상부계는 30~40명 정도 계원으로 김학수를 기준으로 3대째 지속되었던 것이 15년 전에 단절되었다. 큰상부계의 재산으로 논 6마지기와 밭 7마지기가 있었다. 그런데 해방 후 소작답을 상한답으로 전환할 당시에 광산김씨 종손이 형편이 어려우니까 소작인들에게 주는 우선권을 팔아 버리면서 논 3마지기가 줄었고, 남은 논 3마지기는 경지정리를 하면서 2/3가 줄어들자, 나머지는 팔아서 상부계의 운영자금으로 활용했다. 뿐만 아니라 밭 7마지기도 원래 밭주인이 돈을 내놓고 회수해 가자 그 돈도 상부계의 운영자금으로 활용했다. 그래서 상부계의 운영자금이 큰 규모였으나, 나락 장사를 하는 신현재가 계의 운영자금을 빌려갔는데, 그 사람이 부도를 내고 도망을 가면서 상부계의 운영자금이 없어지자 상부계가 해체되고 말았다. 큰상부계의 목적은 당연히 장례식을 원활히 치루기 위한 상부상조의 계조직이었으나, 상부계가 노력봉사보다도 운영자금에 더 치중하여 운영되었던 것으로 생각된다.

다른 하나는 작은상부계로 타지에서 이주해 왔거나 큰상부계에 가입하지 않는 마을사람들이 가입하여 조직된 계이다. 작은상부계는 해방 후 계원이 30명 정도로 결성되어 20년 정도 지속되다가 해체되었다.

상부계가 없어지면서 '상여품앗이'가 등장하였다. 장례식에서 많은 사람들의 도움을 필요로 하는 절차가 상여를 운구하는 것과 분묘 조성이다. 모정마을에서는 상부계가 해체되자 상여 운구와 분묘 조성을 상여품앗이를 통해 해결하고 있다. 마을 사람들에 의하면 모정마을은 주로 광산김씨와 평산신씨가 많이 살기 때문에 서로 친인척인 경우가 많다. 그래서 초상이 나면 모두 달려가서 서로 도와줄 수밖에 없다.

이처럼 친인척 중심으로 장례식을 치르고 부족한 일손은 품앗이를 통해서 충당한다. 따라서 상여품앗이를 게을리 하면 막상 자기 집에 초상이 났을 때 많은 어려움이 뒤따르기 마련이다. 1999년도에 마을 주민 중 한 사람이 죽었는데, 그 사람은 상여품앗이를 하지 않았고, 게다가 자식들이 모두 객지에 나가 살고 있는 까닭에 상여를 운구할 사람이 없어 곤경에 처한 경우가 있었다.

결국, 오늘날 모정마을이 상부계 없이 장례식을 치를 수 있는 것은 혈연적인 조직의 뒷받침과 상여품앗이를 통해 가능하게 된 것이다.

IV. 죽음의례와 의례조직의 변화양상

문화는 일반적으로 세 가지 조건에 의해 형성된다. 그것은 다름 아닌 역사적, 자연적, 사회적 조건 등을 말한다. 농경사회의 문화는 이들 중에서 자연적인 조건의 영향을 크게 받아 형성되는 경우가 많다. 기본적으로 자연적인 조건에 따라 삶의 방식은 말할 것도 없고 생업 구조가 달라짐으로 해서 당연히 문화도 달라지기 때문이다.

여기서 죽음의례와 의례조직의 변화 요인을 역사적, 사회적, 자연적인 조건을 토대로 검토할 수 있으나, 한 마을 단위의 의례현상을 이와 같은 기준에 근거하여 살펴본다는 것은 많은 자료가 축적되어 있어야만 효과적이다. 이러한 것이 여의치 않는다면, 의례의 기능과 형태, 그리고 내용과 의미의 변화를 염두에 두면서 죽음의례의 변동 양상을 살펴볼 수밖에 없다.

먼저, 죽음의례의 형태적인 측면에서는 큰 변화가 없는 것으로 보이지만, 내용상으로 많은 변화를 하고 있다. 의례 절차의 항목을 보면, 안방에서 임종맞이, 혼백부르기, 소렴(손발을 괴었는다), 대렴과 입관, 호상, 출상, 가주 모시기, 상여놀이, 견전제(발인제), 매장(일차장과 이차장), 탈상, 제사 등이 형태적으로 큰 변화 없이 지속되고 있는 것으로 보인다. 그것은 죽음의례가 갖는 기능과 의례적인 의미가 예전 같지는 않지만 어느 정도 유지되고 있기 때문이다.

죽음의례는 인간의 이승적인 존재에서 저승의 일반적인 존재로, 저승의 일반적인 존재에서 조상신적 존재로 변신시키기 위한 맥락에서 구성되어 있다. 저승적인 존재로의 변신적 기능을 수행하는 것은 습염과 입관의 절차이고, 다시 조상신적인 존재로의 변신은 탈상과 이차장에서 이루어진다. 죽음의례는 이승과의 분리의례이면서 저승에 통합되는 통합의례이다. 이것은 인간의 변신의례를 통해서 이루어진다(이광규, 1985, p.35 ; 표인주, 2000, pp.22~28). 이와 같은 의례의 본질은 크게 훼손되지 않는 것으로 보인다.

그러나 내용상으로 상당한 변화가 있음을 볼 수 있다. 예컨대 습염을 가족이 아닌 장의사가 한다든가, 3년 탈상이 1년 탈상으로, 1년 탈상이 100일, 49일, 3일 탈상으로 바뀌고 있는 것이라든가, 묘제도 이차장이 아닌 일차장으로 그치면서 '영장'을 하는 경우가 많아졌고, 집안 제사의 대상도 4대조까지가 아닌 2대조까지로 좁혀지고 있으며, 제사가 통합되어지는 양상이 그 예이다. 이것은 죽은 자 중심이 아닌 산 자 중심으로 생각하는, 즉 객체보다는 주체 위주로 생각하는 실용적인 사유태도의 변화와 현대 종교의 영향을 받은 조상신관의 변화, 그리고 제사에 대한 종교적 인식의 변화에서 비롯된 것으로 보인다.

의례의 지속이 변화를 토대로 이루어진다 하더라도 전통적인 것과 새로운 모습이 혼용된 의례로 바뀌면서 그 기능성은 유지될 필요가 있다. 그렇지만 조상에 대한 인식이 변화되면서 의례 기능마저 약화되고 있다. 조상신에 대한 제사의 통합을 보면 알 수 있고, 매장의 일차장이 조상신적 존재로 변신시키기 위한 의례적 수단인데(표인주, 1999, p.172), 일차장을 생략하는 것은 그 기능의 약화에서 비롯된 것이다.

 이와 같이 죽음의례의 변화는 인구의 감소가 더욱 부추겼을 것으로 생각된다. 이농현상이 심화되고 농촌인구의 고령화는 의례의 축소와 약화를 초래하기 마련이다. 실제로 학암마을의 인구 변동 현황을 보면 인구가 급격히 감소하고 있음을 알 수 있다.

<표 1> 학암마을의 인구 변동 현황

마을/년도		1983년도	1988년도	1990년도	1995년도	2000년도
학암 마을	남자	354명	331명	277명	257명	280명
	여자	351명	314명	282명	239명	276명
	계	705명	645명	559명	496명	556명

*통계연보와 기타자료 참조함.

 2000년도부터 다시 인구가 증가함을 보여주고 있으나, 1983년도에 비하면 1995년도에 이르기까지 계속 인구가 감소되었음을 보여주고 있고, 여자와 남자의 성 비율도 남자 인구가 더 많음을 보여준다. 이것은 일반적으로 농촌인구 현황에 비추어 보면 대개 남자보다는 여자들의 인구가 많은데 비해 학암마을이 남자의 인구가 많은 것은 생업의 구조와 관련이 있다. 즉 농업을 주업으로 하고 있는 농촌마을에 비해 상업의 호구 수가 많기 때문이다.

 두 번째로 죽음의례와 더불어 의례조직이 크게 변화되었음을 볼 수 있는데, 그것은 학암마을 의례조직의 통합과 모정마을의 의례조직의 단절이 그것이다.

　학암마을은 농업을 주업으로 하고 있는 원주민들과 외지에서 상업을 위해 이주해 온 이주민들로 구성되어 있다. 학암마을의 의례조직은 원주민들이 주축이 되고 가장 오래된 학림상부계와 마을 주변에 상가가 형성되면서 만들어진 이주민들이 주축이 된 친목상부계가 있다. 4성씨가 주축이 된 학림상부계가 패쇄적이고 텃세가 강한 탓에 이주민들의 가입이 쉽지 않았다. 친목상부계를 새로이 결성할 정도로 이주민의 정착 과정 속에서 원주민인 4성씨 집단과 적지 않은 갈등이 야기되었다. 그것은 결국 마을사람들의 반목으로 이어지게 되었고, 즉 양반이라고 행세하는 4성씨와 주로 상업에 종사하고 있는 이주민들의 반목으로 발전하게 된 것이다.

　그러던 것이 이주민들이 주도적으로 통합논의를 거론하기 시작한다. 1995년도에 상부계가 하나로 통합되면서 마을 구성원들간에, 특히 원주민과 이주민들간의 화합이 이루어졌고, 마을의 단결심도 강해졌다. 본래 학암마을이 보수적이며 폐쇄적인 분위기였는데, 상부계의 통합을 통해 이주민의 포용이 이루어지면서 마을의 분위기가 개방적이며 활력이 넘치는 마을로 변했다.

　학림마을처럼 상부계가 통합되어 마을이 활기를 되찾는가 하면, 모정마을은 상부계가 단절되어 상여품앗이로 장례식을 거행하고 있다. 이 마을도 두 개의 상부계가 있었으나 15년 전에 큰상부계가 단절되었고, 하나 남아 있던 상부계마저 계의 운영자금이 고갈되면서 해체되었다. 상부계가 없어지면서 '상여품앗이'가 등장하였다. 이와 같은 변화는 인구의 급격한 감소에 따른 것으로 보인다. 인구의 감소와 노령화가 의례조직의 해체를 야기한 것으로 보인다. 모정마을 인구 변동 현황을 보면 다음과 같다.

<표 2> 모정마을의 인구 변동 현황

마을/년도		1983년도	1988년도	1990년도	1995년도	2000년도
모정마을	남자	300명	208명	179명	155명	133명
	여자	315명	233명	202명	161명	152명
	계	615명	441명	381명	316명	285명

*통계연보와 기타자료 참조함.

모정마을은 1988년도에 174명이라는 큰 폭의 감소를 하고, 1983년도와 2000년도의 인구를 비교해 보면 2배 정도의 급격한 인구의 감소가 이루어졌음을 보여주고 있다. 이것은 성별의 불균형은 물론 고령화가 복합되면서 농촌이 활기를 잃어 가는 모습을 보여준다.

V. 화전놀이의 의미와 변화

1. 화전놀이의 구성과 의미

3월이 되면 농사일이 본격화된다. 3월의 청명(양력 4월 5, 6일)과 곡우(양력 4월 20, 21일)에는 논농사의 준비가 시작되는데, 가래질, 논둑다지기, 논갈이, 그리고 3월 곡우를 전후해서 볍씨를 소독하고 못자리를 만든다. 아울러 보리밭 매기, 오이, 참외, 수박, 호박, 고추, 파, 가지, 참깨, 수수, 들깨, 목화 등의 밭농사도 시작된다. 3월 삼짇날은 만물의 소생을 축원하고 농사가 잘 되기를 기원하는 날로서 영천지방에서는 춘경제(春耕祭)를 지내기도 했다(김택규, 1985, p.249).

화전놀이는 주로 3월 3일 경에 많이 행해졌다. 이 무렵에는 강남 갔던 제비가 돌아오는 날이라 하여 제비맞이라는 풍속도 전해진다. 홍석모의 『동국세시기』 3월조를 보면 "진달래꽃을 따다가 찹쌀가

루에 반죽하여 둥근 떡을 만들고 그것을 기름에 지진 것을 화전(花煎)이라 한다[10]"라는 기록이 있다. 이에 따르면 진달래가 만발할 즈음에 부녀자들이 간단한 취사도구를 챙겨서 삶의 공간으로부터 이탈하여 계곡이나 산 속으로 들어가 하루를 즐기는 봄나들이를 했음을 알 수 있다. 삼짇날은 3이라는 양수가 겹치는 날인지라 봄철의 시작을 장식하는 명절이다. 그래서 전국적으로 화전놀이가 성행했던 것이다.

화전놀이는 대개 마을 단위로 행해진 마을공동체 여성들의 민속놀이다. 그러나 지역에 따라서는 화전놀이가 이웃마을과 연계하여 행해지는 경우도 있다. 그러한 예로 전남 담양군 창평면 해곡리를 들 수 있다. 이 마을에서는 화전놀이가 이웃마을인 부동촌, 성덕, 내동, 얼그실 4개 마을이 함께 모여 이루어졌는데, 주로 여성들이 윤번제로 돌아가면서 '화전'을 일으켰다. 그 장소는 주로 가압리 뒷산이나 옥산 등이었다. 해곡리에서 화전을 일으킬 경우 이웃 마을인 고서면 동산촌마을의 여자들이 참여하기도 했다. 화전을 일으키면 음식과 과일 그리고 술 등을 나누어 먹으면서 장구를 치고 노래도 하는데, 이는 이웃 마을간에 여성들의 유대관계를 돈독히 하고, 마을사람들 사이에서 야기된 평소의 갈등을 해소하는 계기로 삼기도 했다. 그리고 민요의 전승과 창작이 이루어지는 계기가 되기도 했다. 이러한 화전놀이는 해방 후 6·25 사이에 중단되었다(표인주, 1999, p.79).

학암마을에서는 화전놀이를 주로 '성지등'이라고 불리는 곳(현재 왕인박사 유적지)에서 음력 3월이나 4월에 했다.[11] 놀이의 명칭을 '유산놀이'라고 부르며, 주로 기혼 여자들이 참여하고, 놀이의 시간

---

10) "採杜鵑花拌糯米粉作圓餻以香油煮之名曰花煎"
11) 제보자: 최해주/여/68세, 최복순/여/66세, 전영남/여/69세, 김정옥/여/54세, 김정자/여/74세.

은 오전 10시부터 오후 5시까지이다. 놀이는 대개 마을의 연장자인 할머니가 주동(主動)이 되어 이루어진 까닭에 젊은 여자들은 할머니들을 위해 놀았다고 말하기도 한다. 놀이 시기가 결정되면 놀이 전날에 젊은 여자들은 집집마다 돌아다니면서 호구전으로 놀이의 경비를 거출한다. 주로 쌀 한 되 정도 거출하는데, 1/2의 쌀은 떡이나 밥을 짓고, 1/2의 쌀은 술을 만드는데 사용한다.

놀이의 구성은 크게 놀이의 준비단계와 본격적인 놀이단계로 구성된다. 놀이의 준비단계는 음식을 준비하는 과정이라면, 본격적인 놀이 단계는 성지등에서 이루어진다. 준비하는 음식은 주로 떡, 나물, 낙지, 홍어, 김치, 밥 등이다. 젊은 여자들이 놀이 전날에 음식을 준비하여 성지등으로 운반한다. 이 때 마을 모든 여자들이 다같이 이동한다. 놀이 장소인 성지등에 도착하면 음식을 나누어 먹고 담소한 뒤 본격적으로 '노래 한마당'이 형성된다.

노래 한마당은 계층 연령층별로 편을 나누어 이루어지기보다는 모두가 함께 하는 제창으로 이루어진다. 노래는 주로 장구 장단에 맞추어 불려지며, <새야새야 파랑새야>, <육자백이>, <노세노세 젊어서 노세>, <노들강변>, <도라지타령>, <아리랑>, <오동추야> 등 민요조의 노래를 많이 가창한다.

모정마을에서 화전놀이는 학암마을의 화전놀이와 대동소이하다. 놀이는 주로 연장자 할머니에 의해서 주동이 되고, 창꽃이 핀 뒤 모심기 전에 오전 10시부터 오후 5시까지 '도갑사'나 '문산재'에서 행해졌다. 이 놀이를 '유산놀이 간다'라고 부르기도 한다.[12] 놀이 시기가 결정되면 놀이 전날에 젊은 여자들이 집집마다 돌아다니면서 쌀 1/2되와 돈 3,000원 정도를 거출하여 음식을 준비한다. 놀이의 참여는 주로 기혼한 여자들이 한다. 시어머니가 있는 가정의 며느리

---

12) 제보자: 조종순/여/76세.

는 시어머니에게 양보하고 참여하지 않는다. 놀이 마당에서 별다른 놀이가 행해지기보다는 주로 노래 중심으로 이루어지고, 모두 함께 하는 제창을 비롯해 연령층별로 편을 나누어 교환창으로 노래를 부른다.

노래의 종류로는 <새야새야 파랑새야>를 비롯해 민요를 많이 불렀다. 특히 <새야새야 파랑새야>를 많이 했는데, 심지어는 '유산놀이 간다'를 '파랑새 날리러 간다'라고 부르기도 한다. 이처럼 민요나 잡가뿐만 아니라 일본 노래를 하기도 했다고 한다.

이와 같이 화전놀이의 공간에서 많은 민요를 불렀음을 알 수 있는데, 민요는 전문성이 없는 일반적인 민중의 노래로서 민중들이 그들의 일상적인 삶을 통해 불러온 노래이다. 민요는 가창자 자신들의 삶과 분리되지 않는다. 이것은 생활의 필요에 의해서 생성되고 존속되는 것이기 때문이다(강등학 외, 2000, p.201). 민요가 널리 불려지는 민중의 노래인 까닭에 그 음악적·문학적 성격도 민중적이다(장덕순 외 3인, 1987, p.75). 민요가 민중의 삶 속에서 가창되는 노래인데, 화전놀이 공간에서 불려지는 민요는 유희적 삶과 관련되어 있고, 삶의 공간으로부터 이탈된 공간에서 불려진다고 하더라도 민중의 삶의 모습이 반영된 노래임은 틀림없다. 그 민요도 생활 속에서의 경험을 반영한 노래이기 때문이다.

화전놀이 공간에서 <새야새야 파랑새야>, <육자백이>, <노들강변>, <도라지타령>, <아리랑>, <오동추야> 등 비기능요인 유희요들을 많이 불렀다는 것은 당시 사회상을 반영하고 있다. 이들 노래는 노래하는 사람들의 생활과 밀착되어 있는 서정성이 강한 민요들로서, 노래를 부르면서 생활의 고난과 시름을 이겨내고자 하는 밝고 힘찬 노래들이다. 그런가 하면 당시 사회적인 의식이 반영된 노래이기도 하다. <노세노세 젊어서 노세>는 일제시대에 크게 유행했던 노래인데(장덕순 외 3인, 1987, p.110), 이것은 일제하의 민중들의 허탈감에서 비롯된 것으로 보인다.

모정마을사람들이 화전놀이 하러 가는 것을 '파랑새 날리러 간다'라고 말하는 것으로 보아 <새야새야 파랑새야>는 일제시대의 일본 착취에 항거하는 저항의식을 반영하고 있음을 알 수 있다. 특히 <아리랑>의 노래가 개인의 삶과 고난을 선명하게 대변하고 있을 뿐만 아니라 일제의 침략에 항거하는 의식이 반영된 노래라는 점에서 여성들의 저항의식을 엿볼 수 있다.

화전놀이가 삶의 공간인 마을로부터 일탈하여 새로운 공간에서 이루어졌다는 것은 공간의 이동이 이루어진 것이고, 일상생활로부터 벗어난 것이라고 할 수 있다. 공간의 이동은 마을의 공간인 속(俗)의 공간에서 놀이 공간인 성(聖)의 공간으로 이동을 의미한다. 공간 이동에 따라 속의 공간에서 일상적인 삶이 행해지다가 성의 공간에서 비일상의 삶으로 전환된 것이다. 일상의 삶은 평상시 생활과 관계된 것으로 생업에 종사하는 삶이며, 비일상의 삶은 의례와 축제, 그리고 놀이 등을 포괄하는 삶을 말한다.

인간은 일상의 시공간에서 일상적 지위를 유지하다가 일상으로부터 분리된 비일상의 시공간으로 진입한다. 여기서 비일상적인 지위를 획득하고 이를 통해 다시 비일상적 체험을 하게 된다. 일정한 시간이 경과한 후에 다시 비일상적 시공간으로부터 분리되어 일상적인 시공간으로 되돌아온다. 다시 돌아 온 일상은 비일상적인 체험을 하기 이전의 일상과는 다르다. 인간은 새롭게 태어나며 일상의 시간은 새롭게 시작된다(E. R. Leach, 1966). 즉 인간은 의례나 놀이, 축제 등을 통해 일상(A)→비일상(B)→일상(not-A)의 체험을 하여 새롭게 시작한다.

학암과 모정마을사람들은 마을의 공간에서 일상적인 지위를 유지하다가 마을과 분리된 화전놀이의 공간으로 진입한다. 화전놀이의 공간에서는 계층별 연령층별 구분이 없어진다. 평상시 마을 공간에서는 이들의 구분이 엄격했지만, 놀이 공간에서는 지위와 연령이 파괴되어 새로운 경험을 갖게 된다. 화전놀이가 끝나고 마을로 돌아오면 기존 마을의 질서로 복귀되고 일상적인 삶이 시작된다. 그렇지만 놀이의 경험을 통해 화전놀이를 하기 전의 삶이 아닌 새로운 삶이 시작된다. 마을사람들은 화전놀이를 통해 삶의 변화를 도모하고 삶의 활력소를 갖고자 한다. 그런 점에서 화전놀이는 여성들이 마을로부터 해방감을 맛보게 하고, 기존의 질서 속에서 새로운 변화를 통해 활기찬 여성들의 삶이 시작되도록 해주는 역할을 한다고 볼 수 있다.

결국 학암과 모정마을의 화전놀이가 삶의 공간으로부터 일탈된 공간에서 이루어졌는데, 그것은 놀이를 통해 새로운 삶의 활력소를 얻기 위함임을 알 수 있다. 뿐만 아니라 주로 노래 위주의 놀이 마당이 이루어졌는데, 놀이판에서 불려졌던 노래가 두 마을의 사회적인 의식을 반영하고 있고, 당시 시대를 대변하고 있는 것은 물론 항일의 의식을 반영하고 있음을 볼 수 있다. 이러한 의식이야말로 두 마을의 여성 공동체의식인 것이다.

2. 화전놀이의 변화

화전놀이에서 원래 조선 전기까지만 해도 남녀가 한데 어울려 음주가무를 즐기는 일이 심심찮게 있었던 것으로 보인다. 특히 백호 임제의 '화전회시(花煎會詩)'를 보면 남녀가 함께 어울렸음을 알 수 있다. 화전놀이의 내용이 완전하게 갖추어진 것은 조선 후기, 그것도 19세기 초의 일이다(권영철·주정달, 1981). 조선 후기에 여성 중심의 화전놀이가 이루어진 것으로 생각된다.

　화전놀이를 하면서 화전가를 지어 돌아가면서 읊조리기도 했고, 민요들을 부르기도 했다. 화전가를 지어 불렀다는 것은 양반 여성들이 참여했기에 가능한 것으로 보인다. 서민층이 주로 참여했다면 화전가를 지어 부르기보다는 민요를 주로 불렀을 것으로 생각된다. 이러한 화전놀이가 여성 해방 축제의 장이 되기도 했고, 여성들의 예술창작의 장이 되기도 했다.

　학암과 모정마을에서의 화전놀이가 창꽃이 필 무렵에 이루어지고, 기혼 여성들이 놀이에 참여하며, 마을의 공간으로부터 일탈한 계곡이나 사찰 주변에 놀이 공간을 설정하고 있다는 점은 조선 후기의 화전놀이와 크게 다를 바 없다. 두 마을의 화전놀이는 주로 민요를 부르면서 놀이가 이루어졌다. 한마디로 화전놀이가 민요의 전승과 계승의 계기가 되었고, 마을 여성들의 예술 창작의 장이 되었던 것이다.

　이런 민속놀이가 학암마을에서는 1970년대 새마을 사업이 본격화되면서 중단되고, 모정마을에서는 1970년대 후반까지 지속된 것으로 전해지고 있다. 이와 같이 1970~1980년대 두 마을에서는 많은 변화가 있었던 것으로 보이는데, 마을의 환경은 물론 경제적인 변화에 따라 이농현상을 부추기는 시기이기도 하다.

　학암마을에서는 1980년도부터 다시 여성들이 주축이 되어 놀이문화가 형성되었다. 놀이가 다시 부활되면서 달라진 것은 종래는 화전놀이의 경비를 호구전과 같은 방법으로 십시일반 거출하여 충당했으나, 1980년도 이후부터는 친목계나 여행계를 통해 놀이의 경비를 충당하게 되었다는 점이다. 이와 같은 사정은 모정마을에서도 마찬가지이다. 모정마을에서는 동갑계, 친목계, 유산계 등의 계를 통해 놀이의 경비를 마련한다. 따라서 화전놀이를 위해 계를 조직하고 놀이꾼은 계군들이었던 것이다.

일반적으로 2~3년 동안 적립한 돈을 놀이의 경비로 충당하는데, 놀이의 경비가 마련되면 종래에 도갑사나 문산재 그리고 성지등이 아닌 먼 곳으로 버스를 이용해 이동하여 여성들의 나들이가 이루어진다. 특히 종래에는 음식을 머리에 이고 이동하거나 아니면 리어커에 음식을 싣고 이동했는데, 교통이 발달하면서 버스를 대절하여 먼 곳으로 이동하게 되었다. 주목적은 관광이지만 그래도 노래 부르는 것이 여행의 중심을 이룬다. 노래는 관광지나 버스 안에서 불려지는 경우가 많다. 노래의 종류로는 민요조의 노래도 있으나 주로 흘러간 옛노래인 트로트 음악이 주를 이룬다.

학암마을에서는 봄에 화전놀이 가는 것을 '관광간다'라고 부르기도 한다. 관광을 가서 노래도 하고 여성들의 친목을 도모한 것이다. '관광가는 것'은 모정마을보다도 학암마을에서 잦았다. 그것은 학암마을에 상가가 형성되어 상업을 주업으로 하고 있는 사람들이 많은 까닭도 있겠지만, 무엇보다도 마을의 규모면에서 모정보다는 크다는 이유도 있을 것이다.

학암마을 인구의 성비(性比)를 보면, 남자와 여자의 성비가 50.3%와 49.7%로 거의 비슷한데, 각 세대에 평균 2.9명 정도 거주하고 있다. 이에 비해 모정마을은 남자와 여자의 성비가 46.7%와 53.3%로서 6.6%정도의 여자가 많이 거주하고 있고, 각 세대에 2.4명 정도 거주하고 있음을 볼 수 있다.

학암마을과 모정마을의 인구 분포상의 차이는 생업 구조와 밀접한 관련이 있는 것으로 파악된다. 이것은 학암마을의 비농가 수가 68%이고, 모정마을은 16%인데서 알 수 있다. 학암마을에는 주로 상업에 종사한 사람이 많기 때문에 젊은 층이 많은 까닭에 어느 정도 성비의 균형을 이루고 있다면, 모정마을 사람들은 주로 농업에 종사하고 있기 때문에 농촌인구의 고령화에 따라 성비의 불균형을 초래한 것으로 보인다. 뿐만 아니라 세대별 인구를 보더라도 학암마을에 모정마을 보다도 많은 사람이 거주하고 있음을 볼 수 있다. 일반적으로 농촌지역일수록 세대당 인구수가 적고, 도시화된 곳일수록 세대당 인구수가 많은 것으로 나타난다.

 화전놀이를 통한 여성들의 봄나들이는 그 형식은 다르지만 오늘날에도 이어진 것으로 보이는데, 계모임을 통해 관광버스를 대절하여 봄여행을 가는 것이 그것이다. 그리고 최근 4~5년 전부터 학암과 모정마을 여성들의 나들이가 벚꽃이 활짝 피는 봄에 개최되는 왕인문화대제 행사 기간에 고정적으로 이루어지는 경향이 나타나고 있다. 이 또한 전통사회에서 행해졌던 화전놀이의 전통을 이어가고 있는 것으로 보인다. 다만 예전처럼 마을의 모든 여자가 참여한 것은 아니지만 소규모 그룹으로라도 이루어지고 있다는 점에서 의미가 있다.

 1980년대 이후 화전놀이가 다시 부활되면서 그 규모와 성격도 많은 변화를 했다. 놀이집단이 소규모화 되었다는 점에서, 특히 놀이공간에서 불려지는 노래의 내용만 봐도 알 수 있다. 트로트 계통의 노래를 주로 불렀다는 것은 놀이꾼들의 사회적 의식이나 비판적인 의식을 찾아보기란 어렵다. 따라서 종래의 화전놀이에서는 당시 사회상을 반영하고 여성들의 공동체의식이 반영된 노래를 많이 불렀지만, 1980년도 이후 화전놀이에서는 사회적인 의식을 반영하기보다는 단순히 친목을 도모하고 퇴폐적인 의식을 반영하고 있다는 점에서 그 차이가 있다 이것은 결국 놀이의 본질적인 변화로 이어지게 되는 것이다.

Ⅵ. 대보름 줄다리기의 구성과 전승

1. 줄다리기의 구성

정월에는 입춘(양력 2월 4, 5일)과 우수(2월 19, 20일)가 있는데, 입춘과 우수는 농한기로서 주로 새끼 꼬기, 가마니 짜기, 머슴 구해 놓기, 농사정보 교환, 농기구 정비, 객토 넣기, 거름 내기, 보리밟기 등 농사의 준비를 하는 시기이다.

대보름이란 음력으로 정월 보름 즉 한자로는 도교적인 명칭인 상원(上元)이라 한다. 그 해의 첫 보름이요 만월이 뜨는 날이기에 대보름이라 부른 것이다. 대보름은 농경을 위주로 한 전통사회에서는 어느 명절보다도 성대하게 보냈는데, 그것은 세시풍속이 대보름을 전후해 집중되어 있는 것만 보아도 알 수 있다. 그러나 산업화가 이루어진 지금은 그렇게 큰 명절로 생각하지 않는 경향이 강하다(표인주 외, 2001, p.152).

정월 대보름에 행해졌던 줄다리기는 구림리 중에서는 모정마을에서 가장 씩씩하게 이루어졌다. 동구림리와 서구림리의 대항전으로 줄다리기가 행해지기도 했지만, 줄다리기의 본래의 의미를 충족시키기 위해 놀이화되었던 것은 모정 줄다리기가 대표적이다. 학암마을은 자체적으로 줄다리기를 한 적은 없으나, 동구림리와 서구림리 대항전으로 줄다리기를 할 때 동구림리의 편에 참여하여 줄다리기를 했다고 한다.

일반적으로 정월 보름에 행해지는 줄다리기는 크게 줄의 제작과정, 줄놀이 과정, 줄다리기 과정, 줄의 처리 과정으로 나누어진다. 줄의 제작과정은 가가호호에서 짚을 거출하여 동네 앞 공터나 당산

나무 아래서 줄을 만드는 과정이다. 줄을 만들면서 마을 사람들은 '줄도시기'라 하여 노래를 부르기도 하고, 풍물이 흥겹게 어우러지기도 한다. 줄은 외줄과 쌍줄이 있으며, 쌍줄은 주로 한강 이남 서부지역인 평야지역에서 많이 사용되고 있다.

줄이 제작되면 '용'을 상징하는 줄을 메고 동네 안을 돌아다니거나 동네 주변에 있는 논밭으로 돌아다니기도 한다. 줄을 메고 돌아다니는 것은 용신을 모시고 다니는 것으로 동네 샘물이 잘 나오도록 하고, 그 해의 농사 풍년을 기원하기 위한 데서 비롯된 것이다. 줄을 메고 다니면서 상대편의 줄을 만나면 시위나 육담 등으로 힘의 우위성을 과시하기도 한다. 줄다리기 장소에 모이면 암줄과 숫줄을 결합하는 의례를 수행하는데, 결합과정이 후대에 각색되기는 했지만 숫줄과 암줄에 신랑과 신부를 각각 태워 혼례를 치루기도 하고, 성행위를 간접적으로 묘사하는 숫줄의 진격을 통해 암줄과의 결합을 하기도 한다.

줄의 결합이 이루어지면 남녀 대항으로, 혹은 남성과 여성을 상징하는 팀을 구성해 줄다리기가 이루어진다. 가령, 윗마을과 동부팀은 남성을, 아랫마을과 서부팀은 여성을 상징하는 팀이다. 여성팀이 이겨야 그 해 농사가 풍년이 든다고 하는 속신을 가지고 있다. 이러한 속신 때문에 여성팀이 승리하기 위해 남성팀이 줄을 잡아당기려고 할 때 방해공작을 펼치기도 한다. 할머니들이 남성팀으로 가서 가시나무로 남성들이 줄을 잡지 못하도록 방해를 하면, 그 사이에 여성팀이 줄을 잡아 당겨 이기게 되는 것이다.

모정 줄다리기 또한 줄의 제작과정, 줄놀이 과정, 줄다리기 과정, 줄의 처리 과정으로 구성되어 있다. 김학수(남, 78세, 모정마을)의 구술에 의하면, 줄다리기의 유래는 마을풍수와 관련되어 있음을 볼 수 있는데, 마을이 '배형국'이어서 배 닻을 감는 형태를 하면 좋다고 하여 줄다리기가 매년 정월 보름에 행해졌다고 전해지고 있다.
　줄다리기는 10일에서 20일까지 이루어지고, 줄은 암줄과 숫줄인 쌍줄이다. 줄의 제작은 5일간에 걸쳐서 이루어진다. 가가호호에서 짚을 거출하여 동네 앞에 쌓아 놓으면 그 짚으로 줄을 만든다. 먼저 아이들이 주축이 되어 줄다리기가 시작된다. 처음에는 아이들이 줄다리기를 하기 위해 조그만 하게 줄을 만든다. 매일 줄을 만들어 줄다리기를 하다가 날이 갈수록 참여 계층이 마을 청년으로 그리고 마을 어른들로 점차 줄다리기 참여 층이 확대된다. 그러면서 더불어 줄의 규모도 커진다. 그것은 매일 줄다리기를 하면서 줄을 만들어서 전날에 만들어진 줄에 합치기 때문이다. 그래서 정월 15일이 되면 어느 정도 큰 줄이 된다. 15일 오전에 큰 줄이 제작되면 줄의 고 밑 부분에 '연목대'라 하여 긴 통나무 2개를 붙인다. 연목대 1개에 6명씩, 그래서 모두 12명의 장정들이 어깨에 메기 위한 받침대 2개를 부착한다. 연목대는 12명의 장정들이 '줄탄 사람'을 고 위에 태우기 위한 일종의 받침대이다. '줄탄 사람'을 '설소리꾼'이라고도 부르는데, 그 위에 올라타서 줄다리기 놀이꾼들을 진두 지휘한다.
　큰 줄이 제작되면 마을 가운데 한 골목(큰 길)을 경계로 동서로 편을 나누어 서부팀은 암줄을, 동부팀은 숫줄을 메고 양쪽 다 모두 '줄탄 사람'을 태운 채 동네 안을 돌아다니는 줄놀이 과정으로 전개된다. 줄은 각각 반대편으로 돌아가고 그래서 상대방의 줄을 만나면 대단한 시위가 이루어진다. 뿐만 아니라 육담을 비롯한 언어 유희적인 행위들이 이루어지기도 한다. 그리고 줄을 메고 가면서 <상사뒤여>소리를 하는데, 앞소리는 고 위에 탄 설소리꾼(줄탄 사람)이 하고, 뒷소리는 줄을 메고 가는 놀이꾼들이 하는 방식인 선후교환창으로 가창된다. 이 노래는 놀이를 진행하기 위해 또는 놀이의 신명나는 분위기를 고조시키기 위해 불려지는 경기유희요 중의 하나이다. 경기유희요는 체력, 정신력, 또는 운수 등으로 승부를 판정하는 놀이에서 부르는 민요이다(장덕순, 1987, p.86). 따라서 경기유희요는 놀이공동체의 협동심이나 단결심을 고취시키기 때문에 줄다리기에 마을사람들의 집단의식이 강하게 반영되기 마련이다. 이것은 나아가서 승벽심으로 발전하게 된다.

놀이꾼들이 줄을 메고 마을 안을 돌아다니다가 줄다리기를 하기 위해 동네 앞 논이나 '우즘 사장터(윗마을의 사작나무가 있는 곳)'에 모인다. 줄을 결합하려고 할 때 신명나게 메구를 친다. 메구를 쳐서 마을의 축제적인 분위기가 고조되면 암줄과 숫줄을 결합하고, '골목대(비녀목)'를 끼우자 마자 "이영차"하면서 줄을 잡아당긴다. 줄다리기는 서부팀이 이겨야 풍년이 든다고 하는 속신을 가지고 있다. 그렇지만 이와 같은 속신에도 불구하고 동부팀은 승리를 양보하려고 하지 않아 대결양상이 전개되면서 나아가서는 줄다리기가 승벽심을 고취시키는 격렬한 놀이로 전개되기도 한다.

줄다리기의 승부가 나면, 대개 마을 사람들이 줄을 조금씩 잘라감으로써 처리한다. 모정 마을 줄다리기는 한 마디로 농사의 풍년을 기원하고 마을의 터를 누르기 위해 행해진 것으로 해석된다. 암줄과 숫줄을 만들어 줄다리기하는 것은 호남 서부지역에서 행해지는 줄다리기와 대동소이하다. 다만 차이가 있다면 서부지역에서는 줄다리기를 하고 나서 당산제의 신체나 혹은 솟대, 입석에 줄을 감아 두는 경향이 많은데, 모정마을은 줄을 다시 가가호호에 분배한다는 점이다.

특히 모정 줄다리기의 줄놀이 과정 속에서 연목대로 줄을 받치고 설소리꾼을 태우는 모습은 고싸움의 고를 꽹갯대로 받쳐 줄패장을 태우는 것과 흡사하다. 따라서 모정 줄다리기는 일반적으로 도작문화권에서 행해지고 있는 줄다리기와 광주 남구 칠석동에서 전승되고 있는 고싸움의 관계를 규명해 줄 수 있는 중요한 민속놀이라는 점에서 의미가 크다. 고싸움의 연원이 줄다리기에 있고, 여기서 분리·발전하여 하나의 독립된 놀이 형태로 고싸움이 형성된 것으로 보기 때문이다(지춘상, 1996, p.325).

2. 줄다리기의 단절과 부활

15일에 동네 앞에서 행해지는 모정 줄다리기는 남녀노소가 참여한 마을의 대동놀이 중 하나이다. 대동놀이로서 구색을 갖춘 전통적인 모습의 줄다리기는 70년대 초까지 농사의 풍년을 기원하고 마을의 터를 안정시키기 위해 씩씩하게 이루어졌다. 그때까지만 해도 양장, 평리, 동호리 마을사람들이 구경올 정도로 씩씩하게 했으나, 새마을운동이 본격화되면서 중단되었다.

줄다리기가 잠시 중단되었다가 1970년대 종반에 다시 시작되었는데, 줄다리기의 기능도 예전 같지 않다. 줄다리기가 본래는 농사 풍요를 기원하기 위해 행해졌으나, 후대에 풍수의 영향을 받아 풍수 목적으로 줄다리기를 해야 한다고 하는 인식이 강하게 남아 있다. 실제로 마을사람들 상당수가 농사의 풍년을 기원하기보다는 마을의 형국이 배형국인 까닭에 줄다리기를 하면 좋다고 인식하고 있는 정도이고, 혹자는 옛날 선조(先祖) 때부터 해 온 것이라 중단할 수 없어서 한다고 하기도 한다. 이러한 것은 놀이꾼의 고령화와 젊은 층의 감소와 무관하지 않다.

이러한 것은 고싸움의 전승 실태와도 유사하다. 고싸움은 농사의 풍년을 기원하기 위해, 즉 제의적 목적을 달성하기 위해 행해졌다. 그러나 후대에 오면서 풍수적인 목적이 부합된 것으로 보인다. 그것은 칠석마을이 황소가 쭈그리고 앉아 있는 와우(臥牛) 형국이어서 터가 무척 세니 거센 터를 누르기 위해, 곧 풍수적 목적을 달성하기 위해 고싸움을 했다고 하는 것이 그것이다(지춘상, 1996, pp.317~318). 그러던 것이 무형문화재로 지정된 뒤 국가의 지원을 받아 전승적 토대를 마련하고 있다. 고싸움이 전승되고 있다고 하더라도 예전처럼 전승할 수 있는 강한 자생력을 가지고 있는 것은 아니다. 그저 형태론적인 전승만 지속되고 있는 셈이다. 최근 들어 축제와 연계되면서 다소 고싸움놀이가 전승될 수 있는 활기를 되찾고는 있으나, 놀이꾼의 고령화를 무엇보다도 심각한 문제로 지적하지 않을 수 없다.

모정 줄다리기는 제의적 기능과 풍수적 기능을 수행하는 정월 대보름의 민속놀이다. 그러나 줄다리기가 다시 시작되어 5년 전까지는 줄을 학교에서 빌려다가 하기도 하고, 아니면 소규모의 줄을 만들어 줄다리기를 했다. 이처럼 줄을 빌려다가 하면서 줄의 제작과정이 거의 생략되었고, 줄의 제작과정이 생략되면서 줄놀이 과정도 약화되었다. 오직 줄다리기의 과정을 중심으로 전승되고 있는 것이다.

그러나 줄을 빌려다가 하는 것도 5년 전까지였고, 그 이후부터는 동아줄(화학섬유의 줄)을 구입하여 줄다리기를 하고 있다. 어떻게 보면 초등학교 운동회에서 줄다리기하는 정도에 그치고 있는 실정이다. 줄다리기가 끝난 뒤 줄은 창고에 보관하고 간단하게 지신밟기를 하고 마무리를 한다.

물론 아직까지는 농악을 구성하여 줄다리기를 할 때 신명나게 농악을 치지만, 이 또한 예전 같지 않다. 농악은 전라 우도 농악의 성격을 지니고 있는데, 가락은 느린 가락이 주를 이루고, 복색으로 고깔을 쓰고 있다. 원래 농악은 신체 건강한 남자들만 참여하여 연희되어지는 농촌의 음악이다. 농악은 줄다리기의 흥을 돋구고 신명을 고조시키는 역할을 하기 때문에 농악의 약화는 곧 줄다리기의 약화로 이어질 수 있다.

　모정마을 농악의 구성을 보면, 아직까지 매구꾼은 꽹과리, 북, 징, 장고, 소고 등 15~16명 정도로 구성되고 있으나, 농악대에 여자가 많이 참여하고 있다. 본래 농악에는 여자가 참여할 수 없다. 그래서 농악을 남성의 연주악이라고 했던 것이다. 농악대에 상당수의 젊은 여자들이 참여하고 있는 것은 남자들이 고령화된 까닭이다. 그리고 인구의 급격한 감소와 성비에서 여자가 많은 점이 그 원인으로 지적된다. 실제로 모정마을의 인구 연령별 현황을 보면 인구의 고령화와 여자보다도 남자들의 인구가 적음을 알 수 있다.

<표 3> 모정마을의 연령별 인구 현황

	0~10	11~20	21~30	31~40	41~50	51~60	61~70	71~80	81~90	91~100	총계
남자	9명	14명	23명	15명	15명	22명	20명	12명	2명		132명
여자	18명	21명	13명	12명	15명	29명	26명	12명	5명	1명	152명
계	27명	35명	36명	27명	30명	51명	46명	24명	7명	1명	284명

*2000년 6월 30일 기준.

　위의 표에서 보면 50대가 전체 인구의 18%의 비중으로 가장 많고, 두 번째로 60대가 16%이고, 10세 미만은 10%의 비중에 불과하다. 이처럼 모정마을은 노인층이 많이 거주하고 있음을 알 수 있다. 그리고 남녀 성비를 보면, 여자가 20명 많으며 특히 고령층일수록 여자가 많다. 이와 같은 인구 현황이 모정마을의 농악과 줄다리기의 약화를 초래하게 된 것이다.

Ⅶ. 의례와 민속놀이의 변화 요인

지금까지 영암군 구림리 학암과 모정마을 사람들의 죽음의례와 민속놀이의 실상을 파악해 보았다.

죽음의례의 본질은 크게 훼손되지 않았지만, 내용상으로 상당한 변화가 있음을 볼 수 있다. 예컨대 습염 주체의 변화, 탈상 기간의 축소, 매장방법이 일차장으로 끝나는 것, 제사의 통합이 이루어지면서 많은 변화를 하고 있다. 이것은 객체보다는 주체 위주로 생각하는 실용적인 사유태도의 변화와 현대 종교의 영향을 받은 조상신관의 변화, 그리고 제사에 대한 종교적 인식의 변화에서 비롯된 것이라 하겠다.

그리고 학암마을에는 의례적 상호부조의 목적을 달성하기 위한 의례공동체인 학림상부계(鶴林喪賻契)와 친목상부계(親睦喪賻契)가 있는데, 주민들간의 대립과 반목의 갈등을 더욱 고조되자 경제적인 우위성을 점한 이주민들의 주도적인 상부계의 통합논의로 1995년도에 통합이 이루어졌다. 그런가 하면 모정마을은 인구의 급격한 감소로 상부계가 해체됨으로서 장례식을 혈연집단인 문중 위주로 치르게 되고, 한편으로는 상여품앗이를 통해 필요한 인력을 충원하는 상황에 처하고 있는 실정이다.

학암과 모정마을의 민속놀이 지속과 변화 요인을 두 가지 방향으로 정리된다. 먼저, 화전놀이는 남성 중심의 사회에서 여성들이 자기들만의 놀이공간을 갖고자 하는데서 지속되고 있다. 화전놀이는 교통수단의 발달로 인해 마을의 근처가 아닌 먼 곳에서 이루어졌다. 화전놀이의 형태적인 변화는 인간의 삶의 양식이 바뀌면서 예술적 변화를 가져오는데서 비롯되었다고 할 수 있다.

두 번째, 모정마을의 줄다리기는 한 때 단절되었으나, 마을사람들이 풍수와 관련된 제의성(祭儀性)을 재인식함으로써 부활되어 지속되고 있다. 줄다리기가 부활되면서 종전과는 다른 모습을 지니고 있는데, 그것은 놀이의 도구나 형태를 들 수 있다. 줄의 제작과 줄놀이 과정이 축소되거나 생략되어 있다. 다만 여러 사람이 모여 줄다리기하는 과정만 지속되고 있는 실정이다. 이와 같은 모정줄다리기의 변화는 인구의 고령화와 감소가 중요하게 작용했을 것으로 생각되고, 아울러 대중매체의 발달과 밀접한 관련이 있는 것으로 보인다.

(표인주)

전통의 재구성과 축제

제10장
정체성과 지역정치

제11장
왕인의 지역 영웅화

제12장
왕인문화축제와 이벤트관광

제13장
문화마을 만들기, 현실과 전망

제10장
정체성과 지역정치

I. 지역의 정체성

　1990년대에 접어들면서 한국 사회에서는 '문화'와 '지방(지역)', '전통'에 대한 다양한 논의가 급증하고 있다. 이 현상은 흔히 전지구화(全地球化, globalization)라고 일컬어지는 자본주의적 경제체계와 이념 및 가치의 전세계적 확산 및 지배과정과 밀접하게 관련되어 있는 것으로 파악된다. 한국의 지역사회 수준에서 펼쳐지고 있는 활기를 되찾으려는 다양한 시도들은 서구식의 근대화 과정에서 낙후된, 즉 산업 시설이 미비하고 경제 기반이 취약한 지역일수록 많이 발견되고 있다. 이러한 지역들에서 발견되는 주목되는 점은 지역의 특성과 문화전통을 소비가 아니라 생산이 이루어지는 산업으로 인식하기 시작했다는 사실이다. 즉 앞으로의 지역활성화 혹은 지역발전의 중심을 '문화산업'으로 인식하고 각종 상징적 구조물을 건립하며 다양한 축제 형태의 행사를 시도하고 있는 것이다. 이러한 지역 수준의 '문화산업 만들기'에서 두드러지게 나타나는 특징은 그 모티브를 과거의 역사적 경험이나 문화적 독특성에서 찾아내어 자원화하려는 경향이다. 이러한 경향의 이면에는 지역을 활성화시키는데 전통적인 요소가 장애로서 작용하는 것이 아니라 오히려 전통적인 요소로부터 출발해야만 부작용을 줄일 수 있다는 발상의 전환이 자리잡고 있다. 전통적 요소에 대한 이러한 새로운 의미 부여는 20세기말의 전지구화에 따른 문화의 동질화 추세에 대한 반작용(Marcus & Fisher, 1986)이라는 최근의 사회적 분위기를 반영함과 동시에 지방의 공동화현상을 막고자 하는 국가정책 차원의 지원을 배경으로 하고 있다.

지역사회는 공유하고 있는 장소와 과거에 대한 기억을 통해 자신의 이미지와 정체성을 만들어 간다. 시공간적으로 독특한 어떤 것, 특수성, 차이 등으로 이름지을 수 있는, 한 지역 내에서 이루어진 실천과 경험으로부터 체득한 총체적인 삶의 조건이 다른 지역과 다르거나 같은 지역이라 하더라도 재구성되는 구체적인 방식이 다를 때 정체성이 생겨난다(Ashworth & Voogd, 1990, p.77). 또한 지역사회는 외적 공간이기도 하지만 상징적 의미의 복합적인 연망(network)이기도 하다. 이 복합적인 상징적 의미들이 지역 주민들에게 내재화되고 재해석됨으로써 지역 정체성이 (재)구성되게 된다. 따라서 최근 지방의 여러 지역에서 나타나고 있는 지역을 활성화시키기 위한 시도들은 지역의 활성화 주체들이 지역 이미지와 정체성의 재정립이 지니는 중요성을 새롭게 인식하고 그것 자체를 자원으로 활용하려는 것으로 파악할 수 있다(신혜란, 1998, p.19). 이러한 맥락에서 지역주민들을 지역의 상징과 정체성을 통해 동원하고 결집하는 것이 지역을 중심으로 펼쳐지는 정치의 중요한 전략으로 나타나고 있다. 특히 경제적 활성화와 지역정체성의 확립이 동시에 추구되어야 할 목표로 상정되기 시작하면서 지역의 독특한 상징과 의미체계는 비단 주민들의 정체성 확립뿐만 아니라 지역경제를 활성화시키고 지역의 성장을 도모하기 위해 그 어느 때보다 중요한 위상을 지니게 되었다.

정체성이 형성되는 장소로서의 지역은 다양한 주체들이 경쟁적으로 정체성을 형성해 나가는 공간인 만큼 그 내부에는 다양한 역관계와 정치구조가 형성되게 된다. 따라서 지역이라는 공간은 다른 지역과의 차별화를 통해 형성되는 지역정체성으로 형상화되고, 이 형상화는 지리적 요소는 물론 문화·경제·정치 등의 복합적인 상호작용을 통해 이루어지게 된다(정근식, 1997, pp.307~308).

현재까지 정치인류학과 법인류학 분야에서는 특정한 사회나 집단에서 갈등과 알력, 분쟁의 원천과 전개양식의 의미, 갈등·분쟁·알력을 중재하고 조절하는 방법, 사회적 통합을 이루기 위한 제도와 장치, 권력·권위의 구성요소와 획득과정, 외부적 영향에 따른 정치구조의 변화, 정치적 지배집단의 형성과 변천과정을 사회문화적 맥락 속에서 과정론적인 시각에서 연구해 왔다(situational and processual approach). 이 글에서 관심을 가지고 있는 지역정체성의 형성과 지역정치의 문제도 공식적인 제도나 기구, 규칙이라는 측면에서만 보아서는 극히 형식적이고 제한된 이해밖에는 할 수 없고, 비공식적인 영역과 동시에 일견 비정치적으로 보이는 제도가 수행하는 기능과 역할을 올바로 이해하여야만 충분한 이해에 도달할 수 있다(Balandier, 1970). 이상의 공식적, 비공식적 그리고 비정치적 영역의 정치적 기능을 망라하는 정치적 영역(political arena and sphere)의 개념을 통해 지역 수준의 정치(local level politics)에 대해 이해하는 것이 가능해진다. 즉 거시적인 구조나 체계에 대한 분석뿐만 아니라 실제 정치적 활동이 전개되고 있는 시간적·공간적 연장선에서 이루어지는 활동과 행위자들을 연구해야만 비로소 일상적인 수준에서의 정치적 행위를 파악할 수 있고 그 정치적 의미를 이해할 수 있게 된다(Swartz, Turner & Tuden, 1966).

　이 글에서는 구림이라는 지역사회의 정치적 영역 중에서, 즉 지역정치에서 주민들의 참여가 이루어지고 지역에 대한 정체성과 이미지·상징 등을 주민들 스스로가 재현해 나가는 과정과 자기 지역에 대한 애착과 자신감을 표출하고자 하는 다양한 양상을 살펴보도록 하겠다. 이상의 것이 전개되어 나가는 과정에서 지역 주민들간에는 지역의 이미지를 둘러싸고 갈등과 반목이 나타나기도 하고 다시 타협이 이루어지기도 한다. 따라서 지역정치가 이루어지는 장에서 공간 혹은 장소와 관련된 쟁점이 표상되는 방식과 자원화되는 과정을 파악하는 것은 지역사회 전체의 구조와 체계에 대한 이해와 더불어 지역사회 내의 역동적인 정치적 모습들, 즉 갈등·분쟁·토론·격돌·타협·의사결정 등이 이루어지는 과정을 이해하는데 있어 중요한 의미를 지닌다.

Ⅱ. 대동계에서 왕인축제로

　본 연구의 대상지역인 구림마을은 전라남도 영암군 군서면에 속하며 영암읍에서 승용차로 약 10분 가량 걸리는 월출산의 서북쪽 평야지대에 위치하고 있다. 구림마을은 1914년 행정구역의 통폐합에 의해 만들어진 동구림리와 서구림리로 이루어져 있다. 동구림리는 다시 학함리와 동계리, 고산리로 이루어져 있고, 서구림리는 서호정리와 남송정리, 신흥동, 백암동 등으로 나누어져 있다. 구림리에는 2000년 1월 현재 총 508가구(동구림 350, 서구림 158), 1428명(동구림 1026, 서구림 402)이 살고 있다. 산업별 종사인구를 가구별로 살펴보면 농업이 76.1%, 상업 10.6%, 공무원 5.9%, 기타가 7.4% 등으로 주민들의 경제생활이 농업을 중심으로 이루어지고 있음을 짐작할 수 있게 해준다.

구림마을은 다른 마을들과 공간구성상 큰 차이를 지니고 있다. 마을의 입구부터 중심부에 이르기까지 울창한 나무들이 우거져 있고, 각종 비석과 정자·서원(書院)·사당(祠堂)·도요지(陶窯地)·전통 가옥 등의 유적지와 선사시대의 지석묘군(支石墓群)이 산재해 있다. 현재는 동구림리에 더 많은 인구가 살고 있지만 이들 유적지가 대부분 서구림리에 분포하고 있는 것으로 볼 때, 과거의 생활중심지는 서구림리 일대였을 것으로 짐작되고 있다.

현재 구림마을에는 낭주최씨와 해주최씨, 함양박씨, 창녕조씨 등 네 문중이 대성을 이루고 살고 있는데, 낭주최씨의 입향조(入鄕祖)인 최지몽이 907년에 처음 입향한 것으로 문헌에 나타나는 것으로 보아 최소한 1,100년 이상의 오랜 내력을 지닌 마을이라고 할 수 있다. 이들 4대 문중은 각기 문각(文閣)과 제실을 갖추고 있고 각 문중 사람들은 외부인들에게 자기 문중이 우월하다는 것을 경쟁적으로 알리려는 태도를 취한다. 이러한 문중간의 경쟁과 협력 및 타협의 전형적인 사례로 들 수 있는 것이 1565년 창설되어 현재까지 활발하게 활동하고 있는 구림대동계(鳩林大同契)와 1920년대 초에 결성된 청년계(靑年契)이다.

구림대동계는 한국 고유의 계에 중국에서 전래된 향약(鄕約)을 접목하여 조직된 것으로 최초의 향약으로 알려져 있는 퇴계(退溪)의 예안(禮安)향약보다 불과 9년 늦게 창설된 초기의 것임과 동시에 현재까지도 지속되고 있는 드문 예라고 할 수 있다(최재율, 1973). 청년계는 3·1운동 직후 장례시의 협력을 목적으로 만들어진 것이었는데, 당시 일제시대라는 상황 속에서 주민들간의 자연스러운 협의의 장을 만들어 내기 위한 목적도 숨어 있었다. 현재까지도 활동이 지속되고 있는 청년계는 55세가 되면 자동탈퇴하는 것을 원칙으로 하고 있고 탈퇴 후에 자동적으로 대동계원이 되는 것은 아니며 일정한 절차를 밟아 합당한 사람들만이 될 수 있었다. 그러나 역대 대동계원들과 청년계원의 명단을 비교해 보면 상당수의 청년계원 출신자가 대동계의 중요한 구성원으로 활동하였음을 엿볼 수 있다.

이 마을에서는 전통적으로 반상의 구별이 엄격하여 외지인에 대한 배타적 성향이 강했으나 마을 중심지인 신근정사거리의 상권 중반 정도를 외지출신자들이 장악하고 있고 타성받이들이 이장이나 새마을 지도자, 부녀회장 등을 맡고 있는 것으로 미루어 볼 때 배타적인 정도가 약화되고 있는 상황이다. 마을 주민들은 인구감소가 매우 미미했고 현재도 빈집이 거의 없다는 것을 들어 함부로 토지를 팔려고 하지 않는 강력한 유교문화의 전통 때문이라는 식으로 설명하곤 한다. 이는 4대 문중에 속하는 사람들의 마을에 대한 지배력을 증명하기 위한 것임과 동시에 현재 자신들이 경제적으로 풍요하지 못한 대신 정신적인 자부심은 크다는 보상심리의 발로로 여겨진다.

구림마을은 왕인박사와 도선국사의 출생지로서도 유명하다. 이 두 역사적 인물과 관련된 유적지가 마을 주변에 산재해 있고 최근에는 관광을 통해 지역활성화를 이룩하려는 시도인 왕인축제가 매년 4월 9일부터 12일까지 나흘간에 걸쳐 열리고 있다.

왕인문화축제는 1986년부터 시작된 왕인박사춘향대제(王仁博士春享大祭)에 그 연원을 두고 있다. 왕인박사춘향대제(王仁博士春享大祭)는 애초 현재처럼 지역축제로 시작되었던 것은 아니며 1986년 이전부터 있었던 구림마을의 유림들, 즉 4대 문중 중심의 배향제(配享祭)를 확대개편한 것이었다. 1986년부터 9년간 왕인박사춘향대제(王仁博士春享大祭)가 실시되다가 지역축제로 전환하는 계기가 된 것은 군서청년회가 주축이 되어 추진한 1994년의 벚꽃축제이다. 이 벚꽃축제는 3년간에 걸쳐 열렸는데 이 시기 동안에는 현재처럼 왕인박사를 전면에 내세우지 않는 순수한 지역의 경관을 이용한 마을축제의 수준을 넘지 않았다. 그러던 것이 1996년 군에서 행사를 주관하겠다고 나서면서 많은 갈등을 낳게 되었다. 지역 주민들의 애초 발상과 군이 지역축제를 활성화시키겠다는 발상이 맞부딪치면서 아직도 많은 반목의 요소가 상존하고 있다.

여러 우여곡절을 거쳐 벚꽃축제는 1997년부터 현재와 같이 구림마을만의 행사가 아닌 영암군 전체의 지역축제인 왕인문화축제로 전환되게 되었고 행사의 주체도 군서청년회로부터 민간추진위원회로 바뀌게 되었다. 민간추진위원회는 위원장인 군수와 각 읍면의 단체장, 지역유지 및 읍면 대표 등으로 구성되는데 실제의 예산지원이 군으로부터 이루어지고 공무원들이 기획위원회를 구성하고 있는 것으로 볼 때, 행사추진의 주체가 민간에서 관으로 이전된 것으로 파악된다. 현재 왕인문화축제는 문화관광부가 지정한 12대 지방축제 중 하나로 선정되어 있다. 매년 행사에는 30만 명 정도가 참여하고 그 중 4천명 정도의 외국인(그 중 대부분은 일본인)이 참여하고 있지만 각종 숙박시설이 열악하여 광주와 목포의 숙박시설에 손님을 빼앗기는 실정에 있다고 한다. 최근 상가분양·출연진의 선정·행사자금의 투명한 사용 여부 등을 둘러싸고 관련 사회집단간에 첨예한 이해 대립이 발견되기도 한다.

Ⅲ. 지역정체성의 구현과정

1. 역사마을로서의 이미지 생산

　새로운 지역이미지를 만드는 것은 특정 지역의 사회경제적·문화적·정치적·역사적 조건들을 새롭게 구성하는데 필수적이다. 지역을 활성화시키기 위한 이미지를 생산하는 과정은 대외적으로는 '이미지의 상품화'와 대내적으로는 '정체성의 구축'이라는 두 가지 측면을 지니고 있다. 이미지의 상품화는 고품질 혹은 다른 지역과의 차별화를 통해 외부인들을 끌어들이려는 노력이고, 정체성의 구축은 주민들에게 '공유된 어떤 것'을 부여함으로써 지역의 일에 대한 참여의지를 고양시키려는 노력이라고 할 수 있다.
　새로운 지역이미지를 만드는 과정에서는 지역 내의 상이한 이해관계를 지닌 집단 사이에 경합과 타협 및 반목이 나타나게 된다. 특히 왕인문화축제를 관광이라는 맥락 속에서 파악하고 있는 현재의 상황 속에서는 수요를 예측하고 이루어지는 목적의식적인 지역이미지 만들기가 나타나게 되고 이 과정에서 전통성과 현대성, 보존과 개발, 중심과 주변, 개발 주체의 문제 등을 둘러싸고 다양한 집단들간의 권력관계가 개입되기 마련이다.
　현재 구림마을 주민들에게 있어 가장 중요한 지역이미지는 왕인과 도선의 출생지라는 역사적 사실과 밀접하게 관련되어 있다. 왕인박사의 출생지라는 사실은 오랜 옛날 유교문화의 중심지였을 것이라는 추측과 일본인 관광객을 유치하기 좋은 조건을 갖추고 있다는 현실적 판단 등이 겹치면서 최근 부각되고 있다. 왕인박사와 관련된 역사성은 1930년대 경성대학교의 연구팀이 조선신궁(朝鮮神

宮)의 후보지 중 한 곳으로 구림지역 일대를 조사했었다는 사실이 나 일본 동경의 우에노공원에 있는 왕인탑에 월출산이 영암에 위치하고 있다는 것을 암시하는 구절이 있다는 사실 등으로 표상되고 있다. 흔히 구림마을에서 들을 수 있는 역사적으로 인구가 많았던 곳이고 다른 마을에 비해 근대화과정에서도 인구가 크게 줄어들지 않았다는 사실, 양반과 유가(儒家)가 세력을 확실히 가지고 있었던 곳이기 때문에 과거에도 군수가 처음 부임하면 처음으로 인사를 왔던 곳, 심지어는 구림마을에서 보아야 '월출(月出)'이 제대로 보인다는 주장 등과 이러한 왕인과 관련된 역사성이 결합되면서 당연한 역사적 사실로서 합리화되고 현재성을 지닌 것으로 파악되고 있다. 때로는 바닷길이 마을 어귀까지 들어왔었다는 지리적 변화나 백제시대의 도요지가 마을 인근에서 광범하게 발견된다는 사실 역시 현재는 비록 주변의 한 조그만 마을에 불과하지만 과거에는 그렇지 않았었다는 것을 주장하는 근거로 원용되고 있다. 한편, 도선국사와 관련된 역사성은 최근의 관광개발과 관련하여 주목받지 못하고 있어 대조를 보여 준다. 기자(祈子)신앙의 중요한 원천을 도선국사가 탄생했다고 알려진 국사암(國師岩)과 관련짓는다거나 구림마을의 명칭이 처음 도선국사의 탄생과 관련되어 있다는 것 정도가 언급되고 있을 뿐이다. 이처럼 두 인물에 대한 주민들의 언급에 있어서의 차이는 최근의 마을 내외적인 변화가 왕인박사를 중심으로 관광개발이 이루어지고 있다는 사실과 밀접하게 관련되어 있다.

　월출산이 지니고 있는 자연경관과 이상에서 살펴본 역사적 사실·인물의 교묘한 결합과 배제를 통해 역사마을로서의 정당성을 지역 내외적으로 확산·정착시키고자 하는 것을 파악할 수 있다.

2. 지역이미지의 외부화: 의례에서 스펙타클로

특정 지역의 장소에 대한 홍보와 선전은 지역의 이미지를 외부에 전달하는데 필수적이다. 지역이미지의 외부화과정에서 나타나는 전략적 딜레마는 이미지전략의 주 대상이 지역외부인가 지역내부인가, 즉 지역 외부의 관광객과 소비자들을 유인하는 것인가 아니면 보다 효과적으로 지역 주민의 문화적 욕구를 충족시키고 그들의 정체성과 자기 확신을 강화하는데 역점을 둘 것인가의 문제이다 (Griffiths, 1995). 구림마을의 주민들은 지역이미지를 외부에 알림으로써 지역에 대한 홍보효과를 노림과 동시에 그 반사효과로 지역 내의 통합력을 높이는 전략을 쓰고 있다.

구림마을, 더 나아가 영암지역의 지역이미지의 외부화전략에서는 각종 매체와 인적 교류를 통한 홍보활동과 향우회·동창회조직 등을 통한 홍보 및 관광유치활동이 두드러지게 나타나고 있다. 1994년부터 시작된 벚꽃축제로부터 홍보에 대한 중요성이 대두된 이후 1997년 왕인문화축제가 벚꽃축제를 확대개편하여 시작되었는데, 이 과정에서 민간에서 주도하던 것이 관공서로 중심이 이전되게 되었다. 이 과정은 또한 생활세계와 맞물려서 돌아가던 의례로서의 지역행사가 생활세계와 분리된 스펙타클한 장으로서의 지역축제-관광수입 증대와 지역홍보로 대표되는-로 변화했다는 것을 뜻하는 것이기도 하다. 즉 지역이미지의 외부화 과정이 마을 내부의 구체적 상황과는 유리된 채 주민들을 위한 요소가 부각되지 않고 있다는 것이다. 왕인문화축제의 모태가 되었던 배향제(配享祭)나 왕인박사춘향대제(王仁博士春享大祭)의 주체였던 4대 문중이나 대동계·청년계 등과 구림벚꽃축제의 주체였던 군서청년회가 주변으로 밀려나 있고, 이들은 축제에 대해 애써 무관심한 태도를 취하거나 다른 행사를 같은 시기에 열고 있다는 사실은 최근의 상황에 대한 일종의 불만표시로 해석될 수 있다. 실제 벚꽃축제를 왕인문화축제로 바꾸는데 중요한 역할을 했던 영암문화원장은 군서청년회원들에 의해 심하게 시달렸다고 하고 월출산에 케이블카를 설치하려는 군의 계획이 군서청년회가 주축이 된 마을 주민들의 반대로 성사시키지 못하기도 하였다.

구체적으로 영암군에서는 지역의 이미지 향상과 선전을 위해 각종 영상·활자·시각·전자매체를 이용하고 인적 교류를 시도하고 있는데, 그 대부분은 왕인문화축제와 직간접적으로 관련되어 있다. 그 대표적인 것으로는 인터넷을 통해 연중 방영을 한다거나 축제의 주제를 전통적이고 유교적 이미지와 걸맞게 유(流)·토(土)·지(紙)·음(音)으로 정한 것이나 천자문 천등행렬을 행하는 것, 축제 CD롬을 제작한 것, 영암군내의 종가 집성촌 음식 맛보기 장터를 연다든지, 흙의 예술제를 개최하고 한일 종이교류전을 개최하는 것, 영암 출신 기업가 중심의 후원회 결성을 통한 상품판촉행사 등을 들 수 있다. 이러한 외부화의 구체적인 모습은 애초 축제의 출발점이었던 구림마을의 주민들과 무관한 채 이루어지고 있고 심지어 주민들은 '이익은 장사하는 사람들만이 보고 우리들은 동원만 된다'는 식의 불만을 지니게 되는 원인을 제공하고 있다. 주민들은 5회에 걸친 왕인문화축제를 경험하고 나서 그 문제점을 여러 가지로 제기하고 있다. 돈벌이에 급급하여 외부인들에게 상점을 대여하고 사용료를 받는다거나 주차장을 넓히는 데만 관심을 기울이고 이곳 저곳에 부탁하여 찬조금을 받는데 혈안이 되어 있다고 현재의 행사추진주체들에 대해 비난한다. 보다 알차게 행사가 진행되기 위해서는 축제기간만이라도 과거의 생활을 복원하여 경운기로 논을 경작하는 것이 아니라 소로 논을 가는 것을 보여 준다거나 구림마을 전체를 전통마을 보존지구로 지정하여 한옥마을로 만들도록 시도하는 것이 필요하다는 견해를 피력하기도 한다. 그러나 구림마을의 주민들은 대부분 점차 왕인문화축제에 무관심해지고, 오히려 축제기간에는 시끄럽고 생활하기가 불편하다든지 외부인들과의 접촉이 빈번해지면서 '어른을 공경하는' 미풍양속이 점차 사라지고 있어 안타깝다는 식의 비판적 의견을 많이 들을 수 있었다.

Ⅳ. 지역경관 만들기

공간 혹은 장소의 자원화가 이루어지는 방식에는 크게 공간에 대한 '의미적 개입'을 하는 것과 공간에 대한 '물리적 접근'의 두 가지를 들 수 있다. 전자는 특정의 공간과 장소에 대한 해석과 의미부여, 인식방식과 관련된 것으로 이는 권력과 헤게모니의 작용과 밀접하게 관련되어 있고 특정한 역사적 배경을 반영한다. 후자는 특정 공간의 배치, 보존 혹은 변경의 여부, 새로운 상징물의 건립 등과 관련된 것으로 주체들의 의사결정과 실천을 전제로 하는 것이기 때문에 주체들의 정체성을 형성하는 중요한 부분을 이루게 된다(권숙인, 1999, p.28). 구림마을의 경우, 역사마을을 상징하는 가시적이고 물리적인 경관을 만듦으로써 역사마을의 이미지는 실체화되고 동시에 그 경관은 역사마을로서의 상징적 기능과 여러 가지 생활공간으로서의 기능을 겸함으로써 역사마을 이미지는 강화되고 정당성을 획득하게 된다. 더 나아가 마을의 경관은 자연적으로 형성된 것이라기보다는 인위적으로 특정 지역 이미지전략에 의해 의도적으로 형성된 것이다(정근식, 1998, p.268 ; Zukin, 1995). 이처럼 지역의 역사성(의 원천)을 재구성하여 전통을 재창조하기 위해 지역경관을 정비하거나 새로 조성하게 되면서 특정의 지역이미지는 부각되기도 하고 약화되기도 한다. 앞에서 살펴본 왕인관련 유적지와 도선관련 유적지의 관리에서 발견되는 차이는 이 점을 잘 보여 준다. 불교적 이미지보다는 유교적 전통의 고을이라는 이미지가 구림에서는 선택된 것이라고 할 수 있는데, 이는 경제적 활성화라는 목적을 가장 중요한 것으로 내세운 스펙터클적 축제화의 당연한 결과라고 할 수 있다.

1980년대 중반 이후 이루어진 성천, 문산재, 양사재, 책굴, 탄생지 성역화, 왕인박사 유허비 등으로 대표되는 왕인박사 유적지의 건립이나 왕인박사 자료관의 대대적인 정비, 그리고 구림마을 안에 있는 왕인박사가 일본으로 출발했던 곳인 상대포의 정비 등은 관광을 통한 지역활성화의 대표적인 상징물이라고 할 수 있다. 반면에 불교의 유적지인 도갑사는 예로부터의 명성에 비해 중요한 유적지로 취급되고 있지 못하다. 이러한 마을 외부의 상징적 조형물의 대대적 정비와 달리 구림마을 내부에서는 동일한 유교적 경관만들기가 이루어지고는 있지만 상대포를 제외하고는 마을 외부의 경관만들기와 차이를 발견할 수 있다. 마을의 입구에서부터 마을 도처에 늘어서 있는 비석과 크고 작은 정자(亭子 혹은 樓亭), 각 문중을 나타내는 제각과 제실, 시(조)비(詩調碑) 등은 비록 유교적 요소로 이루어져 있다는 공통점은 있지만 직접적인 연결관계를 발견할 수는 없다. 오히려 마을 곳곳에 산재해 있는 구림도기터와 영암 도기문화센터는 과거 유교 중심지로서 번창했던 곳으로서, 그리고 전통 한지인 구림지(鳩林紙)제조공장 등은 유교적 전통성을 강조하는 것으로 인식되고 있다. 영암군 수준의 홍보팜플렛에서 발견할 수 있는 모든 유교적 문화요소를 왕인박사와 연결시키려는 의식적인 노력을 구림마을의 주민들에게서는 발견할 수 없다. 이들은 내부적으로 유교문화의 전통성을 왕인박사보다는 대동계와 청년계의 전통에서 찾고자 하는 경향이 강하고 4대 문중의 협력과 조화 속에서 발견하고자 의식적인 노력을 기울이고 있다. 이는 최근 왕인문화축제가 스펙터클화되면서 발생하게 된 구림마을 내부와 외부의 긴장관계를 반영하는 것이다. 즉 지역주체성의 구축과정에서 지역주체간 발생한 갈등과 반목 및 협력관계의 구체적 양상이 마을 내외적인 변수의 복잡한 작용에 의해 이루어지고 있음을 보여주는 것이라 하겠다.

V. 역사마을 만들기와 지역정체성의 재구성

구림마을의 역사마을 만들기 과정은 의례에서 스펙터클화되는 지역축제의 변화양상을 잘 보여 준다. 이 과정에서 주로 동원된 문화요소는 왕인박사를 중심으로 한 유교마을로서의 지역이미지였고 또 다른 중요한 문화요소인 불교마을로서의 지역이미지는 애써 무시되고 있다. 그리고 초기의 지역축제, 즉 의례적 성격이 강했던 시기에는 지역, 곧 구림마을 이미지로서의 유교적 문화요소가 의례의 주체인 유가, 4대 문중과 긴밀하게 연결되어 있었다. 스펙터클적 요소가 강화된 최근의 지역축제에서는 지역-광역화된 영암군-이미지로서의 유교적 문화요소가 관광을 통한 지역활성화의 수단으로 활용되면서 구림마을 주민들과의 지역이미지의 괴리가 발생하고 있다. 이는 앞의 본론에서 구림마을의 지역경관과 주민들의 이야기를 통해서도 확인된다. 앞으로 왕인문화축제가 벗어나기 어려울 것으로 판단되는 외부지원에의 의존의 문제는 이러한 괴리를 더욱 심화시킬 것이고 지금보다 더욱더 축제에 대한 구림마을 주민들의 참여와 동조를 얻어내기 어려울 것으로 생각된다. 이는 최근 왕인문화축제가 열리는 시기에 구림마을에서는 다른 행사를 갖고 있는 것에서도 확인할 수 있다. 이러한 마을 내의 움직임은 기존의 마을의 권력을 쥐고 있던 세력들, 즉 4대 문중 세력이 배제와 수용의 원리를 적용하면서 상황을 타개하고자 하는 시도로 평가된다. 이는 지역정치에 대한 보다 장기적인 현지조사와 참여관찰, 그리고 지역 내부 세력간의 역관계에 대한 면밀한 조사를 통해 밝혀져야 할 부분으로 생각된다. 다만 인근의 다른 지역에 비해 지역의 역사적 우월성에 대해 강조하는 경향이라든가 지역 내부적인 고립에 대한 위기의식, 그리고 주민들이 느끼는 축제 참여에서의 주변적 지위에의 전락 등에 대한 담론 등은 지역정체성이 심각하게 흔들리고 있고 새로운 지역정체성을 구축할 것이 강력하게 요구되고 있다는 것을 뜻한다. 지역 내에서 이루어지고 있는 왕인문화축제와 관공서라는 추진 주체의 상대적으로 강력한 정치적 자원으로 인한 박탈감은 단지 장소만을 빌려주고 있다는 인식을 심화시키고 있는 상황이라고 할 수 있다. 또한 이 글에서는 논의하지 않았지만 인근 상민(常民) 마을과의 전통적으로 구축된 관계가 지니는 역사성 역시 점차 구림마을이 고립되어 가고 있다는 위기의식을 높일 가능성도 있다. 또 다른 가능성으로 들 수 있는 것은 왕인문화축제가 대규모의 지역을 넘어선 전국적 혹은 국제적 축제로 성장하게 되었을 때 마을 주민들이 경제적 이익 등의 반대급부를 충분히 받을 수 있다고 판단하게 되면 적극적으로 현재의 추진주체인 관공서와 타협할 수도 있을 것이다.

(홍성흡)

제11장
왕인의 지역 영웅화

Ⅰ. 전통의 '창출'

　2001년 4월 전남 영암에서 개최된 '왕인문화축제'의 선전 팜플렛을 살펴보면,

> 　왕인박사는 영암이 배출한 뛰어난 학자로, 백제의 17대 아신왕인 일본과 수교를 맺으면서 일본 응신천왕의 초청을 받아 영암의 상대포에서 배를 타고 일본으로 간 것으로 구전되고 있습니다. 32세의 나이로 논어 10권과 천자문 1권을 가지고 도공, 야공, 와공 등 많은 기술자들과 함께 도일한 왕인박사는 일본에 학문과 기술을 전파하여, 일본의 아스카문화와 나라문화의 뿌리가 되었습니다. … 영암군은 왕인박사의 탄생지인 영암군 군서면 동구림리 성기동에 왕인박사의 위패와 영정을 모시고 왕인박사 유적지를 정화하였습니다. 왕인문화축제는 한일문화 교류에 큰 업적을 남긴 왕인박사의 유적지는 물론 영암군에 남아 있는 백제시대의 고분군과 도기유적 등을 통해 발달된 백제문화의 의의를 다시 새겨 보는 의미 있는 문화축제로 자리 매김하고 있습니다(「2001 왕인문화축제 팜플렛」).

라고 하여, 왕인의 '영암 출생설'을 전제로 그의 업적을 기리는 축제를 개최하고 있음을 알 수 있다. 이는 왕인이 영암지역에서 '영웅

화'되고 있음을 뜻한다. 왕인이 '지역 영웅화'되고 있음은 최근에 간행된 『영암군지』에서,

> 왕인박사가 탄생하였다고 하는 영암군 군서면 동구림리 성기동 일대의 유적조사 및 문헌을 통한 연구활동과 유적지 정화사업이 비교적 활발하게 진행되었고, 1989년 9월에는 유적지가 정화되어 왕인묘가 준공되기에 이르렀다(영암군지편찬위원회, 1998, p.142).

라고 기술한 데에서도 잘 나타나 있다.

그런데 이처럼 영암지역을 중심으로 '영웅화'되고 있는 왕인에 대하여 『고등학교 국사』 교과서에서는,

> 백제의 아직기와 왕인은 일본에 건너가서 한문을 가르쳤는데, 이 때 한학은 일본인에게 문학의 필요성을 인식시켜 주었으며, 유교의 충효 사상도 보급시켜 주었다. 또 백제는 불경, 불상과 5경 박사, 의박사, 역박사, 그리고 화가와 공예 기술자 등을 보내었는데, 그와 같은 영향으로 5층탑도 세워지고, 백제 가람이라는 건축 양식도 생겼다(국사편찬위원회·1종 도서 연구 개발 위원회, 1997, p.100).

라고 간략하게 소개하고 있다. 즉, "백제 문화가 일본의 그것에 상당한 영향을 끼쳤으며, 아직기와 왕인이 그 중심 인물이었다"는 정도에 그친 셈이다. 아울러 왕인이 영암 출신이라는 사실에 대해서는 전혀 언급하지 않았다.[1]

여기에서 한 가지 의문이 생긴다. 왜 거의 같은 시기에 나온 「왕인문화축제 팜플렛」(2000)과 『영암군지』(1998), 그리고 『고등학교 국

---

[1] "국사교과서는 역사학계의 연구성과를 가능한 한 반영하며, 역사 사실을 정확히 서술해야 한다. 국사교과서는 국정교과서 체제이므로 선택의 자율성이 없다. 따라서 근본적인 문제점을 해결할 수 없다면, 차선책으로서 국사교과서는 최대한 공신력을 갖추는 것이 필요하다(박현숙 1999, p.52)"는 의견을 참고해 볼 때, 왕인의 '영암 출생설'이 아직까지 학계의 공신력을 얻지 못했기 때문으로 이해된다.

사』(1997)의 내용이 이토록 다른가 하는 점이다. 이는 아마도 영암지역을 중심으로 전개된 왕인에 대한 '영웅화'의 정도와 그것의 수용 여부에 따른 차이로 여겨진다. 현재까지 영암지역과 관련된 왕인의 '영웅화'에 대한 국내의 의견은 크게 세 가지로 구분할 수 있다.

첫째, 왕인의 '영암 출생설'을 분명한 사실로 받아들이고 있는 입장이다.[2] 이들은 비록 문헌 기록에는 남아 있지 않더라도 전설과 유물·유적 등을 통해 입증되었다고 주장하고 있다. 둘째, 왕인의 '영암 출생설'에 대해서 유보적인 태도를 취하는 경우가 있다.[3] 이들은 우리 문화의 우월성을 선양하고, 더 나아가 영암 지역사회의 발전에 도움이 된다면 굳이 부정할 필요가 없다고 강조한다. 셋째, 왕인의 '영암 출생설'을 전적으로 부정하는 견해가 있다.[4] 즉, 고려시대부터 전해 오는 도선 관련 설화가 왕인에 관한 것으로 윤색되었다는 것이다. 이에 왕인과 영암을 연관시키는 데에 대체로 회의적인 반응을 보이고 있다.

이상의 여러 가지 주장은 왕인의 '영암 출생설'에 대한 신중한 접근을 요구하고 있는 셈이다. 그런데 어찌된 일인지 영암지역에서 왕인박사의 '영웅화' 작업이 거의 마무리되었고, 이와 관련된 지역축제가 개최되기에까지 이르렀다. 이처럼 이해하기 어려운 상황이 발생한 까닭이 궁금하다. 이러한 의문점을 밝혀 보려는 것이 본 글의 목적이다. 이는 왕인의 '영웅화'에 대한 문헌사적인 검토를 추구함으로써 그 단서를 찾을 수 있을 것으로 기대된다.[5] 우선 왕인에

---

[2] 이에 관한 내용은 김정호(1997)를 참조하기 바람.
[3] 대체적으로 지역민들이 공유하고 있는 생각들이다.
[4] 가장 대표적인 인물로는 김철준을 들 수 있다. 그는 왕인의 '영암 출생설'을 전면적으로 부정하였다(김철준, 1985). 아울러 임광규도 『전남매일신문』(1973년 9월 4일자)에서 조작설을 내세운 바 있다.
[5] 왕인에 대한 문헌사적 검토는 김정호(1997)에서도 행해진 바 있다. 그런데 전반적인 내용이 왕인의 '영웅화'를 전제로 쓰여졌기 때문에, 본 글

관한 기록의 출발 지점부터 살펴보고자 한다. 이는 그 기록이 이후 어떻게 변화되어 갔는가를 확인할 수 있는 단서를 제공받기 위함이다. 다음으로 왕인의 '영암 출생설'이 등장하게 된 배경과 과정, 아울러 이를 토대로 진행된 '영웅화'와 유적지 조성 사업과 관련된 각종 문헌과 연구성과에 대한 검토작업을 행하고자 한다. 그리고 끝으로 왕인의 '영웅화 과정'에서 드러난 문제점을 찾아보고, 이에 관한 전망을 추구해 볼 것이다. 이상을 한마디로 요약하자면, 누가 그리고 어떻게 왕인을 '지역 영웅화'해 나갔으며, 그 문제점은 무엇인지를 밝혀 보는데에 있다고 하겠다.6)

이러한 작업의 결과는 왕인에 대한 올바른 자리 매김의 계기를 마련해 줄 것으로 믿는다. 아울러 본 글에서는 그동안 왕인의 '지역 영웅화' 과정에 직간접적으로 관여한 분들의 애향심에 누를 끼칠 의도가 전혀 없었다.

Ⅱ. 왕인에 관한 기록의 시원

왕인에 관한 기록 중에서 가장 빠른 것은 『일본서기』에 실려 있는 내용이다.

의 방향과는 분명한 차이가 있다. 그렇더라도 이 책에 체계적으로 정리된 왕인 관련 자료는 본 글을 작성하는 데에 많은 도움이 되었음을 밝혀 둔다.
6) 이와 관련하여 왕인과 도선의 관계가 매우 중요한 문제임에도 불구하고, 논의의 초점을 흩트리지 않기 위하여 본 글에서는 따로 취급하지 않았음을 밝혀 둔다. 그리고 왕인의 '영웅화 과정'에 있어서 영암 군서면 구림리 4대 문중의 입장과 역할에 대해서도 알아보아야 함에도 불구하고, 필자의 능력부족과 자료미비로 인하여 다루지 못했다. 그러나 이 두 주제는 별도의 작업을 통해서라도 반드시 천착해야 할 문제라 믿고 있다.

A-1. 백제왕이 아직기(阿直岐)를 보내어 좋은 말 2필을 바쳤다. 곧 경(輕)의 산비탈 부근에 있는 마구간에서 길렀는데, 아직기로 하여금 사육을 맡게 하였다. 때문에 말 기르는 곳을 이름하여 구판(廐坂)이라고 한다. 아직기는 또 경전을 잘 읽었으므로 태자인 토도치랑자(菟道稚郞子)의 스승으로 삼았다. 이때 천황이 아직기에게, "혹 너보다 뛰어난 박사가 또 있느냐"고 물으니, "왕인이라는 분이 있는데, 훌륭합니다"라고 대답하였다. 그러자 상모야군(上毛野君)의 조상인 황전별(荒田別)과 무별(巫別)을 백제에 보내어 왕인을 불렀다(『일본서기』 권10, 응신천황 15년 8월).

2. 춘 2월에 왕인이 왔는 즉, 태자 토도치랑자(菟道稚郞子)의 스승이 되었는데, (태자가) 왕인에게서 여러 전적을 배워 통달하지 않음이 없었다. 이른바 왕인이라는 자는 서수등(書首等)의 시조이다(『일본서기』 권10, 응신천황 16년 2월).

위에 따르면, 왕인은 그보다 일찍 일본에 건너간 아직기의 추천으로 도일하여 일본 태자의 스승이 되었음을 알 수 있다. 앞서 '왕인문화축제' 팜플렛에서는 왕인이 "일본에 『논어』와 『천자문』을 전해 유풍을 일으킨" 사실을 강조하였는데, 『일본서기』에는 이같은 내용은 빠져 있다. 다만 『일본서기』보다 8년 전에 편찬된 『고사기』에 비슷한 내용이 실려 있는데, 옮겨 적어 보면 다음과 같다.

또 백제의 국주 조고왕(照古王)이 목마 1필과 빈마 1필을 아지길사(阿知吉師)를 통해서 공상하였다(이 아지길사는 아직사등의 시조이다). 또 횡도와 대경을 공상하였다. 또한 백제국에 "만약 현인이 있으면 공상하라"고 한 고로, 명을 받아 공상하였는데, 이름이 화이길사(和邇吉師)였다(이 화이길사는 문수등의 시조이다). 그리고 『논어』 10권과 『천자문』 1권을 합하여 11권을 이 사람을 통해서 공진하였다(『고사기』 중권, 응신천황 20년 기유).

『고사기』의 기록은 『일본서기』의 그것과 거의 같은 내용으로 구성되어 있으면서도, 다음의 표에 나타난 것처럼 몇 가지 차이를 드러내고 있다.[7]

<표 1> 『고사기』와 『일본서기』의 비교

구분	이름	도일 시기	도일 경위	소지품	역할	동행인	시조
고사기	아지길사/ 화이길사 조고왕	응신천황 20년 (백제 조고왕)	일본 요청	논어 10권, 천자문 1권		기술자 2명	문수등
일본 서기	아직기/ 왕인 백제왕	응신천황 16년	일본 요청, 아직기 추천		태자 스승		서수등

이를 통해 왕인에 관한 기록의 출발 단계에서부터 혼돈이 있었음을 알 수 있다. 특히 『고사기』에 나오는 '화이길사'와 『일본서기』에 등장하는 '왕인'이 과연 동일 인물인가 하는 점은 반드시 규명되어야 할 문제인데, 현재로서 이에 관해 알려진 바는 없다. 즉, 두 사람이 다른 인물일 가능성에 대한 의문이 제기된 적은 없으며, 대체적으로 동일 인물로 받아들이고 있는 실정이다. 예를 들어,

> B-1. 『고사기』에 의하면 왕인이라 부르지 않고 '화이길사'라 하였다. '길사'는 문사의 존칭이요, '화이'가 그 이름이다. '화이'와 왕인은 동인이명(同人異名)으로서 일어에서는 다같이 '와니'라고 부른다. 그러므로 원명은 '왕인'이 아니요 '화이'이다.[8]
>
> 2. 『고사기』의 '화이길사(わにきし)'는 왕인 박사이다. '화이(わに)'는 '왕인(わに)'이며, 그리고 '길사(きし)'는 귀인에 대한 존칭일 것으로, 신라의 관등 명에서 원류한 것이라 한다.[9]

---

7) 이러한 차이점이 발생한 까닭이 무엇인지, 아울러 왕인이 가지고 갔다는 『논어』와 『천자문』의 종류가 어떤 것인지 하는 문제들도 꼼꼼하게 살펴야 할 것이다. 하지만 본 글에서 다루고자 하는 바가 왕인의 '영웅화'과정에 대한 문헌사적 검토이기 때문에, 이에 관해 따로 취급하지는 않겠다. 이에 관한 자세한 사항은 이병도(1971, pp.17~18)와 이은창(1974, p.400)을 참고하기 바란다.

8) 유승국, 「왕인박사 사적에 관한 연구-문헌을 중심으로-」, 『왕인박사 유적지 종합조사보고서』(전라남도·왕인박사현창협회, 광주), 1974, p.15.

9) 이은창, 1974, 앞 논문, p.399.

라는 등의 주장이 여기에 해당한다. 그러나 "한자는 다르지만, 음이 같기 때문에 동일 인물이다"는 논리는 궁색하기 그지없다. 때문에 불과 8년의 간격을 두고 편찬된 동시대의 역사책에, 왜 동일한 인물이 각각 다른 이름으로 기록되어 있는지 밝혀져야 할 것이다. 특히 왕인에 대한 발음에 대해서,

> 대체로 왕인이란 말은 일본어로는 '오진'이거나 '오닌'이어야 한다. 그런데도 그걸 '와니'라 읽는 것부터가 이상하다. 그래서 나는 예전부터 왕인(『일본서기』에는 왕인, 『고사기』에는 '화이'로 기록되어 있다)이란 누구누구를 가리키는 고유명사가 아니라, 한국어의 '왕님(임금님)'이 아닐까 여기고 있었다.[10]

라는 해석도 가능하기 때문에,[11] '화이길사'와 '왕인'을 별다른 고증없이 동일인물로 파악하는 것은 무리라고 판단된다.[12] 아직까지 '화이길사'와 '왕인'이 동일 인물임이 입증되지 않은 점을 감안한다면, 왕인에 대한 가장 오래된 기록은 『일본서기』인 셈이다.

이처럼 『일본서기』에 처음으로 등장한 왕인에 관한 기록은 이후 보이지 않는다. 그리고 약 천년이 지난 뒤에, 한치윤(韓致奫, 1765~1814)이 펴낸 『해동역사(海東繹史)』에 다시 등장한다. 그 내용을 옮겨보면 다음과 같다.

---

10) 김달수, 『일본속의 한국문화』(조선일보사, 서울), 1986, p.122.
11) 일본의 각종 기록에 등장하는 왕인 관련 이명·이칭은 의외로 많다. 그리고 왕인의 후예임을 자처하는 자손들의 성씨와 이름도 복잡하고, 왕인유적지로 추정되는 지명 또한 다양하다(김정호, 1997, pp.95~161). 이는 '왕인'이라는 칭호가 시대와 지역에 따라 천차만별로 사용되었음을 시사하는 바이다. 때문에 문헌검토에 더욱 신중을 기해야 할 것으로 판단된다.
12) 이러한 지적을 하는 까닭은 결코 '화이길사'와 '왕인'이 다른 인물이라는 점을 부각시키려는 데에 있지 않다. 다만 이들 양자가 동일 인물이라는 사실에 대해서 더욱 명확한 근거를 추구해야 한다는 입장일 뿐이다.

왕인은 백제국 사람인데, 본래 한 고제의 말손이다. 고제의 후손에 난(鸞)이라는 자가 있고, 난의 후손에 왕구(王狗)라는 자가 있었으며, 구의 손자가 왕인이 된다. 왕인은 제반 경전에 통할하였고, 또한 사람의 '상(相)'을 살피는 데도 능했다. 응신천황 15년에 백제 구소앙(久素王, 구수왕 仇首王의 와전으로 생각된다)이 아직기라는 사람을 보내왔는데, 그 당시 그는 경전을 잘 읽었으므로, 황자 토도치낭자(菟道稚郎子)의 스승이 되었다. 천황이 "너보다 더 나은 박사가 있느냐"하고 묻자, 대답하기를 "왕인이라는 자가 있는데, 나보다 더 뛰어납니다"하였다. 황제가 백제에 사신을 보내어 왕인을 불렀다. 다음해 2월에 (왕)인이 천자문을 가지고 내조하여서, 황자 토도치낭자에게 효경과 논어를 전수했다. 황자가 가르침을 받아 여러 경전을 배워 통달하지 않는 바가 없었다. 이로부터 본조(필자주: 일본)에 유교가 행해지기 시작하였다. 왕인은 난파진가(難波津歌)를 읊어 인덕의 보조를 축하하였는데, 가부로 일컬어졌다. 왕인이 죽자 우두천황(牛頭天皇)과 합제하였고, 서수등의 시조가 되었다(『해동역사』 권67, 왕인 부 아직기).

위의 글이 비록 한치윤의 『해동역사(海東繹史)』에 실려 있기는 하지만, 실은 일본의 『화한삼재도회(和漢三才圖會)』라는 책에서 옮겨 적은 것이다. 이는 저자 자신이 스스로 밝힌 사실이다.[13] 『화한삼재도회』는 사도양안(寺島良安)이 찬한 것으로, 105권이다. 이는 『삼재도회(三才圖會)』[14]를 모방한 것으로서, 천부·천문·천상·시후 등 105부문에 대해서 그림을 그려 가며 기술한 책이다. 『화한삼재도회』에 나오는 왕인 관련 기록은 대체로 『일본서기』의 그것과 비슷하다. 다만 왕인의 선조에 대한 설명이 첨가되었고,[15] 아울러

---

13) 한치윤은 서문에서 자신이 참고한 총 545권의 서적을 제시한 다음, 구체적 내용을 서술함에 있어서 그때마다 책이름을 적기 해 두었다.
14) 명나라 왕기(王圻)가 1607년에 찬한 책으로, 천문·지리·시령·궁실·기용 등 40항목으로 나누어, 그림을 넣어 설명한 백과사전이다.
15) 이는 『속일본기』에 실려 있는 "한 고제의 후손에 난이라는 자가 있고, 난의 후손이 왕구인데, 전해져 와 백제에 이르렀다. 백제 구소왕 때에 성조께서 사신을 보내어 문인을 초빙하였는데, 구소왕은 왕구의 후손인 왕인을 보내었다. 이 사람이 문무생등의 조상이다(『속일본기』 연력 10년 4월 8일조, 문기촌최제들의 상언)"라는 내용을 인용한 듯하다.

왕인이 관상을 잘 보았으며 난파진가를 지어 천황에게 바쳤다는 사실이 추가되었을 뿐이다.16) 이중에서 "왕인이 관상을 잘 보았다"는 사실은,

> 백제의 왕인은 여러 경전에 통달하였고, 또 인상을 잘 보았다. 대초료황자(大鷦鷯皇子, 인덕천황)가 즉위할 것이라고 미리 그 인상을 보아 주상하였다(『화한삼재도회』 권7, 인륜류 상인, 평범사, 1996, p.48).

라는 기록에서 알 수 있는 것처럼, 『화한삼재도회』의 내용을 인용한 것이 분명하다. 그러니까 『일본서기』에 단순하게 "경전에 통달한 인물"로 표현된 왕인이, 『화한삼재도회』에서는 "경전에 통달하고, 관상을 잘 보는 사람"으로 확장된 셈이다.17) 이는 왕인에 대한 기록이 점차 확대묘사되어 가는 과정의 일면을 보여준다.

그런데 나중에 언급하겠지만, 왕인이 "관상을 잘 본다"는 사실은 고려시대 김극기가 지은 한 편의 시문을 통해 왕인의 '영암 출생설'을 입증하는 중요한 근거로 작용하게 된다. 이에 『일본서기』와 『화한삼재도회』와의 차이점, 즉 "관상을 잘 본다"는 기록의 출처에 대한 좀더 면밀한 검토가 필요하다 하겠다. 그러나 이러한 문제에 관해 관심을 둔 연구성과는 없다. 이는 지금까지 진행된 왕인에 관한 논의가 그만큼 느슨했음을 증명해 주는 바라 하겠다.

한편 한치윤은 왕인에 관한 기록의 말미에,

> 백제 인물이 일본서적에 보이는 것은 약간일 뿐인데, 아울러 사실을 가히 드러낼수 없다. … (그런데) 왕인에 이르는 즉, 일본에 학문을 일으

---

16) 「난파진가」의 제작과 관련된 부분도 『속일본기』에서 인용한 것으로 보인다(『속일본기』, 연력 9년 7월, 진연진도등의 상표).
17) 『화한삼재도회』의 저자가 무엇을 근거로 이렇게 표현했는지 알 수 없다. 때문에 왕인에 대한 논의의 지평을 확대하기 위해서는, 이러한 문제까지 아울러 검토되어야 할 것으로 사료된다.

켜 세워 그 나라 유학의 조종이 된 까닭에 특별히 갖추어 싣게 되었다
(『해동역사』 권67).

라며, 자신의 저서에 왕인을 싣게 된 배경을 "일본 유학의 조종"이 된 까닭이라고 밝혔다. 그런데 이 부분은 『화한삼재도회』의 기록과는 약간 차이가 난다. 왜냐하면 『화한삼재도회』에는 "아직기가 경서를 잘 해독하여 태자의 스승이 되었고, 이로써 일본의 유풍이 시작되었다"라고 기록되어 있기 때문이다. 한치윤이 아직기를 왕인으로 바꿔 기록한 것이 단순한 실수였는지, 아니면 왕인을 더 높이려는 의도였는지 정확히 알 수 없다. 다만 왕인에 관한 기록이 저자에 따라 조금씩 변해 가고 있다는 사실만큼은 확실한 것 같다. 아울러 그동안 왕인의 '영웅화'에 크게 공헌해 온 사람들은 이러한 미묘한 차이들에 대해서 별다른 관심을 보이지 않았다.

지금까지 살펴본 바와 같이 왕인에 관한 문헌기록의 출발은 일본에서는 8세기 무렵에 간행된 『일본서기』였으며, 국내에서는 19세기에 편찬된 『해동역사』였다. 즉, 왕인이 일본에 건너간 3세기부터 『해동역사』가 편찬된 19세기까지 국내의 역사책에 왕인의 도일(渡日)을 알리는 기록이 전무했던 것이다. 더구나 『해동역사』의 내용 또한 『일본서기』·『속일본기』·『화한삼재도회』 등의 일본 서적에서 그대로 옮겨 적은 것이었다. 왕인과 관련된 제반 논쟁의 핵심은 바로 이같은 사실에 연유한다. 즉, 왕인에 관한 국내의 문헌기록이 없다는 것이 가장 큰 문제점으로 지적되고 있다. 때문에 일본측 기록에 대한 보다 면밀하고 체계적인 검토가 필요함에도 불구하고, 왕인의 '영웅화'에 힘써 온 사람들은 이 문제에 관하여 소홀했던 것이 사실이다.[18]

---

18) 왕인의 '지역 영웅화'를 주도한 측에서는, "고려 광종 때에 과거제 도입에 기여한 쌍기(雙冀)가 『고려사』에는 기록되어 있지만, 중국측 기록에

Ⅲ. 왕인의 '영암 출생설' 등장

왕인이 영암에서 태어났다는 사실을 맨 처음으로 소개한 책은 이병연(李秉延)의 『조선환여승람(朝鮮寰輿勝覽)』이었다.[19]

> C-1. 백제 고이왕 때 박사 왕인이 이곳에서 태어났다(『조선환여승람』, 영암군 명소 성기동 조).

는 없다"는 사례를 들면서, "꼭 국내 기록에 나와 있어야만 역사가 될 수 있느냐"고 반문한다(한국교원대학교 박물관·전라남도 영암군 1995, p.20). 그러나 이러한 주장은 사실을 밝히려는 것보다, 왕인의 '영웅화' 라는 목표를 달성하기 위한 수단으로밖에 여겨지지 않는다.

[19] 『조선환여승람』은 충남 공주의 유학자인 이병연(李秉延, 1894~1977)이 1910년부터 100여 명을 동원, 12년 동안 전국 13도 229개 군 가운데 129개 군을 직접 조사하여 편찬한 백과사전적인 지리서이다. 편찬을 마친 후 간행기간만 16년이 걸린 이 지리서는 129개 군 중 26개 군의 내용만 책으로 제본되어 보급되었을 뿐, 나머지 103개 군의 것은 일제의 감시와 재정난으로 미결책으로 보관되어 왔다. 이는 조선시대의 『신증동국여지승람』과 『대동지지』를 바탕으로 국토의 변화된 모습을 새롭게 기술한 책으로서, 각 군을 독립한 1권의 책으로 만들도록 분류되어 있다. 각 권의 맨 앞에는 서·조선지리 총설·명의·위치·경계·연혁·인종·방언 등이 공통적으로 들어가 있으며, 그 뒤에 각 군에 관련된 인문지리 현황을 49개 항목으로 나누어 실었다. 구체적으로 살펴보면, 군 건치연혁·신구 속현·군명·산천·군세·명소·사찰·학교·명묘·토산·기차역·교량 등 지리에 관계된 것들과, 유현·학행·명신·문행·청백·선행·효자·효부·효녀·정렬 등 인문 관련 내용이 포함되어 있다. 이 책에 실린 군은 충남 14, 충북 9, 경북 17, 경남 20, 전북 13, 전남 24, 강원 9, 황해 6, 함남 8, 함북 6, 경기·평남·평북 각 1개군 등 모두 129개 군이다. 이병연이 발문에서 "이 책이 백성을 교화하고 풍속을 진작시키는 데 모체가 될 것이다"라고 써둔 것과 일제의 작위를 거부한 한말의 유학자이자 대신이던 윤용구(尹用求)가 서문에서 "풍속을 교화하고 후학을 계도하는 공이 크기를 바란다"고 적고 있는데에서, 이 책의 저작 동기를 확인할 수 있겠다.

2. 백제 고이왕 때 (왕인) 박사관은 오묘한 뜻에 정통하고, (고이왕) 52년(285)에 일본에 사신으로 갔다. (이때에) 야공 및 양조기술자·오복사 등을 데리고 갔으며, 응신천황에게 『천자문』과 『논어』를 바치고 전수하였다. (일본의) 경전과 유학과 기타 제도가 여기에서 비롯되었다. (왕인의) 묘는 일본 대판부(大坂府) 북하내군(北河內郡) 매방(枚方)에 있는데, 그 아래에 사당이 건립되어 있다(『조선환여승람』, 영암군 명환 왕인 조).

위의 내용은 전체적으로 『일본서기』와 『해동역사』의 그것과 크게 다를 바 없다. 다만 왕인의 출생지가 전남 영암군 성기동이라는 새로운 사실이 추가되었을 뿐이(C-1). 그가 무슨 근거로 영암을 왕인의 출생지로 지목했는지 전혀 알 수 없다.[20] 이에 관한 국내의 기록이 전무한 실정이고,[21] 『일본서기』·『속일본기』·『화한삼재도회』등의 일본서적에도 기록되어 있지 않기 때문이다. 이에 이병연이 왕인의 '영암 출생설'을 주장한 근거가 무엇인지 더욱 궁금해진다.

이와 관련하여 주목 할 만한 기록이 있는데, 1932년 나주 영산포

---

20) 『조선환여승람』 영암군의 다른 기록에는 도선국사와 관련된 유적지가 많이 소개되어 있는데, 성기동·최씨원·국사암·도선암 등이 그것이다. 이는 왕인의 출생지가 영암군 성기동이라면서도, 왕인에 관한 유적지는 따로 설명되어 있지 않은 사실과는 크게 대조된다. 즉, 왕인보다 훨씬 후대 사람인 도선국사의 유적지는 비교적 상세히 소개되어 있는 데 비하여, 왕인의 그것에 대해서는 전혀 기록해 두지 않았다는 사실이 의아스러울 뿐이다. 이는 이병연이 『조선환여승람』을 편찬할 당시, 왕인의 '영암 출생설'에 대한 정확한 근거를 확보하고 있지 못했음을 반증하는 사례가 아닌가 싶다.

21) 이중환이 거의 30년 동안 전국을 돌아다닌 끝에 완성한 『택리지』(팔도총론, 전라도편)에는 월출산과 관련하여, "월출산 남쪽에 월남촌과 서쪽에 구림촌이 있는데, 아울러 신라 때 이름난 마을이다. 지역이 서해와 남해가 맞닿는 곳에 위치하여, 신라에서 당나라로 조공 갈 때 모두 이 고을 바닷가에서 배로 떠났다"라는 기록만 있을 뿐이다. 그렇다면 이중환이 월출산 지역에 관한 기록을 남길 당시까지는 영암이 왕인의 출생지로 알려져 있지 않았거나, 실수 혹은 고의로 이같은 사실이 누락되었을 터인데, 이는 쉽게 판단할 문제가 아닌 것 같다.

에 있던 본원사(本願寺) 주지 아오키(靑木惠昇)가 만든 「박사왕인동상건설목논견(博士王仁銅像建設目論見)」이라는 문서가 그것이다. 주요한 내용을 요약해 적어 보면 아래와 같다.

> 박사왕인은 1650년 전 사람인데, 16대 응신천황의 어지를 받들고, 백제 구소왕의 추장으로서 내공하여 비로소 전적을 바치고 문교를 전하고 두 황자를 훈육하고 받든 이래 삼조에 역사하였다. … 세월이 흘러감에 따라서 박사의 구지(舊地) 영암군 구림리의 유적은 문헌이 전혀 없고, 구패로 전해져 와 진실로 애통스럽다(「박사왕인동상건설목논견」; 왕인문화연구소·전라남도·영암군, 1986, p.96).

아오키의 동상 건립 취지문에 나타난 왕인에 관한 내용은 기존의 기록과 비교하여 크게 다르지 않다. 다만 영암군 구림리를 '박사의 구지'라고 적어 놓음으로써, 왕인의 출생지가 영암군 구림리로 더욱 좁혀진 사실이 주목된다. 특히 그는,

> 박사가 제왕의 스승될 자질을 감춘 채 고향을 떠날 때, 오랜 친지들과 작별인사를 나누고 배에 올랐다. 닻이 풀리면서 배가 점점 작아지며 멀어져 갔다. 이때 석별의 정을 못이긴 왕인이 옷을 벗어 던지며 이렇게 소리쳤다. "여러분. 보시다시피 나는 이제 일본으로 떠나갑니다. 여러분을 위해 이 옷을 벗어서 여기 놓고 갑니다. 이 옷 색깔이 바래지 않는 한, 나도 일본에 건재하고 있는 것으로 믿어 주십시오" 참으로 장하기도 하다. 그 말씀!(왕인문화연구소·전라남도·영암군, 1986, p.96).

이라는 구전을 제시함으로써, 왕인의 '영암 출생설'을 한층 부각시켜 놓았다. 그리고 왕인 기념사업을 구상하였는바, "기금액 약 1만원 소요, 기석 2장 5척·상 1장 5척 짜리 규모의 동상건립 계획"이 그것이다. 즉, 아오키는 왕인이 영암 출신이라는 데에서 한발 더 나아가 구림리라는 구체적 마을을 지목했으며, 왕인의 출생지를 유적화해야 한다는 주장을 최초로 편 것이다.[22]

이처럼 이병연과 아오키 두 사람이 거의 같은 시기에 왕인의 '영암 출생설'을 제기하게 된 까닭이 궁금하다. 당시 간행된 『영암군지』 등 수 편의 호남 관련 서적에 왕인에 관한 언급이 전혀 없기 때문에 더욱 그러하다(김정호, 1997, p.58). 이와 관련하여 일본의 대동아정책을 그 배경으로 지목하는 주장이 있다. 다음의 글이 좋은 예가 될 것이다.

> 일본이 청일전쟁 후, 한국을 합병하려는 저의 아래 가장 먼저 내세운 것이 왕인이었다. 내선일체(內鮮一體)를 주장하기 위해서였다. 이러한 시도는 그 뒤로도 여러 번 있었다. 오로지 한국민을 회유할 목적에서였다. 1932년 5월 7일, 아오키(青木)란 성을 가진 한 일본인 승려가 전남 영산포에 절을 짓고 불교를 포교하였다. 그는 왕인의 유덕을 기리기 위해서 큰 동상을 세울 계획을 가지고 있었다(홍상규, 1991 ; 향토문화진흥원, 1992, pp.89~90).

홍상규는 『왕인』이라는 책에서, 일본이 내선일체 정책에 입각하여 조선인을 회유하기 위해 왕인을 추앙했다고 보았다. 그리고 그 연장선상에서 아오키의 동상건립 계획이 나온 것으로 이해하였다.[23] 이같은 생각은 일본 상야공원(上野公園, 우에노 공원)의 「왕인박사비」의 건립 배경을 설명하는데에서도 드러난다. 「왕인박사비」는 창경궁에서 하사한 은자와 일본의 집권자 근위수상(近衛首相)을 비롯한 황족 전체와 고관·문학자·승려·정치가 등 각계를 망라한 명사 230여 명의 도움으로 세워졌다. 그런데 이 비의 건립은,

---

22) 당시 기금모금의 결과 왕인 동상이 세워졌는지는 확실치 않지만, 현재 영암군 군서면 동구림리에 있는 '돌정고개'가 왕인박사 도일 유적지로 지정되어 있다(한국교원대학교 박물관·전라남도 영암군 1995, p.50).
23) 그러나 이를 입증할 만한 증거가 없는 상태에서는, 홍씨의 심증이라고 밖에 할 수 없겠다.

일제가 소위 '지나사변'을 조작한 뒤이며 2차 대전 발발 직전인 1940~41년으로, 특히 우리 민족을 내선일체라는 미명 아래 악용하였다. 당시 침략전쟁 준비에 몰두했던 군국주의자들의 불손한 생각이 여기에 잠재해 있었다(한국교원대학교 박물관·전라남도 영암군, 1995, p.178).

는 것이다. 그 증거로써, "이 비석 건립의 협찬자 중에는 친일파로 지탄을 받은 한국인들이 13명이나 끼어 있어 왕인의 역사적인 존재가 일제에 의해 정략적으로 이용되었다"는 사실을 들었다(p.178). 이러한 주장은 김창수(1993, p.41)나 박광순도 아울러 제기한 바 있다. 특히 박광순는 "만주사변을 일으킨 뒤, 이른바 대동아전쟁으로 정국을 몰고 가면서 무엇보다도 필요한 것은 '내선일체'라는 미명하에 묶어 둘 뿐 아니라, 침략전쟁에 동원하는 것이었다. 이를 위해서 저들은 일시나마 한국인의 비위를 맞춰야 했고, 그 목적을 위해 王仁박사를 정략적으로 이용한 것이었다"고 강조하였다.[24] 한편 김철준도 "일제 말기에 편찬된 『호남지』 영암군 고적조에 왕인에 관한 기사를 실은 이후, 왕인이 영암 출신이라는 설을 퍼뜨려 그 당시에 있어서 일본이 조작한 '남한경영설'이나 '내선일체설'을 선전하는 자료로 삼기 시작했다. 이는 조작으로 일관하고 있던 일제식민지사관의 성격으로 보아 능히 나옴직한 작난이라 할 수 있다"고 지적한 바 있다(김철준, 1985, p.1). 실제로 1940년 4월 23일자 『경성일보』에는 "일체(一體)의 정신을 구현하기 위해 왕인박사의 현창비를 부산에 건립했다"는 기사가 등장하기는 한다.

이상의 논의를 요약해 보면, 일본이 왕인을 추앙한 것은 내선일체를 위한 정략적인 정책의 일환이었다는 것이다.[25] 이는 왕인의 '영웅

---

[24] 아울러 "일본 학계에서 왕인박사에 관한 논설이 가장 활발하게 발표된 것도 바로 만주사변에서 대동아전쟁에 이르는 기간이었다"는 사실을 지적해 두었다(박광순, 1986, p.39).
[25] 1984년 9월 전두환 전대통령이 일본을 방문했을 때 중회근(中曾根) 일본 수상은, "일본 건국초기에 문자를 가지고 건너와 글을 가르쳐 준 왕인

화'를 부정적으로 보고 있음을 뜻한다. 그런데 어찌된 일인지 국내에서 진행된 왕인의 '영웅화' 작업 또한 거의 전적으로 일본측 기록에 의존하고 있다. 이는 왕인과 관련된 하나의 딜레마이다. 즉, 일본이 왕인을 추앙하게 된 배경을 추구하면 내선일체의 불순한 의도가 느껴지고, 우리 스스로 왕인을 '영웅화'시키려 하면 국내기록이 없는 탓에 일본측 자료에 의존해야 하는 모순에 빠지게 된다는 것이다.26)

Ⅳ. 왕인의 '지역 영웅화'와 유적지 조성

1930년대이래 1970년대 초까지, 왕인의 '영암 출생설'은 더 이상 논의되지 않은 채로 침잠되어 있었다. 그런데 1972년 영암문화원이 주관하고 신용석이 편집을 맡아 간행한 『영암군향토지』에,

> 백제 고이왕 때 사람 왕인은 일본에 처음으로 한학과 서산을 전하여 일본 문학의 시조라 숭앙을 받았다. 왕인은 구림 성기동에서 출생하였다. 지금의 문산재에서 학문을 닦고 남달리 재지가 명철하여 일찍이 사경박사에 등용되었다. 당시 배제와 일본은 문물의 교역이 빈번하였고 서로 친선 관계를 맺고자 한 터에 일본에서 사신의 초빙이 있어 왕인은 사절로써 일본에 건너갔으며 갈 때 천자문 한 권과 논어 10권을 지참하여 일본에 처음으로 펼치었다. 황태자 우지노와키이라의 스승이 되어

박사의 도일 이래, 두 번째의 경사(1985년 11월 17일자, 조선일보 사설)"라고 경의를 표했다고 한다. 이는 단순한 외교적 수사의 차원을 넘어, 정상회담의 효과를 극대화시키기 위해 '왕인의 도일'이라는 역사적 사실을 적극적으로 이용한 사례로 파악된다.
26) 일본 대판 왕인묘에 '월출동산(月出東山)'이란 글귀가 새겨져 있어, 왕인의 출생지가 영암이라고 주장하기도 한다. 그러나 월출산의 이름이 삼국시대에는 '월나산(月奈山)', 고려시대에는 '월생산(月生山)'이었고, 조선시대에 와서야 '월출산'으로 불렸다는 사실을 상기하면(『신증동국여지승람』 권35, 영암군 산천조), 이러한 단정은 잘못된 것임에 확실하다.

일본 조야의 극진한 대우와 존경을 받아 오다가 귀국하지 못하고 이국에서 세상을 떠났다. 박사의 묘지가 지금 오사카 북 기다카와치에 안치되어 있다. 박사의 탄생지인 구림에는 이렇다 할 유적이 없고 단지 문산재의 배틀굴에 박사가 사용했다는 석제 책함이 있다. 희미하게 전하여오는 전설에 의하면, 도일하려고 서호강으로 가는 길에 지금의 고산마을 뒷등에서 성기동을 보았다 해서 '돌정자'라 부르고 있다 한다(영암군향토지편찬위원회, 1972, p.336).

라고 기록함으로써, 왕인의 '영암 출생설'이 재등장하게 된다. 『영암향토지』의 내용은 전체적으로 보아, 『일본서기』·『해동역사』·『조선환여승람』에서 인용해 온 것임을 알 수 있다. 다만 영암 구림지역의 문산재와 배틀굴에 왕인이 사용한 '책함'이 있다는 사실을 덧붙여 두었다. 그리고 같은 책에서,

구림에서 어떤 사람이 모필장사를 하는데, 붓 대롱에 '왕인필'이라 새겨서 붓 이름을 「왕인필」이라 하였다. 그랬더니 일인들이 무값으로 그 붓을 사서 일본에 가서 선사도 하고 또한 귀중품으로 취급하였다(영암군향토지편찬위원회, p.139).

는 구비전설을 소개함으로써, 영암의 '왕인 출생설'은 점차적으로 구체성을 갖는 역사적 진실로 자리잡아 가게 된다. 특히 구림산악회장 박찬우는,

왕인박사는 구림 성기동에서 태어났다고 한다. 우리나라에는 믿을만한 문헌이 없으나 일본인들은 1937년부터 1942년 사이에 여러 차례에 걸쳐 사학가를 구림에 파견하여 왕인박사의 행적과 자료를 수집해간 일이 있었다. 일본 사학자들은 박사가 출생했다는 성기동과 박사가 수학한 곳으로 전해 오는 월출산 남쪽 죽봉산 밑의 옛 절 문수암을 토대로 자세한 것을 조사했다. 문수암에는 세칭 '베틀굴'이라 칭하는 박사의 서고가 있는데 그들은 이 서고를 유심히 들여다보고 어루만지면서 '마찌가이나이(틀림없다)'를 연발했다(영암군향토지편찬위원회, p.384).

는 진술을 통해, 일본인에 의해서 왕인유적지 조사사업이 진행되었음을 내비쳤다. 그러나 그가 접한 일본인 학자가 누구이며 그 연구 결과가 어떠했는지 전혀 알 수 없다. 그리고 구비전설 또한 문헌 기록이 뒷받침 될 때에 그 힘을 발휘하는 것이지, 그 자체가 역사일 수는 없다. 그럼에도 불구하고 구비전설과 그의 진술은 이후 '왕인 유적지' 조성 사업에 결정적 영향을 끼치게 된다.

아무튼 1970년대에 들어와서, 왕인의 '영암 출생설'은 본격적으로 사실화되어 갔으며, 이를 바탕으로 유적지 정비사업 및 추앙사업으로까지 발전하게 된다. 그 대표적 사례가 1973년의 '왕인박사현창협회'의 창립이라 할 수 있다.[27] 이후 1974년에 '왕인박사현창협회'와 전라남도가 공동으로 왕인박사유적지 종합조사에 착수하였고,[28] 그 결과 『왕인박사유적종합조사보고서』(1975)가 간행되었다. 그리고 그 다음해에 소위 '왕인박사 유적지'가 전라남도 문화재기념물(제20호)로 지정되기에 이르렀다.

이러한 일련의 과정에서 왕인의 '지역 영웅화'를 위해 노력한 사람들은, 왕인의 '영암 출생설'이 갖는 문헌적 취약성을 극복하려는 데에 온 힘을 쏟았다. 『박사왕인』(박사왕인연구소, 광주, 1975)의 저자 김창수가 그 대표적 인물이라 할 수 있다. 그는 1901년 전북 정

---

27) '왕인박사현창협회'의 창립 연혁은 박찬우(1986, pp.20~23)를 참고 바람.
28) 당시 전라남도 문화공보실에서 '왕인박사유적종합조사단'이 결성되었는데, 조사단장에는 '왕인박사현창회' 회장인 이선근박사가 추대되었고, 조사위원은 유승국·김영원·박찬우·이은창·김정업·임해림·임영배 등으로 구성되었다. 조사기간은 1974년 10월 11일부터 11월 10까지 한달 동안이었다. 한편 종합조사의 목적은, "백제가 낳은 역사적 거인 왕인박사의 출생지 및 그 유적을 밝히는 한편 유적지를 정립하는 등 여러 가지 문제점을 해석하는데 있어 학술자료를 제공함과 아울러 영구보존책을 강구하려는데" 있었고, 조사방법은 "문헌과 구비전설, 그리고 현지유적, 또는 고고학적 측면에서 향토지를 중심하고 문화권적 고찰 등으로 나누어 실측·실사하는 것"이었다고 한다(김정호 1997, pp.64~65).

읍에서 나서 중국 상해대학교를 나온 뒤 항일투쟁으로 옥고를 치른 경력을 갖고 있는데, 광복 후 귀국해 대한 농민회 회장을 역임했고, 제3대 국회의원을 지낸 뒤, 한일 국교정상화를 전후해 왕인 연구에 몰두한 인물이다(김정호, p.62).

그는 1968년부터 두 번 일본을 찾아가 왕인의 유적을 둘러본 뒤 귀국해서, 1972년 8월 중앙일보에「일본에 심은 한국의 얼」이란 부제를 달아 왕인박사의 일본 활동을 15회에 걸쳐 연재했다. 그런데 이 연재를 보고 같은 해 10월 영암군 청년회의소 회장 강신원가 제보를 해 오자, 영암 구림 현지조사에 나서게 되었다.[29] 이후 그는 1973년 6월 동아일보에「영암은 왕인박사의 탄생지」라는 글을 발표하여 세간의 주목을 끌었는데, 이러한 분위기에 힘입어 전라남도 주관으로 '왕인박사현창협회'가 조직됨과 함께 학술조사에 착수하게 된 것이다.

김창수의 연구에 뒤이어, 왕인의 '영암 출생설'을 학술적으로 뒷받침하는 작업은 유승국과 이은창에 의해서 이루어졌다. 1974년 왕인박사현창회가 주관한 '왕인박사유적지종합조사'의 일원으로 참여한 바 있는 유승국과 이은창은『신증동국여지승람』(권35, 영암군 산천조)에 실려 있는 김극기(金克己)의 시를 통해, 왕인 박사가 영암 출신임을 밝히고자 시도하였다. 한치윤의『해동역사』(권67, 왕인 부 아직기전)를 보면, "王仁者 百濟人 … (王)仁通于諸典 又能察人相"이라는 대목이 있다. 여기에서 '能察人相'은 "사람의 관상을 잘 본다"는 의미인데, 이에 근거하여 왕인이 '상사(相師)'로 표현될 수 있다고 판단하였다. 그리고 나서,

　　　상사는 변하여 아득하고 편안히 가 버리고, 삽상한 남은 바람 천고에

---

29) 현지조사 안내는 이 동네사람 최일석과 박찬우가 맡았고, 이들은 왕인 관련 전설도 알려주었다고 한다(김창수, 1975, p.361).

길이 북돋아, 상사는 지난날에 홀로 갈 뜻이 있어, 소나무 아래 돌문에서 날마다 놀았구나. … 가까운 늙은이(邇翁)가 어릿어릿 홀연히 나를 방문하였는데, 온 목에는 학발이요 몸뚱이는 닭의 가죽이었다.30)

라는 김극기의 시에 등장하는 '상사'는 곧 왕인이고, '이옹'은『고사기』에 나오는 '화이길사'와 동일한 인물로 단정하였다(김정호, p.61). 이로써 왕인은 영암 출신임에 틀림없다고 주장하게 된다.31) 이는 왕인의 '영암 출생설'을 주장하는 측에서 제시한 가장 유력한 문헌 증거인 셈이다. 그런데 월출산의 아름다움을 노래한 이 글의 뒷부분에는,

> D-1. 산에 올라 성인을 배알하고, 산 위의 신광을 아득히 바라보았어라. 산에 올라 성인을 배알하고, 드디어 집을 엮으려고 동구의 쑥과 띠를 다투어 베고서 종신토록, 다시는 옛 마을(故里) 생각하지도 않았네.
> 2. 아, 슬프다. 옥소봉 아래 이징군(李徵君)32)은 처음에는 땅에 집을 짓고 사는 것 같더니, 갑자기 학의 편지를 받고 높은 언덕으로 나간 뒤에는, 아침에는 푸른 봉우리에서 자고 저녁에는 붉은 섬돌에서 자는구나. 슬프다.

라는 구절들이 나온다. 만약 위의 시문이 오로지 왕인 박사를 흠모하는 글이라면(이은창, 1974, p.409), 전체적 문맥을 통해 관철되어야 할 것은 자명한 사실이다. 그런데 '돌정고개'의 전설에 의하면, "왕인은 고향 동네를 떠나기가 아쉬워 한참 동안 뒤돌아 보았고, 옷을

---

30) "相師化去杳安往, 颯爽遺風千古吹, 相師平昔獨往意, 松下石閨日棲遲, … 邇翁貿貿忽訪我, 滿領鶴髮身鷄皮"
31) 왕인의 '영암 출생설'을 주장하는 사람들은 대체적으로 김영원(1974)·이은창(1974)·유승국(1974) 등을 꼽을 수 있다.
32) '징군'은 그 자신이 벼슬하려 하지 않았으나, 나라에서 먼저 부른 사람이라는 뜻이다. 여기에서 이징군이 구체적으로 누구를 가리키는지는 알 수 없다.

벗어 던져 후일을 기약하였다"고 한다(김정호, 1997, p.89). 그렇다면 "종신토록 다시는 옛 마을을 생각하지도 않았네"(D-1)라는 표현을 어떻게 이해해야 할지 모르겠다. 그리고 "학의 편지를 받고 나갔다는 이징군"(D-2)은 왕인과는 어떤 관계인지도 의문스럽다. 또한 김극기 자신을 방문한 '이옹'이 왕인이라 하더라도, 왜 굳이 "온 목에는 학발이요, 몸뚱이는 닭의 가죽이었다"는 표현을 썼을까 의아스러울 뿐이다. 이러한 의문은 김극기의 시문이 오로지 왕인만을 흠모해서 지은 글이 아니라는 사실을 반증하는 바라 하겠다.

한편 영암 구림 출신의 유학자 박이화(朴履和)가 구림에 대해 노래한 「낭호신사(郞湖新詞)」를 보면,[33]

    촌기(村基)는 뉘 정하고
    촌호(村戶)을 뉘 이른고
    관음사(觀音寺) 폭포슈(瀑布水)의
    동지셧달 외(瓜)가 솟아
    셔답 신난 아히 긔집,
    자식(子息) 비이 긔이(奇異)하다
    신인(神人)을 탄싱(誕生)하니
    승명(僧名)은 도선(道詵)이라
    지리(地理)을 통달(通達)하야
    산믹(山脈)을 살펴보니 …

    뒤에 일른 구림촌(鳩林村)은
    비구(飛鳩)가 집림(集林)이라
    국사(國師)의 노든 바우
    몃 빅년(百年) 왕적(往跡)인고

---

[33] 박이화의 자는 화이(和而), 호는 귀계(龜溪)인데, 명촌 박순우의 재종손이다. 그는 시문에 뛰어나고 향토교화에도 힘썼으며, 통덕랑을 지냈다고 한다. 그는 낭호(영암의 옛 이름인 낭주와 구림의 서호를 일컫는 지명)의 형승과 내력 및 아름다운 풍속을 읊은 「낭호신사」라는 작품을 남겼다. 이는 낭호지세 · 도선 탄생 · 각성보린 · 사위정각 · 강상선유 · 구림춘경 · 향풍퇴화 · 향민경계 순으로 구성되어 있다(정익섭, 1989).

(영암군지편찬위원회, pp.282~283).

라는 구절에서 알 수 있듯이, 왕인에 대한 언급은 전혀 없고 도선에 관한 내용만 묘사해 두었다. 만약 왕인이 영암출신이었고 이 사실이 당대에까지 전해져 왔다면, 박이화가 왕인에 대해 몰랐을 리 없다. 그런데도 박이화가 대표적 유학자라 할 수 있는 왕인 대신에 오히려 승려인 도선을 흠모하고 칭송한 사실은, 왕인의 '영암 출생설'에 대한 신뢰도를 떨어뜨리는 자료가 아닌가 싶다.34) 그러나 왕인의 '영암 출생설'을 지지하는 쪽에서는 이러한 사실에 대한 해명이 거의 없는 실정이다. 이상에서 검토한 몇 가지 점에서, 왕인의 '영암 출생설'을 뒷받침하는 기존의 문헌적 증거는 반드시 재고되어야 할 필요가 있을 것으로 판단된다.35)

앞서 살펴본 바와 같이 왕인의 '영암 출생설'이 갖는 문헌적 한계

---

34) 왕인의 '영암 출생설'을 지지하는 입장에서는, 왕인이 당대를 대표하는 유학자라는 사실 때문에 가능하면 이후 유학자들에 의해서 계속 추앙되어 왔다는 사실을 강조해 왔다. 예를 들어, 영암 구림의 대동계를 왕인 후학자가 주도한 것으로 보는 경우가 이에 해당된다고 하겠다(박찬우, 1974, pp.91~93). 그렇기 때문에 영암 출신 유학자 박이화가 왕인을 언급하지 않은 사실은 그들의 논지에 어울리지 않는 자료라 할 수 있을 것이다.

35) 이은창은 월출산 도갑사 「도선국사비문」에 "母曰崔氏 家宇聖起之僻村"이란 구절이 나오는 바, 도선국사가 태어나기 전에 이미 성기동이란 땅이름이 있었음을 알 수 있고, 그 이름은 도선국사 탄생 전에 왕인이 살았기 때문에 붙여진 이름이라 하여, 왕인의 '영암 출생설'을 제기하기도 하였다(이은창, 1974, pp.402~403). 그러나 성기동이라는 이름이 있다 하여 왕인이 탄생했다는 근거가 될 수는 없을 것이다. 또한 그는 『일본서기』에 "東韓者 甘羅城・高難城・爾林城 是也"이라 한 구절을 들어, "이림=이림성=얕숲골=구림의 백제 지명"라고 결론지어 왕인의 '영암 출생설'을 증명하려 하였다. 그러나 김철준은, "일인학자들은 이림성을 충남 대흥이나 전북 김제로 비정하고 있다"고 밝힌 바 있다(김철준, 1985, p.3).

에도 불구하고, 1976년 왕인유적지는 전라남도 기념물로 지정되기에 이르렀다.[36] 아울러 1985년부터 행정당국에 의해 대대적인 유적지 정화사업이 시행되기 시작했다.[37] 그리고 1986년에 전라남도와 영암군에 의해서, 『영암왕인유적의 현황』이라는 연구보고서가 발간되었는데, 그 내용은 기존의 왕인의 '영암 출생설'을 재론하는데 그쳤다. 주요한 논지를 소개하면 다음과 같다.

> E-1. 영암은 문헌상으로나 구비전설으로나 지역적 특수성으로 보나 일차적으로 받아들일 조건을 갖추고 있는 것으로 여겨진다. 지금까지 문헌(『호남지』등) 뿐만 아니라, 구비전설(왕인필 등)마저도 영암을 제외하고는 왕인탄생지로서 비정 될 만한 곳은 한 군데도 없다(이을호, 1986, p.12).
>
> 2. 우리나라의 문헌에서는 찾아볼 수 없는 왕인박사와 영암지방과의 관계는 앞으로 당시의 대일 무역항구나 문화교류면에서 이해되어야 할 것이다. 현재 왕인박사 유적이라고 생각되는 동구림리 성기동은 월출산지구를 포함해서 당시 해상교통이나 문화의 중심지였을 것으로 생각된다. 그러나 월출산 지구에서는 도선국사(827~898)의 탄생설화와 또 후일 만들어진 왕인박사의 그것과 섞여져 구분하기가 매우 힘들다. 그러나 현재로서는 왕인박사와 관련된

---

[36] 당시 조사단의 한 사람으로 참여한 도문화재 전문위원인 임해림은 그동안 이곳 사람들이 미륵불이라고 불러온 책굴앞 석상이 유건을 쓴 '유인상'이란 관찰 결과를 내놓았다. 1981년 정영호도 같은 견해를 밝혔다. 이 조사보고서를 중심으로 도문화재위원회가 도문화재 지정을 위한 심의회의를 가졌으나, 고고학적인 자료 보완이 필요하다는 의견이 많아 보류되었다가, 1976년 9월 전남대학교 최몽룡 교수(현 서울대학교 고고미술사학과 교수)의 보고서가 다시 제출되어, 마침내 도문화재 기념물 제20호로 지정되었다(김정호, 1997, p.64). 그 자세한 경위는 성춘경(1986, pp.27~31)을 참고하기 바람.

[37] 1976년 10월 5일 이은상이 작사하고 김동진이 작곡한 <왕인의 노래>가 나왔다. 그리고 이해 11월 11일 성기동에 이은상이 짓고 김상필이 쓴 「유허비」가 세워졌다. 이후 1985년 영암 출신 전석홍이 전남지사로 부임하면서, 왕인사당 기공을 선언하기에 이르렀다(김정호, 1997, pp.64~65).

유적이 사실이건 아니건 간에 그 근처가 중요한 지역임은 주지하는 사실이다(최몽룡, 1986, pp.21~22).

이을호는 다른 지역에서 '왕인 출생설'을 주장한 바 없으므로 영암이 왕인 출생지임에 틀림없다는 주장을 펴고 있으며(E-1), 최몽룡은 왕인 유적지임에 확실치는 않지만 아무튼 중요한 곳이라는 애매한 입장을 표명하였다(E-2). 이러한 사실은 영암지역에 왕인 유적지 조성사업이 진행될 때까지, 왕인의 '영암 출생설'이 확실하게 입증되지 않았음을 말해 준다. 즉, 영암이 왕인 출생지로 결정되고 나서 이를 문헌을 통해 밝히려는 작업이 나중에 진행되었고, 구림의 성기동이 왕인 유적지로 지목되고 난 이후에 이를 확인하는 조사가 행해진 셈이다.

한편 왕인의 '영암 출생설'이 갖는 취약점이 많아서인지,[38] 최근에 이를 보완하려는 두 가지 사업이 진행되었다. 우선 교원대학교 박물관·전라남도 영암군 주관으로 『백제왕인박사유적연구』(1995)라는 보고서가 제출되었고, 다음으로 '왕인박사 탄생지 정립추진위원회'가 발족된 것이다. 『백제왕인박사유적연구』는 기존의 내용을 그대로 답습하면서, 왕인박사 유적지로 추정되는 곳의 실측작업을 추가하였고, 일본측 자료를 보강해 놓았다. 그리고 '왕인박사 탄생지 정립추진위원회'에서는 1996년 4월 19일 영암군민회관에서 학술강연회를 열었는데 이날 주제강연에 나선 황수영 박사는,

---

38) 1981년 7월 25~26일 '왕인박사현창협회' 주최의 학술발표회가 열렸는데, 김철준은 왕인의 개인 선양이나 연구보다 백제와 이 지역의 상관관계 연구가 급선무라는 견해를 밝혔다. 청중 중에서 "작금의 왕인박사 선양사업은 잘못된 것이며, 왕인전설 유적지는 모두 도선전설 유적지"라는 발언도 나왔다고 한다(김정호, 1997, pp.64~65). 특히 김철준은 영암 구림의 사적지 지정에 대해서 심하게 반대하였는데, 이후 왕인에 관한 논의 과정에서 자의반타의반으로 제외된다.

> 왕인의 이름이나 그 사실의 문자가 우리에게 전무하다는 사실만으로
> 그를 부정할 수 있는 것은 아니다. 필자가 해방 직후 부여의 홍사준 박
> 물관장과 같이 부소산 아래 돌무더기 속에서 사택지적의 단비를 찾았
> 을 때 사씨가 백제 8대 성임을 짐작했을 뿐 지적을 우리 문헌에서는 찾
> 을 수 없었다. 그렇다고 백제비를 소홀히 할 수가 없어 일본의 정사를
> 찾았던 바 그곳에는 그의 기사가 한 번도 아니고 두 차례에 걸쳐 발견
> 됨에 그가 백제말기 의자왕대의 대좌평 벼슬을 한 중요 인물임을 알았
> 다(영암군·왕인박사탄생지정립추진위원회, 1996, p.20).

라고 하여 왕인에 대한 기록이 없다고 해서 부정할 수 없음을 강변하였다. 그러나 이는 왕인 자체에 대한 문헌적 근거를 찾아야 하는 현실적 요구에 대한 적절한 대답은 아니라고 여겨진다. 이후 1997년 '왕인박사탄생지고증위원회'에서 『왕인전설과 영산강문화』(김정호 집필·정영호 감사)라는 책이 발간되었는데, 이전의 왕인관련 서적에 비해서 각종 기록들을 체계적으로 잘 정리해 놓았으나, 그 이상을 뛰어넘지 못하였다. 그리고 최근에 발간된 『영암군지』에서 김경칠은, 이미 발표된 자신의 논문 「고고학적 자료를 통해서 본 왕인집단의 성격」(1990)에서 언급한 바 있는 '왕인집단'에 대해 재론하였다. 그 내용의 일부를 살펴보면 다음과 같다.[39]

> 왕인집단은 영산강유역의 대형옹관을 묘제로 사용한 마한제소국의
> 토착세력으로 영암 구림에서 탄생해서 백제의 남천 이후 지방통치 체
> 제가 강화되자 백제 석실분 세력에 융합하지 못하고, 그 억압으로 많은
> 기술인을 데리고 도일한 것으로 보이며 마한은 한국사의 큰 흐름으로
> 보면 백제에 해당되므로 왕인을 백제인으로 보지만 실제로는 마한인임
> 에는 틀림없다(김경칠, 1990, p.48).

김경칠은 왕인에 대한 실증적 사료가 취약한 점을 보완하기 위해, 고고학적 자료의 뒷받침을 받아 새롭게 '왕인집단'이라는 개념

---

[39] 『영암군지』보다는 논문에 더 자세한 설명이 되어 있을 것 같아, 논문의 일부를 인용하겠다.

을 도입한 것이다(김경칠, p.38). 그럼에도 불구하고 여전히 소위 '왕인집단'에 대한 개념이 불명확하고, 대형옹관과 왕인의 연계성을 드러내지는 못하였다. 아울러 그가 제시한 고고학적 자료 또한 왕인의 '영암 출생설'을 증명하는데 별 도움을 주지 못하고 있다.

그런데 최근 역사학계에서 김주성에 의해 왕인과 관련된 보다 신중한 입장이 제기되었는바,

> 왕인의 출신지에 대해서는 우리측의 기록에는 없다. 왕인이 영암출신이라는 설화가 영암지방에 남아 있어, 왕인을 영암출신으로 보기도 한다. 그러할 가능성이 매우 크지만 그렇지 않을 가능성도 있다. 왕인이 아직기의 추천을 받았다는 사실, 왕인이 경전에 밝았다는 사실, 왕인의 왕을 성으로 본다면 백제의 중앙에 왕씨 성을 가진 자를 백제본기에서 찾을 수 있다는 점으로 보아, 필자는 왕인의 출신을 백제의 중앙에서 찾고자 한다. 하지만 왕인에 관련된 설화가 영암에 남아 있다는 것은 주목된다. 설화를 역사적인 사료로 채택하기에는 어려움이 많지만, 적어도 왕인이 한때나마 영암에서 활동했던 사실까지는 부정할 필요가 없다고 본다. 특히 왕인이 활동하였을 무렵에는 영산강 유역에는 거대한 봉토를 갖는 고분이 영암을 중심으로 함평·나주·해남·무안에 집중 분포되어 있다. 즉, 왕인을 백제가 영산강유역 통치를 위하여 영암에 파견한 인물로 보고자 한다(김주성, 1997, p.36).

라고 하여, 왕인을 영산강 유역을 통치하기 위해 파견된 백제의 중앙 관리로서, 한동안 영암지역에서 활동한 인물로 파악하였다.[40] 이는 왕인의 존재를 역사적 사실로 인정하면서도, 근거가 취약한 '영암 출생설'을 대신하여 '중앙 관료설'을 주장했다는 점에서 주목을 끈다.

이외에도 왕인의 영암 출생설을 뒷받침하려는 여러 가지 시도가 있었지만, 모두 다 소개하지 못한 데에 아쉬움을 갖는다. 특히 영암

---

[40] 김철준도, "영암지방이 대왜 교통로의 요충이라 하여 왕인이 영암출신이라는 주장의 타당성이 성립되는 것은 아니다. 당시의 대세론으로 볼 때, 왕인같이 새로운 학문의 소유자는 변방보다는 수도지역에서 나올 수 있는 개연성이 많다"고 지적한 바 있다(김철준, 1985, p.2).

지역에 존재하는 도선설화와 왕인설화의 연관성, 그리고 왕인과 일본과의 관계 내지는 일본에서의 왕인 위상에 대해서 설명하지 않은 점은 본 글의 한계라 하겠다. 특히 왕인과 영암의 관계를 드러내려는 수많은 고고학적 연구성과를 제대로 반영하지 못한 점 또한 본고의 취약점이라 아니할 수 없다.

지금까지 설명한 왕인의 '지역 영웅화' 과정에 나타난 문헌 및 행사의 전개 양상을 표로 만들면 다음과 같다. 이를 통해 마치 "무에서 유가 창조"되는 것처럼, 별 근거없이 왕인의 '영암 출생설'이 형성되었고, 이후 유적지 정화사업이 이루어졌으며, 더 나아가 <왕인문화축제>가 개최되기에 이르렀다는 사실을 확인할 수 있다.

<표 2> 왕인의 '지역 영웅화' 과정에 나타난 문헌 및 행사 연혁

문헌·행사	내용 및 영향	특징 및 문제점
『고사기』(712)	왕인 관련 기록 시원	사실 확인 불가능
『일본서기』(720)	왕인 기록 출발	'화이길사=왕인' 근거 없음
『해동역사』(1814 경)	국내 기록의 시원	일본측 기록 무비판 수용
『조선환여승람』(1922~37)	'영암 출생설' 시원	왕인 영암 출신 근거 없음
「왕인동상건립취지문」(1932)	왕인 유적지 조성 근거	왕인 영암 구림출신 근거 없음
『영암군향토지』(1972)	왕인 유적지 조성 근거	왕인 관련 구전 신빙성 의문
『박사왕인』(1975)	왕인박사현창회 조직 배경	왕인 유적지 주장 신빙성 의문
왕인박사현창협회(1973)	왕인유적지 조성사업 추진	유적지 조성 관변화
『왕인유적종합조사보고서』(1974)	문헌고증·유적지 조성	문헌고증 미흡
전라남도기념물지정(1976)	유적지 조성 법적 근거	문헌고증 미흡
유적지 정화사업(1985)	왕인문화축제 근거	관 주도 일방적 추진
『영암왕인유적의 현황』(1986)	왕인유적지 조사	유적지 입증 자료 미흡
『왕인과 도선의 마을 구림』(1992)	구림 마을사	기존논의 무비판 수용
『왕인전설과 영산강문화』(1997)	왕인 관련 문헌 정리	문헌 총정리, 기존 논의 반복

V. '지역 영웅화'의 시기적 특징과 전망

지금까지 검토한 바에 따르면, 영암을 중심으로 한 여러 단체와 학자들이 왕인의 '영암 출생설'과 '유적지 존재설'을 주장하면서 왕인을 '영웅화'해 나갔음을 확인할 수 있었다. 여기에서 특이한 점은 소위 강단 사학자들은 거의 이 작업에 관여하지 않았다는 사실이다. 중간에 김철준 등이 잠시 왕인의 '영암 출생설'을 전면적으로 부정하고 '사적' 지정에 반대하기도 하였지만, 그 결과가 단일 논문으로 발표된 경우는 없었다. 이는 왕인의 '영웅화'과정에 대한 담론 형성이 일방적이었을 가능성을 보여주는 바라 하겠다.

이러한 일방적 담론 형성은 왕인의 '지역 영웅화'와 유적지 조성 사업을 대략 네 시기로 나누어 살펴보면 어느 정도 이해가 된다. 첫번째 시기는 1930~1940년대인데, 이때에는 주로 일본인에 의해 왕인의 '영암 출생설'이 제기되었다. 물론 그 목적을 분명히 드러낼 수는 없지만, 아마 일본이 조선인을 대상으로 '내선일체' 정책을 관철시켜 침략전쟁에 동원하기 위한 수단으로 활용했을 것으로 추측된다.

두번째 시기는 1970년대인데, 이 무렵에는 왕인의 '영암 출생설'이 보다 구체화되었고, 왕인과 관련된 유적지 조사가 이루어졌다. 이러한 일련의 사업은 박정희 정권의 호국선현과 국방유적지 조성 정책과 무관하지 않은 것 같다. 즉, 민족문화의 우수성을 보여주는 민족전통문화를 적극 발굴·복원하여, 민족 중흥이라는 박정희 체제의 국가목표의 당위성을 획득하고자 한 것이다(전재호, 1998, pp.244~254). 특히 이순신의 신격화와 같은 역사적 인물의 재발견 작업은, 왕인의 '영암 출생설'에 대한 정치적 후원자 역할을 했을 수도 있다.

　세번째 시기는 1980년대라 할 수 있는데, 이 당시에는 왕인 사당을 비롯한 유적지 조성사업이 마무리되었다. 이러한 사업은 한편으로는 영암 출신 도지사의 적극적 지원이 있었기에 가능하였고, 다른 한편으로는 5·18 이후 소외된 전라도 지역에 대한 정치적 배려가 작용했을 것으로 보인다.

　네번째 시기는 1990년대인데, 이때부터 소위 '왕인문화축제'가 개최되었다. 이는 지방자치 시대의 전개와 맞물려 있는 새로운 변화로 추정된다. 지자체 실시 이후, 각 지방 자치단체들이 재정 수입을 증대시킬 필요가 발생했으며, 이를 위해 소속 지역의 역사적 인물·유물·유적들을 상품화하여 각종 축제를 개최하고, 아울러 관광수입을 올리기 위한 정책을 적극적으로 수행하게 된 것이다. '왕인문화축제' 역시 이러한 정책의 연장선상에서 추진되었다고 보는 것이 자연스러울 것 같다.

　이러한 네 차례의 걸친 주요한 정책상의 이유 때문에, 왕인의 '영암 출생설'과 '영웅화' 작업은 별다른 비판이나 문제점 제기없이 순조롭게 진행되어 오늘에 이르게 되었다. 그런데 영암군 군서면 일대에 거창하게 세워진 왕인사당과 잘 조성·정화된 왕인 유적지에 대한 절대적 문헌자료가 거의 없다는 사실을 생각한다면, 후일을 걱정하지 않을 수 없다. 더구나 매년 4월 소위 '왕인문화축제'가 그곳에서 열리고 수많은 인파가 몰려 들고 있는 실정을 감안한다면, 왕인의 '영암 출생설'과 '영웅화'에 대한 본격적인 비판과 보완작업이 반드시 필요하다고 판단된다. 특히 지금까지 방관하거나 침묵으로 일관해 온 역사학자들의 관심과 연구가 절실히 요구된다고 하겠다. 물론 그동안 왕인의 '지역 영웅화' 작업에 노력해 온 여러 단체나 향토사학자들의 의견도 폭넓게 수용되어야 함은 당연하다 하겠다.

본 글을 마치면서, 현재 유행처럼 번지고 있는 지역 축제가 보다 신중하고 진지한 논의를 거쳐서 진행되어야 한다는 사실을 지적해 두고 싶다. 특히 지역 축제의 근거로 작용하는 역사적 사실의 도출에 있어서는, 단순한 애향심이나 조급한 자본의 논리를 뛰어넘어야 할 것이다. 끝으로 "도대체 역사학은 어떤 것이며, 어떤 것이어야 하는가", 아울러 "역사적 사실과 신화, 그리고 문헌기록과 설화(전설)의 경계는 어디까지인가"라는 질문을 되새겨 보고자 한다.

(김병인)

제12장
왕인문화축제와 이벤트관광

Ⅰ. 지역전통의 축제화

어떤 특정 장소(place)는 그것이 갖는 독특한 매력요인(attraction) 때문에 외부의 관광객들을 끌어들인다. 따라서 장소에 대한 평가는 장소의 매력성 여부에 따라 달라지며, 관광객들은 각 장소가 갖는 다양한 매력요인으로 인해 관광활동을 하게 된다. 이때 관광활동은 특정 장소에서 이루어지고, 이러한 관광활동이 발생하는 데는 다양한 매력요인이 작용한다. 이러한 매력요인에는 아름다운 자연경관, 역사적 사건과 인물들, 쇼핑센타, 문화·민속적 자산, 오락 및 유흥시설, 스포츠 경기장, 축제 및 특정 이벤트 기회, 건물·기념비·조각품, 기타 등이 있다(Kotler, Haider and Rein, 1993). 이 중에서 최근 관광활동으로 빠른 성장을 보이고 있는 이벤트관광[1]과 관련된 주

---

[1] 이벤트관광(event tourism)이란 문화관광의 한 유형으로서 관광수요를 창출할 수 있는 지역축제와 특별 이벤트를 관광 상품화하여 특정 장소(place)로 관광객들을 유인하고, 이를 체계적으로 계획·개발·마케팅하는 일체의 과정을 의미한다. 이벤트관광은 1970년대 이후 영국과 프랑스를 비롯한 선진국에서 이미 경제적 효과가 입증된 지역활성화 전략(Getz, 1991 ; Patrick and Perdue, 1990 ; Getz and Frisby, 1998)으로서 지역

요 속성은 다양한 축제 및 이벤트 기회이다.

　우리나라에서 이벤트관광은 1990년대 이후 세계경제적 변화에 따른 국내 경제구조의 재편과 지방자치제의 실현 등으로 인한 각 자치단체들의 지역활성화 전략으로 활기를 띠기 시작했다. 광주·전남의 경우 근대화, 산업화 과정에서 낙후되면서 지역경제를 위한 기반시설이 부족했고, 수도권과의 지리적 원격성 및 관광 관련 하부시설의 부족 등으로 인해 관광개발이 상대적으로 지연되었다. 이러한 지역의 구조적 속성은 1980년대 이후 지속적으로 증가하는 관광수요를 지역내로 유인하지 못하여 다른 지역에 비해 전남지역의 관광산업은 보유하고 있는 자원에 비해 낙후되어 온 것이 사실이다.

　그러나 최근 들어 각 자치단체들의 지역 활성화를 위한 경쟁이 치열해짐에 따라 지역이 가지고 있는 자연적, 문화적, 경제적인 자원을 최대한 활용할 수 있는 축제나 이벤트 등이 급증하고 있고, 국내외에서 자본유치와 지역상품의 판촉을 위해 지역을 널리 알리는 광고행사가 지방행정의 새로운 분야로 자리잡고 있다. 이에 따라 광주·전남지역은 핵심적인 지역정책과제로서 지역이미지 제고 전략과 같은 경제적 문화전략2)을 지역정책으로 많이 활용하고 있다.

　　내 관광자원을 외부에 널리 알리고 지역 이미지 및 관광소득의 증대를 위한 새로운 유형의 관광정책이다. 이벤트관광이 갖는 경제적·문화적 중요성 때문에 지역축제를 이벤트로 개발한 사례는 1970년대 이후 전세계적으로 꾸준히 증가하고 있다. 최근 지방자치제가 발달한 선진국에서 개최된 수많은 이벤트들은 관광활동으로 가장 빠른 성장을 보이고 있으며(Gunn, 1988), 이벤트관광의 사회·경제적 파급효과는 매우 큰 것으로 밝혀졌다(Hall, 1992).
 2) 본래 문화전략은 직접적인 생산요소로 도시회생을 가져 올 전망이 밝지 않은 지역에서 많이 동원하는 경향이 있다. 또한 양극화된 사회에서 중립적인 언어로 사회의 질서와 사회적인 다양함을 유지하거나 이데올로기적인 갈등을 은폐하려는 정치적인 전략이기도 하기 때문에 이 의도가 실패할 가능성은 다분히 있다(신혜란, 1998).

이러한 측면에서 광주·전남의 지역정책의 변화는 지역이미지 통합과 전통문화 및 여가의 새로운 상품화 전략을 통해 자본유치를 위한 매력있는 장소로 가꾸고, 문화상품 개발을 통한 지역경제 활성화를 꾀하고 있다. 많은 지역에서 장소의 상품화·차별화 전략으로 장소마케팅(place marketing)의 이미지 전략은 C.I.(City Identity)를 통해 이미지 상품화와 정체성 운동의 효과를 얻고 있다. 이를 통해 고품질의 장소 이미지로 외부수요를 유치하고, 지역생산품의 수요를 증대시키며, 지역민의 자치단체장에 대한 지지와 통합을 고취시키고 있다. 이에 따라 전남지역의 각 시군은 관광객을 유치하고, 지역홍보, 지역민의 통합 등을 목적으로 다양한 축제나 이벤트를 개발하여 2000년 현재 전남지역에서 열리고 있는 축제는 총 55개에 달하고 있다. 이 중에서 진도의 영등제, 순천 낙안읍성의 남도음식축제, 영암의 왕인문화축제 등은 지역의 문화자원을 관광상품으로 발전시켜 지역내 특정 장소로 관광객들을 유인하고 있는 대표적인 사례에 해당한다. 특히 전남 영암군 구림리는 왕인문화축제의 개최를 통해 왕인을 기리는 지역내 독특한 지역전통을 축제 주제로 부각시켜 이를 활성화하고, 이와 관련된 마을 주변 유적지 정화사업을 통해 관광객 유치, 지역홍보와 더불어 지역민의 통합을 시도하고 있다.

왕인문화축제는 구림리 성기동에서 탄생했다고 전해지는 백제의 현인 왕인을 기리는 추모제와 지역내 다양한 문화행사 등이 결합된 전남의 대표적인 지역축제 중의 하나이다. 왕인문화축제가 열리는 영암군 군서면 구림리 일대는 축제 개최시기에 만개하는 벚나무 길과 월출산이 어우러지는 장소적 매력요인이 왕인의 탄생설화와 결합되어 외부 관광객들을 유인하고 있다. 특히 일본에서 왕인은 백제사람으로 일본으로 건너가 일본의 고대문화발전에 크게 기여한 성인으로 추앙받고 있어 왕인문화축제를 방문하는 일본 관광객들의 수가 꾸준히 증가하고 있다. 이러한 왕인문화축제가 갖는 잠재적인 관광자원성과 장소적 매력요인은 1999년 전국 10대 문화관광축제, 2000년 전국 12대 문화관광축제로 선정되어 전국적인 이벤트관광으로 성장하는 원동력이 되었다.

그러나 왕인문화축제의 이러한 외연적인 성장에도 불구하고 왕인문화축제의 초기 성립배경에서부터 현재에 이르기까지 축제내용을 비롯한 축제추진체계 등의 변화로 인해 왕인문화축제가 구림지역에서 완전하게 뿌리내리기에는 아직 미약한 점이 많다. 여기에는 무엇보다 왕인에 대한 평가가 역사적으로 구림리의 독특한 마을 내외적인 변화에 따라 다르게 해석되었고, 이를 왕인문화축제로 관광상품화시키는 과정에서 도출된 지역민과 이를 추진하는 주체들간의 미묘한 대립이 중요하게 작용한 것으로 판단된다. 이에 본 연구는 최근 지역전통과 문화적 자산 등이 재발견되고 자원화되면서 전남지역의 대표적인 이벤트관광으로 자리잡아 가고 있는 왕인문화축제를 사례로 영암 구림마을의 유교문화 전통이 축제라는 이름으로 어떻게 활성화되고 있는지를 초기 왕인문화축제의 추진배경과 이후 현재까지의 성장과정 분석을 중심으로 살펴보고자 한다.

이 장은 주요 목적은 첫째, 영암 구림마을 지역전통의 축제화 배경과 관광지적인 특징을 살펴보고 둘째, 구림마을의 유교문화 전통이 왕인문화축제 속에 흡수되면서 나타난 축제의 변화 양상을 1993년부터 2000년까지 개최된 왕인문화축제의 성장과정을 중심으로 고찰하며 셋째, 이러한 분석결과를 토대로 도출된 왕인문화축제의 문제점과 영암군 구림리의 독특한 지역전통이 축제를 통해 보다 활성화될 수 있는 방안도 제시하려고 한다.

본 연구를 수행하기 위한 자료 수집 방법은 문헌조사 및 설문지에 의한 면접조사 방식을 통해 자료를 수집하고, 각종의 통계자료도 활용하였다. 왕인문화축제의 유래 및 추진배경에 관한 자료수집은 현지조사 및 각종 조사보고서를 비롯한 문헌조사를 토대로 수집하였고, 1993년부터 개최되기 시작한 왕인문화축제의 성장과정과 특성은 통계자료 및 관련 보고서 등과 담당 공무원 및 지역주민들과의 인터뷰 자료를 통해 분석하였다. 관광객 설문조사는 2000년 4월 9일부터 4월 12일까지 왕인문화축제를 방문한 관광객들을 대상으로 실시하였으며, 이를 작년(1999년)과 비교하여 분석하기 위해 필요한 자료는 1999년 4월 9일부터 4월 12일까지 왕인문화축제 관광객 분석을 시도한 이장주의 연구성과를 원용하였다. 설문지 분석은 응답한 설문지 중에서 통계분석에 유의한 188명의 설문지를 이용하여 관광객의 관광세력권과 평가분석을 행하였다.

II. 지역전통의 축제화 배경과 관광지적 특징

1. 왕인문화축제의 유래 및 축제화 배경

왕인문화축제가 열리는 영암군은 우리나라의 서남단, 전남의 서부해안 중앙에 동서방향으로 길게 자리잡고 있는 지역이다. 전남지역의 중심하천인 영산강의 하류부를 사이에 두고 북서부는 무안군과 북동부는 나주군과 접하고 있으며, 남동부는 장흥군과 강진군, 남서부는 해남군과 접하고, 서단의 삼호면은 목포시와 인접해 있다. 영암군의 면적은 523.59㎢, 주요 도시와의 거리는 직선거리를 기준으로 볼 때 대략 목포와 25㎞, 광주와 50㎞, 나주와 25㎞ 거리에 위치하고 있다.

왕인문화축제는 1993년부터 매년 음력 3월 초, 벚꽃 개화시기에 맞추어 영암군 군서면 구림리 성기동을 중심으로 개최되고 있다. 왕인문화축제는 1987년 준공한 왕인사당에서 열리는 제사를 시작으로 월출산 바우제, 봉화놀이, 민속놀이, 국악경연 등 여러 행사가 4일간 계속된다. 구림마을은 월출산 서쪽 샛봉인 주지봉에서 내려선 나지막한 구릉을 기대고 자리잡고 있다. 행정구역상으로는 구림마을은 영암군의 중앙에 있는 군서면 중심마을이다. 동쪽은 도갑리 죽정동네이고 서쪽은 백암동 건너 학산천이 흘러 서호면과 경계를 이루고 있다. 남쪽은 '배척골'이 끝동네이고 북쪽은 백암동이 모정리와 경계를 이루고 있다.

예로부터 고대 중국과 일본을 왕래한 무역항이었던 구림마을은 신라시대부터 명촌이라고 사서에 기록되는 마을이다.[3] 그만큼 오랜 역사를 지닌 이 마을은 왕인 뿐만 아니라 도선의 출생과도 관계가 있는 곳이다. 그래서 영암 사람들은 '백제 때는 왕인을, 신라 때는 도선[4]을 낳은 곳이 영암'이라고 자랑하기도 한다. 그러나 구림리

---

[3] 이중환(李重煥, 1690~?)이 쓴 『택리지(擇里志, 1719)』에는 '월출산 서쪽에 구림촌(鳩林村)이 있는데 신라 때부터 이름난 곳이다. 지세가 서남해와 서로 맞닿는 곳에 있어 신라가 당나라로 들어갈 때에 모두 바다에서 배가 떠났다'고 쓰여 있다.

[4] 도선의 탄생설화와 관련된 내용을 보면, 『신증동국여지승람』 영암군 고적(古跡)항목에 「최씨원(崔氏園)」이 나오고, 도선국사(道詵國師, 827~898)와 관련해 '구림'이란 동네이름이 비롯되었다고 적혀있다. 그 내용을 살펴보면, '옛날 통일신라시대에 월출산 밑의 한 마을에 최씨가 살고 있었다. 그에게는 딸이 하나 있었는데 하루는 산기슭 계곡의 샘에 갔다가 예쁘게 생긴 오이가 떠내려 와 이를 먹었다. 그런데 딸은 그 후 이상하게 배가 불러오고 마침내는 한 사내아이를 낳게 되었다. 아버지인 최씨는 처녀가 아버지 없는 아이를 낳았다고 화를 내며 아이를 동네 대숲에 내다 버렸다. 여러 주일만에 딸이 가서 보니 비둘기들이 감싸고 있었다. 돌아와 부모에게 고했더니 부모도 가서 보고 이상히 여겨 데려다 길렀다. 그 아이가 자라 큰 인물이 되었으니 그가 바로 도선국사였다.' 구

성기동 일대에 전해지는 왕인과 도선의 이러한 탄생설화는 구림사람들에 의해 시대의 변화에 따라 달리 해석되었고, 왕인의 탄생지가 성기동이라는 주장은 현재까지도 정확한 논증을 하지 못하고 있는 실정이다(김병인, 2001). 이러한 상황에서 일본인들에 의하여 자신들의 문화를 살찌게 한 왕인의 탄생지가 영암 구림이라고 하는 주장이 먼저 일어났고, 이를 기회로 왕인 유적의 정화는 시작되었다.5) 왕인 유적지는 1974년 10월 왕인박사 유적에 관한 종합조사가 왕인박사 현창협회 회장인 이선근 교수를 단장으로 7명의 조사위원들에 의해 최초로 이루어졌고, 1976년 9월에는 전라남도에 의해 지방기념물 제20호로 지정되었다. 이후 1981년 7월에 국립광주박물관장인 이을호 박사를 중심으로 14명의 교수들이 참가한 가운데 왕인박사의 유적 및 위업에 관한 학술대회가 백제왕인연구소 주최로 열리기도 했다(향토문화진흥원, 1992, p.86).

그러나 일부 학자들의 왕인박사 선양사업에 대한 부정적인 견해

림이라는 마을이름도 이런 연유로 생겼고, 이 같은 전설은 마치 실제의 상황인 것처럼 구림리 일대에는 그 현장들이 전해져 온다. 즉 도선의 어머니 최씨가 오이를 먹었다는 샘은 현재 새로 건립된 왕인 사당의 뒤쪽에 있는 성기동의 '聖基川, 聖泉'이고, 그 밑의 기슭이 동국여지승람에 '최씨원'이라고 기록된 최씨의 집터이다. 아이를 버렸다는 바위는 현재 구림마을 낭주 최씨들의 고려 초 인물 최지몽을 제향하는 사당 곁에 있는데, 속칭 '국사암'이라고 한다. 전설의 인물 도선은 나라에 등용되어 큰 일을 하였으나 모함을 받아 중국으로 망명하는 신세가 되었으며, 그가 떠났던 포구며, 앉아 있던 바위가 구전으로 전해지기도 한다(이해준, 「다시 쓰는 전라도역사」, 『금호문화』, 1995, p.42).

5) 1932년에는 영산포에 일본불교 선교차 와 있던 아오키(青木)란 일본인 승려가 구림에 왕인동상을 세우기 위한 모금전단을 뿌린바 있다. 이후 한일국교가 정상화되고 김창수가 1973년 영암 구림촌에 왕인박사가 이곳 출신이란 말을 전해 옴을 듣고 언론에 소개했다(향토문화진흥원, 「왕인과 도선의 마을 구림」, 『마을시리즈 1』, 1992, p.90 ; 전라남도, 「전남관광 명소화 소프트웨어 개발연구」, p.120).

와 왕인의 영암 탄생설에 대한 확실한 논증이 취약한 상태에서 진행된 왕인박사 유적지 정화사업은 도선국사와 관련한 지역민들의 반발을 일으키기도 하였다. 이러한 가운데서 왕인박사 유적지 정화사업이 활기를 띠기 시작한 것은 1985년 영암 출신 전석홍이 전라남도 지사로 부임한 후 전라남도가 주체가 되어 사당(祠堂), 강당, 내삼문(內三門), 외삼문(外三門), 문산제(文山齋), 양사제(養士齋) 등의 복원공사에 착수하면서부터이다. 1996년 현재까지 14,250평의 규모에 소요사업비는 복원공사를 비롯하여 주차장, 왕인동산, 전망대, 상대포구와 누각 사업 등 총 113억여 원이 소요되었다. 이러한 일련의 상황으로 볼 때, 왕인박사 유적지 정화과정은 영암이 왕인 출생지로 알려지고 나서 이를 문헌을 통해 밝히려는 작업은 나중에 진행되었고, 구림의 성기동이 왕인유적지로 지목되고 난 이후에 이를 확인하는 조사가 행해진 셈이다.

한편, 1987년 왕인박사 유적지 준공과 일련의 정화사업을 계기로 현재 왕인문화축제의 모태가 된 왕인박사춘향대제(王仁博士春享大祭)가 1986년에 처음 시작되었다. 왕인박사춘향대제는 현재와 같은 형태의 지역축제가 아닌 조선시대 이후 전통적인 구림마을 유림들 중심의 배향제(配享祭)였던 것이 확대 개편된 것이라고 할 수 있다. 왕인박사춘향대제가 지역축제화된 것은 구림마을 청년회가 중심이 되어 만들어진 1993년 왕인벚꽃축제였고, 4년 후인 1997년에 와서 현재의 '왕인문화축제'라는 이름으로 정착되어 오늘에 이르고 있다.

현재 왕인문화축제의 전신인 왕인벚꽃축제는 1994년 1월 군서청년회 창립과 더불어 청년회의 자체 사업 중 가장 큰 행사였다. 이는 특히 1990년 지방자치제 실시 이후 각 지역의 문화자원 등을 관광상품화하는 과정에서 전국적으로 급증하기 시작한 지역축제의 성격을 띠고 있다. 그러나 초창기 왕인벚꽃축제는 다분히 구림마을 중심의 마을행사의 성격이 강해 왕인박사 이미지를 상징화시켜 영암군 전체의 지역홍보와 지역관광의 활성화의 목적보다는 면민 단합의 체육행사가 주를 이루고 있어 지역민 단합 목적이 축제의 가장 큰 추진배경이었다고 할 수 있다. 이러한 추진배경은 1997년 문화체육부가 선정한 우수기획축제로 선정되면서 축제의 추진체계가 군서청년회에서 영암군으로 전면 이양됨에 따라 지역이미지홍보와 지역관광의 활성화라는 목적으로 변화되었다.

2. 구림마을의 관광지적 특징

영암군은 전남의 서남단과 중앙지역의 중간적 역할을 해주는 지역으로 영산강의 관문이라 할 수 있다. 그리고 호남의 명산으로 꼽히는 월출산을 중심으로 여기서 발원한 작은 하천들이 영암만(靈岩灣), 도포만(都浦灣), 남해만(南海灣) 등으로 흘러 들어가면서 주위에 자그마한 평야지대를 형성하고 있다. 해안가를 끼고 있는 이 지역은 영산강 하구언 공사로 해안선이 감소했지만 선사시대에 있어서는 자연 그대로 굴, 대합, 조개, 꼬막 등의 패류와 농산물이 풍부했을 것으로 추정된다. 지금은 폐쇄되었지만 도포만의 덕진(德津)나루는 예부터 전해 오는 훌륭한 포구로서 영산포, 법성포와 함께 전라남도지역의 관문 역할과 무역항구로서 교역의 중심지였다. 이곳으로부터 일찍이 화남(華南)지방이나 남방(南方)의 선진문화를 받아들였을 것으로 추측되는데, 영암지역이 문화의 중심지로서의 역할을 수행할 수 있었던 근거가 바로 여기에 있다고 볼 수 있다(왕인문화연구소, 1986, p.18).

이러한 역사적 배경을 토대로 영암군은 영산강 유역의 선사문화와 관련된 고인돌과 옹관묘가 가장 많은 지역이고, 구림리에서 출토된 청동제 거푸집, 서호면 장천리의 청동기 시대의 마을터와 약 830여기에 이르는 고인돌 등 다양한 선사유적지로도 유명하다. 그리고 남북국시대(7~9세기)의 대규모 도기 제작장으로 1987년에 발굴되기 시작한 사적 제338호 영암구림도기 가마터6)와 통일신라시대와 고려시대 불교문화의 유산을 접할 수 있는 군서면 구림리의 도갑사와 왕인박사 유적지에 이르기까지 영암군에는 다양한 유·무형의 문화적 관광자원이 분포하고 있다(<표 1>).

<표 1> 영암군의 주요 관광지 및 관광자원 현황

구 분	명 칭	자원현황	비 고
월출산 국립공원 및 인근지역	월출산 국립공원	천황봉, 향로봉, 사자봉, 구정봉, 경포대, 칠치폭포, 바람폭포, 구름다리, 집단시설지구, 산악경관	30만명/년
	도갑사	해탈문, 동자상, 석조여래좌상, 지방문화재	9만명/년
	천황사	대웅전터, 목탑지	17만명/년
	성기동 국민관광지	모험놀이시설, 전망대, 야영장 등	10만명/년
	영암온천	지하 1층, 지상 7층 59실 규모	

---

6) 영암 구림도기 가마터는 좋은 질의 점토, 풍부한 땔감, 운송이 편리한 뱃길 등 도기 생산지로 이상적인 여건을 갖추었던 남북국시대(7~9세기)의 대규모 도기 제작장이다. 이곳에는 당시의 도기 파편 퇴적과 10여개의 가마가 1km에 걸쳐 분포되어 있으며, 1987년과 1996년 이화여자대학교 박물관의 발굴로 당시의 도기가마가 보존되어 있다. 구림리 도기가마에서는 입넓은 큰 항아리, 사각병, 기름병, 단지, 시루 등 일상생활용기가 제작되었다. 한국도자기 역사에서 처음 시작된 녹갈색·흑갈색 유약이 입혀진 시유도기가 있다. 이것은 현대 옹기까지 이어지는 가장 강하고 오랜 도자전통이다. 시유도기인 구림도기는 전 세계에 그 예술성이 널리 알려진 일본의 시가끼, 세또의 도기 보다 약 200~300년 앞선 것으로 그 예술적·역사적 가치가 높다(영암군, 문화공보과). 이러한 영암 구림의 도기가마터의 발굴은 왕인이 도일시 도공 등을 동행했다는 주장을 뒷받침해줌으로써 영암 구림이 왕인의 탄생지일 가능성이 높다는 또다른 근거가 되고 있다.

구분	명칭	자원현황	비고
문화유적	마애여래좌상	월출산 구정봉 아래에 위치	국보 144호
	영보정	인근에 최성호 가옥, 양암정 등 문화재 입지	지방기념물
	왕인박사유적지	탄생지, 석인상, 책굴, 상대포, 문산제, 양사재 등	지방기념물
	시종고분군	내동 쌍무덤 3기, 장동 방대형 1기 등	문화재자료
	선사주거지	수혈식 주거지, 고상가옥지, 전시관 1동, 지석묘	기념물
	구림도기 가마터	도기문화센터, 도기공방, 도시문화예술관 등	사적 제338호
영산호, 내수면 및 주변지역	영산호 국민관광지	영산호, 배수갑문, 백조공원, 영산강 하구언 등	100만명/년
	농업박물관	재래농기구, 영산강개발실태, 특산품	12만명/년
	내수면 낚시터	영산호, 학파1·2저수지, 청룡제 등	

*자료 : 영암군, 영암군 관광종합개발계획, 1996, p.24.

특히 왕인문화축제가 열리는 군서면 구림리는 영암군의 풍부한 문화적 관광자원과 자연경관을 배경으로 축제가 열리는 4월에는 많은 외부 관광객들을 유인하고 있다. 구림마을이 갖는 장소적 매력요인은 우선 삼국시대부터 통일신라와 고려시대를 거치는 동안 중국과 일본을 왕래한 무역항이었다는 점과 백제사람으로 일본으로 건너가 활약한 왕인과 신라 말 도선국사의 탄생설화를 간직한 수려한 풍광의 고촌(古村)이라는 점이다.

도갑사에 이르는 길목의 구림마을은 지금은 많이 퇴색되었지만, 조선시대 우리나라 향약의 대표적인 모습을 전해 주는 400년 역사의 '구림대동계'와 그 모임의 집회소였던 '회사정(會社亭)'으로도 유명한 곳이다. 이러한 구림마을의 유교문화 전통과 1987년 왕인박사 유적지 준공을 계기로 활성화되기 시작한 왕인문화축제는 매년 4월 초순 벚꽃개화시기에 맞춰 많은 관광객들을 유치하고 있다. 영암군을 방문하는 월별 관광객의 현황(1998년 현재)을 보면, 전체 관광객의 50% 이상이 4월에서 6월 사이에 집중되어 있는데, 왕인문화축제가 열리는 4월에 관광객들이 가장 많이 방문하고 있음을 알 수 있다. 이들은 주로 4월 초 벚꽃 개화시기에 맞춰 열리는 왕인문화축제와 도갑사 일원의 역사 및 문화유적을 주로 방문하고 있는 것으로 나타났다. 특히 왕인문화축제 관광객들의 주요 관광코스인 왕인박사 유적지는 1987년 완공 이후 꾸준한 증가 추세를 보여 1999년 현재 총 20만 명 이상의 관광객이 방문한 것으로 나타났다(<그림 2-1, 2-2>).

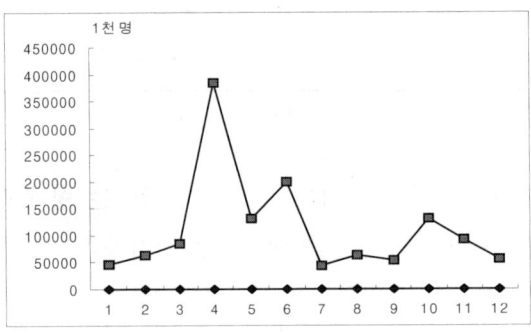

<그림 2-1> 영암군 월별 관광객 현황

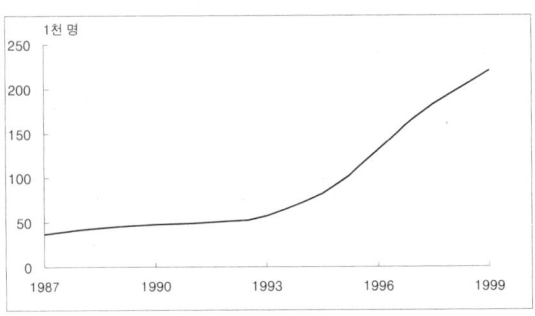

<그림 2-2> 왕인 유적지 관람객 현황

Ⅲ. 왕인문화축제의 성장과정

1. 축제 프로그램의 변화

　왕인문화축제 프로그램은 왕인박사 유적지 사당에서 '왕인박사 춘향대제'라고 하는 유림들의 제사를 큰 축으로 다양한 민속공연과 부대행사로 구성되어 있다. 주요 행사는 왕인박사 도일(渡日)을 재현하는 가장행렬과 당시 일본에 전수했던 도자기, 종이, 천자문 등을 주제로 펼쳐지는 주제별 행사가 그 핵심을 이루고 있다. 예년에 비해 두드러지게 나타나는 프로그램상의 특징이 바로 이러한 주제(Theme) 개념을 프로그램 구성에 도입시켰다는 점이다. 다시 말해 주제별로 프로그램을 기획하여 총 39개 프로그램을 각 주제와 부제에 맞춰 축제 일정을 구성했다는 점이다. 이를 구체적으로 각 축제 일정별로 살펴보면, 축제 첫째날을 '소리(音)의 날'로, 둘째날은 '역사(流)의 날로' 정해 가야금 산조와 병창, 장부질 노래, 도포제줄다리기, 정동정호제, 월출산 바우제 등 다양한 민속공연 및 전통민속놀이가 행해진다. 셋째날은 '종이(紙)의 날', 넷째날은 '흙(土)의 날'로 정해 체험! 한지뜨지, 지승・색지공예 전시회, 한일종이교류전, 영암도기특별전, 현장체험 도기제작 등의 주요 행사가 행해졌다.

<표 2> 왕인문화축제 프로그램 내용(2000년)

축제일정	프로그램 내용
소리(音)의 날 (4월 9일)	1) 왕인박사춘향대제 2) 왕인기자굿 및 정동정호제 3) 개막길놀이 4) 영암문화학교 공연 5) 가야금 산조,병창 6) 왕인박사일본가오! 7) 광명농악 8) 도포제줄다리기 9) 장부질 노래 10) 고향의 밤 11) 왕인가요제(1차) 12) 왕인후예선발(1차) 13) 개막식
역사(流)의 날 (4월 10일)	1) 군민의 날 기념식 2) 도포제 줄다리기 3) 월출산 바우제 4) 농악경연, 줄다리기 5) 군민체육대회 6) 도립국악단 공연 7) 청소년 어울마당 8) 정동정호제 9) 장부질 노래 10) 왕인후예선발(2차) 11) 왕인가요제(2차)
종이(紙)의 날 (4월 11일)	1) 화전놀이 2) 왕인학생선발대회 3) 여석산 천지북놀이 4) 국악경연 5) 영암문화학교 공연 6) 왕인후예선발(3차) 7) 왕인가요제(3차)
흙(土)의 날 (4월 12일)	1) 초중고 사물놀이 공연 2) 영암문화학교 공연 3) 도기경매 4) 여석산 천지북놀이 5) 왕인후예선발 결선 6) 왕인가요제 결선 7) 폐막식
기획행사	1) 도전! 천자문 250계단 2) 현장체험 영암도기 제작 3) 체험! 도포제 줄다리기 4) 체험!한지뜨기, 지승·색지공예 5) 왕인학문의 길 탐방 6) 창작 연날리기 7) 종가대표 음식전 8) 한일 종이교류전 9) 영암도기 특별전 10) 아마추어 무선국 11) 흙의 예술제

*자료 : 영암군청 문화공보과

 그러나 2000년 들어 새롭게 시도한 프로그램의 주제개념 도입은 그 의도에 비해 세부적인 프로그램의 주제의식과 연계성이 제대로 부각되지 못해 이에 대한 개선의 여지가 많이 있음을 알 수 있다. 즉 왕인의 업적과 의미를 지나치게 상징화시켜 '음(音)', '유(流)', '지(紙)', '토(土)'라는 다분히 관념적인 문화컨셉이 실제적인 행사프로그램으로 이어지기에는 다소 무리가 있어 보인다. 따라서 축제의 현실감과 대중성을 높이기 위해서는 프로그램을 단순화시키고 누구나 공감할 수 있는 체계적인 프로그램 기획이 요구된다고 할 수 있다.

 한편, 초기 왕인문화축제의 프로그램 내용을 분석해 보면, 최근

프로그램 성격과는 상당히 다른 특성이 나타난다. 1997년 왕인문화축제로 확대·개편되기 전인 1993년부터 1996년 4회까지의 왕인벚꽃축제 프로그램을 보면, 왕인박사와 관련된 프로그램은 전무했고, 지역군민들의 화합을 도모하는 체육행사 중심의 비교적 단순한 행사로 구성되었다. 이후 1997년 제5회 왕인문화축제로 확대·개편되면서 지역내 유림들의 배향제였던 왕인박사춘향대제가 핵심적인 축제 프로그램으로 포함되었고, 군민의 날, 벚꽃축제, 월출산 바우제 행사 등이 왕인문화축제로 흡수되면서 현재와 같은 대규모 축제 프로그램을 구성하게 되었다. 이 과정에는 1996년까지 군서청년회가 주축이 되었던 추진체계가 1997년 5회부터 영암군으로 전면 이양되면서 축제의 내용 및 프로그램에 큰 변화를 가져왔다고 볼 수 있다. 즉 이때부터 '왕인'이라는 인물이 지역축제에 전면으로 등장하게 되었고, 역사적 인물의 관광자원화를 통해 왕인박사 유적지를 방문하는 일본관광객들을 유인하는데 왕인문화축제가 중요한 행사로 자리매김했다고 할 수 있다.

전체적인 왕인문화축제 프로그램의 변화과정을 시기별로 살펴보면, 1997년 5회를 맞이하면서 왕인문화축제의 프로그램의 수가 급격히 증가했음을 알 수 있다. 이는 왕인문화축제가 1997년 문화체육부 '97우수기획축제로 선정되고, 왕인과 관련된 지역내 행사와 외부 관광객들을 겨냥한 기획행사들을 새롭게 도입하면서 프로그램이 다양화된 것으로 풀이된다. <표 3>을 보면, 추진체계의 변화와 왕인관련 지역내 행사들이 흡수·통합된 1997년 이후 급격히 증가하고 있음을 알 수 있다. 그리고 외부 관광객들을 겨냥한 참가형 프로그램의 증가도 주목할 만 하다.

<표 3> 왕인문화축제 프로그램 변화

프로그램 개최년도	유형별 프로그램(단위: 개)			계
	전시판매형	공연관람형	참가형	
1994(2회)	2	7	-	9
1995(3회)	1	7	-	8
1996(4회)	3	8	1	12
1997(5회)	7	19	1	27
1998(6회)	6	24	-	30
1999(7회)	6	23	6	35
2000(8회)	8	25	6	39

*자료 : 영암군청 문화공보과 자료를 기초로 재작성

2. 축제 규모의 변화

  일반적으로 축제의 규모는 축제에 투입되는 예산 규모 및 참가인원의 변화를 통해 내적·외형적인 규모를 쉽게 짐작할 수가 있다. 우리나라의 지역축제는 1980년대 이후 큰 폭으로 증가되어 왔는데, 특히 5천만원 미만의 소규모 예산이 투입되는 축제가 다른 예산규모의 축제들보다 더 큰 폭으로 증가해 왔다. 1990년대부터 개최된 지역축제의 예산규모는 5천만원 미만이 52%로 가장 많은 것으로 나타났다. 그러나 전국적인 예산규모로 볼 때, 전남지역은 타지역에 비해 대규모, 중규모, 소규모의 지역축제가 비교적 고르게 분포하여 다양한 규모의 축제가 개최되고 있다(문화체육부, 1996, pp.107~111).
  2000년 현재 8회를 맞이한 왕인문화축제의 예산규모는 2000년 현재 3억 4천만원 정도로 규모면에 있어서 대형축제에 속한다. 왕인문화축제는 1회 왕인벚꽃축제 당시 5천만원 미만의 소규모 지역축제로 시작하여 1997년 현재의 왕인문화축제로 확대되면서 그 규모 또한 대폭 증가하게 되었다. 축제예산이 크게 도비와 시군비, 그리고 문화관광부 지원 등으로 구성되는 왕인문화축제는 1997년 문화체육부가 선정한 '97우수기획축제, 전라남도 중점 육성 축제로 선정되면서 예산규모와 참가인원이 1997년을 기점으로 증가되어 2000년도에는 한국 12대 문화관광축제로 선정되는 등 그 규모면에 있어서는 큰 성장을 했다고 볼 수 있다.

한편, 최근 개최되고 있는 우리나라 지역축제는 예산규모면에서 뿐만 아니라 참가인원에 있어서도 소규모 축제가 전반적인 증가 추세를 보이고 있다(문화체육부, 1996, p.111). 반면, 왕인문화축제의 경우, 참가인원이 1997년 30여만 명에서 2000년 현재 약 50만 명으로 나타나 참가인원의 규모면에 있어서도 대형축제이다. 이러한 현상은 축제예산 규모의 증가와도 일치하는 결과로 예산확보의 증가로 인한 제반 여건의 향상이 참가 연인원의 증가에 중요한 영향을 미친 것으로 판단된다. 그러나 소요예산과 참가인원 규모의 증가에도 불구하고 왕인문화축제의 관광수익 현황을 보면, 향토음식 상가 임대수입과 광고소득, 그리고 기타 소득이 주요 소득원으로 직접적인 관광수익효과는 아직 미약한 실정이다. 이에 반해 전남지역내에서 전국적인 지역축제로 성장한 진도 영등제나 낙안 남도음식축제의 경우, 입장료 수입과 주차료 수입, 축제상품판매 등으로 인해 높은 직접 관광수익효과를 거두고 있는 사례와 비교했을 때, 왕인문화축제에서 파급되는 직접 관광수익효과를 위한 다양한 관광상품 개발 및 수익사업 가능성을 모색해야 할 것으로 판단된다.

<표 4> 왕인문화축제 규모의 변화

축제규모 \ 개최년도	소요예산 (단위: 천원)	참가인원 (단위: 명)	직접관광수익 (단위: 천원)
1995(3회)	43,900	--*	50,260
1996(4회)	83,000	--*	102,600
1997(5회)	120,000	300,000	144,997
1998(6회)	176,404	350,000	200,000
1999(7회)	243,730	320,000	--*
2000(8회)	349,000	500,000	--*

*자료 구득의 어려움으로 기재하지 못함.
 자료 : 군서청년회 / 영암군청 문화공보과 자료를 기초로 재작성

3. 축제 추진체계의 변화

　현재 왕인문화축제로 확대·개편되기 전인 최초 왕인벚꽃축제를 처음으로 발의한 곳은 군서청년회이다. 1993년 제1회 왕인벚꽃축제는 음력 3월 초 벚꽃개화시기에 맞춰 군서면 구림리 성기동 왕인박사유적지 일대에서 면민들의 화합을 다지는 체육대회 중심의 행사였다. 따라서 현재 왕인문화축제의 전신이었던 왕인벚꽃축제는 군 전체의 지역행사라기보다는 군서면 구림리 일대 청년회가 중심이 되어 열리던 소규모 면민 화합행사의 성격이 강했다고 볼 수 있다.
　이러한 초기의 청년회 중심의 민간주도형 추진체계는 1997년부터 영암군 주도의 지역축제로 전환되면서 축제명 뿐만 아니라 프로그램과 그 규모면에 있어서 큰 변화를 가져왔다. 초기 군서청년회 중심의 왕인벚꽃축제에서는 축제프로그램이나 홍보에 있어서 가장 큰 핵심이 면민 체육대회와 구림리 일대 벚꽃거리에 있었기 때문에 왕인박사와 관련한 프로그램은 전무했었다. 그러나 1997년 왕인문화축제에 처음으로 춘향대제가 주요 핵심행사로 흡수되면서 왕인과 관련된 행사가 전면에 등장하게 되었다. 이 과정에서 구림리 일대 유림들, 왕인벚꽃축제의 기득권을 가진 군서청년회, 그리고 왕인벚꽃축제를 군전체 행사로 보기 힘들다는 군민들의 여론을 둘러싸고 군청과의 많은 마찰이 빚어지기도 했다. 이러한 갈등은 결국 1996년 가을 군서청년회장, 군민들, 지역내 문화단체 등이 참여한 군민 자체 세미나를 통해 그 당시 17회째 개최되어 오던 '군민의 날' 행사와 4회까지 개최된 '왕인벚꽃축제'를 통합해 현재의 왕인문화축제를 개최한다는데 최종 결의하는 선에서 일단락 되었다.
　현재 왕인문화축제의 주도집단은 1997년 이후 군서청년회에서 영암군과 왕인문화축제 추진위원회로 전환되면서 외형상으로는 민관결합형 추진체계를 이루고 있다. 그러나 축제의 기획 및 집행은 영암군청의 공무원들에 의해 거의 모든 과정이 진행되고 있는 실정이고, 축제와 관련된 위원회에는 각 방면의 전문가가 포함되어 있지만 축제의 기본적인 기획주체나 실행을 처음부터 끝까지 추진 해 나 갈 위원이 보장되는 경우는 드물다. 1997년 왕인문화축제가 만들어지면서 생겨난 축제추진위원회의 조직을 보면, 영암문화단체, 군서청년회, 지역내 자생단체, 군청내 문화관계 부서, 의회의원들로 구성되어 이들 위원 중 위원장을 선발하는 형태를 취했었다. 그러나 이 과정에서 경비사용의 투명성 여부와 운영에 있어서 전문성 결여 등이 제기되면서 올해(2000년)부터 군수를 위원장으로 하는 강력한 관주도의 추진체계로 축제가 운영되고 있다.

우리나라 지역축제는 이러한 관주도의 추진체계가 대부분을 차지하고 있으며 이로 인해 전문인력과 지역주민이 결합할 구조를 상실하는 경향이 크다.[7] 왕인문화축제의 지자체주도형 주체구성에서도 나타나듯이 갑작스럽게 구성되고 선정된 위원의 소속이 불분명하고 조직체계가 엉성하여 축제의 기획 및 집행이 영암군청의 공무원들에 의해 대부분 진행되고 있는 것으로 나타났다. 즉 영암군청 공무원과 이벤트사가 기획을 담당하고 기획된 내용을 이벤트사가 집행하는 형식을 취하고 있고, 축제 때마다 임시로 구성되는 '향토

---

[7] 실제로 이러한 현상은 2000년 전남대학교 호남문화연구소의 김준의 설문조사에서도 나타났는데, 2000년 왕인축제에 지역주민의 참여 여부를 묻는 설문에서 지역민의 57.1%가 '없다'라고 답했으며, 이러한 비율은 구림마을(60%))에서 더욱 두드러지게 나타났다. 이러한 현상은 전남의 대표적인 지역축제로 자리잡는데 성공한 진도 영등제의 지역주민 참여율과는 대조적인 현상이다. 영등제가 열리는 매년 음력 3월초가 되면 진도군 전체가 축제분위기로 한층 고조되는데 이는 축제 프로그램 진행에 있어서 동원되는 인력이 바로 자신 또는 주변 친척, 그리고 이웃주민 등으로 구성되기 때문에 지역민 자신들이 객관적인 입장이 아닌 주체적인 입장이 되어 축제를 준비하는데 있다고 할 수 있다(추명희, 1998, p.118).

축제추진위원회'라는 민간조직이 행사계획서를 심의, 검토하고는 있지만 축제전반에서 그다지 비중 있는 역할을 맡지 못하고 있다. 그리고 재정지원·인력지원의 대부분이 영암군청에 의해 이루어짐에 따라 축제 전개과정에서 민간 조직위원들보다는 군청 공무원들의 목소리가 더 중요하게 반영되고 있다.

축제의 기본계획안 수립에 있어서도 8회(2000년) 축제의 기본계획이 축제 3개월 전에서야 짜여졌고, 본격적인 준비기간은 한 달이 채 못되었다. 또한 추진위원회는 아직까지 상설화되지 못해 축제평가작업이 마무리되면 해산되었다. 이와 같이 축제를 앞두고 한시적으로 구성되는 축제조직으로는 축제의 안정적 운영이나 지속적인 홍보, 장기적인 발전계획의 수립을 통한 체계적인 축제추진이 불가능하다. 따라서 2001년 제9회 축제도 상시적으로 준비되기보다는 행사에 임박해 급하게 추진되어 준비 미비와 비체계적인 진행이 도출되리라고 예상할 수 있다.

한편, 현재 왕인문화축제의 축제사무국 역시 비전문적이고 문화예술행사 진행에 경험이 없는 공무원 중심으로 구성되어 있다. 따라서 사무국이 임시로 구성되고 사무국을 운영하는 공무원이 단절적으로 배치되고 잦은 인사발령으로 인해 전담인력의 노하우와 전문성 축적에 심각한 장애를 일으키게 된다. 이는 우리나라 지역축제 대부분에서 노정되고 있는 문제점으로 업무를 담당하는 공무원들의 공통된 불만사항이기도 하다.

<표 5> 왕인문화축제의 추진체계 구성변화

구 분		축제 주체구성	
		1993년~1996년	1997년~2000년 현재
발의집단		군서청년회	영암군 문화관광과
주도집단		군서청년회	영암군+향토축제 추진위원회
축제 사무국	時空性	半상설적/군서청년회	임시적/영암군 문화공보과
	운영인력	군서청년회원	영암군청 공무원
	전담인력의 지속성	半지속적	단절적
기획 및 집행인력		청년회+기획사	공무원+기획사+추진위원

*자료 : 군서청년회 및 문화공보과 자료와 인터뷰를 통해 작성함.

4. 축제 방문객 분석

　대부분의 지역축제는 개최지역인 핵심시장, 근교의 지역권 시장(1일 여행권)에 의존하는데, 이러한 축제 관광객의 공간적 분포는 축제의 관광세력권 설정과 그 성장과정을 파악하는데 유용하다. 왕인문화축제 관광객의 거주지별 분포를 보면, '광주·전남'이 1999년(71.1%), 2000년(73.9%) 모두 가장 큰 관광객 시장으로 나타났고, 전남지역 내에서는 영암군과 인근 지역인 목포시, 나주시 등의 방문이 높은 것으로 나타났다. 이처럼 광주·전남을 제외한 왕인문화축제의 타지역 관광객 비율은 매우 저조한 편으로, 2000년 왕인문화축제에 새롭게 도입한 인터넷 홍보전략에도 불구하고, 축제 규모에 비해 전국적인 축제 관광객 흡인력은 아직 미약한 실정이다.

　왕인문화축제를 방문한 관광객들의 인구통계적 특성을 살펴보면, 성별 구성은 남자 관광객들의 비율이 많은 것으로 나타났다. 연령별로는 20대~40대의 청장년층이 많았고, 학력은 고졸 이상이 대부분으로 직업은 전문사무직에서 주부까지 다양하게 나타났다. 왕인문화축제의 관광행태적 특성을 보면, 자가용을 이용한 가족단위 관광객들이 대부분으로 관광객들의 축제 방문에 영향을 미치는 가장 큰 정보습득원은 '신문·잡지·TV 등의 광고'의 대중매체인 것으로 나타났다. 관광객들의 주요 방문동기를 보면, '영암 벚꽃거리를 구경하고 싶어서'가 38.3%로 가장 높은 비율을 차지하였고, 다음이 '왕인박사 유적지를 구경하고 싶어서'(26.6%), '가족·친구들과 시간을 보내고 싶어서'(16.5%) 등의 순으로 나타났다. 이러한 결과로 볼 때, 현재 왕인문화축제로 확대·개편되기 전인 1997년 이전 '왕인벚꽃축제'의 이미지가 관광객들에게 더 크게 남아 있고, 아직까지 '왕인'이라는 인물에 대한 역사적인 평가와 이미지는 크게 부각되지 못하고 있음을 알 수 있다.

<표 6> 관광객의 인구통계적 특성 및 관광행태적 특성

구 분		구성비(%)		구 분		구성비(%)	
		1999	2000			1999	2000
성별	남자	52.7	55.3	직업	농림수산업	12.5	7.4
	여자	47.3	44.7		사무,행정,관리직	20.3	30.3
연령	19세 미만	6.5	2.7		판매서비스직	10.0	7.6
	20~29세	38.3	37.6		학생	22.6	20.7
	30~39세	24.9	27.4		전문직	13.6	9.6
	40~49세	13.3	20.4		자영업	10.3	10.6
	50~59세	9.7	8.6		가정주부	10.6	13.8
	60세 이상	7.3	3.2				
거주지	영암군내 지역	16.7	17.6	방문동기	왕인박사 유적지를 구경, 민속예술공연을 구경, 영암 벚꽃거리를 구경, 토기유물 구경과 도자기구입, 관광객들을 위한 행사참여, 가족, 친구들과의 시간, 일상생활을 벗어나고 싶어서, 친구나 친지의 권유로, 기타	2000년	
	광주·전남지역	71.1	73.9			26.6	
	전남도 외부지역	12.1	8.5			8.0	
정보습득원	TV,신문 등의 매체 다른 사람의 소개 다른곳으로 가는 길목 기타	2000년				38.3	
						1.6	
		45.2				4.8	
		30.3				16.5	
		3.7				2.1	
		20.7				1.6	
						0.5	

*자료 : 설문조사(1999년 자료는 이장주의 '99 왕인문화축제 평가보고서 결과를 원용함)

Ⅳ. 왕인문화축제의 문제점과 전망

 1990년대 이후 한국 사회는 '문화'와 '지방(지역)', '전통'에 대한 다양한 논의가 급증하면서 지역의 특성과 문화전통을 소비가 아니라 생산이 이루어지는 문화산업으로 활성화하고 있다. 특히 이러한 현상은 산업화 과정에서 낙후되면서 지역경제를 위한 기반시설의 부족과 수도권과의 지리적 원격성 등의 구조적 한계를 지닌 지역사회, 특히 전남지역에서 많이 발견되고 있다. 이와 관련되어 전남지역에서 활발하게 나타나고 있는 특징 중의 하나는 시설 위주의 관광개발 과정에서 주목받지 못했던 전남지역 특유의 문화자원과 지역전통이 다양한 형태의 축제와 이벤트로 자원화되고 있다는 점이다.
 이러한 배경하에 본 연구는 최근 지역전통과 문화적 자산 등이 재발견되고 자원화되면서 전남지역의 대표적인 이벤트관광으로 자리잡아 가고 있는 영암 구림리의 왕인문화축제를 사례로 초기 왕인문화축제의 추진배경과 이후 현재까지의 성장과정 분석을 중심으로 고찰하였다. 이 과정에서 영암 구림지역의 다양한 지역전통과 관광자원, 그리고 축제의 성장과정 분석에서 도출된 문제점 및 전망도 함께 살펴보았다.
 왕인문화축제는 구림리 성기동에서 탄생했다고 전해지는 왕인탄생설화와 지역내 다양한 문화행사 등이 결합된 전남의 대표적인 지역축제 중의 하나이다. 왕인문화축제가 열리는 영암군 군서면 구림리 일대는 지역 특유의 장소적 매력요인이 왕인 탄생설화와 결합되어 외부 관광객들을 유인하고 있다. 이러한 왕인문화축제가 갖는 잠재적인 관광자원성과 장소적 매력요인은 1999년, 2000년 전국 10대 문화관광축제로 선정되는 등 왕인축제의 외연적인 성장을 가져

온 원동력이 되었다. 그러나 이러한 외연적인 성장에도 불구하고 왕인문화축제가 지역내에서 완전하게 뿌리내리는데 필요한 내적 환경구조, 즉 지역민 중심의 축제운영과 참여주체구조는 아직 미약한 실정이다. 여기에는 무엇보다 왕인이라는 인물이 역사적으로 구림리의 독특한 마을 내외적인 변화에 따라 다르게 해석되었고, 왕인과 관련된 지역내 유교문화 전통을 지역축제로 관광상품화시키는 과정에서 도출된 지역민과 이를 추진하는 주체들간의 미묘한 대립이 중요하게 작용한 것으로 판단된다.

왕인문화축제는 1993년 제1회 왕인벚꽃축제의 5천만원 예산규모로 출발하여 2000년 현재 3억 4천만 원의 예산규모와 약 50만 명이 방문하는 대형축제로 성장했다. 이러한 규모의 성장과 함께 축제 프로그램의 구성과 내용에도 많은 변화가 있었는데, 가장 큰 변화는 1997년부터 '왕인박사춘향대제'라고 하는 유림들의 제사가 왕인문화축제의 핵심적인 프로그램으로 포함되면서부터이다. 이후 왕인문화축제 프로그램에는 왕인박사와 관련한 프로그램이 급격히 증가하게 되었다. 이러한 축제의 규모와 프로그램의 구성에 결정적인 변화는 왕인축제의 추진체계가 초창기(1993년~1996년)의 군서청년회에서 1997년부터 영암군으로 전면 이양되면서부터 두드러지게 나타났다. 현재의 왕인문화축제의 전신인 왕인벚꽃축제를 처음으로 발의한 곳은 군서청년회이다. 초기 청년회 중심의 순수한 민간주도로 추진되었던 왕인벚꽃축제는 당시만 하더라도 구림리 성기동 왕인박사유적지 일대에서 면민들의 화합을 다지는 체육대회 중심의 행사였다. 따라서 초창기 왕인벚꽃축제는 군 전체의 지역행사라기보다는 군서면 구림리 일대 청년회가 중심이 되어 열리던 소규모 면민 화합행사의 성격이 강했다고 볼 수 있다.

이러한 초기의 청년회 중심의 민간주도형 추진체계는 1997년부터 영암군 주도의 지역축제로 전환되면서 축제규모와 축제내용에 있어서 큰 변화를 가져왔고, 특히 구림마을 지역전통으로 내려오던 유림들의 제사, 춘향대제가 주요 핵심행사로 흡수되면서 왕인과 관련된 행사가 전면에 등장하게 되었다. 이는 당시의 지자체 중심의 축제 운영전략이었던 지역홍보와 지역관광 활성화라는 목표와 맞물려 왕인 탄생설화를 중심으로 지역내 문화자원 및 장소의 관광상품화가 본격적으로 진행되면서 나타난 결과이다. 그러나 이 과정에서 구림리 일대 유림들, 군서청년회, 왕인벚꽃축제를 군전체 행사로 보기 힘들다는 군민들의 여론을 둘러싸고 군청과 많은 갈등이 있었고, 이러한 갈등은 1996년 가을 한차례의 군민 자체 세미나를 통한 의견수렴으로만 무마되고 말았다.

현재 왕인문화축제의 외형상 추진체계는 영암군청와 축제추진위원회가 주도하는 민관결합형의 추진체계를 이루고 있다. 순수 민간주도형 지역축제로 출발했던 왕인문화축제는 그러나 1997년 영암군이 강력한 주도집단으로 등장하면서 축제의 규모와 내용면에서 많은 변화를 가져온 것은 사실이지만, 축제를 통한 지역문화가 지역내에서 자연스럽게 뿌리내리는데 필요한 제도적 장치나 과정이 제대로 고려되지 못한 채 현재에 이르고 있는 것으로 나타났다. 원래 민관혼합형 추진체계란 해당 지역내에 거주하는 지역민들로 구성된 위원회 또는 지역문화원과 같은 지역민간단체와 각 시·군청이 축제 주관을 함께 하는 형태를 말한다. 이러한 형태의 추진체계는 민간주도형이 갖는 추진력 및 재원조달의 한계를 보완하고 한편으론 관주도성 행사로 인한 실적 위주의 형식적인 축제진행을 막기 위한 절충형의 조직형태라고 할 수 있다. 그러나 실제로 이러한 형태의 추진체계에서 민간이 갖는 역할은 단순히 정해진 프로그램을 자문하는 요식적인 기구로써만 기능하고 있는 경우가 대부분이다.

따라서 예산집행과 행사기획과 같은 주도권은 군청이 맡아 행사하게 됨에 따라 축제에 대한 지역문화단체의 다양한 의견 등이 제대로 반영되지 않아 지역축제 운영에서 지역문화단체들의 적극적이고 창조적인 역할을 기대하기 힘든 실정이다.

영암자치체가 강력하게 주도하는 왕인문화축제의 창출은 외형상으로는 '영암군 지역이미지 고양을 통한 관광수입의 증대'와 '지역의 문화역량 확대'를 구축하기 위함이다. 그러나 이보다 더 중요한 것은 지방자치제를 맞이하여 민선단체장이 다음 선거에서도 승리할 수 있는 정당성을 마련한다는 측면에서 영암군 지역문화자원을 확대하고 이를 강력하게 지원하게 되었다고도 볼 수 있다. 따라서 축제의 본질적인 성격인 문화적 측면, 즉 지역내 문화적 전통 및 다양한 문화자원이 육성되기 위한 지역문화적 네트워크는 무시한 채 무조건적인 경제적인 관점(즉, 관광수입 증대)만을 견지하고 있음을 알 수 있다. 이는 축제운영을 추진하기 위해 영암군이 보유하고 있는 내적 조건, 즉 제도적·인적 조건의 열악함에서도 나타난다. 전문적이고 체계적인 지원사업체제를 위한 법적·제도적 장치가 전혀 마련되어 있지 않을 뿐 아니라, 축제 업무를 담당하는 부서에서도 문화업무의 고유성과 전문성을 고려한 인력배치가 형성되지 않아 담당자들이 노하우를 축적하고 나아가 독창적인 이벤트를 개발할 만한 행정환경이 주어져 있지 않는 실정이다.

이러한 일련의 상황은 곧바로 축제 관광객의 공간적 분포와 방문 동기에 그대로 반영된다. 즉 1999년, 2000년 전국 10대 문화관광축제로 선정되는 등 왕인문화축제의 외연적인 성장에도 불구하고 축제의 관광세력권에서 광주·전남을 제외한 타지역 관광객의 비율은 매우 저조한 편이다. 특히 2000년 왕인문화축제에 새롭게 도입한 인터넷 홍보전략에도 불구하고, 축제 규모에 비해 전국적인 축제 관광객 흡인력은 아직 미약한 실정이다. 그리고 '왕인' 탄생설화와 지역전통으로 내려오는 유림들의 제사를 각각 축제 주제와 중요한 축제 프로그램으로 설정했음에도 불구하고 관광객들의 방문동기에서는 이러한 점보다는 '왕인박사춘향대제'라고 하는 본격적인 왕인 관련 프로그램이 도입되기 이전의 축제 주제, 즉 '벚꽃축제'라는 장소적 이미지가 더 크게 작용하고 있는 것으로 나타났다.

최근 지역축제는 전문기술과 고도의 운영능력을 요구하고 있다. 특히 지역민 참여를 유도하기 위한 프로그램의 탄력적 운영, 기업의 협찬과 같은 효과적인 재원조달에 필요한 경영마인드의 도입을 위해서는 무엇보다 일년 내내 축제 개최와 관련된 준비를 하는 민간주도의 상설기구가 요구된다. 여기서 말하는 상설기구는 단순히 정해진 프로그램을 자문하는 요식적 기구가 아니라 축제와 이벤트의 지역역량을 집중시킬 수 있는 행사기획과 예산집행의 권한 책임을 갖는 기구를 말한다. 이러한 민간주도의 기구를 토대로 할 때 축제에 대한 지역민들의 자발적인 참여가 보장되며, 축제를 통한 지역활성화가 자연스럽게 정착될 수 있게 되고, 이는 곧 타지역 관광객의 방문을 유도하는 근본적인 매력요소로 작용할 수 있을 것이다. 따라서 장기적인 관점에서 볼 때 왕인문화축제를 통해 지역의 총체적 성장을 도모하기 위해서는 지역문화환경의 내적 성장을 위한 지역내 역량 있는 문화단체를 발굴, 육성하는 것이 장기적인 왕인문화축제의 질적 성장을 위해 필수적으로 선행되어야 될 과제라고 판단된다.

(추명희)

제13장
문화마을 만들기, 현실과 전망

Ⅰ. 구림의 문화마을화

'삶의 공간'이면서 동시에 그 자신 스스로 하나의 역사를 이루고 있는 지역은 본질적으로 '역사적'이고 또 '전통적'이다. 어떤 형태로든 지역은 자신들만의 역사를 지니고 있고 그 역사는 현재에 어떤 방식으로든 영향을 미친다. 한국의 대부분의 지역들은 기념 할 만한 자신들의 역사와 전통을 거리, 건축물, 신화, 문학작품, 노래 등 다양한 내용과 형식으로 지역 속에 표상하고 있기 때문에 한 지역의 경관을 제대로 읽어 낸다는 것은 그 지역의 역사와 문화를 총체적으로 이해해야 한다는 것을 뜻한다. 이처럼 그 지역의 역사와 전통을 기반으로 하는 지역문화는 '특정의 역사적 조건에서 그 지방이 처한 내적·외적 영향력에 대한 저항과 적응이라는 끊임없는 변동과정(Marcus & Fisher, 1986)'이며, 따라서 그 지역의 역사적 경험은 대단히 역동적으로 분석되고 적용되어져야 한다.

지역사회를 단위로 한 지역연구의 측면에서 그 지역의 역사적 경험에 기초한 전통과 문화는 다양한 물리적 지역경관과 함께 서로 영향을 주고받으면서 지역의 이미지와 정체성을 결정하고 지역주민들의 현재적 삶에 영향을 미친다. 특히 최근 들어 한국의 지역사회에서는 이에 기반 한 각종 문화산업에 대한 관심이 증대되고 있고, 각 자치단체에서는 이러한 흐름이 각종 상징적 구조물들을 건립하거나 다양한 이벤트로 활성화하는 방식으로 나타나고 있다. 이는 지역의 특성과 문화전통을 소비가 아니라 생산이 이루어지는 문화산업으로 인식하기 시작하였음을 의미한다고 할 수 있다.

이러한 배경에서 본 연구는 지역의 역사적 경험에 기초한 전통과 문화가 다양한 물리적 지역경관과 함께 어떻게 현재의 지평에서 불러내져 활용되고 있는가를 어느 지역보다도 풍부한 자료와 상상력을 동원할 수 있는 영암군 구림마을을 사례로 모색하고자 한다. 구림은 전남 영암군 군서면에 속해 있으며, 월출산의 서쪽 사면을 따라 발전한 해안평야지에 위치해 있다. 고대 중국과 일본을 왕래한 무역항이었던 구림마을은 신라시대부터 명촌이라고 사서에 기록되는 마을로 왕인과 도선의 출생지, 최근에는 '왕인문화축제'의 중심지로 알려진 곳이다. 16세기 나주목사 임구령에 의해 시작된 대규모 간척사업 이후, 20세기 중반기의 간척사업, 1980년대~1990년대 영산강 하구언 사업으로 확실한 내륙 마을로 정착한 구림은 약 400여 년 역사의 대동계와 구림의 지남들을 기초로 한 양반마을로 조선후기 영암지역 사족지배의 중심지였다.

구림을 둘러싼 400여 년의 이러한 역사적 배경은 구림으로 하여금 다양한 얼굴을 갖게 했다. 즉 구림은 정치적으로 조선시대에 유교를 근거로 한 양반문화, 일제하에서 양반적 정서에 근거한 반일적 분위기, 해방 직후의 전쟁기에 이에 대한 반사적 효과로서의 좌파적 편향, 1950~1960년대에는 앞선 시기의 반체제적 활동에 대한 자기 방어적 기제로써 자유당과 공화당 등 여당지지의 역사로 점철되었고, 1970년대부터 시작된 왕인 및 도선에 대한 상상적 기억의 기념 공간화를 시작으로 구림은 최근 들어 '왕인축제'의 현장, 도요지 발굴과 도기문화센터 창출로 인한 '도기문화'의 마을로 새롭게 변모하고 있다.

구림의 도기문화센터의 창출은 왕인의 지역영웅화 과정의 구체적인 결과로써 나타난 왕인문화축제와 밀접한 관련을 갖으면서 진행되었다. 즉 1987년 시작된 영암 구림도기 가마터 발굴은 왕인이 도일시 도공 등을 동행했다고 하는 주장을 뒷받침해 줄 수 있는 중요한 근거로 등장하였고, 그래서 백제의 우수한 문화를 일본에 전수했다고 하는 구림사람들의 문화적 자긍심을 상승시켜 구림이 왕인의 탄생지일 가능성이 높다는 주장을 한층 강화시켜 주는 계기가 되었다. 이러한 구림 가마터 발굴을 시작으로 가속화된 구림의 왕인 탄생설과 구림도기의 역사성과 예술적 가치에 대한 평가는 1997년부터 왕인문화축제의 중요한 테마로 등장하기 시작했고, 이는 최근 구림리의 도기문화센터의 창출과 매년 도기문화와 관련된 다양한 이벤트 개최로 이어졌다. 즉 구림마을에 등장한 현대적 예술공간인 도기문화센터는 최근 들어 구림마을의 이미지를 '도기문화'의 마을로 새롭게 변모시키고 있는 것이다.

이러한 일련의 작업들은 구림의 왕인화와 더불어 도기문화센터를 중심으로 한 '문화마을만들기'라는 문화전략[1]으로 이어지고 있다. 도기문화센터와 밀접한 연계를 맺고 있는 왕인축제는 1993년부터 민간주도로 시작하여 초창기 '왕인벚꽃축제'에서 1997년 강력한 관주도의 축제로 변모하면서 그 타이틀이 '왕인문화축제'로 변화되었는데, 여기에는 왕인의 도일설화를 뒷받침하고 구림도기 가마터

---

1) 전통은 문화적 에피소드에 관련된 전설의 존재, 고고학적 발굴을 통한 근거확보, 발굴 이후 재창출이라는 일련의 흐름 속에 놓여지게 된다. 전통의 창출은 보다 직접적으로 전설이나 역사적 사실에 기초한 에피소드를 상상력을 동원한 그림으로 재현하거나 문화적 이벤트를 통해 역사적 사실로 굳히는 전략이 사용된다. 이 전략은 의도적일 수도 있지만, 문화전략가들의 현재적 상상력의 실현이기도 하다(정근식, 2001, p.38)

발굴로 인한 영암지역의 문화적 이미지 창출과 이를 상품화하고자 한 영암군의 문화마케팅 전략이 강력하게 작용한 결과라고 할 수 있다. 따라서 이러한 영암군의 문화만들기전략의 가시적인 성과는 구림마을의 도기문화센터의 창출로 나타났고, 여기에는 도기 가마터 발굴을 주도했던 전문가집단으로서 대학교 박물관(이화여자대학교 박물관)과 영암군과의 긴밀한 협조관계가 중요하게 작용하였을 것으로 판단된다.

　이러한 측면에서 본 연구는 1970년대부터 시작된 왕인에 대한 상상적 기억의 기념 공간화를 시작으로 1990년대 들어서 '왕인축제의 현장', 구림 가마터 발굴과 도기문화센터의 창출로 인해 구림마을이 '도기문화'의 마을로 어떻게 성장하게 되었는가를 주목하고 이에 대한 논의를 확대시키고자 한다. 이를 위해 본 연구에서는 왕인을 중심으로 한 지역영웅설화, 고고학적 발굴을 통한 근거확보, 발굴 이후 도기문화전통의 재창출이라는 일련의 흐름 속에서 도기문화센터를 중심으로 한 구림의 '문화마을만들기'라는 담론이 어떻게 형성되고 기능하며, 유지, 변화되어 가는지의 과정을 밝히고자 한다.

　본 연구는 이러한 연구목적을 위해서 첫째, 성공적인 문화만들기의 한 사례라는 측면에서 구림의 도기문화전통과 지역정체성을 구림의 신화와 전설, 고고학적 발굴을 통한 근거확보, 그리고 마을 이미지와 상징분석을 통해 고찰한다. 둘째, 폐교의 문화공간화라는 이름으로 진행된 도기문화센터의 형성과정과 도기문화전통의 재구성과 상품화 그리고 왕인축제와의 연계를 통한 구림의 문화마을만들기 전략의 내용을 고찰한다. 마지막으로 이러한 분석 결과를 토대로 도기문화센터의 '구림화'의 실태와 한계, 그리고 이를 둘러싼 구림마을의 문화적 쟁점을 고찰하고자 한다.

　한편, 구림마을에서 진행되고 있는 지역전통의 창출과 문화마을만들기라는 시각에서 본 연구가 주목하고 있는 방법은 문헌자료와 구술사적 접근이다. 먼저 본 연구에서 사용한 문헌자료는 기존에 발간된 향토지와 영암지역을 대상으로 한 발굴보고서와 지표조사 보고서, 그리고 구림 가마터 발굴보고서와 왕인유적지 조사 보고서들이다. 그리고 구림의 지역전통과 역사적 경험을 바탕으로 구림의 문화마을 만들기라는 담론이 어떻게 형성, 유지되고 기능하는가에 대한 접근은 구림의 신화와 전설, 고고학적 발굴을 통한 근거확보, 그리고 마을 이미지와 상징분석을 통해 고찰하였고, 이를 위해서 문헌자료와 구술의 비교방법 등을 활용하였다. 현재의 구체적인 구림의 문화마을 만들기 전략이 도기문화센터를 중심으로 어떻게 진행되어 왔는가에 대한 분석은 도기문화센터에서 간행된 각종 자료집과 보고서, 그리고 영암군청에서 발행한 자료들과 도기문화센터를 주제어로 검색한 광주·전남지역 신문과 전국 일간지를 참조하였다. 그리고 도기문화센터의 형성과정과 그 과정에 참여했던 중심주체들인 이화여자대학교 박물관과 영암군청, 구림마을 대동계원과 청년회원, 마을주민들을 대상으로 한 인터뷰를 통해 구림의 문화마을 만들기 전략의 실태와 한계 그리고 현재 진행되고 있는 문화전략의 쟁점 등을 고찰하였다.

Ⅱ. 도기문화와 구림

1. 도기문화전통과 지역정체성

지역정체성은 오랜 기간에 걸쳐 형성된 누적적 역사경험의 산물이다. 구림에 있어서 도기문화전통은 구림이 가지고 있는 지역전통과 문화유산을 새롭게 창출하고 재해석함으로써 지역의 차별성을 부각시키는데 중요한 역할을 하고 있다. 지방자치제 실시 이후 일종의 '화두'처럼 받아들여지는 개념인 지역정체성은 시간의 흐름에 따라 재생산되고 언제나 현재적 관점에서 재해석된다는 관점에서 역사적이기 때문에 구림의 도기문화전통은 전통의 창출과 활용이라는 차원에서 구림에 전해 내려오는 신화 및 전설과 밀접한 관련을 갖고 있다.

1) 구림마을의 신화와 전설

지역의 자기정체성은 공동체적 측면을 부각시키며 또한 그것은 지역영웅[2]을 매개로 하여 발현되기 쉽다. 구림에 전해지는 전설적 영웅의 가장 오래된 인물은 왕인이다. 왕인과 관련된 설화와 전설은 특히 1990년대 지방자치제 실시 이후 왕인관련축제 개최와 더불어 구림마을을 넘어서 영암지역 전반의 정체성을 결정짓는데 중요한 역할을 하고 있다.

왕인에 관한 기록 중에서 가장 빠른 것은 『일본서기』와 『고사기』[3]

---

2) 여기에서 누가 지역을 대표하는 영웅이 되는가는 지역사회의 구성원, 특히 지배집단들간의 관계가 중요한 영향을 미친다. 동족마을의 경우 지역영웅은 지배 문중의 기원이나 이해가 밀접한 관계를 가진다. 일반적으로 입향조나 문중의 중시조의 설화와 이의 물질화(장소화)는 이런 지역정체성의 살아있는 표현장소가 될 가능성이 크다. 구림의 경우 세 가지 유형의 지역영웅, 즉 전설적 영웅, 지역공동체의 물질적 창건자, 문중의 시조들을 갖고 있다. 지역의 전설적 영웅은 왕인과 도선이고, 두 번째 유형의 지역영웅은 구림 지남들의 개척자와 대동계의 창시자들이다. 세 번째 지역영웅은 각 문중의 입향조들이다(정근식, 2001, p.36).

3) 왕인은 일본의 옛 책인 『고사기(古事記)』에 와니키시(和邇吉師), 『일본서기(日本書紀)』에 와니(王仁)라고 표기되어 있다. 711년에 펴낸 고사기의 내용을 보면, 405년(백제 아신왕阿莘王 14) 와니(和邇)가 논어 10권, 천자문 1권을 가지고 일본에 건너 와 백제의 경학을 전했고, 일본 응신왕(應神王)은 그의 학문에 감복하여 태자의 스승을 삼을 정도였으며, 데

에 실려 있는 내용이다. 이러한 일본의 왕인에 대한 기록에 반해, 우리나라에서는 입에서 입으로만 전해졌을 뿐 당시의 기록은 전혀 없다. 다만, 한치윤(韓致奫, 1765~1814)이 쓴 『해동역사』에 일본문헌을 인용하여 왕인의 도일(渡日)을 언급한 기록이 나오고, 이병연(李秉延)이 1920년대 편찬한 『조선환여승람』에 왕인의 영암 구림의 성기동 탄생을 처음으로 언급하였다.

그러나 왕인의 구림의 성기동 탄생을 처음으로 언급한 『조선환여승람』영암군의 다른 기록에는 도선국사와 관련된 유적지를 많이 소개하고 있다. 즉 성기동, 최씨원, 국사암, 도선암 등이 그것인데, 왕인에 관한 유적지는 따로 설명하고 있지 않는 사실과 크게 대조된다. 즉, 왕인보다 훨씬 후대 사람인 도선국사의 유적지는 비교적 상세히 소개되어 있는데 비하여, 왕인의 그것에 대해서는 전혀 기록해 두지 않았다는 사실은 당시로서도 왕인의 '영암 출생설'에 대한 정확한 근거를 확보하지 못했음을 반증하는 사례로 추측된다(김

리고 간 대장장이와 베 짜는 기술자들도 여러 가지 기술을 전했다는 내용을 싣고 있다. 그리고 일본서기(729년)에서는 「어느날 왕이 아직기(兒直岐)에게 물었다. "혹시 그대를 능가할 만한 학자가 있는가?" 아직기는 "왕인이라는 사람이 있습니다. 그야말로 탁월한 학자입니다"라고 대답했다. 왕은 이라타와케와 가무나키와케(巫別)을 백제에 보내 왕인을 모셔오도록 했다. 16년 2월 왕인이 도착했고 그는 곧 태자의 스승이 되었다는 기록이 있다. 그 후 왕인의 자손들은 대대로 가와치(河內)에 살며 기록을 맡은 사(史)가 되었으며, 일본 조정에 봉사했다. 그의 무덤으로 전하는 묘가 오사까부(大阪府) 히라카타 시에 있어서 매년 11월 3일 '와니마쓰리(王仁祭)가 열리고 있다. 이 묘는 오사까부 지방문화재로 오사까를 중심으로 왕인을 모신 사당이나 절은 10여 곳에 달한다. 이러한 일본의 왕인에 대한 기록에 반해, 우리나라에서는 입에서 입으로만 전해졌을 뿐 당시의 기록은 전혀 없다. 다만, 한치윤(韓致奫, 1765~1814)이 쓴 『해동역사(海東繹史)』에 일본문헌을 인용하여 왕인을 언급한 기록이 나오고, 1920년대 편찬된 『조선환여승람(祖先寰輿勝覽)』에 왕인의 영암 성기동 탄생을 처음으로 언급한 것이 고작이다.

병인, 2000, p.17).

이에 비해 도선의 구림 탄생설화는 마을 노인들뿐만 아니라 청장년층의 기억 속에 왕인의 그것보다 더욱 뚜렷이 각인되어 있다. 도선의 탄생설화로 가장 널리 알려진 것은『신증동국여지승람』영암군 고적(古跡)항목에「최씨원」4)이 나오고, 도선국사(道詵國師, 827~898)와 관련해 '구림(鳩林)'이란 동네 이름이 비롯되었다고 적혀 있다. 이후 876년 도갑사를 창건한 도선국사는 구림지역에서 발견되는 상당수의 불교 관련 유적인 책굴, 문수재, 성기동, 문수암 등에 깊은 관련을 맺으면서 왕인의 지역영웅화 작업 이전까지 '도선의 구림'으로 그 명맥을 유지해 왔다고 볼 수 있다.

이러한 일련의 상황으로 볼 때, 구림마을에서 왕인은 1970년대 초반까지 전설로만 존재해 오던 인물(최재율, 1953)로 지역사회를 구성하는 문중집단과 아무런 연관을 갖지 못했고, 구림리 성기동

---

4) 그 내용을 살펴보면, '옛날 통일신라시대에 월출산 밑의 한 마을에 최씨가 살고 있었다. 그에게는 딸이 하나 있었는데 하루는 산기슭 계곡의 샘에 갔다가 예쁘게 생긴 오이가 떠내려 와 이를 먹었다. 그런데 딸은 그 후 이상하게 배가 불러오고 마침내는 한 사내아이를 낳게 되었다. 아버지인 최씨는 처녀가 아버지 없는 아이를 낳았다고 화를 내며 아이를 동네 대숲에 내다 버렸다. 여러 주일만에 딸이 가서 보니 비둘기들이 감싸고 있었다. 돌아와 부모에게 고했더니 부모도 가서 보고 이상히 여겨 데려다 길렀다. 그 아이가 자라 큰 인물이 되었으니 그가 바로 도선국사였다'. 구림이라는 마을이름도 이런 연유로 생겼고, 이 같은 전설은 마치 실제의 상황인 것처럼 구림리 일대에는 그 현장들이 전해져 온다. 즉 도선의 어머니 최씨가 오이를 먹었다는 샘은 현재 새로 건립된 왕인 사당의 뒤쪽에 있는 성기동의 '聖基川, 聖泉'이고, 그 밑의 기슭이 동국여지승람에 '최씨원'이라고 기록된 최씨의 집터이다. 아이를 버렸다는 바위는 현재 구림마을 낭주 최씨들의 고려 초 인물 최지몽을 제향하는 사당 곁에 있는데, 속칭 '국사암'이라고 한다. 전설의 인물 도선은 나라에 등용되어 큰 일을 하였으나 모함을 받아 중국으로 망명하는 신세가 되었으며, 그가 떠났던 포구며, 앉아 있던 바위가 구전으로 전해지기도 한다 (이해준, 1995, p.42).

일대에 전해지는 왕인 탄생설화5)는 구림 사람들에 의해 시대에 따라 달리 해석되어 온 결과이라고 할 수 있다. 즉 구림은 유불교대라고 하는 조선초기 이후 사회적 변동의 중심에 있으면서 과거 '도선의 구림'으로부터 '왕인의 구림'으로 변화하고 있는 것이다. 구림에서 약 15분 거리에 위치한 도갑사를 중심으로 구림지역에서는 많은 불교유적이 존재하는데, 상당수의 유적은 명백히 도선과 연관이 있는 명칭을 갖고 있지만, 왕인의 영웅화와 더불어 장소의 이름이 왕인관련 유적지의 이름으로 바뀐 사례6)가 그 단적인 예이다.

왕인을 구림과 연결시키려는 최초의 시도는 1932년 나주 영산포의 본원사 승려인 아오키(靑木惠昇)가 왕인동상 건립취지문을 작성함으로써 시작되었고, 본격적인 시도는 이후 한일국교가 정상화되고 김창수가 1973년 영암 구림마을에 왕인박사가 이곳 출신이라는 말을 전해 옴을 듣고 언론에 소개하면서부터이다. 즉 일본인들에 의하여 자신들의 문화를 살찌게 한 왕인의 탄생지가 영암 구림이라

---

5) 다음은 '왕인문화축제'를 홍보하는 팜플렛에 실린 영암 구림의 왕인탄생설화와 관련된 내용이다. "왕인박사(王仁博士)는 백제 13대 근초고왕 때에 영암군 군서면 동구림리 성기동에서 탄생하였다. 유학과 경전을 수학하고 문장이 뛰어나 18세에 오경박사가 되었으며 최초의 백제 역사서인 '서기'를 편찬·완료하였고 백제 17대 아신왕 때 일본 웅신천황의 초청을 받아 영암의 상대포에서 배를 타고 일본으로 간 것으로 구전되고 있다. 왕인은 논어 10권과 천자문 1권을 가지고 도공, 술 빚는 이, 옷 만드는 이 등 당대 최고의 기술자들과 함께 도일하여 일본인에게 글을 가르치고 학문과 인륜의 기초를 세웠으며 일본 아스카문화(飛鳥文化)의 원조가 되셨다. 영암군에서는 왕인박사유적지를 정화하여 매년 양력 4월 9일에 왕인박사의 추모제를 봉행하고 나흘간에 걸쳐 왕인문화축제를 개최하고 있다(영암군, 2000, '왕인문화축제' 팜플렛 내용 중 일부)."
6) 마을의 노인들에 따르면, 과거 책굴, 문수재, 성기동, 성천, 돌조각상(석불) 등은 불교적 유적이었거나 추상적으로 성인과 관련되는 명칭이었다고 증언하고 있으며, 왕인의 부상과 더불어 베틀굴, 문수암 등 왕인의 탄생 및 수학(修學)과 관련된 곳으로 그 명칭이 교체된 것이라고 지적하고 있다.

고 하는 주장이 먼저 일어났고, 이를 기회로 왕인 관련 유적지의 정화사업이 진행된 것이다. 1970년대 초반 유신체제하에서 이루어진 왕인박사 유적지 정화사업은 국가주도적 민족주의가 강화되고 있는 시점에서 본격적으로 이루어졌고, 이러한 왕인의 역사인물화 프로젝트에는 서울과 광주의 인사들이 중심이 되었다. 이들은 1973년 왕인 현창회를 조직하였고, 이어 왕인박사 흔적찾기 사업을 수행하였다(이선근, 1974). 왕인 현창사업에 전라남도와 영암군이 참여하면서 이 사업은 지역영웅화 프로젝트의 성격을 갖기 시작했다. 당시의 왕인의 지역영웅화 프로젝트의 첫 번째 작업은 모호하게 존재하던 불교관련 유적이나 도선관련 유적의 명칭변경과 함께 공간적 근거지화로 시작되었고, 1985년에는 왕인사당의 건립으로 지역영웅화 작업은 더욱 구체화되었으며 소설화(한일친선문화협회, 1986 ; 한승원, 1989) 및 유적의 복원(왕인현창협회, 1986)이 병행되면서 1987년에는 왕인박사 유적지가 준공되기에 이르렀다.7)

왕인박사 유적지 준공과 일련의 정화사업은 현재의 왕인문화축제의 모태가 된 '유림'에 의한 왕인박사춘향대제(1986년 시작)로 이어져 지역전통의 왕인화를 더욱 견고하게 완성시켰다. 구림의 축제는 조선시대 이후 전통적인 구림마을 유림들 중심의 배향제(配享祭)에 일련의 지역영웅화 작업을 통해 역사화된 인물인 왕인을 부각시킴으로써 확대·개편된 형태라 할 수 있는 왕인박사춘향대제

---

7) 이러한 일련의 작업이 행해지고 있을 당시 구림의 도선, 즉 사족이 지역의 지배집단으로 자리잡은 이후 한번도 지역정체성의 중심에 자리잡지 못한 불교세력은 영암군을 동원하여 도선이 갖고 있던 신승, 술승이라는 이미지로부터 벗어나 선승으로 재정의하고, 1987년 도갑사에 국사전을 새로 건립하였다. 아울러 도선에 관한 학술회의를 개최하였으며, 이를 책으로 출판하기도 하였다(김지견 외, 1988). 이는 구림의 왕인화를 견제하는 의미를 가진 것이었지만, 왕인의 지역영웅화를 막지 못했다 (정근식, 2001, p.37).

에서 출발한다.8) 이는 1993년 구림마을 청년회가 중심이 되어 만들어진 왕인벚꽃축제, 1997년 현재의 '왕인문화축제'라는 이름으로 바뀌어 지역축제로 정착되었다고 할 수 있다.

한편, 구림에 있어서 왕인의 지역영웅화 과정의 구체적 결과로써 나타난 왕인문화축제는 왕인유적지 준공이 한창이던 때인 1987년부터 시작된 구림도기 가마터 발굴이라는 고고학적 발굴을 통해 그 근거를 확보해 나가게 된다. 즉 영암 구림도기 가마터 발굴은 왕인이 도일시 도공 등을 동행했다고 하는 주장을 뒷받침해 줄 수 있는 중요한 근거로 등장하였고, 그래서 백제의 우수한 문화를 일본에 전수했다고 하는 구림사람들의 문화적 자긍심을 상승시켜 구림이 왕인의 탄생지일 가능성이 높다는 주장을 한층 강화시켜 주는 계기가 되었다. 이러한 구림 가마터 발굴을 시작으로 가속화된 구림의 왕인 탄생설과 구림도기의 역사성과 예술적 가치에 대한 평가는 1997년 왕인문화축제의 중요한 테마로 등장하기 시작했고, 이는 최근 구림리의 도기문화센터의 창출과 매년 도기문화와 관련된 다양한 이벤트 개최로 이어지고 있다. 구림마을에 등장한 현대적 예술 공간인 도기문화센터는 최근 들어 구림마을의 이미지를 '도기문화'의 마을로 새롭게 변모시키고 있는 것이다.

2) 고고학적 발굴을 통한 도기문화전통의 근거확보

구림마을이 도기문화의 마을로 성장하게 된 근거는 추상적으로 말하면 왕인의 문화전래품에 도기와 종이가 있었다는 점이고, 보다 구체적으로 말하면, 구림에서의 도기 가마터의 발굴이다. 구림의 도

---

8) 그러나 왕인은 구림에서 1970년대 초반까지 단지 전설로만 존재하던 인물이었고 그에 대한 특별한 의례나 제사는 없었다(최재율, 1953).

기 가마터의 발굴은 1986년 당시 「통일신라·고려의 질그릇」특별전을 준비하던 이화여자대학교 박물관 조사단이 자료수집차 전국의 도요지를 조사하던 중 구림리에서 도편을 수집하게 되면서 시작되었다. 이후 이화여자대학교 박물관팀이 1987년 구림리의 가마터를 중심으로 지표조사를 실시, 6기(基)의 요지와 7처(處)의 도기폐기물 퇴적을 확인하였다. 구림 도요지의 가마터 흔적은 구릉의 단면에서 마을로 진입하는 소로를 따라 나타나는데, 1986년 이화여자대학교 박물관이 지표조사를 할 당시에는 현재의 구림고등학교로부터 남송정 마을로 돌아 들어가는 상대포 주변까지 2km에 걸쳐 있었다. 그러나 서쪽의 남송정 부근에 민묘가 들어서고 새로운 도로가 건설되면서 대부분 유실되어 현재에는 1km에 걸친 범위에 요적(窯蹟)이 남아 있다.

전라도 도자기의 역사는 삼국시대 경질토기로부터 거슬러 올라간다. 신석기 시대의 연질토기를 한 단계 끌어올린 단단한 그릇인 경질토기는 1000℃ 이상의 불을 가해 가마에서 구워내야 하는데 이는 축적된 제작기술이 없으면 불가능하다. 그러나 전라도에서는 단단한 생활용기로부터 시작해 유약을 바른 시유도기[9]를 생산해 낸 가마터들이 대거 발견되었고, 그 대표적인 요지가 바로 구림리 가마터였다. 구림 가마터는 예로부터 '풀무등'이라 불리던 낮은 구릉이 2km 가량 펼쳐져 있고, 당시 도공들이 작업했던 공방터와 기와편 화덕자리 등이 비교적 선명하게 남아 있다. 이화여자대학교 박물관의 조사보고에 의하면 구림요지는 굴을 파고 들어가는 지하식 단층요의 전통적인 가마구조로 백제토기 가마형식(일본의 경우 5세

---

[9] 시유도기란 인위적으로 유약을 바른 도기를 말한다. 토기에서 자기로 이행하는 가장 중요한 근거가 인위적으로 유약을 발랐는가의 여부인데, 삼국시대 토기에서 8세기~9세기경 통일신라시대 생활용기에 흑갈색 녹갈색류의 유약을 바르는 기법이 구림 가마터에서 처음으로 발견되었다.

기 중반에 출현한 가마형식)을 띠고 있으며, 그 규모는 관요 정도의 거대한 토기제작소로 수요의 공급을 주관하던 국가규모의 거대한 세력집단에 의해 조영된 것으로 추정된다(나선화, 1999). 특히 구림에서 출토된 토기는 9세기 인물인 장보고의 완도 유적에서도 같은 것이 발견됐으며 익산 미륵사지, 보령 완도 등 생활유적에서도 발견되는 것으로 미루어 '서해안 토기'의 일군을 형성했을 것으로 파악된다(한영희, 1999). 이러한 사실들로 비추어 볼 때, 도자사에서는 구림토기의 공식적인 시대편년을 8~9세기 통일신라시대로 잡고 있는데, 향토사학자 및 일부 학자들은 구림요지의 활동시기를 4세기까지 올려 잡고 있다. 그 근거로는 영암의 지리적, 역사문화적 배경에서 찾고 있다. 영암 구림의 지리적 환경으로 마을 뒷편으로 북풍을 막아 주는 산이 있고, 고령토, 백토, 규석 성분이 다량 함유된 흙이 풍부했으며 또한 뱃길이 가능한 바다를 앞에 두고 있던 최적의 환경이라는 점을 들 수 있다. 그리고 역사문화적으로 선사시대부터 마한, 백제, 통일신라, 고려에 이르기까지 대중국 일본 교역의 해로와 직결되는 위치이며 마한의 중심세력이 활동하면서 독자적인 문화권이 형성된데다 통일신라시대 대당(對唐)기지의 거점으로서 중국의 선진문화가 늘 유입되었다는 점이다. 따라서 자기의 이행을 촉진시킨 '유약바르기'(시유)의 출현은 선진문화가 비교적 빨리 유입될 수 있었던 이 지역의 역사문화적인 맥락에서 이해할 수 있다.

 1987년 1차 발굴 당시 구림도기 가마터의 발굴은 한국 도자사를 새로 쓰게 한 '한국 최초의 시유도기 가마터 발굴'이라는 큰 수확으로 평가되었고, 이러한 구림리의 도자사적 중요성을 인식한 이화여자대학교 박물관이 영암군수를 찾아가 발굴의 필요성을 건의하면서 지방정부와 전문가집단으로서 이화여자대학교 박물관이라는 중앙 연구단체의 만남으로 이어졌다. 구림 시유도기 가마터 즉 '유약을 최초로 사용한 가마터'의 발굴은 지방정부와 중앙 연구단체의 탄탄한 결속의 과정을 거쳐 발굴 직후 가진 현장 지도위원회에서 참석한 문화재위원 전원의 만장일치로 국가 사적 제338호로 지정되었다. 당시 영암군과 이화여자대학교 박물관과의 만남은 지방자치단체와 중앙 문화기관의 우연한 만남치고는 상당히 빠른 속도로 차후의 사업들을 진행시켜 나갔다. 당시 구림도기 가마터 발굴을 주도했던 이화여자대학교 박물관 조사팀장 나선화(현 도기문화센터 학예실장)는 당시 군과 중앙 문화기관의 만남을 이렇게 설명했다.

저희 박물관팀이 1987년도에 여기 구림리의 옛날 가마터를 지표조사 하게 됐어요. 길에서 파편을 주워 보니까 지금까지 고분에서 출토되던 것들과는 많이 달라 보였습니다. 형태도 다르고, 유약도 씌워져 있고 … 앗, 이게 뭘까? 이거는 뭔가 대단한 발견인 것 같았고, 우리 토기 역사를 정립하는데 꼭 필요한 곳이란 직감이 들었죠. 곧바로 영암군에 요청을 했어요. 여길 발굴조사 하면은 도기의 역사를 밝히는데 큰 자료가 될 것 같다고. 그랬더니 다행스럽게도 당시 김옥현(현 광양시장) 군수께서 모든 지원을 아끼지 않겠다고 답을 해주셨어요. 그렇게 해서 곧바로 발굴작업을 시작했고, 여기서 1,200~1,300년 전의 가마터가 그대로 나왔어요. 영암의 토기 역사가 그대로 잠자고 있었던걸 우리 손으로 깨운 것이죠. 발굴하자마자 곧바로 문화재 관계자들을 모셔서 국가사적으로 지정이 되도록 했구요.

이러한 구림 가마터의 고고학적 발굴은 지금까지 고려시대의 청자와 조선시대의 백자를 중심으로 엮어져 온 한국 도자사에 영암 구림의 도기가 전남 강진의 청자, 경기도 광주의 백자와 더불어 한국 도자사의 3대 축을 형성하는데 역사적 근거로 작용하였다고 할 수 있다. 그러나 구림마을에 있어서 가마터의 고고학적 발굴은 신라통일기의 시유된 도기, 즉 유약처리한 도기가 이후 장독으로 대변되는 옹기로 그 맥이 이어져 구림의 도기문화전통이 시대를 초월한 가장 한국적인 전통의 보유와 재창출이라는 최근의 구림의 문화마을 만들기의 핵심 근거가 되고 있다는 점에서 더욱 중요한 의미를 갖는다. 결국 이러한 일련의 상황은 구림 가마터와 왕인을 일본으로 떠나 보낸 상대포가 인접한 구림중학교 가 폐쇄되고 이를 도기문화센터로 개조하는 프로젝트로 연결되면서, 도기문화센터는 왕인의 일본행에 동행했던 '도공' 및 '도기'에 관련한 문화적 에피소드가 고고학적 증거를 매개로 발전한 것이다. 즉 도기 가마터의 고고학적 발굴은 구림의 왕인화와 도기문화전통의 구림화를 고착시키는 중요한 근거를 제공하였다고 할 수 있다.

3) 마을 이미지와 상징 : 정체성의 문제

지역내 존재하는 역사와 전통, 그리고 물리적 경관으로 표현되는 무형적·유형적 문화자원은 서로 영향을 주고받으면서 지역의 이미지와 정체성을 결정한다. 이러한 정체성은 동일한 지역사회내 비교적 동질적인 삶의 조건하에서 정치, 경제, 역사문화적 경험 등의 공유라는 특성들이 서로 상호작용하면서 형성된다고 할 수 있다. 그리고 지역정체성은 주민들의 자기 정체성과 외부에 의해 규정되는 외부 정체성간의 관계에 의해서 규정되고 이것은 한번 형성되면 그대로 굳어지는 것이 아니라 끊임없이 재해석되고 재구성된다(정근식, 2001). 따라서 과거 역사적 경험에 기초한 전통과 문화가 다양한 물리적 지역경관과 함께 어떻게 현재의 지평에서 불러내져 활용되는가, 그리고 전통의 활용을 통한 주민들의 정체성 확립을 위한 노력이 어떤 맥락에 놓이는가는 지역정체성의 역사를 파악하는데 중요한 쟁점이 된다. 특히 구림의 경우처럼 지역영웅설화나 전설, 고고학적 발굴을 통한 지역전통의 창출 및 활용은 현재적 이해와 역사적 사실이 경합됨으로써 마을 이미지와 상징을 강화시키고 지역정체성을 형성하는 매개로 작용한다.

구림을 둘러싼 지난 400여 년 역사는 조선시대에 유교를 근거로 한 양반문화, 일제하에서 양반적 정서에 근거한 반일적 분위기, 해방 직후의 전쟁기에 이에 대한 반사적 효과로서의 좌파적 편향, 1950~1960년대에는 앞선 시기의 반체제적 활동에 대한 자기 방어적 기제로써 자유당과 공화당 등 여당지지의 역사로 점철되었고, 1970년대부터 시작된 왕인 및 도선에 대한 상상적 기억의 기념 공간화를 시작으로 구림은 최근 들어 '왕인축제'의 현장, 도요지 발굴과 도기문화센터 창출로 인한 '도기문화'의 마을로 새롭게 변모하고 있다.

조선후기 영암지역 사족세력의 중심지로써 구림은 1565년 성립하여 오늘날까지 지속되고 있는 사족 중심의 대동계가 현재까지 지속되는 마을이다. 대동계는 지남들 간척조성 후, 사족들이 가족적 연결망을 통해 이주해 오면서 유교적 향약의 원리를 실천하기 위해 결성된 것이다. 따라서 구림에는 대동계와 관련된 건물과 공간이 있고, 각 문중들의 사우나 정자 등이 많이 존재한다. 이러한 '대동계의 구림'은 도선과 함께 지역의 전설적 영웅설화의 주인공으로 자리잡고 있던 왕인의 지역영웅화 프로젝트가 1970년대 이후 가속되면서 '왕인의 구림'으로 부각되기 시작했다.[10] 왕인의 지역영웅화는 모호하게 존재하던 불교관련 유적이나 도선관련 유적의 재호명과 함께 왕인사당 건립 등 공간적 근거지화로 나아갔고 상당수의

---

10) 그러나 왕인은 1970년대 초반까지 구림에서 전설로 존재해 오던 인물로 현재 지역사회를 구성하는 문중집단과 아무런 연관을 찾을 수 없다. 구림에서 근대적 의미의 지역정체성이 최초로 표현된 것은 군서학생동지회라는 이름의 구림 청년들이 1953년에 발행한 마을지라고 할 수 있는데, 이의 제호는 '시의 마을 구림'이었다(최재율, 1953 ; 정근식, 2001).

유적은 명백히 도선과 연관이 있는 명칭을 갖고 있었지만, 왕인의 영웅화와 더불어 장소의 이름이 바뀐 채 현재에 이르고 있다.

구림의 왕인화는 1993년 시작된 '왕인축제'를 기점으로 더욱 가속되었다.[11] '대동계의 구림'과 '왕인의 구림'은 축제라는 이름 하에 구림의 유교적 전통과 지역영웅설화를 절묘하게 결합시킴으로써 지역전통의 창출과 활용이라는 효과를 극대화시켰다고 할 수 있다. 축제를 통해 구림의 이미지는 외부적으로는 '왕인의 구림'이라는 이미지의 상품화와 내부적으로는 유교문화의 중심지로서 갖는 역사성과 문화적 전통의 강화라는 지역민들의 정체성 구축으로 재생산되고 있다. 특히 이러한 지역이미지의 상품화는 최근 일본시장을 겨냥한 축제프로그램의 증가 등을 통해 더욱 구체적으로 진행되고 있고, 그 영역 또한 일본 속의 왕인으로까지 확대되고 있다.[12]

---

11) 현재 왕인문화축제의 모태가 된 왕인박사춘향대제(王仁博士春享大祭)는 1987년 왕인박사 유적지 준공과 더불어 일련의 정화사업을 계기로 1986년 처음 시작되었다. 왕인박사춘향대제는 현재와 같은 지역축제가 아닌 조선시대 이후 전통적인 구림마을 유림들 중심의 배향제(配享祭)였던 것이 확대 개편된 것이라고 할 수 있다. 왕인박사춘향대제가 지역축제화 된 것은 구림마을 청년회가 중심이 되어 만들어진 1993년 왕인벚꽃축제였고, 4년 후인 1997년에 와서 현재의 '왕인문화축제'라는 이름으로 정착되어 오늘에 이르고 있다(추명희, 2001, p.70).

12) 일본에서 왕인은 백제사람으로 일본으로 건너가 일본의 고대문화발전에 크게 기여한 성인으로 추앙받고 있어 왕인문화축제를 방문하는 일본 관광객들의 수는 꾸준히 증가하고 있다. 이것은 축제의 중요한 자원이자 일본을 상징하기도 하는 '벚꽃'과 역사화 된 인물인 '왕인'을 결합하여 축제를 구성함으로써 일본 관광객들을 유인한 결과라고 할 수 있다. 즉 일본관광객과 그에 따른 관광시장의 확대를 통한 지역발전의 경제적 효과가 현실적으로 지역문화산업의 가장 큰 추동력이 되고 있는 것이다. 이러한 왕인문화축제의 시장성은 1999년 전국 10대 문화관광축제, 2000년 전국 12대 문화관광축제 및 2001년 집중육성 5대축제로 선정되는 결과로 나타났고, 2000년에는 일본 지방市의 축제 참가, 한일 종이교류전 실시, 2001년 축제에서는 '아스카문화'의 발신지를 집중테마로 선정, 왕인박사 도일고대항로 대탐사라는 프로그램이 신설되어 왕인

이처럼 구림은 역사적 유적의 왕인화, 왕인유적지의 준공, 지역축제의 왕인화 등을 통해 '대동계의 구림'이 갖는 지역경관 위에 왕인유적지의 준공과 그와 관련된 경관 등을 창출함으로써 지역에 대한 이미지를 재구성하였다. 그리고 그 과정 속에서 '보이지 않는 어떤 것'이었던 지역영웅설화는 '왕인의 구림'이라는 이미지와 상징화 작업을 통해 구림을 넘어서 영암지역 전반의 지역정체성을 형성하는 핵심기제로 작용한 것이다.

한편, 구림의 왕인화와 병행하여 시작된 구림 도기가마터 발굴작업은 구림이 가장 한국적인 전통의 맥을 이어온 도기문화의 마을이라는 이미지를 부각시키며 구림의 또 다른 얼굴갖기 흐름으로 이어졌다. 1987년과 1996년 두 차례에 걸쳐 진행된 구림 도요지 발굴작업은 왕인의 지역영웅화 과정에서 왕인이 도일시 도공 등을 동행했다고 하는 주장을 뒷받침해 줄 수 있는 중요한 근거로 등장하였고, 그래서 백제의 우수한 문화를 일본에 전수했다고 하는 구림사람들의 문화적 자긍심을 상승시켜 구림이 왕인의 탄생지일 가능성이 높다는 주장을 한층 강화시켰다. 도기가마터 발굴작업은 구림중학교 폐쇄를 계기로 이를 도기문화센터로 개조하는 프로젝트로 연결되었고, 그 결과 구림마을에 등장한 현대적 예술공간인 도기문화센터는 폐교의 문화공간화 및 왕인의 지역영웅화 과정의 구체적인 결과로써 나타난 왕인문화축제와도 밀접한 관련을 맺고 있다. 즉 구림의 도기문화센터는 '도기문화의 마을'이라고 하는 문화적 이미지 창출과 더불어 특정 건축경관이라는 공간적 차원과 왕인축제라는 주기적인 축제나 기념행위 등 시간적 차원에서 상징화되면서 지역주민의 정체성의 형성에 영향을 미치고 있다. 그리고 이것은 자연스럽게 구림의 '문화마을 만들기'라는 문화마케팅 전략의 핵심기제

의 도일설화가 역사적 사실로 승인되는데 중요한 역할을 하였다.

로 작용하고 있다.

 구림은 이제 유교적 의례와 스펙터클한 외부적 이미지를 강화시킨 축제와의 결합을 통해 왕인의 구림에서보다 구체적인 고고학적인 증거를 통한 도기문화전통의 문화마을 이미지 생산과 상징구축으로 나아가고 있다. 지역의 전통성은 그 지역과 공동체를 지키는 힘이기도 하지만, 한편으로는 지역의 발전과 시대에의 적응을 방해하는 요소가 되기도 한다. 그러나 구림에 있어서 전통성은 현대의 지역사회발전 전략에서 지역전통의 활용과 재창출이라는 맥락에서 대단히 탄력적이고 구체적으로 활용되고 있음을 알 수 있다.

2. 도기문화센터의 형성 : 폐교의 문화공간화

 현재 도기문화센터 건물의 외관은 1998년 동구림리 구림공고 옆으로 이전한 옛 구림중학교 건물을 개·보수하여 만들어진 것이다. 1964년 설립된 구림중학교 부지는 원래 1904년 구림대동계가 학교부지로 희사했던 땅이다. 1904년 최초로 그 자리에 구림 보통공립학교가 들어선 후 구림국민학교, 구림중학교(1964년)로 이어지면서 구림중학교는 한때 600명이 넘는 학생수를 보유하기도 했었다. 그러나 1973년 당시 1면 1교 방침에 따라 서호분교가 서호중학교로 구림중학교로부터 떨어져 나가면서 급격한 학생 수 감소가 나타났고, 1980년대 이후 가속화된 지역민들의 도시진출은 학령인구의 감소로 이어져 구림중학교는 소규모 학교로 전락하게 되었다. 이러한 현상은 당시 우리나라 전 농촌지역에서 두드러지게 나타났던 현상으로 소규모 학교 운영에 따른 어려움은 1990년대 들어서 소규모 학교 통·폐합의 급격한 증가를 가져왔다.[13]

 당시 서구림리 회사정 바로 옆 마을 한복판에 자리잡고 있던 구림중학교는 이러한 학생 수 감소에 따른 운영상의 어려움뿐만 아니라 학교활동에서 나오는 여러 가지 소음 및 증가된 통학과 통근에 따른 교통불편 등이 문제점으로 대두되면서 마을주민과 학교측 모두에서 학교 이전에 관한 논의가 나오기 시작했다. 이후 구림중학교의 폐쇄가 결정되고 현 구림중학교 부지로 이전이 확정되면서 폐쇄된 구림중학교 부지를 어떻게 처리할 것인가를 놓고 부지를 희사했던 대동계와 교육청간의 마찰이 발생했다. 당시 대동계와 교육청간 갈등의 핵심은 대동계에서 교육청 재산으로 귀속된 학교부지의 매각 이후 그 자리(현 도기문화센터 자리)에 아파트가 들어설 것이라는 소문이 확산되면서 대동계원들의 강한 반발이 형성되었던 점이다. 즉 예부터 '대동계의 구림'을 말해 주는 대동계와 관련된 건물과 공간이 밀집해 있고, 각 문중들의 사우나 정자 등이 다수 존재하는 서구림리의 한복판에 고층건물인 아파트와 그에 따른 상업시설 등이 들어설 경우 조용한 마을분위기를 훼손하고 부동산 투기 등이 조성될 것이라는 우려의 확산이었다. 이러한 우려의 확산이 심화되면서 결국 영암군이 1997년 학교부지를 매입[14]하기에 이르

---

13) 1996년까지 소규모 학교 통·폐합으로 폐교된 학교수는 초등학교의 경우 1,640교, 중학교 19교, 고등학교 2교 등 모두 1,661교에 이르며 그 수는 점점 늘어나고 있다. 시·도별 폐교수를 보면 전라남도가 335개교로 가장 많고 경상북도 332개교, 경상남도 226개교, 강원도 193개교 순으로 주로 농·어촌 지역에 많고 서울은 1교로 가장 적은 것으로 나타났다(허승연, 1999, p.112).
14) 교육부는 해당지역의 폐지학교 시설을 관리하기 위하여 폐지학교 재산을 지방재정법 제72조에 따라 3가지로 구분하여 관리하고 있다. 폐지학교 재산의 구분기준은 사용년도에 따라 행정재산, 보존재산, 잡종재산으로 나누고 있다. 한편, 현재 폐교시설은 임대, 철거, 자체활용, 매각, 미활용보존 등의 활용방법이 있는데, 이 중 폐지학교의 매각은 개인이나 사기업에게 행정적으로 허가가 나지 않기 때문에 특수집단이나 지방자치단체에 매각할 경우에만 가능하다. 매각의 경우 지역주민들에게 다시 환원되지 않기 때문에 매각은 해당 주민들의 반발을 신중히 고려

렀고, 당시 각 마을 이장과 개발위원들이 중심이 되어 '구림발전위원회'가 결성되면서 학교부지의 활용방안에 대한 논의가 본격적으로 시작되었다. 초기엔 옛 구림중학교 자리에 공원을 조성하자는 의견이 지배적이었으나 이 과정에서 그 당시 구림리 일대 도기 가마터 발굴을 주도하면서 영암군과 탄탄한 결속관계를 유지하고 있던 이화여자대학교 박물관팀이 그 자리에 도기문화센터라는 문화공간을 조성하는 안을 영암군에 강력 요청하면서 방향은 공원조성에서 도기문화센터로 급선회하였다.

일반적으로 폐교시설은 교육청과 지방자치단체, 개인 및 기업별 각 개발주체에 따라 그 활용방안이 다양하게 나타난다. 교육청이 운영의 주체가 되어 폐지학교를 활용하는 방안은 현장학습장이나 과학교육센터, 야영장, 체험학습장, 체육센터, 문화예술활동장, 환경교육실습장, 진로정보센터와 상설클럽활동 장소 등으로 활용될 수 있다. 지방자체단체가 운영의 주체가 되어 운영되는 방안으로는 경우는 지역문화기관, 농촌지역 기술교육양성소, 마을회관, 교직원 휴양시설, 유아원 및 어린이집, 대안학교, 특수학교로의 운영등이 있고, 마지막으로 개인 및 기업이 운영주체가 되어 활용되는 방안은 청소년 수련시설, 기업체 등의 연수시설, 기업체 또는 정부투자기관 등의 연구소, 미술창작활동장, 전시관·공예·도예촌 등의 문화예술활동공간, 고시원, 학원 등이 일반적인 활용사례라고 할 수 있다 (허승연, 1999). 구림의 도기문화센터는 이러한 활용유형에 있어서 지방자치단체가 운영주체가 되어 폐교시설을 문화공간으로 활용하고 있는 대표적인 사례에 속한다고 할 수 있다. 지방자치단체는 해당지역의 입지조건이나 환경에 대하여 잘 알고 있기 때문에 다른

해야 한다. 때문에 향후 교육목적으로 사용할 계획이 없고 지역주민의 민원발생소지가 없는 폐교재산부터 선별하여 매각한다(남태욱·김상겸, 1998 ; 허승연, 1999).

운영주체에 비해 상대적으로 효율적인 활용방안들이 모색될 수 있는 좋은 조건을 갖고 있다. 이러한 측면에서 도기문화센터는 영암군과 이화여자대학교 박물관의 유기적인 협조를 통해 지방자치단체 문화정책에 새로운 선례를 남겼다는 평가를 받고 있다.

처음에는 1987년부터 시작된 이화여자대학교 박물관의 구림도기 가마터 발굴성과와 영암 도기의 중요성을 알리기 위해 학술대회와 도기전시를 왕인축제 때(1998년) 함께 해 볼 것을 이화여자대학교 박물관이 영암군에 건의하였고, 이 건의를 긍정적으로 받아들인 영암군이 구림중학교 폐교시설을 포함한 다섯 군데의 사용처를 제안했었다. 이 중 이화여자대학교 박물관측이 구림중학교 폐교시설을 임시사용처로 주저없이 결정하면서 폐교시설의 문화공간화라는 가능성이 현실화되기 시작했다.

> 당시 폐교 사용을 결정한 이유는 구림리 가마터가 지척에 있다는 점과 왕인을 떠나 보낸 포구 옆의 고색 짙은 구림마을의 정취에 빠져들었기 때문이죠. 그리고 왕인유적지, 구림 가마터, 구림마을, 도기전시장을 함께 묶어 하나의 관광지로 개발할 수 있으리라는 판단이 서면서 폐교를 이용한 학술대회와 도기전시 계획을 적극적으로 추진하게 되었습니다(나선화, 당시 이화여자대학교 박물관 조사팀장).

이화여자대학교 박물관은 구림도기 가마터 발굴을 주도하면서 영암군과 맺은 긴밀한 협조관계를 바탕으로 1997년 영암군이 폐교를 매입, 그곳을 도기전시의 임시사용처가 아닌 건물을 개조하여 문화공간화 할 수 있는 건축계획을 영암군으로부터 요청받아 건축에 관한 개념설계를 시작하였다. 그리고 이 과정에서 하버드대학교에서 건축학위를 받고 국내에 잠시 귀국, 체류 중이던 두 여성건축가, 최원미와 한보숙이 이러한 건축개념에 동감하고 개조 및 기본설계를 맡아 거의 무료로 참여하면서 도기문화센터 프로젝트는 빠르게 진행되었다. 이처럼 도기문화센터 프로젝트는 영암군이 필요로 한 전문가들을 프로젝트 초기단계에서부터 선택하고, 또 적극적으로 활용했음을 알 수 있다. 즉 영암군이 이화여자대학교 박물관 전문가들을 선택했고, 박물관에서 기본설계팀을 선택했다. 이렇게 프로젝트의 초기단계에서부터 도기문화센터의 개념, 방향, 운영계획과 같은 기본적인 박물관 소프트웨어를 이화여자대학교 박물관 팀이 만들었고 이러한 스페이스 프로그램(space program)들은 직접적으로 기본설계에 반영되었다.

도기문화센터 건축개념의 기본방향 및 운영계획은 전시실의 활성화를 위하여 장기적으로 공방을 운영하며, 각종 학술대회를 열어 '도기'센터로 만든다는 목표였다. 이런 기본방향을 근거로 건물 1층에는 전시실 및 공방을 배치하고, 2층에는 세미나실, 자료실, 사무실을 배치하게 되었다. 전시물 보완상 공방동(건물좌측)과 전시실동(건물우측)이 나뉘어졌고, 2층에는 공방과 관련된 업무를 지원하는 세미나실과 전시실 업무를 지원하는 사무실이 좌우로 배치되었다. 다른 미술품과는 달리 생활도기의 전시를 위해 자연채광을 최대한 이용하여 전시실 내부를 밝게 만들었고, 옹관과 같은 대작을 전시할 수 있도록 천정고가 높은 공간도 만들어졌다. 단지 내에는 모든 나무를 원형 그대로 보존하였고 전시실 내부에서 400년 된 느티나무를 즐길 수 있는 공간도 조성되었다. 두 그루의 느티나무와 영암 월출산을 뒤 배경으로 할 수 있는 공연장도 단지내에 마련되었다. 또한 상대포와 도기문화센터 입구에 있는 회사정이 보이도록 창의 크기와 위치도 조절이 되었고, 에너지 절약차원에서 겨울에도 난방을 최소화할 수 있도록 2층 복도는 천창을 만들었다. 영암군의 운영 여건에 따라 상주할 수 있는 직원이 1인이 될 경우를 고려하여 사무실을 2층 단지 입구가 보이는 곳에 배치하였다.

도기문화센터 프로젝트는 초기단계에서부터 영암군+이화여자대학교 박물관+설계팀 3개의 팀으로 각 분야에 전문가로서 역할분담을 최대화하였다는 점에서 긍정적인 평가를 받고 있다. 즉 문화센터의 운영계획과 기본방향은 이화여자대학교 박물관팀에서 소프트웨어로 정리되었고, 설계팀과 기본설계과정은 하드웨어로 연출되었다. 그리고 영암군의 행정적인 의사결정 외에 박물관 및 설계관련사항은 모두 전문가(이화여자대학교 박물관+설계팀)가 결정했다. 이러한 진행과정을 거쳐 1998년 12월에 착공하여 1999년 9월에 준공한 도기문화센터는 시설비로 국비와 지방비 총 21억원이 공동투자되었고, 5천여 평의 대지 위에 폐교를 개조(renovation)한 연건평 610평, 지상 2층의 건물에 1층에는 도기미술관과 도기공방, 뮤지엄 숍이, 2층에는 도요지 발굴보존연구소와 강의실, 카페 등을 갖추고, 건물 외부에는 야외공연장, 옛 가마와 현대식 가마시설을 갖춘 문화공간으로 탄생하였다. 이후 개관기념으로 열린 '영암토기전통과 구림도기'라는 주제의 특별전시회와 학술대회는 폐교의 문화공간화를 통한 구림마을의 이미지를 도기문화의 마을로 정착시키는데 필요한 대대적인 홍보효과를 가져왔다. 당시 도기문화센터의 개관식과 특별전시회 및 학술대회는 전국 주요 일간지와 광주, 전라남도지역 언론에 일제히 보도되었다. 다음은 조선일보「문화가산책」란에 역사가 숨쉬는 '도기의 고향'이라는 제목과 한겨레신문에 "'장독문화'발원지를 '도기문화' 중심지로"라는 제목으로 실린 관련 기사 내용들이다.

> 문화재를 서울 중앙박물관에서 관람하는 것과, 그 문화재가 탄생한 지역에서 보는 맛은 확실 다를 것이다. 왜 이 전통문화유물이 탄생했나를 곱씹게 되는 지역 풍광과 문화를 함께 감상하는 각별한 묘미가 있기 때문이다. 9일 전남 영암군 군서면 구림마을에서 개관한 '영암도기문화센터'는 지방자치단체와 중앙의 대학교 박물관(이화여자대학교)이 힘을 모아 독립적 문화재 감상공간을 만들었다는 점에서 관심을 모은다(『조

선일보』, 1999년 10월 11일자).

　폐교로 썩어 갈 운명에서 최원미, 한보숙 등 두 건축가의 손을 거쳐 문화센터로 새 삶을 얻은 건물은 전시장을 비롯해 도기를 생산하는 공방과 강당, 야외공연장 등을 갖췄는데, 기능뿐 아니라 건축적으로도 의미 깊은 작품이다. 폐교를 고쳐지었다거나 무공해 지하수를 이용해 냉온방을 한다는 사실도 중요하지만 영암의 유구한 전통을 존중하는 디자인을 취하고 있다는 점은 높이 살 만하다. … 이화여자대학교 박물관은 앞으로 학예연구실 직원을 파견해 도기문화센터를 운영할 프로그램을 마련해 나갈 계획이다. 여기에는 도기와 관련된 전시, 학술대회 같은 행사뿐만 아니라 도기를 생산해 관광상품으로 발전시키는 실질적인 방법까지 포함된다. 요란하고 실속 없는 문화행사로 눈요기에만 급급한 다른 지방자치단체들과 달리 영암에선 '조용한 문화혁명'이 이미 시작됐다(『한겨레신문』, 1999년 10월 13일자).

　이러한 일련의 과정을 거치면서 폐교에서 구림마을의 현대식 문화예술공간으로 등장한 도기문화센터는 장기적으로 영암의 주요 문화유산 및 관광자원 특히 왕인문화축제와의 연계를 통한 문화마케팅 전략으로 이어졌고 그에 따른 이벤트 개최 및 상품개발이 시작되었다고 할 수 있다. 개막식과 함께 열린 학술대회에 참석한 당시 김철호 군수와 김홍남(이화여자대학교 박물관)관장의 개관인사[15]와 <영암군소식지>[16]를 통해서 알 수 있듯이 도기문화센터는

---

15) 이 센터의 의미는 다양하다. … 이제 이 영암도기문화센터를 중심으로 영암군민들이 자신들이 갖고 있는 소중한 문화유산의 가치를 재인식하여 얄팍한 개발논리에도 흔들림 없이 영암의 황토와 구림의 토담집, 종가건축들, 정자, 고목나무들, 왕인박사 유적지 등 많은 자연, 역사유적이 간직된 아름다움을 보존하고 왕인축제, 광주비엔날레 등과 잘 연계시켜 구림을 살아있는 관광자원으로 만들 수 있기를 간절히 바란다(이화여자대학교 박물관장 김홍남, 「도기문화센터 개관기념 개관인사」 중에서 발췌).
16) 특별전이 개막되는 지난 10월 6일 영암도기문화센터 세미나실에서는 한병삼 동국대학교 석좌교수와 이화여자대학교 김홍남 박물관장, 일본 후꾸오까대학교 다께스에 슌우이치교수 등 국내외 학자들이 참석한 가운데 학술대회도 함께 열렸다. 이날 김철호 군수는 '영암도기문화센터 개관기념 특별전과 학술대회'를 계기로 영암의 황토를 주원료로 한 생

'왕인의 구림'과 '도기문화의 구림'을 자연스럽게 결합시키면서 왕인축제, 광주비엔날레와 연계시키는 이벤트 개발을 통해 '문화마을의 구림'이라는 지역이미지의 재생산과 활용에 있어서 중요한 매개기능 역할을 하였다고 할 수 있다.

Ⅲ. 문화마을 만들기 전략

1. 도기문화전통의 재구성과 상품화

구림의 문화마을만들기 전략에서 가장 핵심적인 방향은 '문화마을의 구림'이라는 지역의 전통적인 이미지를 강화하는 것이었다. 이러한 문화마을 이미지의 창출과 활용에 있어서 무엇보다 가장 효과적인 수단은 구림이 시유도기문화의 발상지였고, 이후 가장 한국적인 전통이라 주장하는 옹기에 이르는 도기전통을 이어받은 마을이라는 점을 강조하는 것과 이를 위해 현대적 문화예술공간으로 재탄생시킨 도기문화센터를 조성, 운영하는 것이라고 할 수 있다.

도기문화센터의 운영전략은 '도기문화의 명소'를 위한 전시기획, 교육프로그램 조사연구, 공방운영 등 복합문화공간의 제공으로 요약될 수 있다. 이를 위한 구체적인 전략을 살펴보면, 첫째, 구림도기의 문화상품화에 있어서 도기문화센터가 '경영수익 기관'으로써 역할을 하기 위해 원료의 연구와 디자인 개발, 재료 및 유약의 연구, 활발한 전시 및 판매, 도자기 관련 응용분야(건축자재 등) 사업에 중

활도기를 비롯한 다양한 관광상품개발과 함께 영암이 보유하고 있는 문화유산, 관광자원과 연계하여 훌륭한 문화공간으로 활용하는 한편, 활기차게 운영될 수 있도록 최선을 다할 것이라고 밝혔다(『영암군 소식』, 1999, 가을호).

점을 두면서 시장성과 경쟁력을 확보하는 것이다. 둘째, 구림지역의 토기·도기문화에 대한 유·무형의 자료를 조사, 연구하고 실행해 나가는 '인문학적 학술 연구기관'으로써의 역할이고, 셋째 지역주민들의 '평생 사회교육 및 예술, 창작 진흥기관'으로써 주민과 밀착된 사회교육 프로그램(체험프로그램, 야외공연 등)을 운영하는 것이다.

구림도기의 시장성과 경쟁력 확보를 위한 상품화전략에서 도기의 생산은 이화여자대학교 연구소와 도기생산기술 지원용역계약을 체결한 생산체제로 이루어진다. 판매상품은 도예연구소가 황토를 원료로 한 도자기 제조방법의 공동 특허출원을 받아 낸 시제품 판매결과 호응이 우수했던 1만원 이내의 소품위주의 생산품에서부터 고가의 대작 주문품 및 예술작품 등으로 구성되어 있다. 이러한 도기 생산품 판매 외에도 도기문화센터에서는 도기제작현장체험 교실을 운영을 운영하고 있다. 도기제작체험 교실은 초·중·고생, 대학생, 지역주민, 관람객을 대상으로 단체와 개인으로 신청을 받아 이론강의와 직접 도기를 빚어 보는 실습과정으로 이루어져 있다.

전시기획은 기본적으로 상설전시관을 운영하되 분기별로 전시관 유물교체, 보안 및 특별전 등을 개최하고 있다. 전시실은 선사시대 도기관, 고대왕국의 옹관, 구림도기 역사관으로 배치되었고, 토기복제품 51점(선사시대), 이화여자대학교 박물관 대여유물 27점, 삼호면에서 출토된 수습옹관 1기 및 10여 점의 부장품 등이 전시되어 있다. 또한 전시된 유물 외에도 시기별로 차별화된 전시기획도 더불어 진행되고 있다. 특히 도기문화센터는 매년 주제별 이벤트를 개최하고 있는데, 2000년 3월 25일부터 6월 30일까지 약 3개월간 개최된 '흙의 예술제'라는 주제의 이벤트와 2001년 3월 31일부터 5월 31일까지 개최된 '제3의 전통, 옹기의 원류를 찾아서'라는 주제의 특별전시회가 그것이다. 특히 주목을 끌었던 것은 2000년도에 개최된 '흙의 예술제' 이벤트였다. 이화여자대학교 나선화 학예실장과 박경미 객원큐레이터가 기획한 <구림마을 프로젝트1>의 일환으로 열린 '흙의 예술제'는 흙을 소재로 하는 현대 예술작가 8인의 옥외 전시를 중심으로 실내에 전시되고 있는 고대 도기와 연계된 고대미술과 현대미술을 잇는 황토의 생태학적 예술의 가치를 재발견하는 예술마당으로 개최되었다. 참여작가는 임옥상, 민현식, 이불, 조덕현, 윤석남, 이형우, 육근병, 임충섭 등 8명이었는데, 이 중 조덕현의 <프로젝트-狗林>은 비둘기마을(鳩林)을 개마을로 환치시켜 마을에서 개를 발굴하는 모습을 재현한 퍼포먼스 겸 설치작업으로 당시 유럽 방송에 소개되기도 했다.[17] 이 밖에 구림의 솔밭 너머 토담집의 마당에 흙으로 빚어 구운 여러 형태들을 널려 놓은 이형우의 <무제>, 솔밭 회사정에 놓여 있는 윤석남의 작품 <조각배>와 상대포 성혈자욱이 자욱한 바위 주변에 작품을 설치한 <성혈>, 상대포 포구를 재현해 놓은 호수에 떠다니는 조각들을 설치한 임충섭의 <풍장(風葬)>, 호수 옆에 토담제단을 설치한 임옥상의 <잃어버린 토담을 찾아>, 도기문화센터 앞마당에 있는 정자나무에 흙으로 구운 풍경 수백개를 달아 잔잔한 소리를 연출한 육근병의 <구림의 나라> 등이 작품으로 전시, 소개되었다.

---

17) 당시 조덕현의 퍼포먼스는 여러 마리의 개를 흙으로 빚어 땅에 묻고 그것을 발굴해 내는 형태로 마을에 흔히 남아 있는 개의 설화와 구림의 토기가마 발굴을 연계시켜 땅에 숨겨진 고고학적 신화를 찾아내려고 했던 것이 작가의 의도였다. 그러나 이러한 작가의 의도와는 달리 퍼포먼스 진행과정에서 느껴지는 섬짓함이 관람객, 특히 양반마을로 오랜 자부심을 지니고 살아온 구림지역민들의 원성을 불러일으켰다. 이는 도기문화센터의 해명으로 일단락이 되었지만, 근래의 젊은 작가들의 작품 의도를 담아내기에는 아직 구림이라는 지역성과 그리고 거기에 내재된 유교문화, 양반문화전통이 현대적 문화예술공간이라고 표명한 도기문화센터에 부딪히는 한계로 작용하고 있음을 반증하는 것이라고 할 수 있다.

2001년 개최된 '제3의 전통, 옹기의 원류를 찾아서'라는 주제의 이벤트는 2000년 '흙의 예술제'와 같이 센터 외부에 설치작품을 전시하고 관람하는 퍼포먼스적인 이벤트와는 달리 센터 내 전시장을 중심으로 한 특별전을 중심으로 개최되었다. 특별전시회는 이화여자대학교 박물관에서 기획하여 전시했었던 '옹기의 원류를 찾아서'라는 주제의 전시를 축소하여 구림 도기문화센터에 그대로 재현한 것으로 시유도기-옹기의 역사탐색을 통해 한국의 도기가 청자, 백자와 나란히 한국도자의 제3의 전통이었음을 밝히는데 주안점을 두었다. 이처럼 도기문화센터가 의욕적으로 추진했던 2000년 제1회 '흙의 예술제'라는 이벤트와는 달리 다음해 열렸던 이벤트는 그 전년도에 비해 상당히 조심스럽게 추진되었다. 즉 '흙의 예술제'에서 논란이 되었던 조덕현의 퍼포먼스 <프로젝트-狗林>은 작가의 의도와는 상관없이 구림마을의 신화와 전설에 상반되는 주제를 택함으로써 구림마을 주민들의 미묘한 정서를 자극하기 충분했고, 설치, 전시되었던 작품들 모두가 마을사람들에게는 낯선 중앙의 젊은 작가들의 작품으로써 전통적 삶의 형태가 비교적 온존한 마을에서 살고 있는 구림사람들에게 충분한 공감을 얻어내지 못했다고 할 수 있다. 즉 전형적인 농촌양반마을 속에 등장한 이러한 설치작품들은 지역민들에게는 자연과 마을과의 친화력보다는 문화적 충격의 형태들로 비춰졌고, 구림마을의 현재와 역사성을 담아내기에는 미흡한 점이 많았던 것이 사실이다. 반면, 이러한 일련의 분위기 속에 2002년 도기문화센터의 이벤트의 주제는 광주 비엔날레와 왕인축제와의 연계 속에서 질그릇을 이용한 '옛상차림전'으로 초창기 거창하고 다소 생소했던 이벤트와는 달리 구림마을 정서와 지역민의 관심을 유발하고자 한 도기문화센터의 진정한 '구림화'전략의 한 일면으로 볼 수 있다.

2. 왕인축제와의 연계전략

도기문화센터 이벤트는 매년 음력 3월 초 열리는 왕인문화축제 기간에 열림으로써 축제행사와 연계되어 개최되고 있다. 왕인축제 방문객들은 행사기간 동안 행사 팜플렛에 소개된 행사일정에 따라 도기문화센터에서 열리는 기획행사와 참여행사에 참여하게 된다. 일례로 2001년 4월 7일부터 10일까지 도기문화센터는 축제 시작일로부터 약 2주 동안 '우리종이 공예전', '체험! 영암도기', '도기경매' 등의 행사프로그램으로 참여하였다. 이러한 도기문화센터와 왕인축제와의 연계는 왕인의 도일설화를 뒷받침하고 구림도기 가마터 발굴을 시작으로 가속화된 영암지역의 문화적 이미지 창출과 이를 상품화하는데 효과적인 문화마케팅 전략이라고 할 수 있다. 즉 왕인의 구림과 도기문화의 구림이 결합함으로서 구림마을을 넘어서 영암지역 전반의 문화적 이미지 창출에 중요한 역할을 하고 있는 것이다. 일례로 2001년 왕인문화축제의 슬로건은 "일본 아스카 문화의 발신지 영암"이었고, 그에 덧붙인 설명은 1600년 전 백제 때 일본 응신천황의 초청으로 천자문과 논어, 도공, 야공, 직조공과 함께 도일하여 일본 아스카 문화의 꽃을 피우게 한 왕인박사의 고향에서 역사와 지역과 세계가 만나는 왕인문화축제라고 소개되었다.

이러한 왕인축제와 도기문화센터와의 연계전략은 오랜 유교적 전통을 자랑하는 구림마을의 유교적 이미지와 왕인박사가 도일시 동행했던 도공, 야공, 직조공 등으로 뒷받침되는 문화마을 이미지가 바로 도기문화센터에서 행해지는 각종 전시와 이벤트[18]로 결합되

---

18) 도기문화센터에서 행해졌던 관련 이벤트는 특별전시회인 '구림도기에서 옹기까지', 9명의 종이예술 작가들의 작품 100점이 전시되었던 '우리종이 공예전', 체험행사로 열렸던 '체험! 종이공예전', '체험! 영암도기

어 축제일정에 주요 프로그램으로 연계되면서 구림을 넘어서서 영암지역 전반의 문화마을 이미지를 창출해 내고 있다. 그리고 한편으로는 다분히 정적인 이미지의 도기박물관인 도기문화센터가 축제라는 일시적이고 동적인 이벤트와 결합됨으로써 구림마을의 도기문화이미지를 외부에 적극적으로 상징화시키고 있다.

Ⅳ. 문화전략의 한계와 쟁점

1. 도기문화마을 만들기의 한계

도기문화센터는 구림의 왕인화 과정에 시기적으로 중첩이 되면서 왕인의 지역영웅화과정의 구체적인 근거를 제공했던 고고학적 발굴과 발굴 이후 '도기문화의 구림'이라는 또다른 전통의 재창출이라는 일련의 흐름 속에 놓여 있다. 그리고 이것은 왕인의 구림과 도기문화의 구림을 연결시키는 매개기능과 상징적인 역할을 하고 있는 것이다. 도기문화센터는 왕인의 도일설화 중에서 '도기'에 관련한 문화적 에피소드가 고고학적 증거를 매개로 나타난 결과라고 할 수 있다. 이는 특히 매년 왕인축제와 연계되어 축제의 공간을 더욱 활성화시키면서 축제 방문객들을 도기문화센터가 위치한 구림마을로 자연스럽게 유도하고 있다.

일단 짧은 역사이긴 하지만 도기문화센터를 통한 도기문화마을 전략은 매우 성공적인 문화만들기 사례로 평가되고 있는데, 여기에는 무엇보다 구림중학교 폐교부지에 자칫 마을 한복판에 들어설 뻔 했던 아파트나 투기성 건물 대신 도기문화센터라는 문화공간을 만

등이었다.

들어 냈다라는 점이 중요하게 작용하였다. 실제로 도기문화센터 완공 이후 폐교시설 활용방안의 모범적인 사례라는 대대적인 언론기사에는 '군과 대학교 박물관, 그리고 학교부지를 희사한 마을주민들의 인적, 물적 지원의 훌륭한 협조관계가 이를 가능케 했다'라는 점을 특히 강조하고 있다. 폐교부지 활용방안을 둘러싸고 초반 대립의 양상을 보였던 구림마을 사람들과 군의 입장은 이화여자대학교 박물관이 영암군과 긴밀한 유대관계를 바탕으로 제시한 도기문화센터 건립방안으로 빠르게 수렴되었다는 점은 앞서 서술한 바 있다. 이렇듯 도기문화센터 탄생의 강력한 주체는 이화여자대학교 박물관이라는 중앙의 전문가 집단이었고, 다음으로 이를 후원한 영암군임을 알 수 있다. 이화여자대학교 박물관은 도요지 발굴작업의 성과와 제3의 전통을 잇는 옹기, 도자기의 마을 구림의 문화·역사적인 중요성을 학계는 물론 언론에 적극적으로 홍보하면서 영암군과의 신뢰관계를 구축하였고, 영암군은 이러한 성과를 마을 주민들에게 알리면서 구림마을 한복판에 도기문화센터가 들어서는 중요한 명분으로 활용하였다. 그러나 그 이면에는 무엇보다 당시 전라남도와 영암군 그리고 왕인 현창회 등을 중심으로 추진 중이던 왕인박사 유적지 준공와 일련의 정화사업과 같은 왕인의 지역영웅화 프로젝트에 고고학적 발굴을 통한 구림의 도기문화전통의 근거를 제공하는 상징적인 의미로서 도기문화센터의 건립은 그 정당성을 비교적 쉽게 확보할 수 있었다고 할 수 있다.

  이러한 일련의 과정들은 우선 왕인을 마을마다 존재하는 신화와 전설의 존재에서 백제의 우수한 문화를 더 구체적으로는 영암 구림 지역의 유수한 문화적 전통을 일본에 전한 지역영웅으로 부각시켰고, 왕인관련 유적지 정화사업 등 구체적인 경관의 창출과 더불어 일본 시장을 겨냥한 전국 5대 문화관광축제로 선정되기도 했던 왕인문화축제의 개최 등의 가시적인 성과로 나타났다. 그리고 여기에 도기문화센터가 갖는 의미는 당시로서 선진기술이었던 도자기술을 왕인을 통해 일본에 전한 수준 높은 문화마을 이미지 창출과 상징으로 기능한 점이다.

그러나 이화여자대학교 박물관과 영암군에 의해 주도적으로 진행된 이러한 평가에 비해 초반 도기문화센터 건립에 대해 마을사람들, 특히 대동계 중심의 유교문화전통을 큰 가치로 여기는 마을사람들이 가지고 있었던 선입견은 사뭇 다른 양상을 보였다. 즉 도기문화센터 건립의 중심 주체에 의한 외부적인 평가와 내부적으로 마을 사람들이 느끼고 있는 평가는 많은 차이가 있다는 점이다. 이러한 사실은 도기문화센터 건립 초기에 소위 구림양반들이라 지칭되는 사람들을 이화여자대학교 박물관과 영암군이 건립취지를 대해 설득하는 과정에서 드러났다. 이들의 가장 큰 불만은 한마디로 '구림이 옹기쟁이 동네냐'라는 것이었다. 구림의 여러 다양한 자랑거리 중에서 왜 하필 옹기를 끄집어내어 소위 양반마을로 지칭되는 유서 깊은 마을이 하층민의 옹기쟁이 마을로 대표되어서는 곤란하다는 것이었다.[19] 당시 이화여자대학교 박물관이 특히 강조했던 점은 '제3의 전통, 옹기의 마을'이었는데, 이는 마을 전체를 감싸고 있는 이러한 미묘한 정서와 충돌할 수밖에 없었다. 이로 인해 지역내 생존하고 있는 옹기제작기술 보유자를 초빙해 전통 대형옹기 제작

---

[19] 2002년도 도기문화센터 소장으로 부임한 김태홍 소장은 이러한 불만은 대부분 연세가 많은 할아버지들이 도기문화센터를 가리켜 "우리동네 한복판에 점(點燈: 옹기굽는 가마터)을 지어놨네 …"라는 식의 한탄으로 표출되었다고 설명한다. 이에 대해 도기문화센터는 마을 어른들을 찾아가 대신 "어르신들의 훌륭한 붓글씨를 써 주십시오. 그걸 액자로 해서 걸어 놓으면 도기문화센터의 분위기가 한결 나아지지 않을까요? 도기, 옹기에 묵향과 문향이 나면 괜찮을겁니다"라고 설득하자 상당히 적극적으로 동참했다고 한다.

과정을 재현하는 사업을 계획했던 이화여자대학교 박물관은 결국 이화여자대학교에서 파견된 도예가를 중심으로 공방을 운영하는 방안으로 결정을 내렸다.

　400년이 넘는 대동계 중심의 마을운영에 따른 구림마을 특유의 보수적인 양반문화 정서는 이렇듯 유학자 왕인과 일본 그리고 우수한 문화전파라는 측면에서는 상당히 긍정적인 반응을 보인 반면, 도기에서 이어지는 옹기에 대한 현대적인 재해석 즉 가장 한국적인 (혹은 서민적인) 전통의 재창출이라는 측면에서는 부정적으로 표출됨을 알 수 있다. 한마디로 도기나 옹기 등은 구림의 작은 일부일 뿐이지 전부가 아니라는 것이다. 이러한 사고는 대부분 장년층 이상 노년층에서 형성되었는데, 도기문화센터는 최근 이들을 유화시키는 방법으로 이들에게 붓글씨 등을 부탁하고 이를 도기문화센터에 전시하겠다는 안을 제시하면서 긍정적인 반응을 끌어내고 있다.

　한편, 구림마을의 실질적인 생산 및 소비주체들, 청장년층으로 대표되는 사람들이 바라보는 도기문화센터는 대동계 전통의 양반정서와는 다르게 나타나고 있다. 이들은 일단 도기문화센터가 갖는 상품성, 즉 과연 도기문화센터가 마을과 지역에 구체적으로 어떤 경제적 이익을 가져다 줄 수 있느냐에 많은 비중을 두고 있다. 도기문화센터가 주창한 운영전략 중 첫 번째 전략은 '경영수익기관'으로써 구림도기의 문화상품화였다. 이러한 상품화전략은 이화여자대학교 박물관과 이화여자대학교 도예연구소가 주도적으로 상품생산과 판매를 결정하는 생산체제 안에서 이루어졌다. 그러나 실제로 판매를 위한 도기의 물량과 가격은 판매를 통한 수익창출보다는 전시공간을 위한 전시품의 생산수준에 머물고 있는 것이 사실이다. 따라서 농촌지역민들의 경제수준을 감안할 때 생활도기의 가격은 상당히 비싼 편이고, 생활도기 특유의 실용성과 대중성보다는 도예가에 의한 작품이라는 인식으로 인해 지역민 뿐만 아니라 외지인들에게도 매력적인 구매요인이 되지 못하고 있다.

결국 이러한 불만은 최근에 구림마을 대동계와 청년회를 중심으로 '우리가 직접 도기를 구워 보고, 생산하고, 판매해 보자'하는 욕구로 표출되고 있다. 이들의 주장은 먼저 관람용으로만 만들어진 가마터를 실제로 도기와 옹기를 구울 수 있는 장소로 활성화하자는 것이다.[20] 그래서 도기문화전통의 주인인 구림사람들이 직접 나서서 도기와 옹기를 만들고, 기술을 전수 받아 전통을 이어가야 할 것이고, 이제는 이화여자대학교 박물관이 모든 것을 전담하는 운영체제에서 벗어나 보다 직접적으로 영암군과 지역민이 경영과 기획에 참여할 수 있는 여건이 조성되어야 함을 주장하고 있다. 지금까지 이화여자대학교 박물관에 의해 주도적으로 진행된 도기문화전통의 재구성과 상품화전략은 이제 도기문화센터라는 문화공간이 창출할 수 있는 보다 실질적인 효과, 즉 경영수익사업을 통한 채산성 제고라는 측면에서 구림지역민들에 의한 진정한 도기문화센터의 '구림화'라는 문제에 직면해 있다.

2. 경쟁하는 지역 상징성

도기문화센터의 진정한 구림화라는 문제와 함께 현재 구림마을이 새롭게 채택한 화두는 바로 '전통'이라는 테마이다. 즉 구림은 이제 도기문화센터의 도기문화와 왕인축제의 유교문화로 대별되는 문화

---

[20] 구림사람들은 이러한 활성화 모델로 경기도 이천의 도자기 축제와 강진의 청자문화제 등을 사례로 꼽고 있다. 비교적 인지도와 지역민의 참여도가 높아 실질적인 지역경제에 영향을 미치고 있는 이천의 경우처럼 구림의 생활도기도 지역민들이 직접 참여하고 이를 판매할 수 있는 판로개척에 나서야 함을 주장하고 있다.

마을 이미지를 구축함과 동시에 이를 함께 아우를 수 있는 '전통'이라는 테마를 끄집어내고 있다. 이에 대한 구체적인 전략으로 영암군은 2001년 1월부터 2007년 12월까지 총 3단계에 걸쳐 시행될 구림전통마을 육성프로젝트를 추진하고 있는데 여기서 영암군이 특히 강조하고 있는 것은 구림 전통관광 마을에 요구되는 프로그램과 경관의 창출이다. 이 프로젝트에 따르면 구림마을을 모두 6개의 권역 즉 상대포 권역, 도기문화센터 권역, 도요지 권역, 가족공원 권역, 상업시설 권역, 수로 및 수변 권역으로 나누어 마을주민의 일상과 관광 프로그램의 연계를 위한 공공시설을 중점적으로 활용한다는 방안을 세우고 있다. 「구림리 전통마을 조성사업」이라는 이름으로 영암군이 수립, 발주하고 이화여자대학교 박물관이 주관하게 될 이 프로젝트는 크게 소프트웨어개발 부문과 정비계획 부문으로 구성되어 있다. 소프트웨어 부문은 이화여자대학교 박물관팀이, 정비계획 부문인 건축적인 부분들은 한국예술종합학교에서 담당하고 있다.

　구림 전통마을 프로젝트에서 제시하고 있는 '전통'이라는 의미는 구림마을의 시대적 흔적의 층위들을 삼국시대, 통일신라시대, 고려시대, 조선시대, 근대화시기 그리고 현대까지 구분하여 각 시대적 문화와 자연이 이루어 내는 경관의 요소들과 이러한 시대의 흔적이 묻어 나는 마을 주민들의 일상에서의 삶 그 자체로 보고 있다. 따라서 '전통'이라는 개념을 강조한 이 프로젝트의 주요 목적은 삼국시대 왕인박사 유적지와 통일신라시대의 구림 도요지로 대변되는 도기문화, 고려시대의 국사암·도갑사로 대변되는 풍수 및 불교문화, 그리고 조선시대의 대동계와 정자, 사당 등으로 대변되는 유교문화, 현대의 도기문화센터로 이어지는 문화관광지화를 '구림마을의 전통'이라는 이름으로 묶어 내는 것이다. 이는 지금까지 구림의 역사에서 소외되었거나 왜곡되었던 부분을 시대적 흔적의 층위에 놓고 보다 유기적으로 연결시키는 완충역할을 하고 있다. 즉 지금까지 왕인의 지역영웅화 작업과 그 고고학적 근거의 결과인 도기문화마을의 도기문화센터, 그리고 왕인의 구림과 도기문화의 구림이 외부적으로 스펙터클하게 결합된 '왕인문화축제'로 이어지는 과정에서 의도되었던 의도되지 않았던 간에 철저히 왜곡되고 소외된 채로 남아 있던 '도선의 구림'을 시대적 흔적의 층위, 전통마을 구림이라는 이름하에 자연스럽게 부각시키고 있는 것이다.

앞서 서술한 바와 같이 도선에 관한 설화는 왕인의 지역영웅화과정에서 그 내용의 주체와 관련 유적지 등이 왕인으로 대체되면서 지역민들 뿐만 아니라 이를 인지하고 있는 외지인들에게 주목을 받지 못했고, 왕인유적지에 비해 도갑사[21] 주변 유적지는 상당히 낙후된 상태로 남아 있었다. 그러나 지역민들의 도선설화에 관한 기억과 도갑사의 관광자원성은 '왕인의 구림'과 더불어 끊임없이 '도선의 구림'이라는 문제를 상기시켰고, 구림의 전통 안에서 차지하는 도선의 비중은 결코 간과되어서는 안된다는 주장들이 제기되기 시작했다. 이와 관련해서 현 도갑사 주지스님의 주장은 사뭇 단호했다.

> 영암내에서 가장 역사적인 장소는 바로 도갑사였습니다. 과거에 대부분의 영암사람들이 소풍을 가거나 나들이를 가서 사진 찍었던 곳은 바로 도갑사 경내의 도선국사비 또는 문수암(현재 문산재) 등이었죠. 아마 마을 사람들 옛 사진첩을 보면 다들 한 장씩 가지고 있을 겁니다. 그런데 현재는 어떻습니까? 다들 왕인유적지에 가서 사진을 찍어요. 이건 큰 문제입니다. 아니, 과거에 도선국사가 탄생했다고 듣고 배운 성기동이 갑자기 왕인박사 탄생지로 둔갑하고 … 문수암이 왕인박사가 공부

---

[21] 도갑사는 영암군 군서면 도갑리 산8번지에 위치한 사찰로 신라말 헌강왕 6년 도선국사에 의해 창건되었다. 해탈문(국보 제50호)과 마애여래좌상(국보 제144호), 석조여래좌상(보물 제89호), 문수 보현보살 사자 코끼리상(보물 제134호), 대형석조, 그리고 도선수미비 등 다수의 문화재를 소장하고 있다.

했다는 문산재로 바뀐 것이 작금의 현실입니다. … 아닌 말로 구림마을에서 돌부리에 채이는 것 모두 도선과 관련되지 않은 것이 없을 겁니다. 지금까지는 그간에 진행되었던 일련의 상황들을 그냥 답답한 채로 지켜보았다고 한다면, 이제는 도갑사와 이에 공감하는 많은 지역민들이 나서서 왜곡된 역사를 하나씩 고쳐 나가고자 해요. 그런 의미에서 현재 개관을 앞두고 있는 도갑사 성보박물관은 앞으로 구림마을 뿐만 아니라 영암지역에서 도선국사와 불교문화가 차지했던 역사적 중요성을 부각시킬 수 있을 것으로 기대됩니다.

이러한 지역내외로부터의 문제제기들은 결국 구림의 다양한 얼굴을 모두 담아 낼 수 있고, 이를 관광자원화시킴으로써 지역이미지 제고와 지역경제활성화라는 보다 현실적인 목표를 내세운 구림전통마을조성 프로젝트가 풀어야 할 주요 현안으로 설정되어 있음을 알 수 있다(<표 1> 참조).

그러나 지금까지 구림의 역사에서 철저히 왜곡되고 소외된 채로 남아 있던 불교문화와 도선의 구림이 과연 '전통'이라는 이름 하에 왕인의 구림과 어떤 방식으로 결합될 것이며, 그것이 또 얼마나 유기적으로 엮여질 수 있는가는 왕인의 지역영웅화 과정에서 도출되었던 여러 문제들을 상기한다면 그리 간단한 문제가 아닐 것이다. 왕인의 지역영웅화 과정의 한 결과로써 생겨난 왕인 관련 유적지와 왕인축제 그리고 이에 대한 중요한 고고학적 근거로 작용했던 구림 도요지 발굴, 그 결과로써 구림마을의 중요한 문화경관으로 등장한 도기문화센터와 함께 이제 구림은 도선축제의 개최를 통해 또다른 문화만들기와 경관창출을 유도하고 있다. 그러나 과거 왕인유적지 정화 과정과 지역영웅화에 앞장섰던 왕인현창회 인사들의 불만은 상대적으로 왕인 중심의 구림 역사만들기 과정 동안 침묵해 있었던 도갑사 관련 인사들보다 강하게 제기되고 있다.

일례로 최근 도갑사에서 추진 중인 도선국사 성보박물관 개관을 앞두고 왕인박사 유적지 건립에 주도적으로 앞장섰던 왕인현창회

사람들이 도갑사 주지에게 강한 불만을 표출하고 있다. 그들의 주요 불만은 다음과 같이 요약될 수 있다.

> 이미 왕인관련 유적지 정화사업과 왕인축제 개최 등으로 지역발전과 대외이미지를 확실히 구축해 놨는데, 이제 와서 뭐하러 도선을 굳이 들먹이느냐, 도갑사가 이렇게 자꾸 도선을 들먹이면 저 왕인유적은 다 어떻게 할거냐, 다 부셔 없애라는 말이냐.

결국 이러한 일련의 상황은 왕인의 지역영웅화를 이끌었던 세력들마저도 구림에 뿌리 깊이 박혀 있는 도선의 전통이 특히 일본시장을 겨냥한 왕인축제와 이와 연계되면서 진행된 도기문화마을 만들기 전략 앞에서도 결코 좌시될 수 없는 부담스러운 요소로 인식하고 있음을 나타내는 것이라 할 수 있다. 이러한 일련의 상황으로 볼 때, 앞으로 추진될 예정인 도선축제의 개최와 도갑사 주변 정화작업, 그리고 왕인으로 대체되었던 도선 관련 유적지 복원사업이 과연 구림의 이러한 문화전략 안에서 얼마만큼의 설득력을 얻어낼 수 있을 것인가, 그리고 이로 인해 파생될 지역내 새로운 긴장관계의 생성과 그 역학구조는 구림마을의 또 다른 문화적 쟁점으로 떠오르고 있다.

<표 1> 구림전통마을 조성의 단계별 계획

	정비계획(건축 조경)	제도 및 프로그램
제1단계 (2002.1~ 2003·12)	국사암 주변 정리 호은정/안채 복원 숙박시설(객사, 민박) 관광편의시설 대동계정사 내 창고 철거 대형 주차장 건설 정자복원(취송정, 죽림정 등)	전통마을 특례법제정 구림 한옥등록제 실시 왕인축제 개선 영암황토감자 페스티발 상품개발 각 사업 추진조직체계 수립 전통마을건축심의위 조직 구림도기 가마터 현장 박물관 관광특구개발계획

	정비계획(건축 조경)	제도 및 프로그램
제2단계 (2004.1~ 2005.12)	구림천 복원/수로변 산책로 조성 상대포확장 및 쉼터 조성 상대포 좌우 훼손언덕 복원 등록한옥 건물보수실시 등록한옥 토담/대문 보수, 복원	조선식 대동계 재현 도선축제 개최 골목길 자동차 진입 통제 기념품개발/제작 홍보책자 영암 5일장 복원
제3단계 (2006.1~ 2007.12)	미 정	미 정

*자료 : 영암군, 영암구림전통마을조성계획안, 2002, p.62.

V. 맺음말

구림은 지난 400여 년 역사의 대동계를 매개로 한 사족공동체로 존재하다가 1970년대 이후 왕인의 상상적 기억의 기념 공간화를 시작으로 왕인축제의 현장, 도요지 발굴과 도기문화센터 창출로 인한 '도기문화'의 마을, 가장 최근에는 도선의 구림을 부각시킨 전통마을로 새롭게 변모하고 있다. 구림의 왕인화 작업은 이와 병행하여 진행되었던 도기문화센터를 중심으로 한 '문화마을 만들기'라는 문화전략으로 이어지면서 '왕인의 구림'이라는 구림의 지역정체성으로 표출되었다. 그러나 이전의 구림을 대변했던 것은 주로 사족지배연합체인 대동계 중심의 구림이었다. 그러나 이 또한 왕인이 유교적 인물이라는 점과 구림이 갖고 있던 양반적 이미지와 결합되어 소위 전통의 재창출을 통한 지역발전의 활성화를 꾀하고자 했던 왕인문화축제로 포섭되면서 구림의 왕인화 작업은 대외적으로도 그 기반을 획득하고 전반적인 구림의 정체성을 대표하며 유지되어 왔다.

대동계의 구림과 왕인의 구림은 축제화 과정을 거치면서 더욱 탄탄하게 결합되었고, 구림의 왕인화 과정에 시기적으로 중첩이 되면서 진행된 구림 도요지 발굴은 왕인의 도일 설화 중에서 '도기'에 관련한 문화적 에피소드에 고고학적 근거를 제공하면서 결과적으로 현재의 도기문화센터라는 문화공간을 창출하기에 이르렀다. 도기문화센터는 구림마을 한복판에 자리한 구림중학교 폐교부지에 아파트 또는 기타 상업시설과 같은 투기성 건물대신 당시 백제선진문화를 일본에 전한 수준 높은 문화마을 이미지를 창출하고, 이를 강화시키는 상징적인 기능을 하고 있다. 따라서 도기문화센터의 창출과 더불어 구림은 왕인의 구림에서 다시 문화마을 구림이라는 보다 포괄적인 이미지로 포장되면서 이와 관련된 다양한 문화마을 만들기 전략이 시행되었다. 이러한 문화전략의 중심주체였던 이화여자대학교 박물관과 영암군은 매년 왕인축제와 도기문화센터의 문화이벤트를 연계시키면서 축제의 공간을 더욱 활성화시키고, 축제 방문객들을 도기문화센터가 위치한 구림마을로 유도하면서 다양한 이벤트 개최 및 상품개발을 주도하였다고 할 수 있다.

이러한 일련의 과정을 거치면서 일단 외부적으로는 도기문화센터를 통한 구림의 문화마을 만들기 전략은 비교적 성공적인 사례로 평가받고 있다. 그러나 중앙의 전문가 집단으로서 구림의 문화전략을 주도했던 이화여자대학교 박물관이 강조하고 있는 현대적인 문화예술공간으로써 도기문화센터가 극복해야 할 문제들은 구림 지역내부로부터의 다양하게 제기되고 있다. 이러한 갈등들은 크게 2가지로 요약될 수 있는데 첫째, 도기문화센터에 의해 창출된 구림 도기전통에 대한 현대적인 재해석, 즉 '제3의 전통, 옹기의 마을'이라는 점을 강조하면서 구림이 가장 한국적인 서민의 전통을 지닌 마을이라는 것에 대한 구림마을 특유의 보수적인 양반정서와의 대립이다. 이것은 도기문화센터 성립 초기에 과거 마을내 대동계를 중심으로 한 유교 이데올로기를 대변했던 장년층 이상 노년층에서 제기되었다. 그러나 초창기 대립양상을 보였던 보수적인 양반정서와 중앙 전문가 집단이 내세운 전통의 현대적인 재해석과의 이러한 갈등은 시간이 흐르면서 청장년층이 기대하는 실질적인 효과, 도기문화센터가 창출할 수 있는 경제적 효과에 대한 문제제기 안으로 포섭되면서 거의 표출되고 있지 않다. 둘째, 구림의 실질적인 생산 및 소비주체들인 청장년층의 사람들은 경영수익기관으로써 구림도기의 문화상품화의 실질적인 주체는 바로 이화여자대학교 박물관과 이화여자대학교 도예연구소가 아닌 구림사람들이어야 한다는 것이다. 이들은 과연 도기문화센터가 마을과 지역에 구체적으로 어떤 경제적 이익을 가져다 줄 수 있는가에 강한 불만을 제기하면서 구림도기와 문화를 가장 이해할 수 있고, 이를 실천할 수 있는 주체로서 구림 청년회 중심의 도기문화센터의 운영체제의 개선을 요구하고 있는 점이다.

 한편, 구림은 이와 같은 도기문화센터의 진정한 '구림화'라는 문제와 함께 그 동안의 구림 역사만들기에서 왜곡되고 소외된 채로 남아 있던 도선의 구림을 '전통마을 구림'이라는 담론 위에 새롭게 부각시키면서 구림전통마을조성 프로젝트라는 또 다른 문화전략을 시도하고 있다. 현재까지의 구림지역 정체성을 대변했던 '왕인과 대동계의 구림'은 도기문화센터를 매개로 한 문화전략인 '문화마을 구림'으로 발전하는 동안 지역내·외부로부터 끊임없이 제기되어 왔던 도갑사를 근거로 한 '도선의 구림'을 의식하지 않을 수 없었고, 결국 구림이 지나온 시대적 흔적의 층위라는 전통마을 구림 안으로 이를 포섭하고 있는 것이다. 이제 구림은 '왕인과 도기문화마을 구림'으로 획득한 이미지와 상징 위에 '전통마을 구림'이라는 새로운 문화전략 안에서 왕인과 도선을 어떻게 결합시킬 것인가라는 지역 상징성 문제가 새로운 쟁점으로 떠오르고 있다.

(추명희)

참고문헌

1. 자료

『호남읍지』, 1871・1895.
『영암군읍지』, 1899.
『영암군소식』, 2000년 봄.
광주・전남 충의사 현창회, 『임진왜란과 금산전투』, 1993.
구림대동계, 역대인물 성씨별 자료집, 1999.
국사편찬위원회・1종 도서연구개발위원회, 『고등학교 국사』 상, 1997.
군서청년회 자료.
군서학생동지회, 『시의 마을 구림』 1, 합동문사, 1953.
김정호 외, 『왕인과 도선의 마을 구림』, 사단법인 향토문화진흥원, 1992.
김정호, 『월출산의 역사』, 광주민학회・전라남도, 1988.
김정호, 『왕인 전설과 영산강문화』, 왕인박사 탄생지고증위원회, 1997.
나선화, 『영암의 토기전통과 구림도기』, 영암군・이화여자대학교 박물관, 1999.
『농암집(農巖集)』.
농어촌진흥공사 영산강 사업단, 『영산강유역 종합개발사업현황』, 1996.
대한불교조계종 월출산 도갑사, 『도선국사 성지 월출산 도갑사』, 2001.
목포대학교 박물관, 『영암군의 문화유적』, 1986.
『문곡연보(文谷年譜)』.
『문곡집(文谷集)』.
박석두, 「민간소유 대규모 간척농지의 소유 및 이용실태에 관한 조사연구」, 한국농촌경제연구원, 1989.
박찬우, 「왕인박사 유적지 정립을 위한 개괄적 유적고찰」, 『왕인박사 유적지 종합조사보고서』, 1974.
『삼연집(三淵集)』.
『상신회 회의록』.
『서호동계, 연혁지』.

송정현·김희수,「영암 정원명 석비 조사보고서」,『지방문화재조사보고서』(Ⅰ), 1990.
『신증동국여지승람(新增東國輿地勝覽)』.
역사문화학회,「영산강유역 고대사회의 새로운 조명」,『국제학술심포지움 자료집』, 2000.
『연주현씨족보(延州玄氏族譜)』.
영암군,『내고장 전통가꾸기』, 1981.
_____,『마을유래지』, 1988.
_____,『영암군 관광종합개발계획』, 1996.
_____,『영암구림전통마을조성계획안』, 2002.
_____,『통계연보』1973·1976·1981·1986·1991·1996·2000.
영암군·왕인박사탄생지정립추진회원회,『왕인박사탄생지 정립 학술강연회 자료집』, 1996.
영암군·이화여자대학교 박물관,『영암의 토기전통』, 영암도기문화센터 제1회 학술대회 자료집, 1999.
『靈巖郡所志謄書冊』, 1838.7 규 고 5120-158.
『靈巖郡所志謄書冊』, 1839.3~4 규 27509.
영암군지 편찬위원회,『영암군지』, 1998.
영암군지편찬위원회,『영암군향토지』, 1972.
오한·고광·설파 유적병일기(五恨·孤狂·雪坡 遺蹟並日記).
『오한공유사(五恨公遺事)』.
왕인문화연구소·전라남도·영암군,『영암 왕인유적지의 현황』, 1986.
왕인문화축제 관련자료.
월출산 도갑사,『도선국사 성지』, 2001.
유승국,「왕인박사 사적에 관한 연구」,『왕인박사 유적지 종합보고서』, 1974.
李斗熙 외 3인 공저,『韓國人名字號辭典』, 계명출판사, 1988.
이선근 외,『영암 왕인유적의 현황』, 왕인박사 현창회 및 전라남도, 1986.
이은창,「왕인박사의 연구-영암 왕인유적지 조사를 중심으로」,『왕인박사 유적지 종합보고서』, 1974.
이장주,『99 왕인문화축제 평가조사 보고서』, 왕인문화축제 추진위원회, 1999.
이화여자대학교 박물관,『영암 구림리 도기요지 1차 발굴조사 보고서』, 1996.
_____,『제3의 전통, 옹기의 원류를 찾아서』, 이화여자대학교 박물관 특별전 기념 국제학술대회 자료집, 2000.

이화여자대학교 박물관, 『영암 구림리 도기요지 2차 발굴조사 보고서』, 영
　　　　암군, 2001.
＿＿＿＿＿＿＿＿＿＿＿＿＿＿, 『폐교에서 피어난 영암도기문화센터』, 2000.
전라남도, 『전남의 향교』, 향토문화총서 28, 1987.
＿＿＿＿, 『전남금석문』, 1990.
＿＿＿＿, 『문화재도록-문화재자료편』, 1998.
＿＿＿＿, 『전남관광 명소화 소프트웨어 개발연구』.
『제봉집(霽峯集)』.
『죽정서원지(竹亭書院誌)』.
최몽룡, 「월출산지구의 문화유적」, 『영암왕인유적의 현황』, 왕인문화연구소·
　　　　전라남도·영암군, 1986.
최재율, 『회고록』, 미출간원고.
토지무상양도 전국대책위원회, 『토지무상양도투쟁백서』, 1988.
학암리 마을회의록.
한국교원대학교 박물관·전라남도·영암군, 『백제왕인박사사적연구』, 1995.
『함양박씨가사(咸陽朴氏家史)』.
『함양박씨선조문집(咸陽朴氏先祖文集)』.
『함양박씨오세행록(咸陽朴氏五世行錄)』.
『함양박씨오한공파유적(咸陽朴氏五恨公派遺蹟)』.
『회사정제영(會社亭題詠)』.

2. 저 서

강등학 외 8인, 『한국구비문학의 이해』, 월인, 2000.
고석규, 『19세기 조선의 향촌사회연구』, 서울대학교 출판부, 1998.
권영철·주정달, 『화전가연구』, 형설출판사, 1981.
김동춘, 『전쟁과 사회』, 돌베개, 2000.
김영모, 『한국사회계층연구』, 일조각, 1982.
김일철 외, 『종족마을의 전통과 변화』, 백산서당, 1998.
김중섭, 『형평운동연구』, 민영사, 1994.
김지견 외, 『선각국사 도선의 신연구』, 영암군, 1988.
김창수, 『박사왕인 : 일본에 심은 한국』, 창명사, 1975.

김태규, 『한국농경세시연구』, 영남대학교 출판부, 1985.
김택규, 『씨족부락의 구조연구』, 일조각, 1979.
김필동, 『한국사회조직사연구』, 일조각, 1992.
김호연, 『역사란 무엇인가』, 울산대학교 출판부, 2002.
류정아, 『축제와 문명』, 한길사, 1998.
류제헌, 『한국근대화와 역사지리학-호남평야』, 한국정신문화연구원, 1994.
박명규, 『한국근대국가의 형성과 농민』, 문학과지성사, 1997.
신용하 편, 『사회사와 사회학』, 창작과 비평사, 1982.
안종철 외, 『근현대의 형성과 지역사회운동』, 새길, 1995.
王水照 著, 曹圭百 譯, 『중국의 문호 소동파』, 월인, 2001.
윤희면, 『조선후기 향교연구』, 일조각, 1990.
이광규, 『한국인의 일생』, 형설출판사, 1985.
이만갑, 『한국농촌사회의 구조와 변화』, 서울대학교 출판부, 1972.
이존희, 『조선시대의 지방 행정제도의 연구』, 일지사, 1990.
이태진, 『한국사회사연구-농업기술발달과 사회변동』, 지식산업사, 1986.
이해준 외, 『조선시기 사회사 연구법』, 한국정신문화연구원, 1993.
_____, 『한국의 향촌민족지 II-전남편』, 한국정신문화연구원, 1995.
이해준, 『다시 쓰는 전라도 역사』, 금호문화, 1995.
_____, 『조선시기 촌락사회사』, 민족문화사, 2000.
장덕순 외 3인, 『구비문학개론』, 일조각, 1987.
정근식, 『축제, 민주주의, 지역활성화』, 새길, 1998.
정영호, 『백제 왕인박사 사적 연구』, 한국교원대학교 박물관, 1995.
정진영, 『조선시대향촌사회사』, 한길사, 1998.
조원래, 『임진왜란과 湖南地方의 義兵抗爭』, 아세아문화사, 2001.
지승종 외, 『근대사회변동과 양반』, 아세아문화사, 2000.
지춘상, 『민속놀이와 민중의식』, 집문당, 1996.
_____, 『남도민속학개설』, 태학사, 1998.
최병두, 『근대적 공간의 한계』, 삼인, 2002.
최재석, 『한국농촌사회연구』, 일지사, 1975.
_____, 『한국농촌사회변동연구』, 일지사, 1988.
페르낭 브로델·주경철 옮김, 『물질문명과 자본주의Ⅲ-2 세계의 시간』하, 까치, 1997.
표인주 외 7인, 『한국민속학 새로 읽기』, 민속원, 2001.

한국사연구회 편,『한국지방사연구의 현황과 과제』, 경인문화사, 2000.
한국역사연구회 조선시기 사회사 연구반,『조선은 지방을 어떻게 지배했는가』, 아카넷, 2000.
한국정치연구회,『한국전쟁의 이해』, 역사비평사, 1990.
한일문화친선협회,『소설 왕인박사』, 삼성출판사, 1986.
홍상규,『왕인』, 웅진문화, 1991.
홍우흠,『소동파 문학의 배경』, 영남대학교 출판부, 1983.

3. 논 문

강인철,「한국전쟁과 사회의식 및 문화의 변화」, 한국정신문화연구원 편,『한국전쟁과 사회구조의 변화』, 백산서당, 1999.
강정구,「한국전쟁의 성격에 관한 재인식」,『현대사회』 36호, 1990.
고석규,「지방사 연구의 새로운 모색」,『지방사와 지방문화』 1, 역사문화학회, 1998.
_____,「전남지방 향토사·지방사 연구의 추이」,『한국지방사 연구의 현황과 과제』, 경인문화사, 2000.
권숙인,「지방의 아이덴터티와 공간의 정치」,『한국공간환경학회 춘계학술대회자료집』, 1999.
김 준,「농촌마을의 조직과 공간구조의 변동 – 구림마을을 중심으로」,『호남문화연구』 28집, 전남대학교 호남문화연구소, 2001.
김경수,「영산호 주변의 간척지 개간과정과 경관 변화」,『문화역사지리』 11, 한국문화역사지리학회, 1999.
김경옥,「조선후기 영암지방 사족활동과 서원건립」, 전남대학교 석사학위논문, 1989.
_____,「조선후기 영암사족과 서원 – 전주최씨가문의 성장과 녹동서원의 건립사례 – 」,『호남문화연구』 20집, 전남대학교 호남문화연구소, 1991.
_____,『조선후기 서남해도서의 사회경제적 변화와 도서정책 연구』, 전남대학교 박사학위논문, 2000.
김경칠,「고고학적 자료를 통해서 본 왕인집단의 성격」,『호남향사회보』 창간호, 호남향사회, 1990.

김동수, 「전남 지방사연구의 현황과 과제」, 『지방사와 지방문화 1』, 역사문화학회, 1998.
김동전, 「제주 지방사 연구현황과 과제」, 『한국지방사 연구의 현황과 과제』, 경인문화사, 2000.
김동춘, 「한국전쟁과 지배이데올로기의 변화」, 한국사회학회 편, 『한국전쟁과 한국사회변동』, 풀빛, 1993.
김병인, 「왕인의 '지역 영웅화'과정에 대한 문헌사적 검토」, 『한국사연구』 115집, 한국사연구회, 2001.
_____, 「지방사연구에 있어서 자료의 활용방안에 대한 새로운 모색」, 『호남문화연구』 30집, 전남대학교 호남문화연구소, 2002.
김영범, 「한국전쟁과 양민학살」, 정근식 외 편, 『동아시아와 근대의 폭력』 2, 삼인, 2001.
김영원, 「박사 왕인에 대한 고찰」, 『왕인박사유적지 종합조사보고서』, 왕인박사현창협회, 1974.
김용덕, 「洞契考」, 『두계이병도박사구순기념한국사학논총』, 1987.
김용섭, 「조선후기의 대구 夫仁洞 洞約과 사회문제」, 『동방학지』 46·47·48집, 1985.
김용창, 「생활공간의 관점과 생활세계의 식민화」, 『세계화시대의 일상공간과 생활정치』, 도서출판 대윤, 1995.
김인걸, 「조선후기 향촌통제책의 위기-洞契의 성격변화를 중심으로」, 『진단학보』 58, 진단학회, 1984.
_____, 『조선후기 鄕村社會 변동에 관한 연구』, 서울대학교 박사학위논문, 1991.
김주성, 「영산강유역 대형옹관묘 사회의 성장에 대한 시론」, 『백제연구』 27, 충남대학교 백제연구소, 1997.
김창호, 「정원이년명저평영암구림리비의 검토」, 『한국고대사학회 제 61회 정기발표회 발표요지문』, 2001.
김철준, 「영암 왕인유적전설에 대한 비판-왕인유적지 사적 지정에 대한 문화재위원회 제출 소견문」, 1985.
김필동, 『조선시대 계의 구조적 특성과 그 변동에 관한 연구』, 서울대학교 박사학위논문, 1989.
김현영, 「방법으로서의 지방사」, 한국사연구회편, 『한국지방사연구의 현황과 과제』, 경인문화사, 2000.

류우익, 「지방화시대 농어촌 지역개발의 새로운 방향과 과제」, 『지리학 논총』 26호, 1996.
박경섭, 「지방의 문화적 정체성의 생산과 접합」, 전남대학교 석사학위논문, 2003.
박경하, 「倭亂 직후의 鄕約에 대한 연구-高坪洞 洞契를 중심으로」, 『중앙사론』 5, 1987.
_____, 「조선후기 촌락민 조직과 존계」, 『정신문화연구』 16권 4호, 1993.
박광순, 「'땅끝', 상야, 그리고 매방」, 『성기동』 창간호, 1986.
_____, 「쌍계정의 사회경제적 기능에 관한 시고」, 『전남지방누정문화의 종합적 연구』, 전남대학교 호남문화연구소, 1988.
박명림, 「한국전쟁과 한국정치의 변화」, 한국정신문화연구원 편, 『한국전쟁과 사회구조의 변화』, 백산서당, 1999.
박명희, 「문곡 김수항 시문에 투영된 월출산의 이미지」, 『호남문화연구』 29집, 전남대학교 호남문화연구소, 2001.
_____, 「문중문헌의 기록범위와 자료의 활용가능성-영암 구림 함양박씨 오한공파 문헌을 중심으로」, 『지방사와 지방문화』 4권 2호, 학연문화사, 2001.
박원표, 「구림 대동계의 지방교육 지원활동에 관한 연구」, 전남대학교 교육대학원 석사학위논문, 1989.
박찬승, 「한국전쟁과 진도 동족마을 세등리의 비극」, 『역사와현실』 39, 2000.
박찬우, 「사단법인 왕인박사현창협회 연혁」, 『성기동』 창간호, 1986.
박현숙, 「국사교과서의 고대사 서술방향」, 『역사교육』 69, 1999.
성춘경, 「왕인박사유적 문화재지정 경위」, 『성기동』 창간호, 1986.
_____, 「도선국사와 관련된 유물·유적」, 『선각국사 도선의 신연구』, 영암군, 1988.
손명철, 「서론: 지역지리연구의 새로운 장을 모색하며」, 『지역지리와 현대사회이론-새로운 지역지리 논의를 위하여』, 명보문화사, 1994.
_____, 『산업화의 진전에 따른 지역변화에 관한 연구-경기도 이천 지방노동시장의 공간성을 중심으로』, 서울대학교 박사학위논문, 1995.
손정목, 「부여신궁조영과 소위 부여신도 건설」, 『일제 강점기 도시계획연구』, 일지사, 1990.
신영우·김의환, 「충청지역의 지방사 연구현황과 과제」, 『한국지방사 연구의 현황과 과제』, 경인문화사, 2000.

신용하, 「1894년의 사회신분제의 폐지」, 『규장각』 9, 서울대학교 도서관, 1985.
신혜란, 「태백, 부산, 광주의 장소마케팅 전략 형성과정에 대한 비교연구」, 서울대학교 환경대학원 석사학위논문, 1998.
심승희, 「역사경관과 지역정체성(Regional Identity)에 관한 연구 - 전주시 한옥보존지구와 역사유적을 사례로」, 서울대학교 석사학위논문, 1995.
심향미, 「과거와 미래 연결하는 꿈의 공간: 영암 도기문화센터를 찾아」, 『금호문화』, 1999년 12월호, 1999.
안말숙, 「김수항의 시세계」, 『동양한문학연구』 11집, 동양한문학회, 1997.
_____, 「김수항의 화도시 고찰」, 『수련어문논집』 25, 수련어문학회, 1999.
양보경, 『조선시대 읍지의 성격과 지리적 인식에 관한 연구』, 서울대학교 박사학위논문, 1987.
양순필, 「문학사회학적 시각에서의 유배문학고」, 『김기동박사 회갑기념논문집』, 학연사, 1986.
염미경, 「양반가문의 한국전쟁경험」, 『호남문화연구』 29, 호남문화연구소, 2001.
오영교, 「강원 지방사 연구의 현황과 과제」, 『한국지방사 연구의 현황과 과제』, 경인문화사, 2000.
윤여헌, 「공주지방의 洞契에 관한 연구 - 浮田洞契를 중심으로」, 『백제연구』 18 · 19합집, 1989.
윤택림, 「기억에서 역사로」, 『한국문화인류학』 23, 1993.
이규대, 「19세기의 洞契와 洞役」, 『조선후기향약연구』, 민음사, 1990.
이무용, 「도시개발의 문화전략과 장소마케팅」, 『공간과 사회』 8호, 한울, 1996.
이병도, 「백제학술 및 기술의 일본전파」, 『백제연구』 2, 1971.
이상보, 「박성건의 '금성별곡' 소고」, 『오한공유사』, 금성별곡문학비건립후원회, 1992.
이수건, 「한국에 있어서 지방사연구의 회고와 전망」, 『대구사학』 20 - 21, 대구사학회, 1982.
이영민, 「문화환경과 지역발전-인천지역을 사례로」, 『지리학연구』, 32(4), 1998.
_____, 「지역정체성 연구와 지역신문의 활용 - 지리학적 연구주제의 탐색 - 」, 『한국지역지리학회지』 5(2), 1999.
이영훈, 「호남 고문서에 나타난 장기추세와 중기파동」, 『호남지방 고문서 기초연구』, 한국정신문화연구원, 1999.

이완범, 「한국전쟁연구 50년과 과제」, 『경제와사회』 46, 한울, 2000.
이용기, 「마을에서의 한국전쟁경험과 그 기억」, 『역사문제연구』 6, 역사비평사, 2001.
이을호, 「왕인문화의 역사적 배경」, 『영암왕인유적의 현황』, 왕인문화연구소·전라남도·영암군, 1986.
이재하, 「세계화시대의 적실한 지역연구방법론 모색 - 세계체제론적 지역지리학의 보완을 중심으로」, 한국지역지리학회지, 3(1), 1997.
이재하 외, 「구미의 지역성 변화에 대한 세계체제론적 접근」, 한국지역지리학회지, 5(1), 1999.
이종휘, 「조선조에 실시된 구림대동계의 성격 연구」, 원광대학교 석사학위논문, 1984.
이준곤, 「도선설화의 변이와 형성」, 『선각국사 도선의 신연구』, 영암군, 1988.
이태진, 「사림과 서원」, 『한국사』 12, 국사편찬위원회, 1978.
_____, 「16세기 연해지역의 언전개발」, 『김철준박사화갑기념사학논총』, 지식산업사, 1983.
_____, 「사림파의 향약보급운동」, 『한국문화』 4, 서울대학교 한국문화연구소, 1983.
_____, 「15,6세기 한국 사회경제의 새로운 동향 : 저지개간과 인구증가」, 『동방학지』 64, 연세대학교 국학연구원, 1989.
이태호, 「영암 땅에서 신화 건져내기」, 『금호문화』 2000년 5월호, 2000.
이해준, 「조선후기 영암지방 동계의 성립배경과 성격」, 『전남사학』 2집, 전남사학회, 1988.
_____, 「조선후기 洞契·洞約과 촌락공동체조직의 성격」, 『조선후기향약연구』, 민음사, 1990.
이훈상, 「조선후기 읍치사회의 구조와 제의」, 『역사학보』 147, 1995.
_____, 「타자로서의 '지방과 중앙의 헤게모니」, 한국사연구회편, 『한국지방사연구의 현황과 과제』, 경인문화사, 2000.
이희연 외, 「지리학에서의 지역연구 방법론의 학문적 동향과 발전방향 모색」, 대한지리학회지, 33(4), 1998.
임선빈, 「공주 부전대동계의 성립배경과 운영주체」, 『백제문화』 20, 공주대학교 백제문화연구소, 1991.
전재호, 「동원된 민족주의와 전통문화정책」, 『박정희를 넘어서』, 푸른숲, 1998.
정구복, 「한국 족계의 연원과 성격」, 『고문서연구 16·17 - 남예현, 이수건

교수정년기념특집호-』, 성남: 한국고문서학회, 2000.
정근식, 「한국전쟁과 지방사회의 갈등」, 한국사회학회 편, 『한국전쟁과 한국사회변동』, 풀빛, 1993.
_____, 「지역정체성과 도시상징 연구를 위하여」, 전남대학교 사회과학연구소 편, 『지역사회연구방법의 모색』, 전남대학교 출판부, 1997.
_____, 「지역 활성화와 장소 마케팅」, 『아시아태평양지역연구』 1권 1호, 전남대학교 아시아태평양지역연구소, 1998.
_____, 「지역사회 장기구조사의 구상」, 『호남문화연구』 28집, 전남대학교 호남문화연구소, 2001.
정만조, 「17~18세기의 書院·祠宇에 대한 試論」, 『한국사론』 2, 1975.
정병철, 「중국사에서의 지방사연구의 현황과 과제」, 한국사연구회편, 『한국지방사연구의 현황과 과제』, 경인문화사, 2000.
정승모, 「서원·사우 및 향교 조직과 지역사회체계(상)」, 『태동고전연구』 제3집, 1987.
_____, 「동족촌락의 형성 배경」, 『정신문화연구』 16권 제4호, 1993.
정익섭, 「귀계 박이화의 가사고」, 『한국시가문학논고』, 전남대학교 출판부, 1989.
정진상, 「해방이후 사회신분제 유제의 해체」, 『사회과학연구』 13-1. 경상대학교 사회과학연구소, 1995.
_____, 「한국전쟁과 전근대적 계급관계의 해체」, 『경제와사회』 46, 한울, 2000.
정진영, 「조선후기 향약의 일고찰 -夫仁洞 洞約을 중심으로」, 『민족문화논총』 2·3합집, 1982.
_____, 「16세기 안동지방의 洞契」, 『교남사학』 1, 1985.
_____, 「18·19세기 사족의 촌락지배와 그 해체과정」, 『조선후기향약연구』, 민음사, 1990.
_____, 「영암지역 지방사 연구의 현황과 과제」, 『한국지방사 연구의 현황과 과제』, 경인문화사, 2000.
조성을, 「경기지역의 지방사 연구현황과 과제」, 『한국지방사 연구의 현황과 과제』, 경인문화사, 2000.
지승종, 「신분개념정립을 위한 시론」, 『한국고중세사회의 구조와 변동』, 문학과 지성사, 1988.
_____, 「신분구조의 변화」, 신용하 외 편, 『한국사회사의 이해』, 문학과 지성사, 1995.

최　협, 「지역사회연구의 인류학적 과제와 방법론적 쟁점」, 『정신문화연구』 64, 1996.
＿＿＿, 「한국문화연구와 그 방법」, 『정신문화연구』 71, 1998.
최재석, 「조선시대의 문중의 형성」 『한국학보』 32, 일지사, 1983.
＿＿＿, 「자연부락의 성격과 그 변화」, 『한국문화인류학』 19, 1987.
최재율, 「모정이 농촌사회경제에 미친 영향」, 『호남문화연구』 4, 전남대학교 호남문화연구소, 1966.
＿＿＿, 「한국농촌의 향약계연구 - 구림 대동계의 연구를 중심으로」, 『전남대논문집』 19, 1973.
＿＿＿, 「농촌통혼권의 성격과 변화 - 구림리의 혼입을 중심으로 - 」, 『호남문화연구』 7, 전남대학교 호남문화연구소, 1975.
＿＿＿, 「금안동향약의 역사와 성격」, 『나주지방 누정문화의 종합적 연구』, 전남대학교 호남문화연구소, 1988.
＿＿＿, 「구림향약의 형성과 현존형태」, 『한일농어촌의 사회학적 이해』, 유풍출판사, 1991.
최재헌, 「세계화와 지방화: 그 지리적 의미의 연속성」, 『지리교육논집』 36, 1996.
최홍규, 「수원지방사 연구현황과 과제」, 『한국지방사 연구의 현황과 과제』, 경인문화사, 2000.
추명희, 「이벤트관광의 성장과정과 활성화 방안」, 『한국경제지리학회지』 1(2), 1998.
＿＿＿, 「지역전통의 활성화와 이벤트관광 - 영암 구림리 왕인문화축제를 사례로」, 『한국지역지리학회지』 7(1), 2001.
표용수, 「부산지역의 기념비 현황(Ⅰ) - 해방 이전을 중심으로」, 『항도부산』 13호, 부산광역시사 편찬위원회, 1996.
표인주, 「상장례와 상여소리에 나타난 죽음관」, 『호남문화연구』 27집, 전남대학교 호남문화연구소, 1999.
＿＿＿, 「해곡리의 민속과 구비문학의 현장론적인 실태와 변동요인」, 『호남문화연구』 27집, 전남대학교 호남문화연구소, 1999.
＿＿＿, 「인물전설의 전승적 토대로서 지역축제」, 『비교민속학』 18집, 비교민속학회, 2000.
＿＿＿, 「호남지역 상장례와 구비문학에 나타난 죽음관」, 『한국민속학』, 민속학회, 2000.
한상권, 「16・17세기 향약의 기구와 성격」, 『진단학보』 58, 1984.

한상복 외, 「호남지역연구의 성과와 과제」, 『한국문화인류학』 25, 일신사, 1994.
한지수, 「반공이데올로기와 정치폭력」, 『실천문학』, 1989년 가을호, 1989.
홍성흡, 「지역정체성과 지역정치: 전라남도 영암군 구림마을의 사례」, 32차 한국문화인류학회 국제학술대회 발표논문, 2000.

4. 외국어 저서

Agnew, J. A. and Duncan, J. S.(eds), The Power of Place: Bringing together geographical and sociological imaginations, Unwin Hyman, Boston, 1989.
Ashworth G. J. & H. Voogd, Selling the City: Marketing Approach in Public Sector Urban Planning, Belhaven Press, 1990.
Balandier, Political Anthropology, Harmondsworth: Penguin, 1970.
Boserup, E., The Condition of Agricultural Growth: The Economics of Agrarian Change under Population Pressure, New York: Adline Publishing Co., 1965.
Claval, Paul, An Introduction to Regional Geography, Blackwell, Oxford, 1998.
Duncan, S. S. and Savage M., Space, Scale and Locality, Antipode 22, pp.67~72, 1989.
Edward Soja, Postmodern Geographies(London: Verso, 1993), 이무용 외 옮김, 『공간과 비판사회이론』(시각과 언어, 1997).
Eyles, J. and Smith, D. M.(eds), Qualitative Methods in Human Geography, Polity press, 1988.
Getz, D. and Frisby, W., Report on a Survey of Community-run Festivals in Waterloo, ,Waterloo, 1987.
Getz, D., Festivals, Special Events, and Tourism, VNR, New York, 1991.
Griffiths, "Cultural Strategies and New Modes of Urban Intervention", Cities 12(4), 1995.
Gunn, C. A. Tourism planning, 2nd ed., Taylor and Francis, New York, 1988.
Hall, C. M., Hallmark Tourist Events : Impacts, Management and Planning, Belhaven Press, London, 1992.
Hobsbawm, E. and Ranger, T., The Invention of Tradition, Cambridge University Press, 1983.
Johnston, R., A Question of Place: Exploring the Practice of Human Geography,

Blackwell Publishers, 1991.

Kotler, P., Haider, D. and Rein, I., Marketing Places: Attracting Investment, Industry, and Tourism to Cities, States, and Nations, The Free Press, New York, 1993.

Lynn Hunt, ed., The New Cultural History, University of California Press, 1987(조한욱 옮김, 『문화를 통하여 본 역사』, 소나무, 1998).

Marcus G. E. & M. J. Fisher, Anthropology as Cultural Critique, Chicago & London: The University of Chicago Press, 1986.

Patrick, L. and Perdue, R. R., The Economic Impact of Rural Festivals and Special Events: Assessing the Special Distribution of Expenditures, Journal of Travel Research, 28(1), 10-14, 1990.

Sayer, A., The new regional geography and problems of narrative, Environment and Planning D: Society and Space, 7, 253-276, 1989.

Swartz, M., V. Turner & A. Tuden(eds.) Political Anthropology, Chicago: Aldine Publising, 1966.

Thrift, N., For a new regional geography 1, Progress in Human Geography 14, 272~279, 1990.

Zukin, S. The Cultures of Cities, Blackwell Publishers Inc, 1995.

瀨川昌久,『中國人の村落と宗法』, 東京 : 弘文堂, 1992.

三宅博男 編,『憶い出の靈巖』, 靈巖會, 1984.

善生英造,「著名なる同族部落」,『朝鮮總督府調査月報』, 1934.

善生英造,『朝鮮の聚落(後篇) 同族部落』, 朝鮮總督府, 1935.

善生英造,『朝鮮の姓氏と同族部落』, 東京:刃江書院, 1943.

善生英造,「朝鮮の大家族制度と同族部落」『中國硏究』 6, 1949.

찾아보기

ㄱ

간죽정 88, 89, 98, 99, 101, 120, 144, 232
간죽정연혁비(間竹亭沿革碑) 120
갑술환국 187
갑인예송 187
갑자보 82, 83
경신대출척 186
고경명 81, 92, 93, 94, 95, 103, 106, 203
고려대사민휴공최선생유적비(高麗大師敏休公崔先生遺蹟碑) 120
고사기 369, 370, 428
고종후 95
고죽시비(孤竹詩碑) 120
구림 열두동네 14
구림권 14, 15, 16, 21, 22, 36, 43, 52, 56, 57, 64, 67, 74, 127, 132, 219, 224, 226, 231, 237, 251, 258, 267, 268, 269, 271, 289, 291, 301, 305
구림대동계사적비(鳩林大同稧史蹟碑) 123, 124
구림동계 135, 136, 140

구림발전위원회 287, 288, 443
구림삼일운동기념탑 121
구림청년계 72, 73, 121
구림청년단 232
구림청년회 286
국사암 429, 458
군서청년회 68, 286, 355, 359
군서학생동지회 62, 66
군수 심의철의 선정비 127
근왕의병 104
금성별곡 90, 99, 142, 202
기념탑건립전말비 121
기사환국 186, 213
기유보 82
김문현 57
김병교 56, 57, 126, 127
김상헌 186
김수항 93, 106, 125, 126, 185
김영한 106
김준연 225, 229, 250
김창협 87, 91, 100, 106, 125, 186
김창흡 186
김천일 81, 94, 95, 104

ㄴ

낭호신사(郎湖新詞) 385
녹동서원 125, 213

ㄷ

대동계 14, 15, 21, 22, 33, 44, 47, 48, 49, 51, 57, 58, 59, 62, 63, 64, 65, 66, 69, 72, 73, 74, 92, 102, 110, 123, 124, 135, 163, 164, 165, 167, 168, 169, 172, 173, 174, 175, 176, 177, 178, 179, 180, 182, 183, 201, 221, 222, 224, 225
대동계 문헌 78
대동계의 구림 16, 439, 440, 442
도갑사 16, 68, 119, 199, 236, 237, 335, 361, 404, 405, 406, 458, 460
도기문화센터 70, 74, 288, 425, 426, 427, 433, 437, 441, 443, 444, 445, 446, 447, 448, 451, 452, 453, 455, 456, 457, 459, 460, 463
도기문화의 구림 453
도선 14, 16, 66, 67, 68, 69, 74, 110, 119, 123, 135, 266, 386, 400, 401, 424, 430, 438, 439
도선국사 357, 405, 429, 430, 460
도선로 303

도선설화 391
도선수미비(道詵守眉碑) 119
도선암 429
도선의 구림 16, 459
도선축제 461
동계사(東溪祠) 120
동구림 15, 42, 267, 283
동구림리 294, 295, 337, 352, 441
동국여지 112
동족단이론 21
동족촌 18
동학농민군 44

ㅁ

모정 줄다리기 342
모정마을 308, 311, 313, 314, 317, 322, 323, 324, 328, 330, 332, 333, 334, 335, 336, 343, 344
문곡선생영암적거유적지비(文谷先生靈巖謫居遺蹟之碑) 124
문맹화 175
문산재 335, 361, 381
문수암 67, 430
문수재 67, 430
문화마을 만들기 440, 448, 462
민종렬 58

ㅂ

박권 87, 89, 91, 99, 138
박규정 48, 49, 80, 87, 89, 91, 92, 93, 99, 102, 121, 124, 135, 143, 165, 172, 173, 203, 204, 279
박대기 89, 95, 103
박빈 49, 138
박사량 165
박사왕인 382
박선 79, 137
박성건 49, 78, 79, 87, 89, 91, 95, 98, 99, 102, 135, 136, 138, 139, 142, 143, 144, 147, 148, 149, 150, 151, 153, 155, 157, 159, 160, 161, 173, 202
박성오 89, 97
박세경 92, 93, 203
박승원 89, 95, 97, 99, 103, 104, 105
박안세 89, 93, 94
박언 137, 139, 156, 157
박응복 176
박이화 385, 386
박인철 102
박지번 49, 207
박지창 49
박찬욱 82
박현규 230
박흡 89, 94, 95, 103, 104

반촌 14
배틀굴 381
백광훈 176
백제왕인박사유허비 122
베틀굴 67

ㅅ

4성씨 16, 52, 65, 78, 226, 251, 277, 292, 302, 318, 321
삼도수옹 91, 93
삼재도회(三才圖會) 372
상대포 303, 361
서구림 15, 267, 283
서구림리 120, 124, 294, 337, 352, 353, 441
서호강 39
서호동헌 48
성기동 67, 376, 400, 401, 402, 429, 430
성천 67, 361
세종실록지리지 112
소식 194, 195, 196
속일본기 374, 376
송병준 98
송시열 101, 125, 187
송용신 97
수미왕사 119
수미왕사비(守眉王師碑) 119
순교비 28, 116, 130
순절비 130, 131

시의 마을 구림 66
신근정사거리 274, 284, 294, 295,
    296, 301, 303, 305, 306
신기 175
신증동국여지승람 112, 430
신후경 175
신희남 175
심의철 56, 57, 126
쌍취정(雙取亭) 54

아랫즘소동계 322
양사재 361
여지도서 28, 37, 112
영보정동약 48
영산강 33, 35, 43, 44, 73, 268
영암 3대 반촌 48
영암 도기문화센터 361
영암군수 송덕비 28, 116
영암군지 378, 389
영암군향토지 380
영암도기문화센터 300
영암무송현준호간전기적비(靈巖撫
    松玄俊鎬墾田紀蹟碑) 131
영암읍지 28
영암향약 50
영암향토지 381
오한 78
오한공금성별곡문학비건립금헌성
    기비(五恨公錦城別曲文學碑建
立金獻誠紀碑) 120
오한공박성건문학비(五恨朴成乾文
    學碑) 120
오한공파 77, 80, 81, 82, 83, 87,
    88, 89, 97, 98, 101, 102, 103,
    105, 106, 137
오한선생삼세행록 87
왕안석 195
왕인 14, 16, 66, 67, 68, 69, 74, 110,
    123, 266, 291, 297, 357, 365,
    366, 367, 368, 369, 370, 371,
    372, 373, 374, 375, 376, 377,
    378, 379, 380, 382, 383, 384,
    386, 388, 389, 390, 393, 401,
    409, 418, 424, 425, 430, 438,
    439, 454, 459, 460, 461, 462
왕인로 303
왕인문화축제 14, 60, 68, 122, 123,
    266, 280, 291, 296, 297, 299,
    300, 354, 355, 356, 358, 359,
    360, 362, 363, 365, 369, 393,
    395, 397, 398, 399, 400, 402,
    405, 406, 407, 408, 409, 410,
    411, 412, 413, 414, 415, 417,
    418, 419, 420, 424, 425, 433,
    447, 452, 455
왕인박사 유적지 34, 361, 402
왕인박사비 378
왕인박사유적종합조사보고서 382
왕인박사춘향대제 358, 402, 407,
    409, 418, 421, 432
왕인박사현창비 66

왕인박사현창협회 122, 382, 383
왕인산업 76
왕인설화 391
왕인유적지 27, 387
왕인의 구림 16, 439, 440, 459
왕인축제 16, 69, 70, 75, 302, 305, 352, 354, 444, 448, 461
왕인현창회 67, 460
왕인화 68, 69, 70
웃츰소동계 322
원풍정 322
원풍정(願豊亭) 54
월출산 14, 73, 189, 194, 195, 198, 209, 210, 228, 236, 303, 357, 359, 384, 403
유용 176
윤두수 93
읍지 112
의사박공규상기적비(義士朴公奎相紀蹟碑) 72, 121
이경여 97
이계덕 141
이괄 95
이만성 99, 101
이원 138
이재 87, 106
일본서기 369, 370, 371, 372, 373, 374, 376, 381, 428
임구령 33, 49, 124, 165, 172, 176, 180, 424
임구령 송덕비 28, 56, 116, 127
임수 176

임완 173
임우형 176
임호 48, 49, 102, 124, 164, 173, 176, 279

ㅈ

자연촌이론 21
전라도 관찰사 송덕비 28, 116
정원이년명비(貞元二年銘碑) 116, 117
조경찬 205, 206
조계룡 204
조기서 176, 204
조선환여승람 381, 429
조행립 95, 106, 169, 204, 205
조헌 94
존양사 125
주자류편(朱子類編) 101
죽림정 207, 208
죽림정기 213
죽림칠현 209
죽정사 90
죽정서원 88, 90, 97, 98, 99, 100, 101, 103, 106, 144
지남들 15, 33, 36, 51, 53, 57, 73, 74, 75, 116, 124, 126, 268, 272, 292, 301, 424
지남제 33, 37, 42, 48
지남평야 38

ㅊ

책굴 67, 361, 430
첨지중추부사태호조공사적비(僉知中樞府事兌湖曺公事蹟碑) 120
청년계 353
최건 63
최경창 120, 176
최덕지 125, 213
최석정 101
최씨원(崔氏園) 118, 429, 430
최지몽 353
최충성 175, 213
최태석 230
최현 229
취음정 208
친목상부계 319, 320, 327, 344

ㅍ

프로젝트-狗林 450, 451

ㅎ

학림마을 327
학림상부계 319, 320, 327, 344
학암마을 308, 309, 311, 314, 317, 318, 319, 321, 326, 329, 330, 334, 335, 344
학암상부계 321
학파농장 35, 38, 39, 40, 42, 73, 131, 132, 226, 272
한국전쟁 순절비 28, 116
해동역사 429
해동역사(海東繹史) 371, 372, 374, 376, 381
향보성 의병 104
현건 207
현기봉 58, 226
현담윤 207
현약호 210, 212, 213
현영원 40, 132
현윤명 207
현준호 39, 40, 131, 132, 227, 229, 230
현징 207, 208, 210
호구총서 112
호남읍지 28, 105
혼백부르기 311
혼성촌 18
화도시 195, 197
화전가 334
화전놀이 328, 329, 330, 331, 332, 333, 334, 335, 336
화한삼재도회(和漢三才圖會) 372, 373, 374, 376
회사정 62, 121, 124, 129, 201, 224, 236, 238, 241, 293, 295, 301, 303, 305, 306, 405, 441

구림연구 집필자

정근식 (서울대 문학박사, 전남대 사회학과 교수)
홍성흡 (서울대 문학박사, 전남대 인류학과 조교수)
김병인 (전남대 문학박사, 순천대 남도문화연구소 연구교수)
박명희 (전남대 문학박사, 전남대 호남문화연구소 연구교수)
전형택 (서울대 문학박사, 전남대 역사교육과 교수)
표인주 (전남대 문학박사, 전남대 국어국문학과 전임강사)
추명희 (전남대 문학박사, 전남대 호남문화연구소 연구교수)
김 준 (전남대 문학박사, 목포대 도서문화연구소 연구교수)

구림연구
마을공동체의 구조와 변동

인쇄일 2003년 2월 15일
발행일 2003년 2월 25일

발행인 한정희
편 집 김인숙
발행처 경인문화사
주 소 서울시 마포구 마포동 324-3
전 화 718-4831~2
팩 스 708-9711
E-mail kyunginp@chol.com
등록번호 제10-18호
등록연월일 1973.11.8.

ISBN : 89-499-0176-5 93330   값 : 19,000원

※ 파본 및 훼손된 책은 교환해 드립니다.